U0572530

高等学校出版学专业系列教材

出版营销学教程

Marketing in Publishing

方卿　姚永春　王一鸣　编著

武汉大学出版社

图书在版编目(CIP)数据

出版营销学教程/方卿等编著.—武汉:武汉大学出版社,2023.8
高等学校出版学专业系列教材
ISBN 978-7-307-23788-9

Ⅰ.出… Ⅱ.方… Ⅲ.出版物—市场营销学—高等学校—教材
Ⅳ.G235

中国国家版本馆 CIP 数据核字(2023)第 096944 号

责任编辑:黄河清   责任校对:李孟潇   版式设计:韩闻锦

出版发行:**武汉大学出版社**　(430072　武昌　珞珈山)
(电子邮箱:cbs22@whu.edu.cn 网址:www.wdp.com.cn)
印刷:武汉中远印务有限公司
开本:787×1092　1/16　印张:19.25　字数:432 千字　插页:2
版次:2023 年 8 月第 1 版　2023 年 8 月第 1 次印刷
ISBN 978-7-307-23788-9　定价:68.00 元

版权所有,不得翻印;凡购买我社的图书,如有质量问题,请与当地图书销售部门联系调换。

方卿，武汉大学人文社会科学研究院院长，信息管理学院教授、博士生导师。曾兼任中国图书馆学会副理事长、中国社会科学情报学会副理事长、高等学校出版专业本科教学指导委员会副主任、国家社会科学基金学科规划评审组专家、国家出版基金评审专家等职。入选长江学者特聘教授、"万人计划"哲学社会科学领军人才、文化名家暨"四个一批"人才多项高层次人才计划，获国务院政府特殊津贴。研究方向为出版营销管理、数字出版和学术出版。主持科研项目30多项，出版学术著作和教材20余部（含参编），发表学术论文200余篇。获中国出版政府奖、国家级教学成果一等奖、湖北省教学成果特等奖、湖北出版政府奖等奖励多项。

姚永春，管理学博士，武汉大学信息管理学院出版科学系副教授，美国佩斯大学访问学者，中国编辑学会会员。主要研究领域为出版营销学、出版产业国际化发展、编辑学。主持国家哲学社会科学基金项目2项、省部级项目多项。发表数十篇学术论文，参与《图书营销学》《出版学基础》《现代出版学概论》等多部教材的编写及《中国大百科全书》（第三版）"发行卷"词条撰写工作。

王一鸣，华中科技大学新闻与信息传播学院讲师、硕士生导师。武汉大学信息管理学院与荷兰阿姆斯特丹大学联合培养博士。兼任中国新闻史学会新闻传播教育史专业委员会副秘书长、《中国新闻传播教育年鉴》编辑部主任。研究方向为出版管理与出版营销、数字出版和学术出版。主持湖北省社科基金项目、参与国家社科基金重大项目及重点项目、国家科技支撑计划项目等项目近10项，独著或参编学术著作和教材5部，在国内外高水平学术期刊发表论文20余篇。入选国家级一流本科课程教学团队。

前　言

出版，既是文化，也是产业。文化本质和产业形式，是出版业这枚"硬币"的两面，服务文化和"在商言商"，缺一不可。以所谓文化之名，刻意回避出版的产业或经济属性，不仅不客观，而且有百害而无一利。正视出版的产业或经济属性，科学处理出版的文化本质与产业形式之间的关系，在坚守出版文化本质前提下科学运用产业或经济手段，是社会主义市场经济条件下出版业高质量发展的内在要求。从产业或经济视角探讨出版问题，应该是出版学研究的应有之义，它与从文化视角研究出版具有同样的价值或意义。忽视出版的产业或经济属性，必将有害于出版文化功能的实现。出版营销学，应该是出版学知识体系中不可或缺的重要组成部分。

诞生于19世纪末20世纪初的营销学，是指导个人或组织营销实践的一套完整的理论与方法体系，是工商管理学科的核心专业课程。诞生之初，营销学主要面向企业，是服务于营利性机构或组织的经营实践活动。当下的营销学，已不再限于服务企业，政府和非营利组织的管理也大量运用营销学的理论与方法。营销学理论与方法的"一般性"，已在不同行业或领域得到充分验证。

从20世纪中叶开始，英、美等出版业发达国家的出版企业就开始有意识地利用营销学这一理论与方法来指导其出版经营活动。实践证明，营销学在出版领域的应用不仅大大提升了出版业的经营管理水平，而且使出版业更好地满足了广大读者不断增长的阅读消费需求，促进了出版市场的繁荣。我国出版界向来有"重文轻商"的传统，对出版营销不够重视。20世纪80年代以来，营销学才逐渐进入我国出版人的视野。

出版营销学，是营销学的理论与方法在出版业中的应用，其主要内容包括出版营销战略和出版营销战术两个层次。其中，出版营销战略主要涉及出版目标市场、出版市场发展、出版客户管理和出版品牌建设方面的宏观层面，出版营销战术大致涉及出版产品或服务、出版定价、出版分销和出版促销等微观方面的内容。本教程面向出版学专业本科层次，其内容以出版营销战术为主，战略层面仅涉及目标市场。从学科知识结构看，本教程的内容包括出版营销学基础理论、出版营销环境与市场分析、出版营销战术、出版营销管理和国际出版市场营销等五大板块。

本教程的前期版本包括《图书营销学》（山西经济出版社1996年版）、《图书营销管理》（复旦大学出版社2004年版）和《图书营销学教程》（湖南大学出版社2008年版）。当前版

1

本是在前三个版本基础上修订改版而成。修订版主要涉及内容结构的调整，第三版由十六章构成，本版调整为十章。原版的第三章"图书市场调研"和第四章"图书市场预测"合并为本版的第三章"出版市场分析"，原版的第七章至第十二章合并为本版的第七章"出版分销"，本版第四章"出版目标市场"为新增内容。本版的各章节内容都有部分更新。改版修订工作，由来自武汉大学、华中科技大学和四川大学出版学专业的营销学主讲教师合作完成，具体分工是：方卿，第一、五、六章；曾元祥，第二章；姚永春，第三章；王一鸣，第四、七、八、九章；许洁，第十章。方卿、王一鸣负责全书的统稿工作。

由于水平所限以及撰写工作由多人共同完成，不足或错误在所难免。敬请批评指正。

2023 年 2 月 20 日

1998 年版前言

如果从美国高校开设 Marketing 课程算起，营销学也已走过了约一个世纪的历程，在这百余年的历程中，营销学的研究内容不断丰富，营销学的理论也日趋成熟，特别是 20 世纪五六十年代以来，营销学表现出了旺盛的生命力和极强的渗透、扩散能力。不仅各行业的生产经营活动越来越普遍地运用营销学作为其基本的理论与方法指导，就连各事业单位、文化团体、政府部门、管理机关等也都纷纷运用营销学的理论与方法指导自己的行为。

由于体制等因素的影响，我国书业界积极主动地寻求"营销学"理论的指导应该说还只是近十多年来的事情。1990 年，武汉大学出版社出版了胡典世、练小川编著的《图书营销学》便是一个重要的信号。进入 90 年代以来，图书营销学的研究成了我国书业界理论研究的一个"热点"领域，图书营销方面的研究成果在出版发行专业报刊上占有相当大的比重。我们从文献调查中发现，《中国出版》《出版发行研究》《中国图书评论》《中国图书商报》等出版发行核心报刊的载文中直接从属于图书营销学的研究内容约占两成以上，此外，还有相当多的载文与图书营销有着极为密切的联系。这种现象说明，随着出版发行体制改革的不断深入，我国的书业观念也在发生着一场深刻的变革。在这一变革过程中，营销学所倡导的以"市场为中心"的营销观念已被我国书业界广为接纳和认同。

90 年代初期，我国书业界开始零星地介绍营销学中同书业联系最为密切的一些营销理论，如宣传促销理论、分销理论等。近年来，营销学的一些基本理论和技巧，在我国图书出版发行实践活动中得到了广泛的应用。所有这些都为图书营销学自身理论的形成创造了良好的条件。

我们着手编写这本《图书营销学》，首先，是基于出版发行实践活动对于图书营销理论的需要。随着社会主义市场经济体制下新的出版发行体制的逐步确立，我国书业规模不断扩大，图书市场竞争日趋激烈，书业商务活动日益频繁，书业企业迫切需要"以图书市场为中心"的营销理论的指导。出版发行行业由于具有鲜明的行业特色，照搬普通营销学的理论显然不足以解决书业企业所面临的各种问题，只有具有本行业特色的图书营销学，才能真正满足出版发行企业的需要。从这个意义上讲，本书是为满足书业实践活动的需要而编写的。其次，是基于改革开放以来我国书业界在图书营销方面的研究已取得不少成果，对此也需要进行必要的整理和深化。从这个意义上讲，本书参考、借鉴和继承了前人的许多优秀成果。为此,我们谨向各位作者表示深切的谢意。

本书在编写出版过程中得到了武汉大学图书情报学院罗紫初副院长、出版发行学系黄凯卿主任及吴平博士的支持和帮助,在此谨向他们表示衷心的感谢!

本书由两人合作编写,其中,前言、第一、二、三、七、八、九、十章由方卿编写,第四、五、六、十一、十二章由姚永春编写。由于我们能力有限,缺点甚至错误在所难免,请各位读者批评指正。

著 者

1998 年元旦于武汉大学

目　　录

第一章 绪 论

---

* 本章知识点提要

  1. 出版市场的概念、构成要素、类型、特征与功能

  2. 出版市场需求的概念、特征及其动态

  3. 出版营销的概念与任务

  4. 出版营销学的研究对象、学科性质、相关学科与研究方法

* 本章术语

  市场 需求 营销 营销学 出版市场 出版市场需求 出版营销 出版营销学

营销学，是指导企业营销实践的一套完整的理论与方法体系。营销学产生以来在不同行业或领域的成功应用为出版领域引进这一理论与方法带来了信心。

从 20 世纪中叶开始，英、美等出版业发达国家的出版企业就开始有意识地利用这一理论与方法来指导其出版活动。实践证明，营销学在出版领域的应用不仅大大提升了出版业的经营管理水平，而且使出版业更好地满足了广大读者不断增长的阅读消费需求，促进了出版市场的繁荣。我国出版界向来存在"重文轻商"的习惯，对出版营销重视不够。20世纪 80 年代以来，营销学才得以进入我国出版人的视野。我们有理由相信，随着营销学理论与方法在出版实践中的广泛应用，我国出版业的经营管理水平必将有一个新的提升。

本章主要涉及出版营销和出版营销学的几个基础问题。

第一节 基本概念

营销学，由一系列基本概念范畴、理论与方法构成。其中，基础性概念主要包括市场、市场需求与营销等。这些基本概念范畴是构成营销学学科体系的基石。了解这些基本概念范畴是掌握出版营销学理论体系的前提基础。

本节将对市场、市场需求与营销等基本概念作一个简要介绍。

1

一、市场与出版市场

营销学（Marketing），也称市场学或市场营销学。市场，是营销学的底层概念，是营销学理论体系的基石，离开了市场，也就无所谓营销或营销学。

市场是一个商品经济范畴，哪里有社会分工和商品生产，哪里就有市场。无论是市场经济，还是计划经济，市场都在资源配置中发挥着十分重要的作用。

在社会主义市场经济条件下，社会分工和商品生产还同时存在，市场仍是进行社会主义经济活动的必要条件。中华人民共和国成立以来，我们对市场作用或功能的理解有一个不断深化或再认识的过程，从计划经济条件下完全否定市场的作用，到改革开放初期部分承认市场的"调节"作用，再到党的十六大后充分肯定市场的作用。2013 年 11 月 12 日，党的第十八届三中全会审议通过的《中共中央关于全面深化改革若干重大问题的决定》，将市场在资源配置中起"基础性作用"修改为起"决定性作用"。这是到目前为止我们对市场作用或功能的科学性认知。

（一）市场

市场的概念，是随着商品交换的发展而发展起来的。最初，由于社会生产力发展水平低下，商品交换还不够发达，当时的市场主要是指商品交换的场所，是进行商品交换的地方，是一个纯粹的场所或空间概念。随着社会生产和社会分工的进一步发展，商品交换日益频繁，人们的生产和生活对商品交换的依赖程度随之日益加深，市场就不再是一个单纯的空间概念，而是进一步发展为商品交换关系的综合体，它不仅直接涉及每一位消费者，而且同企业的命运、国民经济的发展等都有着密切的联系。

从概念的内涵理解，市场至少有三个方面的含义：一是一般意义上的市场，即商品交换的场所；二是经济学意义上的市场，即商品交换关系的总和；三是工商管理意义上的市场，主要指供给与需求，但更侧重于后者，也就是需求。这些不同的含义，虽语境不同，但彼此却存在密切的内在关联，它们对营销学界定市场都有帮助或积极意义。

市场的形成，需要具备三个方面的基本条件：其一，存在可供交换的商品或服务；其二，存在提供商品的卖方和具有购买欲望和购买能力的买方；其三，具备买卖双方都能接受的交易价格、行为规范及其他条件。

市场的构成要素是多元的。有人认为，市场由商品、消费者、购买力和购买欲望四个基本要素组成；也有人认为，市场由市场主体、市场客体和市场行为构成。总之，市场是由各种基本要素组成的有机体，正是这些要素之间的相互联系和相互作用，决定了市场的形成，推动着市场的发展。

市场对于社会经济活动具有十分重要的作用，它的基本功能主要有交换功能、实现功能、服务功能、调节功能等。只有树立科学的市场理念、建立有效的市场体系，才能有效发挥市场促进经济发展、满足消费需求的目标。

(二)出版市场

出版市场，是一个专业化的市场领域，它是以服务出版企业生产、读者阅读消费和社会文化建构为目的，以出版物商品或服务生产、流通和消费为中心的专业化市场领域。

作为一个专业化的市场领域，出版市场具有与一般市场(主要指物质商品市场)基本相同或相似的构成要素、类型和功能，但也有其不同于一般市场的个性化特征。

1. 出版市场要素

出版市场由出版物商品或服务、读者、购买力、购买动机和出版市场信息等基本要素构成。

(1)出版物商品或服务

在市场的原始含义"商品交换的场所"中，商品就是市场概念的最基本组成要件。这表明在商品经济发展的初期，商品要素在市场构成中所具有的特殊地位。随着社会生产力的不断提高，商品的生产变得相对容易，商品价值的实现就变得越来越重要。在这种背景下，人们对市场的理解开始发生某些变化。这一变化突出地表现在市场中消费者及其需求这一要素的地位有了大幅度提升。例如，现代市场营销学(也就是市场学)就把市场定义为"消费者"及其"需求"。与此相适应，商品要素在市场构成中的地位便有了一定程度的下降。尽管如此，商品作为市场构成中的基础要素的地位并没有动摇。

就出版市场而言，出版物商品或服务显然是其基础构成要素，它是出版市场构成的前提基础。没有出版物商品或服务，便没有出版市场。出版物商品或服务要素对于出版市场的发展具有十分重大的影响。首先，出版物商品或服务的丰富与否直接决定着广大读者精神文化需求的满足程度。没有丰富的出版物商品或服务，出版市场将处于短缺状态，读者对于出版物商品或服务的需求就难以得到充分的满足。例如，"文革"期间，出版物商品的匮乏就极大地影响广大读者的精神文化生活。因此，为出版市场提供丰富的出版物商品或服务是对出版业的基本要求。然后，出版物商品或服务的品种结构必须与读者构成及其需求结构相适应。只有这样，出版物商品或服务的价值才有可能实现，否则，就会影响到出版物商品或服务价值的实现，从而影响出版企业的再生产。现阶段，我国出版市场库存积压严重，从表面上看，这是出版物商品或服务过剩，实质上，这只是一种结构性过剩，是出版物商品或服务结构与读者构成及其需求结构不匹配的表征。

(2)读者

市场是由人构成的，人是市场的第一构成要素。读者是出版物商品或服务的终极消费者，是出版市场的第一构成要素。离开了读者，出版市场也就没有存在的意义。从这个意义上讲，读者是出版工作者感兴趣的最重要的市场因素。我国出版业的目的，就是要满足读者不断增长的精神文化需求，因此，了解读者对出版物商品或服务的需求对出版业的发展具有十分重大的意义。

一般而言，读者规模对出版市场的发展有着重大影响。它在一定程度上决定着出版市场容量的大小。我国人口众多，众多的人口预示着我国是一个存在着巨大容量和发展潜力的出版市场。随着人民生活水平的提高，我国出版业将会呈现出巨大的市场潜力。当然，读者规模对出版市场的影响是相当复杂的，出版物商品或服务的消费不同于一般物质产品的消费，它要求读者必须具备一定的文化程度，文盲和文化程度较低的人，即使数量再多，也不会对出版市场产生根本意义上的影响。

(3)购买力

购买力，即读者购买出版物商品或服务的货币支付能力。读者观念上的需求要变成现实的购买行为，必须以相应的货币支付能力作为前提。读者购买力的高低就直接影响着出版市场的规模。一定市场范围内的人口再多、出版物品种再丰富，如果其居民的购买力低，这个市场也就不可能很活跃，市场规模自然也就会受到限制。相反，在一个人口相对较少的国家和地区的市场中，如果其居民的购买力水平高，其市场的规模却有可能做得很大。由此可见，购买力是出版市场构成的关键要素。

从总体上讲，读者的购买力是随着其收入的增长以及消费支出结构的优化而逐步提升的。就目前情况看，我国居民的收入水平还比较低，居民收入中用于购买食品等生活必需品的支出比重很大，农村居民的"恩格尔系数"就更高。因此，其消费支出中可投放到出版市场的比重仍然偏低。在这样一种市场环境下，我国的出版企业应坚持社会效益优先的原则，尽可能降低出版成本，力求降低出版物商品或服务的定价，以充分满足广大读者对出版物商品或服务的需求。

(4)购买动机

作为出版市场构成要素的购买动机，是指促使读者选择、购买某种出版物商品或服务的种种心理因素。动机是行为发生的先导和条件，读者的购买动机则支配着其购买行为。一个消费者即使有极强的购买力，但是，如果他对出版物商品或服务没有丝毫兴趣，通常不会为出版物商品或服务支付较大的投入。由此可见，购买动机同样是出版市场的一个至关重要的构成要素，是出版市场构成的文化基石。在出版市场的几个基本构成要素中，购买动机是最难把握的一个要素。它不像其他要素那样，可以进行科学的量化。

(5)市场信息

众所周知，信息是事物存在方式与运动状态的反映。市场信息是以市场为反映对象，表征市场需求、市场竞争与市场运行状态、特征与规律等各种信息的总称。在商品经济不够发达的时期，市场结构相对简单，商品或服务的供给与需求之间的沟通也不存在过多障碍，因此，市场信息的作用和功能得不到充分显现，市场信息作为市场基本构成要素的地位还没有得到有效体现。随着社会的发展、技术的进步以及社会经济活动的日趋复杂，市场结构也发生了巨大的变化，企业把握市场运作状况和消费者了解商品或服务供给状况都变得更加困难。在这种市场条件下，市场信息的作用与功能开始逐步显现，市场信息作为市场基本构成要素的地位也开始确立。

出版市场信息是出版企业了解出版市场发展规律、把握读者需求、掌握市场竞争动态、进行科学决策的基础。在出版业发达的国家，出版市场信息业已受到出版企业的高度重视。无论是制定企业的发展规划与发展战略，还是出版选题的确定、渠道的调整、分销的实施等，都是在充分的市场调查并全面掌握相关市场信息的基础上进行的。国际上的一些大型出版集团都纷纷建立起了自己的市场信息系统，能够及时准确地掌握出版市场的发展变化情况。相比较而言，我国出版企业对出版市场信息的重视还略显不够，大部分出版企业尚未建立起健全的市场信息系统，企业的一些重大决策还缺乏有效的市场信息保障。因此，我们认为，建立健全市场信息保障机制应该成为我国出版企业营销管理科学化发展的主要目标。

2. 出版市场类型

市场类型是指按照市场主体、消费客体、时间或地域等不同标准对市场进行的分类。不同类型的市场，有不同的特征，也有不同的营销策略。把握市场分类，尤其是不同类型市场的特征，有利于进行有效的营销决策。营销学关于市场分类的基本标准，大多适用于出版市场的划分。

（1）按消费者标准分

按照消费者标准，出版市场可以分为消费者出版市场、组织出版市场和中间商出版市场。其中，消费者出版市场是指为满足消费者自身需求而进行出版物商品或服务购买的一切个人和家庭构成的市场。组织出版市场是指为满足单位或组织需求而进行出版物商品或服务购买的一切学校、图书馆等组织构成的市场。出版中间商市场，亦称出版再售者市场，本质上属组织市场，是指从出版企业到消费者中间的买卖场所和领域，由出版物批发市场和出版物零售市场组成。中间商出版市场处于出版生产和出版消费的中间环节，是出版物商品或服务交换的中间商人。

消费者出版市场，又称最终消费者出版市场，是出版市场体系的基础，是起决定作用的出版市场，也是出版营销学研究的主要对象。消费者出版市场具有以下特征：第一，消费需求与购买行为具有多样性和多变性；第二，消费需求与购买行为具有较大程度的可诱导性；第三，消费者的购买多属于少量多次购买。

组织出版市场，顾客数量较消费者市场少，主要包括学校、科研机构和图书馆等机构，但组织顾客每次购买的规模和价值相对较大。其主要特征有：第一，购买的资源因组织的性质而相对稳定；第二，购买的规模和经费有保障；第三，购买渠道相对稳定；第四，采购制度和政策规范，程序严格，流程复杂。

中间商出版市场，是影响消费出版市场的重要环节，发达的出版中间商市场是有效激发消费出版市场的关键。其主要特征有：第一，大进大出。出版中间商只赚取出版物产品与服务的销售利润，单位产品增值率低，以批量购进和批量出售赚取中间差价，必须以量取胜。第二，对定价敏感。出版物产品或服务以定价销售制为主，批零差价及或折扣的高低对出版中间商的购买行为影响大。第三，较出版企业更加贴近市场或消费者，较好地掌握出版市场需求动态。

（2）按出版物商品或服务标准分

按照出版物商品或服务标准，出版市场可分为大众出版市场、专业或学术出版市场和教育出版市场。这也是全球出版业划分出版市场采纳的共同标准。关于这三类出版市场的内涵及其特征，相当多文献已有论述，具体详见《出版学基础》（武汉大学出版社 2022 年版），就不在此赘述。

（3）按出版市场地域标准分

按照市场地域标准，出版市场可分为国内出版市场和国际出版市场，两者的含义不言而喻。但由于地理区域、制度与政策、消费文化与能力等各方面的差异，两者的市场特征及营销方式相距甚远，国际市场营销的难度远远大于国内市场。因此，绝大多数出版企业，特别是中小型出版企业，往往以国内市场为主。但欧美等国的一些大型出版商，开拓国际出版市场的能力却不可小觑。

美国出版商协会（AAP）数据显示：20 世纪 90 年代初，美国年出口图书近 17 亿美元，占出版业总销售额的 7% 左右，占世界图书出口总量的 22%，居世界第一位。进入 21 世纪后，美国图书出口有所下降，2020 年出口额为 12.7 亿美元，占其出版业总销售额的 5% 左右，但仍是全球图书出口大国之一。英国则以版权输出见长，是全球版权输出第一大国。2014 年，英国整体图书出口额高达 14.44 亿英镑，接近全球图书总出口量的 30%。《2019 年全国新闻出版业基本情况》数据显示，当年我国出口图书、报纸、期刊 1653.4 万册（份）、7483.15 万美元。其中，图书出口 1134.37 万册、5521.35 万美元。从图书出口金额看，还不到美国或英国的 3%。受新冠肺炎疫情的影响，2020 年我国图书出口仅为 665.64 万册、2803.55 万美元。与上年相比，数量降低了 41.32%，金额降低了 49.22%，与美英相比，差距更显突出。

在经济文化全球化背景下，国际出版市场的意义进一步突显。我国出版企业应该在深耕国内市场基础上，积极向外拓展国际市场。2016 年，中央全面深化改革领导小组第二十九次和三十次会议分别审议通过《关于进一步加强和改进中华文化走出去工作的指导意见》和《关于加强"一带一路"软力量建设的指导意见》。2018 年，中央全面深化改革委员会第五次会议又审议通过《关于加强和改进出版工作的意见》。此间，中央宣传部、国家新闻出版广电总局等有关部门也先后出台相应专项规划和工作方案，如《"十三五"时期新闻出版"走出去"专项规划》等，正式开启了我国出版"走出去"的新征程。2020 年 4 月 10 日，习近平总书记在中央财经委员会第七次会议上，提出了"构建以国内大循环为主体、国内国际双循环相互促进的新发展格局"战略。以上这些重要部署为我国出版企业拓展国际市场指明了方向，提供了科学的政策支持。

3. 出版市场功能

市场的功能，是市场机制作用于经济活动的表征。经济学对此已有相当丰富的研究成果。我们拟结合出版实践，重点介绍其中的几个主要观点。

（1）配置出版资源

市场，在经济学中有"无形之手"或"看不见的手"的美誉，意指市场可以通过供求、价格、竞争等机制不声不响地发挥着调节市场资源的作用。市场与政府这只"看得见的手"共同形成了配置出版市场资源的合力。

出版，虽然本质是文化，但它终究是以商业或产业的方式运作的。出版资源的配置虽然有政府这只"看得见的手"的参与，但是，出版市场供求、价格和竞争等机制仍然发挥着不可估量的作用。优质作者资源、优质版权资源、优质消费资源和优质渠道资源等总是向优质出版企业和成长态势好的出版领域聚集的，"马太效应"在出版市场中表现得尤为突出。

市场配置出版资源，存在着两个方面的效应：一是优质出版企业或出版领域更容易获得优质出版资源的青睐；二是市场吸引力不足的出版企业或领域，如小众出版、冷门绝学出版等，则难以获得必要的出版资源的支持。因此，在出版营销管理中，既要充分发挥市场配置出版资源的积极作用，又要通过政府这只"看得见的手"弥补"市场失灵"，为资源聚集能力不足的出版企业或领域配置相应的人财物力资源，以维系出版业的健康协调发展。

（2）聚集出版信息

如前所述，出版市场是出版物商品或服务交换关系的综合体。出版市场的这种"综合体"属性，不仅体现在出版业人力、物力和财力等资源的综合上，而且还体现在出版市场信息的聚集上。出版市场就是一个出版相关信息聚散的基础场域，出版业的供求信息、作者信息、版权信息、读者信息、需求信息等都会实时动态地聚集于出版市场。因此，出版市场的调研、分析和预测，是现代出版企业市场营销工作的基本功能。

（3）调节出版生产

出版业的生产、流通和消费是政府宏观管理下的自发行为，出版市场的价格、供求与竞争是调节出版生产的三大重要机制。其中，价格是市场机制中最基础、最敏感、最有效的调节机制，出版物商品或服务价格的变动，会引起出版供求关系变化，进而起到调节出版生产的效果。供求则直接决定着出版企业生产活动的结构或布局，供不应求激发企业扩大出版生产，供过于求则会降低出版企业的生产投入。竞争则是基于优胜劣汰、适者生存原则作用于出版生产活动，以促使出版企业改善经营管理、创新科技，提高劳动生产率。

当然，市场调节机制具有一定的自发性和滞后性。因此，在出版市场管理中，充分考虑到出版的文化或意识形态属性，正确处理好政府和市场两种资源配置方式之间的关系，"建设有为政府，更好发挥政府作用"就显得十分重要。

（4）服务出版消费

经济学的研究表明，生产与消费是辩证统一的关系，生产决定消费，消费对生产具有反作用。其中，消费对生产的反作用主要表现为消费拉动经济增长、促进生产发展。只有生产出来的产品被消费了，这种生产才算真正完成，消费的这一反作用也可以表述为"消费是生产的目的"。正是从这个意义上讲，我们认为，出版市场具有服务出版消费的重要功能。

出版市场服务出版消费的重要功能主要体现为：其一，出版生产以满足出版消费为目的；其二，出版生产决定出版消费方式；其三，出版生产决定出版消费的质量和水平。

4. 出版市场的特征

出版是一种典型的社会文化现象，它满足的是人们的精神文化需求，影响的是社会公众的思想、观念和价值认同。因此，理解出版市场的个性化特征是把握出版市场这一出版营销学基础概念范畴的关键。那么，与一般市场（主要指物质产品市场）相比，出版市场具有哪些个性化特征呢？

（1）突出的服务性

出版，本质是文化，是文化选择、传播与传承，但其形式是产业、商业或经济，是以商业或产业形式实现文化建构之目的。因此，出版市场，不同于一般市场，必须在营利性与服务性中有所选择或侧重。强调出版市场的服务性，是指在处理出版的营利性和服务性关系时，应该将服务性放在首位。强调出版市场的服务性，主要体现在两个方面：其一，坚守出版业的"为人民服务，为社会主义服务"的"二为"方针；其二，坚持"把社会效益放在首位、社会效益和经济效益相统一"的两个效益原则。出版业"不能当市场的奴隶"，当营利性和服务性发生矛盾或冲突时，应该旗帜鲜明地将"社会效益放在首位"。

（2）鲜明的民族性

民族性与世界性是一对重要的文化学范畴，其中，守护文化的民族性是发展文化的世界性的前提。中华文化是世界文明不可或缺的重要组成部分，是世界文明多样性、多元化的象征。作为文化传播传承的一项基础性工作，出版业必须坚持捍卫中华文化的民族性。这是出版市场具有鲜明民族性的深层原因。出版市场的民族性，要求出版业在当下全球文化交融互动背景下，进一步坚定"文化自信自强"，将中华传统优秀文化、革命文化和社会主义先进文化传播好、传承好，更好地服务于"文化强国"战略。

（3）可控的开放性

"统一开放、竞争有序"，既是现代市场体系建设的总体要求，也是现代出版市场体系建设的重要遵循。虽然建立开放的出版大市场是出版业高质量发展的基础，但出版市场的准入是有条件的、有门槛的。以法国为代表的西方发达国家，将"文化例外"作为其出版市场管理的准则，正是出版市场可控开放的体现。我国的《出版管理条例》，同样对我国出版市场的准入和监管、对出版物的出版与发行等均有明确的规定。

二、市场需求与出版市场需求

需求，是心理学、经济学和管理学等众多学科共同关注一个概念范畴。营销学则侧重于研究市场需求，但以上相关学科关于需求的研究对企业的营销管理均有重要参考价值。

(一)市场需求

市场需求,是指顾客或消费者在一定的市场环境、区域、时间和市场营销计划下对某种商品或服务的愿意和相应购买力的数量,也可以简单地理解为顾客或消费者需求的总和。

营销学研究表明,市场需求由顾客或消费者、购买欲望和购买力三个要素构成。

顾客或消费者,是市场的基本构成要素,满足顾客或消费者需求是企业生产的目的所在。顾客或消费者数量的大小是决定或影响市场需求规模的基础要素。一般而言,顾客或消费者的数量越大,市场需求规模越大;反之亦然。

购买欲望,是指顾客或消费者购买商品或服务的动机、愿望和要求,它是使顾客或消费者的潜在购买力转化为现实购买力的必要条件,也是构成市场的基本因素。购买欲望强烈与否对市场需求规模具有重大影响。购买欲望的形成取决于两个关键要素,一是顾客或消费者未被满足的生理和心理要求;二是顾客或消费者购买产品或服务的预期利益。

购买力,微观上是指顾客或消费者购买商品或服务的支付能力,宏观上则是指在一定时期内人们用于购买商品或服务的货币总额。购买力的大小是决定市场需求大小核心要素。微观上的购买力,取决于顾客或消费者的收入水平及其支出结构,宏观上的购买力则受制于国民收入及其分配。购买力的大小,与顾客或消费者的收入和国民收入水平呈高度的正相关关系。

(二)出版市场需求

满足读者的阅读消费需求是出版营销活动的根本目的。出版市场需求,主要表现为读者的精神文化需求,它既有一般市场需求的共性,也有其鲜明的个性化特征。本部分拟介绍出版市场需求的基本动态和主要特征。

1. 出版市场需求动态

出版市场需求虽然是一个整体,但通过细分,可以更好地理解其发展变化规律。营销学将市场需求划分为八种基本动态,这对我们深入了解出版市场需求具有很好的指导意义。下面我们就借鉴营销学关于市场需求动态的理论来简要介绍一下出版市场需求的八种不同动态类型。

(1)否定需求(Negative Demand)

否定需求,也称"负需求",是指出版企业的出版物产品或服务不为市场所接受,甚至为广大读者所厌恶或反感。如某出版企业出版的少儿读物低级、庸俗,且包含色情成分,因而为广大家长所唾弃。在面临否定需求动态时,出版企业应采取转变营销策略,即分析市场不欢迎其产品或服务的原因,并重新制订营销方案,对营销组合的各个方面进行重新设计,使其产品或服务以新的面貌、新的形象进入市场,以求改变读者的不良看法,求得新的发展机遇。

（2）无需求（No Demand）

无需求，也称零需求，是指读者对出版企业生产的产品或服务既无正向需求，也无负面反应。即读者似乎感觉不到这一产品或服务的存在。一般地讲，造成这种需求的原因大致有：读者对出版物产品或服务缺乏认识或不了解；现有出版物产品或服务不符合读者需要；读者认为不值得购买等。无需求的市场动态又可以分为三种情况：一是被动性市场无需求，即读者见不到出版物产品或服务而造成的无需求。二是条件性无需求，即出版物产品或服务功能的发挥需要有一定的外在条件作为支撑，条件不具备，需求也就无法实现。例如，网络出版物在偏远地区没有需求就属于此类情形。三是未开化性无需求，即读者对出版物产品或服务的功能和作用未认识之前也不会去购买。面临无需求状态，出版企业应采取刺激营销策略，即大量传播与推广有关出版物产品或服务的信息，加大促销力度，进行广泛分销，以期激发读者需求。

（3）潜伏需求（Latent Demand）

潜伏需求，是指相当数量的读者对出版物产品或服务虽然有着强烈的需求意愿，但不能从现有出版物产品或服务中得到满足，而期盼更理想的出版物产品或服务问世，处于持币待购状态。在面临潜伏需求时，出版企业应采取开发性营销策略，即深入研究潜伏需求的特征，进行有针对性的产品开发，以便开发出符合读者现实需要的出版物产品或服务。

（4）衰退需求（Falling Demand）

衰退需求，也称需求萎缩，是指市场需求呈下降态势。一般地讲，企业的任何产品或服务都会或迟或早地遇到此种情形。造成需求衰退的原因是多方面的，如出版物产品或服务内容的陈旧过时、替代产品的出现、读者兴趣的转移等。面对衰退需求，出版企业可采取重振性或再生性营销策略，如根据读者需求兴趣的转移更新出版物产品或服务的内容、开发新的出版物产品或服务等，以期抑制需求的衰退，促进需求的提升。

（5）不规则需求（Irregular Demand）

不规则需求，也称波动需求，是指消费需求随时间变化呈现出季节性、周期性的波动变化或不规则变化，时而供不应求，时而供过于求。例如，教材、教辅、年画挂历或某些政治读物等的需求都有这种特征。面临这种需求状态，出版企业应采取同步营销策略，即通过调整营销组合，或实行多项目、多产品、多市场、多价格等举措，做到供给与需求的同步化。

（6）饱和需求（Full Demand）

饱和需求，也称充分需求，即市场需求较充分或饱满，出版物产品或服务畅销，完全达到企业预期目标。企业为了保持需求的饱和状态，防止需求衰退，可采用维持性营销策略，如不断调整营销组合，发展销售业务；利用市场变化不断开发新的选题等。

（7）过饱和需求（Overfull Demand）

过饱和需求，也称需求超负、需求过度，是指市场需求超过企业产品或服务的供给量，使企业供给超负荷，即产品紧缺、竞相抢购，供不应求。在正常情况下，该种需求出现的概率很低，即使出现这种状态，时间也很短暂。例如，"文革"刚结束时，特别是20世纪80年代初期，读者对科技书、文艺书的需求迅速增加，而当时我国的出版产能相对低下，当时的出版市场处于需求超负状态。面临这种状态时，出版企业可采取低营销策略或增长性营销策略，以期抑制需求或进一步扩大生产。

(8)病态需求(Unwholesome Demand)

病态需求，也称有害需求、无益需求，这是指出版物产品或服务的内容具有反常或不合法性质，致使对该类产品或服务的需求有悖正常状态。在出版市场上，黄色淫秽出版物、反动出版物、宣扬封建迷信与犯罪的出版物之所以有销路，其根本原因就在于有人对这类出版物具有强烈的病态需求欲望。对于出版市场上的这种病态需求，出版企业不应附和，不应予以盲目满足，而是应采取抵制营销策略，即大力宣传病态需求的危害，力求以科学健康有益的出版物来赢得读者。

2. 出版市场需求的特征

出版市场需求虽然千变万化，但还是有规律可循的。掌握出版市场需求的特征，把握其发展演进规律，做好出版营销的基础。下面将简要介绍一下出版市场需求的几个基本特征。

(1)多样性

多样性，是指不同读者具有完全不同的需求，即使是同一读者在不同背景下其需求也是千变万化的。出版市场需求的多样性，主要是受读者的人口和地理因素、心理特征和生活方式、产品态度和利益追求以及消费行为和价值等诸多因素影响所致。出版市场需求的多样性是其他物质商品市场不可比拟的。尽管各国出版企业每年都要出版数十万种新版出版物投放市场，但仍然难以满足广大读者多样性的需求，"买书难"现象在各国出版界仍不同程度地存在。据报道，美国出版界目前可提供的在版书多达200多万种，大的零售书店待售图书也达二三十万种之多，但仍不能完全满足广大读者多样性的需求。需求的多样性，就要求出版企业能够生产、提供不同内容、不同形式的丰富多彩的出版物产品或服务来予以满足。

(2)层次性

出版市场需求虽然多种多样、复杂多变，但具有明显的层次性。处于最底层的是各种启蒙读物和基础教育读物；处于第二个层次的是各种娱乐消遣读物、社会科学通俗读物、自然科学普及读物；处于第三个层次的是各学科专业的一般著作；处于第四个层次即最高层的是哲学、社会科学理论著作、自然或技术科学学术著作。出版市场需求的这四个层次是一种典型的塔式结构，一般而言，从底层到最高层，市场需求量逐渐缩小，相反，其内容的深度则逐渐加大，对读者文化程度及知识储备的要求也越来越高。

(3)专指性

专指性，是指读者的需求具有明确的指向性，只能以特定的出版物产品或服务来满足其需求。一般地，读者购买出版物产品或服务都有一定的专指性，不是盲目购买的。读者

11

为满足其需求，必须选购特定的出版物产品或服务，而不能用其他的来替代。有时候某些出版物产品的内容相当，可以彼此替换，但不能因此忽略市场需求的这种专指性。随着出版市场竞争的日趋激烈，内容相似或相同的出版物越来越多，读者要选购到所需要的特定出版物也越来越复杂。在这种情况下，精准定位读者需求，提供与需求高度匹配的产品或服务，才是出版企业营销的制胜之道。

（4）可诱导性

可诱导性，是读者需求指向上的一种不稳定特征，指读者所要购买的出版物产品并不是完全确定的、固定不变的，而是可以在出版企业促销活动的作用下发生变化的，并且沿着企业促销的意图和方向发展变化。可诱导性，是读者需求方向上的一种可塑性。读者的阅读消费需求并不是与生俱来的，而是在多维因素的共同作用下形成的。影响读者需求产生的原因，固然有读者的年龄、性别、职业、文化程度、家庭等相对稳定的因素，有社会的政治、经济、科学文化环境等客观因素，同时也有出版企业的各种营销因素。出版企业精心策划的各种促销活动，如果抓住了读者的心理，对读者需求的影响至关重要。出版企业在其营销活动中，不是被动地去适应读者的需求，而应采取积极有效的措施去引导读者的需求，力争在营销中掌握更大的主动权。

（5）弹性

弹性，是指在各种主客观因素作用下出版市场需求量大小的变化。影响出版市场需求弹性的因素包括为两类：一类是出版企业的可控因素，另一类是不可控因素。通常情况下，出版企业可以利用其可控的产品策略、价格策略、分销策略及促销策略等去刺激读者的购买欲望，以扩大出版市场需求，提升出版物产品或服务的销售量。如果出版企业的营销工作做得好，产品适销对路、价格合理、分销及促销得力，读者的潜在需求就可以被激活，市场需求量就会相应扩大。相反，出版企业的营销工作做得不好，读者的需求就会被抑制，市场需求量就难以扩大。

（6）时代性

时代性，是指随着市场环境的发展变化出版市场需求也会呈现出相应变化的特征。由于市场环境的发展和变化，人们的消费观念和消费行为也会发生变化，从而引起人们的阅读消费需求的相应变化。以中华人民共和国成立以来我国文学读物市场的发展为例，可以清楚看到出版市场需求的这种时代性特征。20世纪50年代上半期，在向苏联学习的社会环境下，苏联文学作品在我国出版市场十分流行，《钢铁是怎样炼成的》等苏联文学作品深受我国广大读者的欢迎。到20世纪50年代末期，苏联文学作品逐渐被市场"冷落"，文学读物市场又出现了对《红岩》《红旗谱》《青春之歌》等一批中国当代文学作品的"流行性"需求。进入20世纪60年代上半期，则出现了对《雷锋日记》《王杰日记》等出版物的大量需求，反映了广大青年学习革命传统和学习解放军的思潮。在粉碎"四人帮"以后的一段时期，"伤痕"文学曾风行一时，它反映了社会上要求彻底否定"文化大革命"的心声。改革开放以后，文学读物市场需求的多元化格局得到充分体现。时代性是出版市场需求变化的一个极为重要的特征，它要求出版企业的营销活动要立足市场，及时把握市场需求变化的特征，掌握市场需求发展变化的规律，同步调整企业的营销战略。

（7）关联性

关联性，也称相关性，是指出版市场需求所表现出的相互关联或互为因果的一种特征。这种相互关联的需求可以分为两类：一是同向相关，二是逆向相关。同向相关是指满足某些需求的出版物产品与其相关联的其他产品会发生同步的增减。如家用数字设备的增长或普及，就会带动音像制品、电子出版物和网络出版物需求的增加。逆向相关则是指满足这些需求的不同产品是可以相互替代的，其需求量是此消彼长的。如内容或功能相同相近的出版物，往往是买了其中的一种就不会再购买另一种。掌握出版市场需求的关联性，对于出版企业的产品开发、流通企业的产品进货等都具有重要的意义。

（8）隐蔽性

隐蔽性，是指在某些条件下读者意识不到其潜在的阅读消费需求的一种市场倾向。阅读消费需求是一种精神文化需求，它不像一般的物质需求那样容易为需求主体所及时察觉，往往处于一种潜藏状态。例如，肚子饿了的时候，人们很容易想到自己有了对食品的需求；天气变凉的时候，人们自然会意识到自己有及时添加服装的需求。然而，当人们生病需要了解有关疾病的知识的时候，却很少有人会想到找本相关的图书来看看；当人们在生活中遇到某些难题的时候，往往习惯求助他人，想不到去书店买本相关的图书来看看。可见，出版市场需求不像一般物质需求那样直接，那样容易为需求主体自身所察觉到。对于需求主体来讲，出版市场需求通常是隐蔽的，需要一定的外界刺激方能被需求主体意识到。

三、营销与出版营销

营销，也称市场营销，是一个使用频率极高的管理学术语。一百多年来营销学的发展如火如荼，营销这一概念的内涵和外延也不断发展变化。虽然不同学者或学派对这一概念的界定不尽相同，但营销的核心意涵却有着基本的共识。市场经济条件下，虽然人们言必称营销，但这并不意味着大家真正理解了营销的意涵。本部分将对营销和出版营销这两个概念做一个简要介绍。

（一）营销

用莎士比亚说的金句"一千个观众眼中有一千个哈姆雷特"来形容人们对营销的理解绝不过分。国内外学者对这一概念所下的定义多于牛毛。美国学者基恩·凯洛斯曾将各种市场营销定义分为三类：一是将市场营销看作一种为消费者服务的理论；二是强调市场营销是对社会现象的一种认识；三是认为市场营销是通过销售渠道把生产企业同市场联系起来的过程。① 这表明，学界对营销或市场营销的理解尚存在不同的认识。我们从众多的观点中撷取几个较有影响的定义介绍给大家。

美国哈佛大学麦克纳教授认为："营销即创造并传送生活水准给社会。"著名营销学家、美国西北大学教授菲利普·科特勒则是这样定义营销的："市场营销是个人和组织通过创造并同他人或组织交换产品和价值以获得所欲之物的一种社会过程。"中南财经政法大学彭星闾教授则认为："市场营销是指以市场为中心，满足用户现实需求和潜在需求的企业整体性活动。"美国市场营销协会(AMA)1960 年对市场营销所下的定义是："市场营销是引导产品或劳务从生产者到达消费者或用户手中的所进行的活动过程。"②③

以上四例，乃是国内外营销学大家或组织之观点。应该说，他们都有较强的权威性。从表述上看，彼此之间虽然存在一定的差异，但从本质上讲，他们彼此都有相同、相近或相通之处，只是彼此强调的侧重点并不完全相同。

我们认为，要科学理解营销这一概念，主要应把握这样几个基本点：一是营销的主体。从工商管理角度看，营销的主体是企业。当然，也有学者认为营销的主体不仅是企业，还包括个人、集体或其他组织，如前所述菲利普·科特勒教授就持有这种观点。二是营销活动的中心。营销活动的中心是市场，如前所述彭星闾教授、美国市场营销协会的定义都揭示了这方面的内容。事实上，菲利普·科特勒和麦克纳二位教授的定义也同样暗示了这一点。三是营销活动的内容。营销活动的内容包括两个基本方面，即企业的产品或服务的创造和传递。在这一点上，一定要注意片面强调营销活动是一种销售或促销活动，只涉及企业产品的流通问题，或者说营销就等同于销售或促销。事实上，营销贯穿于生产、流通和消费全过程。四是营销活动的性质。营销活动是一种管理活动或管理过程，它是对企业生产经营活动所进行的科学管理。

基于以上认知，我们将营销定义为企业面向市场设计、组织和实施的企业整体性活动。

(二)出版营销

"营销"进入出版学视野是 20 世纪 80 年代的事情。1988 年，武汉大学胡典世、练小川主编的《图书营销学》(武汉大学出版社出版)被正式纳入国家教委统编教材计划，可以看作出版学接纳或认同"营销"的一个标志。此前，与出版营销相关的工作，在出版圈基本不叫"营销"，更多地称"进销"(如高文龙等主编的《图书进销学》，北京市新华书店 1985年版)或"宣传促销"等。《图书营销学》统编教材出版后，出版业界、学界都开始高频次地使用这一概念，围绕图书营销、出版机构营销等先后出版了多部著作，发表的文章更是数

① Crosier K. What Exactly is Marketing? [J]. Quarterly Review of Marketing, 1975.
② 方卿，姚永春. 图书营销学[M]. 太原：山西经济出版社，1998：7.
③ 王成慧. 市场营销理论的演进逻辑与创新研究[M]. 北京：中国财政经济出版社，2004：156.

以千计。

那么，什么是出版营销？它主要做些什么呢？

1. 出版营销的概念

营销这一概念的界定，学界争论热烈，但出版界对"出版营销"这个概念却并未展开真正的讨论。从已有文献看，出版界使用较多的不是出版营销，而是"图书营销"或"出版物营销"等。但是，从"图书营销"或"出版物营销"等的相关研究中，仍然可以看出出版界对营销的理解也并不统一。

例如，书海出版社《图书营销学》一书是这样给图书营销下定义的："图书营销是图书发行企业围绕着图书市场和图书交换而从事的图书经营销售活动，它是图书出版发行企业将图书从出版者传递到读者的一切企业活动。"再如，武汉大学出版社出版的《图书营销学》则认为"图书营销，是指图书出版发行企业引导图书商品和劳务从生产者流向消费者(读者)所实施的一项综合性业务活动(或称企业整体营销活动)。图书营销这一活动是由图书引起的，并以开发满足读者需求为轴心开展的"。这些定义虽各有不同的侧重点，但也不乏共性。它们分别从不同的角度在一定程度上揭示了图书营销这一概念的本质。但是，由于受当时的出版业发展水平等因素的影响，这些定义也都存在不同程度的局限性。

我们将出版营销定义为：出版企业面向出版市场，设计、组织和实施的企业整体性活动。要科学地理解出版营销这一概念的含义，至少应该掌握以下几个基本点。

(1)出版营销主体是出版企业

基于工商管理视角，营销是一种企业行为，营销活动的设计、组织和实施都是由企业来完成的。出版营销主体是出版企业，主要指书报刊、音像、电子与网络出版企业和发行企业等出版组织，而不是出版企业中的某一个部门或少数人。一些出版企业，设有专门的"营销部"，也有由"发行部"或"销售部"负责出版营销工作的。严格意义上讲，这并不科学。正如文献所指出的："目前的许多公司都正在努力成为、或自我标榜已经是以市场为导向的、重视市场营销的公司。实际上，如果一个公司不是所有的组成部分都认识到这个概念的现实意义，不是每一个工作岗位都接受市场营销这一信条，而仅仅是销售人员懂得和热爱市场营销，那么这个公司就不是真正意义上的以市场为导向的公司，也无法达到卓越发展的目标。"[1]既然出版营销的主体是出版企业，那么"全员营销"才是合理的。也就是说，将出版营销交给"发行部""营销部""销售部"是不合适的。出版营销应该由出版企业高层统筹，"全员"实施。当然，不同部门、不同人员的营销职责是有分工的。正如美国著名出版人约翰·克雷默所强调的："营销是全公司范围内的事。它不能，也不应该局限于某一个部门来承担。"[2]

---

① 项润，高媛. 全员营销：非营销部门的营销管理[M]. 北京：企业管理出版社，1999：1.

② 约翰·克雷默. 1001种图书营销方法[M]. 张志强，等，译. 南京：译林出版社，2016：6.

（2）出版营销客体是出版物产品或服务

一般地，营销学将进入市场交易的各种商品或服务定义为市场营销的客体。那么，出版营销的客体显然就是各种类型的出版物产品或服务。作为出版营销客体的出版物产品或服务，是由出版营销主体出版企业策划、设计、开发、生产并提供给出版市场的。所谓"产品是企业的灵魂""服务是企业的灵魂"等，揭示的正是作为营销客体的产品和服务对企业营销的重要性。出版营销不是空洞的理论说教，而是要立足于为市场提供优质的出版物产品或服务，离开了出版物产品或服务这一营销客体，也就无所谓出版营销了。出版物产品或服务是出版企业市场营销的关键抓手。

（3）出版营销业务是出版企业的整体性活动

出版营销不是一种单纯的出版企业管理理念，而是一种实践性极强的出版企业行为或活动，它是由一系列营销业务活动构成的出版企业的整体性活动。当然，现代意义上的整体营销也是从早期相对单一的业务，如推销或促销，发展而来。一般地，出版企业的整体营销业务，大致可以分为营销战略和营销战术两大部分。其中，前者主要涉及出版市场细分、目标市场选择和市场定位、市场发展、品牌建设、客户管理等内容；后者主要包括产品策略、定价策略、分销策略和促销策略等。单一的营销业务，如出版物产品或服务的宣传促销，不是严格意义上的出版营销，只有上述全部活动才能共同构成出版营销。从这个意义上讲，目前出版界不少人仍然将出版营销理解为出版物的发行或宣传促销，这是不合适的。出版界应该建立起所谓"整体营销"的理念。

（4）出版营销宗旨是有效满足出版市场需求

营销是一种企业职能。企业以营利为目的，营销自然也必须服从或服务于企业的这一总体目标。但现代营销学对营利的追求却是建立在市场服务基础之上的，企业只能在有效满足市场需求的前提下才有可能实现营利之目的。早在20世纪四五十年代，"客户至上"就已经成为企业营销的基本理念；20世纪六七十年代，社会营销导向观念已深入人心。可见，一提到营销就想到"把梳子卖给和尚"的"套路"的时代，已经一去不复返了。可以说，市场营销早已摆脱了"交易营销"而进入了"关系营销"时代，有效满足出版市场需求，业已成为企业营销的根本宗旨。我国社会主义出版营销的宗旨，就是"为人民服务，为社会主义服务"，就是高质量满足人民日益增长的阅读消费需求。惟其如此，出版营销方可行稳致远。

2. 出版营销的任务

在了解了出版营销的概念之后，我们再来看看出版营销的具体任务。一般地讲，出版营销的任务主要包括以下几个方面。

（1）确认市场

出版营销活动总是围绕某一目标市场来进行的。因此，出版企业在出版选题确立之前就必须对市场进行深入的研究，以把握市场需求的状况和发展态势，依据各种标准对市场进行细分，并对细分市场的需求特征、市场容量等进行评估，然后再根据企业的资源禀赋和营销目标来选定目标市场。确认市场，作为出版企业营销活动的主要任务，它对出版营销的成败具有战略意义。众所周知，在多种因素的作用下，各细分市场的引力总是不均衡的，有些细分市场引力大，它能给企业带来丰厚的利润；有些细分市场引力小，它带给企业的利润相对有限。因此，企业选择的目标市场不同，营销业绩可能也就完全不同。如果企业的目标市场选择得好，其成功的可能性就大；反之，如果目标市场选择失误，那它要想取得好的营销业绩就很难。由此可见，确认目标市场是出版营销工作的一项带有战略意义的重任。

（2）了解购买动机

了解购买动机，实质上是为了把握目标市场需求产生的动力因素，是为了掌握目标顾客需求产生的原因。如果说确认市场是定量地分析市场的话，那么，了解购买动机则是定性地分析市场。出版市场需求虽然具有一定的稳定性，但是，随着市场环境及读者自身条件的发展变化，读者的需求总是不断发展变化的。了解读者的购买动机，不仅是为了把握出版市场需求的基本状况，更是为了掌握市场需求的发展变化规律，把握需求的发展变化走势，以便掌握市场的主动权。因此，出版市场营销工作不仅要定量确认市场，同时还要定性地了解购买动机。

（3）开发和调整产品

如果说满足读者的阅读消费需求是出版营销的目标的话，那么，这一目标还必须通过出版企业向市场提供适销对路的出版物产品或服务来实现。怎样才能使出版企业开发的出版物产品或服务符合读者的需求、使产品或服务适销对路呢？这正是出版营销工作的又一任务。为了完成这一任务，出版营销学提供了一整套根据市场需求开发设计新出版产品、整顿老产品、调整产品整合及产品包装与外观设计的策略和方法。

（4）合理定价

出版企业生产的出版物产品或服务，总是通过市场让渡给发行中间商和读者的。出版物商品或服务的价格水平，不仅影响着发行中间商和读者购买的积极性，而且也决定着出版企业和发行中间商的盈利水平。过高的定价不利于扩大销售；相反，价格过低也将影响到出版企业和发行中间商的盈利。因此，综合考虑影响定价的各种因素，确定合理的定价目标，选择科学的定价方法和定价策略对每一种出版物产品或服务确定一个合理的价格，便成了出版营销工作的重要任务。

（5）执行实体配销

出版物产品或服务生产出来之后，还必须将其送达发行中间商和读者手中，其价值才得以实现。实体配销是出版营销的一个重要组成部分，它主要包括存货管理、仓储、运输、订货处理等。实体配销的任务是要在尽量减少出版企业费用开支的前提下，保障读者在适当的时间或地点购买到所需要的出版物产品或服务。出版营销的实体配销，主要涉及出版物商品的仓储和运输业务。

（6）销售促进

在买方市场条件下，产品或服务的极大丰富使消费者在市场中占绝对的支配地位，企业为争取客户而展开激烈竞争。开发质优价廉的出版物产品或服务固然是争取客户的重要举措，加大产品或服务的宣传促销力度，向广大消费者及时准确地传递商品或服务信息同样也是吸引顾客的有效之举。了解营销学产生背景的人都清楚，营销实际上就起源于企业的产品销售促进活动。经过百余年的发展后，营销学仍然将销售促进作为企业营销活动的任务来看待。出版营销学同样也为出版企业的销售促进提供了一套行之有效的促销理论与方法。

(7)售后服务

高质量满足读者阅读消费需求是出版营销的宗旨，因此，即使一项交易完成之后，出版营销的任务也并没有结束。交易完成后，企业还需要关注、跟踪出版物产品或服务的阅读消费活动，接受读者投诉，解决出版物产品或服务阅读消费中出现的各种问题。优质的售后服务，不仅可以更好地服务读者，还可以提升读者对企业的满意度和忠诚度，提升顾客的回头率。

第二节 基 础 理 论

出版营销学，是研究出版企业市场营销活动及其规律的科学，是营销学或市场营销学理论或方法在出版领域中的应用，具有鲜明的实践性和应用色彩。

出版营销学是在世界出版业迅速发展、出版市场竞争日趋激烈的背景下产生和发展起来的。"二战"结束后，世界各国政治、经济、文化、教育和科技的高速发展，20世纪80年代以来数字与媒介技术的发展和普及等，带来了出版业的巨大变革和快速发展，出版活动领域迅速扩大，出版商务活动日趋复杂，出版产业竞争日趋激烈，出版业的国际化进程不断加快，出版业的地位不断提升。出版市场环境和营销活动的变化，对出版管理理论和方法的创新提出了新的需求，出版营销学正是在这种背景下进入出版企业或出版人的视野，并逐步受到出版界重视的。

出版营销学，既然是市场营销学的基本理论与方法在出版营销实践中的应用，那么，出版营销学的基本框架，乃至一些具体的营销方法和营销策略等与市场营销学都是基本一致的。这种一致性正是市场营销学中"市场营销一般理论"的体现。当然，出版企业的市场营销毕竟有别于普通工商企业，它具有鲜明的行业特色。这主要是由出版物产品或服务及出版企业所具有的突出的精神文化属性所决定的。因此，出版营销学自然也有区别于市场营销学之处。基于这种认知，出版营销学研究应着力强调两个方面的内容：一是应着力探讨市场营销学的各种基本理论与方法在出版营销实践中应用的可行性，将两者相一致的地方尽可能应用到出版营销实践中去；二是应着力研究出版营销实践的特殊性，尽可能找出两者不相适应的地方，并努力解决这些"真空"地带存在的问题。唯其如此，出版营销学才能真正立足于科学的殿堂，有效地服务于出版业的高质量发展。

营销在出版领域中的应用，是从局部出版实践活动开始的。早期主要集中在出版物的发行和宣传促销环节，后来才逐步拓展到出版物产品或服务的开发、出版定价和出版企业目标市场定位等环节。因此，此前其学科名称多为"图书进销学""图书销售学"和"图书营销学"等。21世纪以来，我国出版过多部与出版营销相关的著作，如翟星的《出版物营销实务》、王建强的《中国出版物营销分类方法》、杨虎的《文化的坚守与运营 畅销书出版营销研究》、孙边旗等的《西方出版物市场营销》、魏龙泉的《美国出版社的组织和营销》和刘银娣等的《欧美大型学术出版机构营销战略研究》等，关注的主体或者是出版物，或者是出版机构，较少聚焦于出版行业。以"出版营销学"命名该学科，更多的是考虑到出版业全局发展的理论与方法需求。

本节主要涉及出版营销学的研究对象与内容、学科性质、相关学科和研究方法等学科基本理论问题。

一、出版营销学的研究对象

研究对象，是一门学科基础理论中最重要的问题。是否具有独立的研究对象，是判断一门学科能否成立的基本前提。正因如此，每一门学科都十分重视对其研究对象的探讨。在出版营销学研究中，研究对象算是一个引起争论较多的问题。目前，对于这一问题仍然没有形成一致的看法。关于出版营销学研究对象的有代表性的观点主要有以下三种。

1. "图书市场说"

目前，将出版营销学的研究对象定义为"图书市场"的大有人在。可以说，"图书市场说"，也是关于出版营销学或图书营销学研究对象的最为普遍的观点。持这种观点者认为，营销学，原本就是市场学，两者是一回事，都是源于英文"Marketing"这一学科。其学科名称本身就已揭示出了其研究对象，即图书市场。

2. "供求说"

这也是一种具有一定代表性的观点。持这种观点者的表述方式不尽相同。如，书海出版社《图书营销学》称："图书营销学的研究对象，是图书营销中的出版发行企业与读者之间的供求矛盾。"再如，还有一些学者认为："图书营销学研究图书供求关系及流通规律。"这两种观点强调的都是"供求"，虽然前者表述为"供求矛盾"，后者表述为"供求关系"，但事实上，仍属同一类观点。他们之所以持这种观点，主要是基于这样一种考虑：出版营销或图书营销的立足点是出版物或图书市场，而出版物或图书市场又具体表现为供求矛盾或供求关系，这种"供求"正是出版市场的核心之所在，固有此说。我们认为，"供求说"可以看作"市场说"的延伸，两者之间没有实质的区别。

3. "整体活动说"

这种观点也颇有市场。例如，武汉大学出版社出版的《图书营销学》就认为："图书营销学的研究对象是图书出版发行企业的图书营销关系、营销战略与营销规律，即以读者需求为中心，以社会经济效益为准则的图书出版发行的整体营销活动及规律性。"很明显，这种观点直接来源于营销学的"整体活动说"这一定义，我们将出版营销定义为"出版企业的整体性活动"。

一般地讲，在学科发展初期，关于研究对象的争论纯属正常现象。科学发展史表明，许多学科在其产生和发展初期都存在类似问题。以市场营销学为例，市场营销学虽然已走过了100多年发展历程，但其研究对象也还没有完全定论，至今仍是众说纷纭。市场营销学的研究对象也存在着与出版营销学研究对象相类似的几种观点，有"市场说""供求说"，也有"整体活动说"等。更何况，出版营销学还是一个新兴的年轻学科呢？当然，从严格意义上讲，任何一门学科的研究对象有且只有一个。那么，出版营销学的研究对象到底应该是什么呢？

我们不妨先来看看作为一门学科的研究对象应该具备哪些条件。相关研究表明：作为一门学科的研究对象应该具备这样两个基本条件。其一，研究对象必须是一个学科的"元问题"，而不是由"元问题"衍生出的"衍生性问题"。所谓元问题，可以简单地理解为学科的第一问题，最根本、最基础的问题。界定一门学科的研究对象，正是要找到学科中的这个所谓"元问题"。从科学史上不同学科发展的经验看，学科的"元问题"通常表现为一种"客观存在"[1]"目标事物或认识客体"[2]，而不应该是基于此衍生出来的所谓"规律""矛盾"或"要素"等。其二，研究对象应该是一定的学科领域里特有的矛盾。正如毛泽东同志所指出的："科学研究的区分，就是根据科学对象所具有的特殊的矛盾性。因此，对某一现象的领域所特有的某一矛盾的研究，就构成某一学科的对象。"[3]

根据上述两个条件，我们认为出版营销学的研究对象是出版企业的整体营销活动，是出版企业营销环境（尤其是读者需求）的动态性与出版企业营销活动的相对稳定性之间的矛盾。这是因为：出版企业的整体营销活动是出版营销学研究的"元问题"，是出版营销研究作为目标的事物和认识的客体。出版企业整体营销活动是出版企业市场营销活动的集合，它包括相互联系、相互制约的多个方面。例如，它包括出版市场营销环境（尤其是读者需求）的调研和预测、市场细分与目标市场选择、市场发展与竞争等营销战略问题；也包括出版产品策略、定价策略、分销策略和促销策略等营销战术问题；还包括出版营销活动的计划、组织与控制等营销管理问题。出版营销学所要探讨的是上述这些具体内容，而能够同时涵盖上述这些具体内容的只能是出版企业的整体营销活动。出版企业的整体营销活动，不仅同时能涵盖上述诸多具体内容，而且还能够反映上述诸多内容之间的本质联系。出版营销学既要研究上述各个独立的方面，但又不限于此，它研究的重点应该是上述各方面的整体配合，即它们彼此之间如何有效配合才能给出版企业带来最佳的经济效益，才能最大限度地满足读者的阅读消费需求。基于此，我们认为，出版企业整体营销活动作为出

① 王玉民，颜基义，潘建均，等.决策学的研究对象与逻辑前提[J].中国软科学，2018(6)：128-138.

② 黄宗忠，彭斐章，谢灼华.对图书馆学几个问题的初步探讨[J].武汉大学学报，1963(6)：104-120.

③ 毛泽东选集(第1卷)[M].北京：人民出版社，1966：297.

版营销学的研究对象符合上述第一个基本条件。

出版企业的整体营销活动，蕴含着出版营销领域的主要矛盾，即出版营销环境(尤其是读者需求)的动态性与出版企业营销活动的相对稳定性之间的矛盾。这一矛盾是出版营销领域的基本矛盾，它支配和影响着出版营销活动中的其他矛盾，也决定着出版营销活动的基本内容。出版企业的市场营销活动，一方面要通过市场调查，进行市场分析和预测，以把握市场环境的变化和读者需求的发展态势，以此来指导企业的出版选题开发、定价、分销与促销等营销业务活动；另一方面，又要依据企业自身的资源禀赋和营销目标，充分利用其现有的人力、财力和物力资源，以便在出版产品开发、定价、分销和促销等营销业务活动中形成自己的特色，以此来吸引读者，扩大市场。正是由于营销环境(尤其是读者需求)的动态性和出版企业营销活动的相对稳定性之间的这一矛盾在支配着出版企业的整体营销活动。

在出版企业的整体营销活动中，营销环境尤其是读者需求的动态性与出版企业营销活动的相对稳定性之间的矛盾还是出版营销活动中的特殊矛盾。说它特殊，是因为只有它才使得出版营销学同其他应用性营销学得以区分开来，成为一门独立发展的学科。众所周知，营销环境尤其是消费者需求的动态性与企业营销活动的稳定性是几乎所有企业营销活动中普遍存在的矛盾。然而，市场营销学的理论与方法在不同领域中的应用所产生的行业性应用营销学自然应有其特定的研究对象，这一研究对象应该是市场营销学所应用到的学科领域的特有的营销环境的稳定性与企业营销活动的相对稳定性之间的矛盾。出版营销学是市场营销学的基本理论与方法在出版企业市场营销活动中的应用，那么，出版企业的营销环境(尤其是读者需求)的动态性与出版企业市场营销活动的相对稳定性之间的矛盾，自然也就是出版营销学领域所特有的矛盾。只有它才能使出版营销学得以与其他应用性营销学区别开来，成为一门独立的应用营销学。

总之，出版企业市场营销整体活动是出版营销学研究的"元问题"；出版营销环境(尤其是读者需求)的动态性与出版企业市场营销活动的相对稳定性之间的矛盾，是出版营销活动中的基本矛盾和特殊矛盾。这一矛盾正是出版营销学的研究对象。

二、出版营销学的研究内容

一门学科的研究内容与其研究对象有着十分密切的联系，研究内容是由研究对象决定的，是研究对象的展开和具体化。一门学科的研究对象确定之后，其研究内容也就相应地被确定下来。如前述，出版营销学的研究对象是出版企业的整体营销活动，是出版企业营销环境(尤其是读者需求)的动态性与出版企业营销活动的相对稳定性之间的矛盾。出版营销学的这一研究对象将决定其具有如下研究内容。

1. 出版营销战略

出版营销战略，主要涉及出版企业的营销环境战略、目标市场战略、市场发展战略、竞争战略、品牌战略、客户关系管理战略等。

2. 出版营销战术

出版营销战术，主要是指出版企业的出版物产品或服务策略、出版定价策略、分销策略和促销策略。

3. 出版营销管理

出版营销管理，主要是指出版企业营销组织、营销计划、营销实施与营销控制等。

4. 出版营销技术与手段

出版营销技术与手段，主要涉及出版市场调研技术、营销信息系统、出版电子商务技术等。

5. 出版营销基本理论

出版营销基本理论，主要包括出版营销哲学、出版营销学研究对象与研究内容、学科性质与相关学科、研究方法等。

三、出版营销学的学科性质

一门学科的学科性质，也称学科属性，它是指该学科在整个科学体系中的位置。研究出版营销学的学科性质，也就是要在整个科学体系中找到出版营销学的学科位置。从本质上讲，出版营销学的学科性质问题是一个学科分类问题。对于科学进行分类，首先应该确定分类的标准。只有依据一定的标准才能划分出科学合理的科学分类体系。一般地讲，学科分类的标准主要有三种：一是按照科学研究对象进行分类。研究对象是科学研究中认识的客体，它决定着学科的研究内容。研究对象不同，学科性质也就各异。这就是说，以客观世界中某种或某类事物为研究对象的各门学科，在性质上也就各不相同。因此，科学研究对象也就成为科学分类的重要依据。按照这一标准，科学被划分为哲学、社会科学和自然科学三大类，每一大类之下，又可分为许多具体的小类。二是按照科学研究的目的进行分类。科学研究的目的不同，其研究的方式和方法也不相同，最终产生的科研成果也就不同，学科性质也就各异。按照这一标准，科学界通常将科学研究活动区分为基础研究、应用研究和发展研究三种基本类型。不同目的的研究活动产生不同性质的学科。相应的，人们将整个科学划分为基础科学、应用科学和工程技术科学三大门类。三是按照科学内部的结构进行科学分类。按照这一标准通常将科学划分为分支学科、边缘学科、综合性学科、横断学科、交叉学科等多种学科门类。以上三个标准分别从三个不同角度研究学科性质。在确定某一具体学科的学科性质时，应该进行全面的综合考虑，以确定采用何种区分标准。一般而言，人们往往是根据所研究学科的特色，从这些标准中选择最能体现其学科本质的标准来确定其学科性质。

要弄清楚出版营销学的学科性质，可运用上述三个标准进行逐一考察，这样做可以获得关于出版营销学学科性质的比较全面的认识。

1. 从研究对象看，出版营销学是一门社会科学，并具有管理学的性质

根据上述介绍的科学分类的第一条标准，即按照科学研究对象进行划分，科学通常被

分为哲学、社会科学和自然科学三大类。其中，研究对象为社会现象的学科便是社会科学。由于社会现象还是一个极为复杂的范畴，因此，它又可以进行二次划分。通常将其划分为政治的、法律的、经济的、文化的、教育的、管理的等多种具体的社会现象。因此，对这些相对具体的社会现象的研究就分别形成了政治学、法学、经济学、文化学、教育学、管理学等不同的社会科学二级学科。这种以研究对象作为标准对科学进行分类的方法，是现代科学分类中最常见的，它对于人们科学地认识各学科的性质有着重大意义。

出版营销学的研究对象是出版企业的营销整体活动，是出版营销环境(尤其是读者需求)的动态性与出版企业营销活动的相对稳定性之间的矛盾。出版企业的整体营销活动是人类社会中特有的一种社会现象，它是出版活动发展到一定历史阶段的产物，是随着出版物产品或服务贸易发展而逐步发展起来的。没有出版物产品或服务贸易活动之前，不可能有出版企业的营销活动，更不可能有出版营销环境(尤其是读者需求)的动态性与出版企业营销活动的相对稳定性之间的矛盾。只有当人类社会发展到了一定的历史阶段，出版物产品或服务贸易达到了一定水平时，出版企业的营销活动才得以诞生。出版营销学以出版企业整体营销活动这一人类特有的社会现象作为其研究对象。按照研究对象决定学科性质的理论，出版营销学无疑是一门社会科学。

再从社会科学的二级分类来看，出版营销学则具有管理学的性质。因为出版营销是研究出版企业整体营销活动的，它是通过对出版企业人力、财力、物力资源等各种企业要素进行组织控制来实现企业营销目标的。出版营销学的研究内容、出版营销活动的技术与方法等都与管理学，特别是企业管理学密切相关。

2. 从研究目的看，出版营销学是市场营销学应用学科

按上述第二条标准，即按科学研究的目的来衡量，出版营销学是一门应用学科，它是市场营销学的基本理论与方法在出版企业营销实践中的应用而产生的一门应用学科。

进入 20 世纪 80 年代后，世界各国，特别是发达资本主义国家的出版业得到了迅速发展。应该说，正是世界范围内出版业的迅速发展所导致的出版规模的扩大、市场竞争的加剧以及出版业地位的提升对创新理论的需求，才导致了出版营销学的产生与发展。出版营销学正是在这种丰富的出版实践活动基础上产生和发展起来的。从另一方面来看，出版实践活动的需要固然是出版营销学产生的动力和基础，但如果没有科学的理论和方法的指导，要将出版营销实践中的经验上升为系统化的出版营销理论，恐怕不是那么容易的事。这就是说，出版营销学的产生，除了要有丰富的出版实践活动作为动力和基础之外，还离不开市场营销学的理论和方法的指导。可见，出版营销学的产生，在很大程度上是与市场营销学的理论与方法的指导分不开的，它是市场营销学的基本理论和方法在出版营销实践中应用的产物。

应用学科是按照科学研究的目的所划分出来的一个学科门类。可以这样理解，大凡应用学科，其研究工作都不外乎是将一种系统的科学理论和方法应用于某一实践领域，以科学的理论和方法来解决这一领域中的实践问题。出版营销学的研究目的，正是要在出版实

践活动中有效地应用市场营销学的基本理论和方法，用市场营销学的基本原理与方法来指导出版企业的市场营销实践活动，从根本上提高出版企业市场营销活动的效率和水平。可见，从研究目的上看，出版营销学是市场营销学的一门应用学科。

3. 从学科之间的内部结构看，出版营销学是出版学的分支学科

科学是一个整体，它不是一个二维的平面结构，而是一个三维的立体结构。出版营销学虽然是一门独立的学科，但它并不独立于科学大家庭之外。虽然独立，却并不"孤立"，出版营销学与科学大家庭中的某些学科存在这样或那样的关联。从学科之间的结构来看，出版营销学与出版学有着密不可分的有机联系，是出版学的分支学科，出版学则是出版营销学的"母体"学科。

出版学是探讨出版现象存在和发展规律，研究出版物产品或服务的编辑、出版、发行以及消费活动基本规律的一个学科体系。在这个学科体系之中包含着一系列分支学科，如出版企业管理、编辑学、发行学、读者学等，自然也包括出版营销学。正是这一系列分支学科的协调发展，才促进了出版学的进步。

出版营销学，作为出版学的分支学科，其研究对象的界定、研究内容的确立、学科发展的总体水平等都会在相当程度上受到共"母体"学科出版学的影响或制约。因此，出版营销学在其发展过程中必须与其"母体"学科保持密切联系，力求与"母体"学科出版学协调发展。

四、出版营销学的相关学科

科学本身就是一个有机联系的整体，只是人们为了研究和认识的方便，科学才被划分为许多不同的领域。这些不同的领域，也就是我们所讲的不同的学科。可以说，世界上任何一门学科都同其他学科之间存在着不同程度的联系，每一门学科都是在同其他学科的相互的联系中产生和发展起来的，离开了同其他学科的相互联系，任何一门学科都不可能得以生存和发展。科学之间的联系是客观的、普遍的，既然科学之间存在着客观的普遍的联系，那么，每门学科都有必要对其相关学科进行研究。研究相关学科是为了科学地认识和把握它们，以便加强同其相关学科之间的固有联系，更有效地从中吸取能够促进自身发展的养分。这正是各门学科研究其相关学科的目的之所在。我们研究出版营销学的相关学科，其目的也正在此。

出版营销学是一门年轻的学科，其理论研究还极其薄弱，研究方法也不完善，研究内容更不稳定。在这种背景下，加快对其相关学科的研究，对于加强其与相关学科的联系以及出版营销学的健康发展有着十分重要的意义。

科学之间的联系虽然是普遍的，但对一门具体的学科而言，这种联系则是十分明确而具体的。一般可根据学科的研究对象、学科性质等维度来确定其具体的相关学科。我们认为，出版营销学的相关学科主要有以下四类。

1. 理论基础学科

出版营销学的理论基础学科，是指为出版营销学的研究提供理论指导的一种相关学

科，它是出版营销学的相关学科中意义最大的一种，它在相当程度上决定了出版营销学的基本理论框架及其学科研究内容。加强对其理论基础学科的研究，对于促进出版营销学研究的深入有着重大意义。属于出版营销学理论基础学科这一相关学科范畴的主要有：哲学、市场营销学、出版学、经济学、管理学、行为科学等。其中，哲学作为一种关于世界观的学问，为出版营销学的研究提供最基本的理论指导。市场营销学则直接决定着出版营销学研究的基本范畴与理论框架。出版学则为出版营销学提供丰富多彩的素材，同时决定着出版营销学研究的目标与方向，并为出版营销学研究成果的评判提供理论与实践标准。经济学提醒我们，市场营销是用有限的资源通过仔细分配来满足竞争的需要；管理理论提醒我们，如何组织才能更好地管理其营销活动，以便为顾客、社会及自己创造效用；行为科学提醒我们，市场营销学涉及谁购买、谁组织，因此，必须了解消费者的需求、动机、态度和行为。[①]

2. 同族关系学科

出版营销学的同族关系学科，系指与出版营销学具有相同"母体"学科的一系列平行学科。大凡出版学的分支学科，都是出版营销学的同族关系学科。属于出版学这一母体学科之下的全部同族关系学科，由于其研究对象、研究内容都是定位于出版学的范畴之内，它们分别是对出版领域不同现象和问题的研究。因此，只有它们各自协调发展才能推动出版学的进步。出版营销学的同族关系学科主要有：编辑学、发行学、读者学、出版经济学、出版文化学、出版企业管理学、出版财务管理等。

3. 工具学科

工具学科，是指作为出版营销技术手段和方法进而成为出版营销学研究内容的现代技术与方法。随着现代出版业规模的发展，出版商务活动的复杂程度也越来越高，单纯凭借一些传统的手段和方法，难以满足现代出版营销活动的要求。因此，现代出版业在其市场营销活动中，越来越多地应用起了各种相关的现代技术与方法，如计算机技术、网络技术、新媒体技术、信息管理技术与方法、管理信息系统等在现代出版营销中的应用已非常普遍。上述这些现代技术与方法对各学科领域虽然具有普遍的指导意义和应用价值，但是各学科在应用这些现代技术与方法时都有自己的一些特殊要求。因此，设法解决这些现代技术与方法在出版营销应用中遇到的各种问题，针对出版营销的特定需求来科学地运用这些现代科学技术与方法便成了出版营销学关心的课题之一。正因如此，计算机技术、网络技术、新媒体技术、信息管理技术与方法、管理信息系统等就成了出版营销学的相关学科。

4. 方法论学科

方法论学科，是指为出版营销学研究提供方法论指导的有关学科。现代科学的发展，不仅使学科之间出现了寻求方法的热潮，而且出现了为许多学科所共同使用的方法论学

① 甘碧群. 市场营销学[M]. 武汉：武汉大学出版社，1997：7.

科。作为一门年轻学科的出版营销学，迫切需要各种科学方法的指导，科学的研究方法不仅能给出版营销学带来新的活力，而且还可以给出版营销学开拓新的研究领域。可作为出版营销学方法论学科的主要有：哲学、数学、系统科学等。

五、出版营销学的研究方法

人们在从事科学研究，探索自然、社会与思维的规律及其奥秘时，必须善用研究方法。是否运用了科学的研究方法，不仅关系到科学研究的速度与效率，而且关系到能否获得对科学研究对象的正确认识。科学地运用研究方法，可以使研究工作事半功倍，获得良好的研究成果；相反，如果没有科学的方法指导，就可能事倍功半，甚至根本就不可能正确有效地认识所要研究的事物。可见，出版营销学必须重视对其方法论问题的研究。

1. 出版营销学方法论概述

"方法"一词起源于希腊文，其词义是"沿着道路"前进的意思。从方法一词的这种原始意涵，可以对方法的本质有一个大致的了解。从现代科学意义上看，方法是指人们在一切活动领域内从实践上或理论上把握现实，为达到某种目的而采用的途径、手段或工具等的总称，它既可以表现为某种实践经验，也可以表现为某种理论。"方法论"则有着两个方面的含义：一是作为科学理论的方法。有些科学理论，如老"三论"和新"三论"等，是关于自然界、人类社会和思维的本质的论述，它反映了自然界、人类社会和思维的客观规律，它本身虽然是一种科学理论，却有着方法论的功能，即它能指导人们对同类事物或其他事物的研究。二是作为科学研究方法的理论。如研究各种方法的作用、性能、应用范围等的理论，便是方法论的主要内容。

有了上述对于方法和方法论的解释，要把握出版营销学的研究方法或方法论就不困难了。我们认为，出版营销学的研究方法是人们在出版营销学研究中，为正确认识出版企业整体营销活动，正确认识出版营销环境(尤其是读者需求)的动态性与出版企业营销活动的相对稳定性之间的矛盾这一研究对象，构建出版营销学学科体系，形成指导出版营销实践活动的科学理论等中所采用的各种途径、手段、工具或方式的总称。它既可以表现为某些实用性的经验，又可以表现为具有指导意义的科学理论。出版营销学方法论，则是指关于出版营销学研究方法的理论，是人们认识和研究出版营销学各种研究方法的经验总结，是指导人们在出版营销学研究中正确地运用各种方法的理论。出版营销学方法论的内容很广，归纳起来大致有四个方面。

第一，关于出版营销学方法论作用和意义的研究。方法论是学科基础理论的重要组成部分，其主要功能是为科学地揭示学科研究对象存在和运行规律提供研究方法上的支持或保障。出版营销学是一门年轻的学科，它更应该注重方法论问题的研究。只有在科学的方法论指导下，出版营销学才能走向成熟。当前，关于出版营销学方法论作用和意义的研究，主要应关注这样两个方面的问题。一是增强积极探讨和研究出版营销学方法论的主动性和积极性；二是强化出版营销学方法论研究的科学性和规范性。

第二，关于出版营销学方法论特点的研究。任何一门学科的方法论都有其自身的特点，加强对其特点的研究，有助于形成具有学科自身特色的方法论体系。出版营销学是一门独立的学科，有其独特的研究对象和专门的研究领域，其研究方法和方法论自然也有其自身的特色。我们认为，出版营销学方法论的主要特征，集中体现在其研究对象和学科性质上。因此，针对其独特的研究对象和学科性质，充分揭示其方法论的特点，更好地掌握其特色，是出版营销学方法论研究的重要内容。

第三，关于出版营销学方法论体系的研究。科学研究的方法多种多样，每一门学科对研究方法的运用又都有其自身的学科特色，有各自的方法论体系。出版营销学，应根据其研究对象、研究内容和学科性质的特征与要求，有选择地运用研究方法，确定不同研究方法在其方法论体系中的定位，从而确立自身的方法论体系。

第四，关于出版营销学的研究移植、借鉴相关学科研究方法的问题。出版营销学是一门年轻学科，这不仅体现在出版营销学的学科历史短、研究对象认知模糊、研究内容欠稳定、内容体系结构不健全等方面，而且体现在其研究方法的不完备、不成熟上，学科独特的研究方法尚未形成。因此，在其方法论体系中，移植或借鉴相关学科的研究方法就显得尤为重要。科学研究方法的移植并不是简单的照搬照套，而是在分析本学科自身特征和需求以及所移植方法适应性等基础上，创造性地应用有关研究方法。研究方法的移植是一项极其严肃的工作，必须进行认真研究。如果不恰当地将某些研究方法照套照搬于出版营销学研究之中，不仅无益于出版营销学的研究，反而还会有负面影响。

2. 出版营销学方法论的作用和意义

科学研究方法对于人们解决问题有着重大的意义。毛泽东同志曾说过："我们不但要提出任务，而且要解决完成任务的方法问题。我们的任务是过河，但是没有桥和船就不能过。不解决桥和船的问题，过河就是句空话。"①这个比喻形象地说明了方法在解决问题中的重要意义。出版营销学方法论，对出版营销学的研究具有重大意义，具体表现在三个方面。

第一，科学的研究方法对于正确地认识出版营销学的研究对象有着重要的意义。

首先，只有选择了正确的研究方法，才能科学地认识出版营销学的研究对象。没有科学的研究方法就不可能或难于认识出版营销学的研究对象。正如恩格斯所说的："从弯曲的、片面的、错误的前提出发，循着错误的、歪曲的、不可靠的途径行进，往往当真理碰到鼻尖上的时刻还是没有得到真理。"②这就是说，只有选择了正确的研究方法，才能获得对研究对象的科学认识。没有正确的方法就难以认识研究的对象。其次，对科学研究对象的认识程度在很大程度上取决于所运用研究方法的科学和完备程度。科学研究方法上每前进一步，都会导致对科学研究对象认识的深入。巴甫洛夫曾说，"科学是随着研究法所获

---

① 毛泽东选集(第1卷)[M]. 第2版. 北京：人民出版社，1991：136-137.
② 马克思恩格斯选集(第3卷)[M]. 北京：人民出版社，1972：555.

得的成就而前进的。研究法每前进一步，我们就更提高一步，随之在我们面前也就开拓了一个充满着新鲜事物的、更辽阔的远景，因此，我们头等重要的任务乃是制定研究法"。①同样，拉普拉斯也说过"认识一位天才的研究方法，对科学的进步……并不比发现本身更少用处。科学研究的方法经常是极富兴趣的部分"②。这些论述精辟地阐明了科学研究方法对于正确认识科学研究对象的重要意义。要正确认识出版营销学的研究对象，揭示出版营销活动的基本规律，必须选择和运用正确的研究方法。对于年轻的出版营销学来讲，只有研究方法的逐步积累和丰富，才能为其早日走向成熟创造条件。可以说，没有方法论上的进步，也就不会有出版营销学的发展和进步。

第二，科学的研究方法对研究人员有效地从事研究有着重要的意义。

客观世界是科学认识的对象，人是科学认识的主体，我们要有效地认识客观世界，就要借助科学方法论的指导，没有科学的方法，这种认识可能是曲折的，甚至是徒劳的；相反，如果有了科学的方法，就会使我们认识客观世界变得顺利而自然。科学研究方法对于研究工作者有效地从事科学研究具有重大意义，具体体现在：首先，科学的研究方法能充分发挥研究人员的研究才能。正如19世纪法国生理学家C.贝尔纳所说的："良好的方法能使我们更好地发挥运用天赋的才能，而拙劣的方法则可能阻难才能的发挥。"③其次，科学的研究方法能帮助研究人员选择正确的认识研究对象的途径。正如J.D.贝尔纳所指出的："大自然的规律虽然不取决于人的意志，但揭示和研究这些规律的程序却决定于人。"④这就是说，人们要认识大自然和社会现象，可以自由地去选择各种方法。但我们知道，任何一种研究方法都有其自身的适用范围和特点，只有选择了适合研究者及研究对象的最佳方法，才能使研究人员正确地认识研究对象。科学的方法论的意义正体现在它能帮助研究工作者选择研究对象的最佳方法。

第三，科学的研究方法对于提高研究工作的效率也有着重大意义。

人们常说"科学研究是高价的"，科学研究需要大量的人力、财力、物力的投入。因此，提高科研工作的效率对科学研究有着重要的意义。提高科研工作效率的途径是多种多样的，其中，在科学的方法论的指导下，选择正确的有效的研究方法对于提高科学研究工作的效率有着重要的意义。可见，要提高出版营销学的研究效率，也必须有科学的方法论的指导。

3. 出版营销学方法论的体系结构

出版营销学的研究方法很多，但是这些研究方法并不是零乱的，而是按照一定的结构组织起来的一个严密的方法论体系，每一种具体的研究方法在这个体系中都有其相对稳定的位置。从不同的角度分析，出版营销学的方法论体系呈现出不同的结构特征。按照研究

① 巴甫洛夫. 巴甫洛夫选集[M]. 北京：科学出版社，1955：49.
② 拉普拉斯. 宇宙体系论[M]. 李珩，译. 上海：上海译文出版社，1978：445.
③ 陈衡. 科学研究的方法论[M]. 北京：科学出版社，1982：11.
④ 中国社会科学院情报研究所. 科学家译文集[M]. 北京：科学出版社，1980：28.

方法的普遍性和适用范围，出版营销学的研究方法可以分为哲学方法、一般研究方法和出版营销学的专门研究方法；按照出版营销学的研究进程，可分为科研准备方法、资料的搜集方法、资料的加工整理方法、科学抽象与逻辑思维方法、科研成果的表现与评价方法等；按照科学方法的重要程度和影响范围，可分为战略性研究方法和战术性研究方法；按照科研认识过程，可分为感性方法和理性方法；按照研究成果是否含有量的因素，可分为定量研究法和定性研究法等。上述这些划分方法分别从不同的角度反映了出版营销学方法论的体系结构。下面我们仅对出版营销学的专门研究方法做一个简单介绍。

（1）出版物产品研究法

出版物产品研究法，是以各种或各类出版物产品或服务的选题开发、定价、分销及促销为对象的一种研究方法。不同的出版物产品或服务，其主题、内容、功用及目标顾客各不相同，因而，其营销策略和营销方法自然有别。对各种或各类出版物产品或服务分门别类地进行研究，有助于掌握不同出版营销客体的营销规律，以便进行有针对性的营销。这种方法可以详细地分析和研究各类出版物产品或服务营销中遇到的具体问题，在出版营销学方法体系中占有重要地位。

（2）机构研究法

机构研究法，又称组织研究法或主体研究法，就是着重研究出版营销系统中各个层次和各种类型的营销机构或组织，如出版社、发行代理商、经销商、批发商、零售商和团体消费者等机构或组织营销行为的特征及规律。它的价值主要在于可以利用不同营销组织的统计数据进行定量或定性分析，总结其对出版企业营销业绩的贡献与不足，指导新的营销策略或计划的制订。

（3）功能研究法

功能研究法，是指对出版营销活动中各类营销组织所必须完成的各种功能进行专门研究的一种方法。如，在出版营销活动中，出版企业必须执行三种功能，即物流功能、商流功能及信息流功能。功能研究法，就是从研究这些功能入手，来把握出版营销活动的规律，为出版业各企业有效地完成这些功能提供服务。

（4）个案研究法

个案研究法，是对出版营销活动中的典型事例进行静态与动态、定量与定性的分析，通过这些个案所反映出的问题，来揭示出版营销活动中的规律性问题。在出版营销实践中，既有成功的案例，也有失败的典型，在这些个案中潜藏着出版营销活动的普遍规律。个案研究法省时、省力，只要能抓住有代表性的个案，无需投入太多的人力、财力就可以获得很好的效果。

第二章　出版营销环境

---

* 本章知识点提要

　　1. 出版营销环境的概念、特征

　　2. 环境机会与环境威胁的分析方法及其应对策略

　　3. 出版营销环境的构成要素及其对出版营销活动的影响

* 本章术语

　　出版营销环境　出版营销宏观/微观环境　环境机会/威胁

　　政治与法律/经济/社会文化/科学技术环境

　　任何企业的营销活动都是在特定的市场环境中进行的，出版企业的图书营销活动也不例外。企业一方面要适应市场营销环境，另一方面也可以通过自身的营销活动为其选择和创造一个良好的营销环境。① 出版企业要取得良好的营销业绩，就必须时刻注视着市场营销环境的发展变化，全面了解，认真分析市场环境，并且能够根据环境变化的性质及其特点及时调整企业营销战略计划和营销策略。

第一节　出版营销环境概述

　　营销环境是企业的不可控因素，其发展变化既可以给企业的营销活动带来有利影响，为企业提供扩大营销的机会，也可能给企业的发展带来不利影响，阻碍企业营销目标的实现。出版企业分析市场环境、把握营销环境的目的，就是要充分利用和放大有利环境因素的变化所带来的市场机会和积极影响，尽量减少和消除不利环境因素给企业带来的消极影响。

---

　　① 高中玖，毕思勇. 市场营销(第 2 版)[M]. 北京：北京理工大学出版社，2020：41.

一、出版营销环境的概念

营销环境是相对营销主体的营销活动而言的，按照菲利普·科特勒的观点，企业的营销环境是由企业营销管理职能外部的因素和力量组成的。因此，出版营销环境是相对于出版企业而言的，是围绕着出版企业这一市场主体客观存在的各种外部因素和力量。企业的市场环境可以分为宏观环境和微观环境两个层次，其构成如图 2-1 所示。其中，宏观环境主要是指与企业营销活动联系较为间接的外部社会因素或力量，如政治与法律、经济、社会文化、科学技术等对整个出版市场具有全面性影响的要素和力量。微观环境也称任务环境(Task Environment)①，是指与出版企业营销管理联系较为密切和直接的企业外部因素，如特定出版企业的目标用户、供应商、中间商、竞争者、社会公众等有直接影响的因素。出版企业必须密切关注这些方面的最新趋势和发展，并根据自身需要对营销战略做出调整。

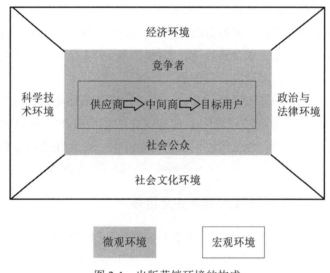

图 2-1　出版营销环境的构成

宏观环境与微观环境是营销环境中的不同层次，具有主从关系，所有的微观环境因素都受宏观环境的制约，宏观环境因素通常也是通过微观环境影响和制约企业营销活动。因而，严格地讲，所谓出版营销环境是指出版企业在生存和发展过程中所必需的、独立于企业之外的、影响和制约出版企业行为的各种因素和力量的集合，也即宏观环境，本章也主要讨论这一层次的环境因素。要科学地、完整地把握这一概念的含义，必须掌握以下几个基本点。

① 菲利普·科特勒，凯文·莱恩·凯勒. 营销管理(第 15 版)[M]. 何佳讯，等，译. 上海：格致出版社、上海人民出版社，2016：12.

（一）出版营销环境是多种因素和力量的集合

任何企业所面临的营销环境都不是单一的，出版企业所面临的市场环境同样也是由多种因素和力量构成的，且这些因素之间是相互制约、相互影响的。这多种因素和力量不仅会分别影响出版企业的营销活动，而且它们还会彼此相互作用以形成一个整体的力量来影响出版企业的营销活动。

（二）出版营销环境是不断发展变化的系统

市场营销环境是一个复杂多变的系统。市场营销学研究表明，在商品经济发展初期，企业只将市场看作唯一的环境因素，企业组织生产和营销时，一般只需考虑企业自身条件和市场因素。后来，随着商品经济的发展，国家政策、法律法规、社会经济、文化等都纷纷成了企业外界环境中的主要因素。随后，科技的发展、资源、生态、保护消费者权益等都构成了企业外部环境因素和力量。这些都说明，市场营销环境是随着经济社会的发展而不断扩大的，国外学者将这一现象称为"外界环境化"①。与此同时，企业外界环境集合的诸因素自身也是在不断变化的，但各自的变化及其程度表现出一定的差异性。有的环境因素变化比较稳定或不很明显，如地理环境；有的环境因素变化则较为缓慢，如社会文化环境；还有的环境因素在一定时期内会发生骤然的变化，如科学技术环境、市场需求、竞争对手情况等。此外，某一种环境因素的变化，也会导致其他环境因素的变化，如技术的革新往往会引发产业的变革。这种环境因素自身变化的不同程度，对企业行为的约束和影响，在作用的途径、时间性、强度等方面都是有差异的，企业在进行营销管理决策时，必须认真分析。

（三）各出版企业所面临的营销环境不完全相同

不同国家和地区、不同类型的出版企业各自所面临的营销环境存在着很大的差异。从政治环境看，不同国家和地区的出版方针政策不同，其出版企业的营销战略定位自然也不同。从宏观环境来看，如经济环境，就全国总体情况而言，我国各地经济发展的不平衡决定了处于不同地区的出版企业所面临的经济环境是不完全相同的。再从不同类型的出版企业所面临的微观环境看，出版物出版企业的微观环境因素主要有造纸业、印刷业、图书批发商、零售商和读者；而出版物零售企业的微观环境就不包括造纸业和印刷业，只包括出版社、批发商和读者。企业所面临的营销环境的这种差异性，为出版企业的发展提供了不同的条件和机遇。各出版企业应该立足于本企业图书营销活动的需要来分析研究自己的环境因素。

（四）出版营销环境是一种强制性、难以预料的不可控力量

出版营销环境是企业的外部因素，它有自己的运动、变化及发展规律，不受出版企业

---

① 韩英，李晨溪．市场营销学［M］．郑州：河南科学技术出版社，2020：38．

的影响和制约。单个企业不能控制社会经济的发展速度、国民收入的分配，也不能改变国家的既定方针政策，更不能指挥竞争对手对国家有关政策做出何种反应。也就是说，企业难以影响、改变其营销环境，只能在基本适应中施加一些影响。出版企业研究分析营销环境的目的不在于改变营销环境，而在于充分利用企业内部的可控因素，适应与配合不可控的环境因素，以达到企业的营销战略目标。环境因素虽然是不可控的，但是，出版发行企业如果能够及时把握其发展变化，并且有针对性地调整制定营销管理战略，充分利用环境变化的有利方面避免和减轻其不利影响，应该说是完全可能的。为此，出版企业应该建立和健全自己的信息网络，全面系统地搜集环境发展变化的各种信息，有效识别环境因素变化的本质，科学预测其对企业营销活动可能发生影响的程度，为企业制定营销管理决策或选择营销管理战略提供充分及时的信息保障，以促进出版企业营销管理的科学化。

二、出版营销环境的特点

营销环境对出版企业营销活动的影响是相当巨大的，有时甚至起决定性作用。出版企业要准确地把握其环境，就必须了解营销环境的特征。出版营销环境的特点主要体现在以下几个方面。

(一) 相关性

构成出版企业营销环境的各种因素和力量，不是彼此孤立的，而是相互联系、相互依存的。以宏观环境为例，经济因素不能脱离政治因素而单独存在，同样的政治因素也会通过经济因素而影响企业的行为。良好的经济环境、完善的政治制度，通常又需要健全的法律作保证。而政治、法律、经济等因素都要受到社会文化背景的影响，社会文化的发展，反过来又受到政治的、法律的、经济的等各种因素的制约。在技术日益深度嵌入社会各方面的当下，技术的发展与产业应用也深受政治、法律、经济甚至文化因素影响。正因为企业外界环境中的这些因素的联系是相通的，所以它们对企业营销活动的影响也就不是单独的，而是密切相关的多元综合的影响。因此，出版企业开展营销活动要充分注意各种因素之间的相互作用。

(二) 层次性

出版企业的营销环境也有层次之分，它包括由里到外的三个层次。第一层次是最内层，它是企业所在的地区环境，如当地市场或地理位置等；第二层次是整个国家的政策法律、社会经济等因素，包括国情特点、全国性的市场条件等；第三层次是国际环境因素。这三个层次的外界环境因素与企业发生联系的紧密程度是不相同的，一般而言，从内到外其影响是逐步缩小的，越是内层影响越大。

(三) 动态性

企业的环境不是一成不变的，而是随着时间的推移不断发生变化的。这种变化，可能源于市场经济的发展带来的宏观环境因素变化，也可能源于市场竞争过程中营销主体力量的此消彼长导致的微观环境的变化。在市场环境的动态变化过程中，环境机会和环境威胁都会频繁出现。企业如果能够巧妙地回避环境威胁，及时抓住环境机会，并进行合理的利用，就会从中受益；相反，企业如果对环境变化反应迟钝，就会错过良机，威胁降临，企业就会因此而遭受损失。事实上，在数字化、网络化的发展趋势下，出版企业更是深刻感受到了宏观环境的巨大变化，出版企业虽然无法准确预见环境趋势，但可以通过建立相应的预警系统，追踪不断变化的环境，及时调整营销策略。

(四) 差异性

出版营销环境存在着时空、主体及其变化的作用力等方面的差异性。不同的国家或地区之间，在不同的发展阶段其宏观环境存在着广泛差异；不同的出版企业所面临的市场环境也是不完全相同的；同一环境的变化，对不同出版企业的影响也存在着一定的差异。这种差异性形成的原因主要有三：一是不同国家或地区间政治体制、经济社会发展程度、社会文化、科技发展水平等的不同，出版市场的发展阶段也不尽相同，对出版企业营销活动的影响显然也很不相同。二是不同的出版企业，其出版市场领域、所处地理环境等有别所致，如教育社与文艺社、古籍社与少儿社、实体书店与网络书店各自所面临的环境差异就是因其所处细分市场的不同所致，如我国东部沿海与内地出版企业所处地理环境不同导致了其他各种环境因素的差异。三是不同出版企业营销目标、营销能力不同，在面临同样的环境时也会产生不同影响，如数字化冲击体现在出版集团和单体出版社层面的影响力及其应对能力大为不同。

三、营销环境对出版企业营销活动的影响

营销环境具有强制性、不可控性和不确定性等特点，出版企业的营销活动不能不受外界环境的影响和制约。具体地讲，营销环境对出版企业营销决策及实施的影响主要表现在以下几个方面。

(一) 对出版企业营销目标的影响

出版企业的营销目标，也就是其营销活动所要达到目的要求的总称。出版企业营销目标种类很多，通常可用利润水平(利润额和利润增长)、市场占有率、销售量、增长率、动销率、获奖图书的数量以及企业形象塑造等指标来表示。市场环境对出版企业营销目标的影响不外乎以下两大方面：

一是影响出版企业营销目标的定位方向。从市场营销观点看，出版企业营销目标方向就是确定出版产品该面向哪些细分市场，目标方向也定义了企业的发展方向。从产品策略看，营销目标的基本方向定位包括现有市场的现有产品、现有市场的新产品、现有产品进入新市场、新产品进入新市场，这就是安索夫增长矩阵(Ansoff Growth Matrix)。[1] 受不同

---

[1]　H Igor Ansoff. Strategies for Diversification[J]. Harvard Business Review，1957，25(5)：114.

营销环境的影响，出版企业的营销目标定位方向也不相同。例如，改革开放以来，受我国市场经济的飞速发展影响，"数量增长"也深刻影响了出版业，各出版企业几乎都扩大了图书出版品种数量，改革开放40多年我国图书出版品种数量增长了数十倍，跃居全球第一出版大国，但这也导致了出版质量低下、选题重复、出版资源大量浪费的现象。党的十九大之后，深化供给侧结构性改革成为我国经济发展和经济工作的主线，2018年国家新闻出版署实行书号总量控制，调整出书结构、强化精品出版。在这种环境状况的影响下，各出版企业也开始调整自己的市场营销目标，调整品种结构、提升出版物质量、打造出版精品、实行高质量发展为新的营销目标。这就是营销环境影响出版企业营销活动战略目标定位方向的生动事例。

二是影响出版企业营销目标的定位水准。营销目标的水准决定了营销规模的大小，营销目标的大小要与企业组织规模、资源条件等相匹配。出版企业，对一定时期的营销目标是定得高一些还是低一些，通常要在相当程度上受到营销环境的影响。如果环境的发展对其营销活动有利，则其营销目标可以适当定得高一些；相反，则应定得低一些。例如，20世纪90年代中期以来，随着国家对图书批发市场的规范控制，20世纪80年代末到90年代前半期我国图书批发权失控的局面逐步得到改善，这种环境状况比较有利于国有大型图书批发企业的发展。正是在这种背景下，我国省级以上大型图书批发企业纷纷提高各自的营销目标，图书"中盘"在这段时期得到了较大发展。但是，进入互联网时代，随着网络书店逐渐成为用户购书的首选渠道，实体零售与网络零售市场占有率"倒挂"趋势进一步拉大，加之各类新型社交媒体营销渠道涌现，我国各省新华书店也开始调整各自营销目标、优化门店数量布局、打造特色品牌书店、拓展阅读服务、开发自营网络渠道等，文轩网（新华文轩出版传媒有限公司旗下）、博库网（浙江出版联合集团旗下的博库数字出版传媒集团）等原国有大型图书发行企业也脱颖而出。

(二) 对出版企业营销活动的影响

出版企业营销业务活动的内容十分广泛，但它们无一例外地都要受到营销环境发展变化的影响。

第一，营销环境的发展变化会影响到出版企业目标市场的选择。任何一个出版企业都应该有自己相对稳定的目标市场，但是，通过市场细分后所得出的众多细分市场中，企业应该选择哪些细分市场作为自己的目标市场呢？市场营销学的研究表明，影响企业选择目标市场的因素不外乎企业实力因素、产品因素、市场特点及竞争者的市场策略等四个方面，而在这四种因素中，后两者即市场特点及竞争者的市场策略便是环境因素。

第二，营销环境会影响出版企业的产品策略，特别是影响出版选题的确定。我国580多家出版社（包括副牌社），年均出版新书品种将近400种，虽然每个出版社都有自己的产品定位和相对稳定的目标市场，但是不同时期其出版选题也有不同侧重。例如，改革开放40周年、中华人民共和国成立70周年、中国共产党成立100周年等重大节庆，在各出版社当年的出版选题中会得到充分的体现，这便是政策环境影响出版选题的最好佐证。

第三，营销环境会影响出版业的定价策略。例如，近年来一方面由于我国居民消费水平有了大幅度的提高，另一方面电子书的普及削弱了平装书的价格优势，读者购买纸书价格不再是优先考虑因素，是否精美好看变得越来越重要。在此背景下，出版社出版大部头精装图书越来越普遍，如理想国出版的译丛系列等，这在 20 世纪 80 年代是难以想象的。这些高定价精装图书的出版不能不说与我国居民购买力的显著提高以及读者阅读需求的转向等环境因素直接相关。

第四，营销环境会影响出版企业分销渠道的选择。随着网上购书成为用户购书的主要渠道，网络书店、社交媒体平台等的图书分销能力与优势日益凸显，出版社纷纷根据自己的营销目标及其图书品种的特点，灵活布局建设多样化的分销渠道，大型实体书店、网络书店、短视频平台、直播平台、社群平台、团购平台等均有布点，出版社内市场发行部门也开始根据分销渠道进行专业化分工。

第五，营销环境还会影响出版企业的促销活动。出版企业的促销方式多种多样，在选择促销方式时，需要综合考虑市场供求情况、营销渠道选择、中间商议价能力、读者对象等环境因素，因为只有开展针对性的宣传促销才能取得最理想的促销效果。如，近年来十分火爆的图书直播营销，对于带货能力强的主播，因其议价能力强，出版社可能需要同时采用折扣、赠品等促销方式，一方面既能调动主播的积极性，另一方面也能刺激用户的购买欲；对于社内人员自播，因自身用户关注度有限，可能采用图书组合促销、作者连线、有奖促销等方式，效果会更好。

由此可见，出版营销活动的方方面面都要受到营销环境的影响。

(三) 对出版企业营销效果的影响

出版企业营销业绩的好坏，虽说主要受制于出版企业的内部因素，但是，环境因素的作用也不可低估，有时候，环境因素对出版企业营销业绩的影响甚至还具有决定性的意义。一般地，当市场环境朝着有利于企业营销活动的方向变化时，企业营销活动就会取得好的效果；相反，当市场环境朝着不利于企业营销活动的方向变化时，企业营销活动就难以取得预期的效果，就会影响到企业营销目标的实现。例如，1983 年之后随着"一主三多一少"(多种经济成分、多条流通渠道、多种购销形式、少流转环节的图书发行网)发行体制改革的推进，社办发行和集体个体发行力量的迅速崛起，得到了一定发展。1988 年"三放一联"政策的推行，图书批发权、批发折扣得以进一步放开，在这种环境影响下，我国民营书业发行企业得到迅速发展。然而，进入 21 世纪，随着城市房租物价上涨、网络书店崛起，以及我国对图书市场竞争规范化程度的提升，民营书业发行企业面临着经营成本加大、市场竞争日趋激烈以及实体零售需求萎缩等诸多困境，原定的营销目标也很难实现，甚至生存都成了极大的问题，2010 年号称我国最大的民营书店——北京第三极书局倒闭就是真实写照。很明显，我国民营业发行企业的沉浮是与营销环境的发展变化密切相关的。再如，"理想国译丛"的推出和热销，与中国社会转型、知识更新、思想荒漠等大的社会文化背景有着很大关系。2001 年之后，中信出版社以经管类书籍为起点快速崛起，逐步扩展到大众出版的各个品类，这与我国加入世贸组织后，中国特色社会主义市场经济发展与世界经济交往得到极大提升，刺激了经管类读物的俏销等有力环境因素有着某种程度的必然联系。

当然，我们也应该看到，企业对待营销环境并不是消极、被动、无所作为的，在一定的条件下，出版企业可以能动地利用市场环境。例如，在市场需求疲软时，出版企业可以综合利用价格、促销等多方面的措施来激活需求，为扩大图书销售努力创造条件。也就是说，在市场环境呈现出不利态势时，出版企业应该努力改变这种局面，以消除或降低其消极影响。

四、环境机会和环境威胁及其营销应变策略

营销环境的变化对出版企业的影响可以分为两类：一类是有利的影响，它会给企业带来发展的机会。所谓机会，就是指环境中某些因素的变化，给企业发展所带来的有利条件或积极影响。另一类是消极的影响，即给出版企业的发展带来一定的威胁，甚至影响到了企业的生存。所谓威胁，就是指环境中某些因素的变化对企业发展所带来的干扰、负面影响甚至危害。

由于环境因素的复杂性、多变性，环境给企业带来的影响也是复杂多样的。一方面，不同的企业面临的环境机会或环境威胁是不一样的，同一环境因素的变化对不同的企业的影响也是不同的，有的可能是机会，有的则是威胁。另一方面，同一个企业在同一时期所面临的环境机会和环境威胁往往不只一个而是多个，这些环境机会对企业来讲其吸引力并不完全相同，环境威胁对企业的威胁程度也不一样。因此，企业必须能动地去适应营销环境，只有与营销环境相适应才能得到环境机会。对此，出版企业就必须根据不同环境机会或威胁的影响程度和发生概率的大小进行分类，予以评价，确认哪些环境因素的威胁最大或最小，哪些环境因素的机会最有吸引力，以便采取相应的营销策略。

一般来说，对市场环境机会和环境威胁的评价，可采用"威胁—机会"矩阵图进行分析，见图 2-2。

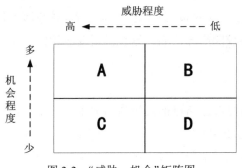

图 2-2　"威胁—机会"矩阵图

在图 2-2 中，从环境因素给企业营销活动带来的威胁和机会考察，可将企业分为四种类型：其一，理想企业，即 B，是机会多而威胁小的企业；其二，冒险企业，即 A，是机会多但威胁也大的企业；其三，成熟企业，即 D，是机会少但威胁也小的企业；其四，困难企业，即 C，是机会少但威胁大的企业。

对环境因素进行分析评价后，还必须提出相应的应变对策。当企业面临着环境机会时，就应及时抓住机会并充分利用，将环境机会转化为企业的优势，给企业带来好的效益；与此相反，当企业面临着环境威胁时，就应考虑采取某种措施予以改变，以避免其给企业带来不良的影响。下面就简单地介绍一下，面临环境威胁时，企业可以选用的应变对策。

(一) 促变对策

促变对策，即企业采取各种手段去限制或扭转不利环境因素的发展，如通过促使政府出台某种政策或达成某种协议，或者制订某种营销策略限制不利因素的影响，也称对抗策略。例如，20 世纪 80 年代中后期以来，由于监管不严、相关版权保护制度尚未建立起来等原因，许多不具备图书出版发行资格的单位或个人纷纷插手图书出版发行领域，大肆盗版售卖图书，一时间我国图书市场出现了诸如"盗版盗印""垄断发行""贿赂发行""回扣大战"等严重违法违规现象，严重干扰了我国图书市场，损害了广大读者及出版企业的利益。在这种背景下，广大出版企业纷纷站出来通过舆论等各种方式促使政府严格管理我国图书市场，开展"扫黄打非"、清理二级批发、规范二渠道营销等专项市场整治活动，同时也在 1990 年颁布了《中华人民共和国著作权法》，随着实践的发展变化，该法案历经三次修改，新法于 2021 年 6 月 1 日起施行。通过这一系列的措施，我国图书市场的混乱局面、版权盗版侵权现象得到了一定程度的治理，作者、出版企业的权益得到了维护，这就是促变。再如，前些年，我国不少大中城市实体书店、大学书店，由于租金上涨、城建规划等原因，纷纷失去了原有的"码头"，被迫拆迁或者停业。在这种情况下，出版行政主管部门会同城建、教育等部门，通过舆论甚至政策法规等多方面的措施使问题纷纷得到解决，不少实体书店城镇网点、高校网点得以保存或者恢复。如 2016 年中宣部等 11 部门联合印发了《关于支持实体书店发展的指导意见》，要求将实体书店建设纳入国民经济和社会发展规划中；再如 2019 年教育部办公厅发布《关于进一步支持高校校园实体书店发展的指导意见》，要求各高校应至少有一所校园实体书店。这也是促变对策的一个好的范例。

(二) 减轻对策

减轻对策，即企业通过改变自己的营销战略战术，去主动适应环境的变化，以减轻环境威胁的程度。例如，20 世纪 90 年代以来，我国图书盗版现象严重，出版社因此遭受巨大损失。为了避免本社图书被盗版，各出版社纷纷采取相应对策。有的出版社对图书进行商标注册，以期寻求法律的保护，如春风文艺出版社的"布老虎"丛书；有的出版社则在图书封面上加印"水印",如商务印书馆出版的部分图书就有"水印";有的出版社则在书封上加贴防伪标志,如上海人民出版社等都采取过这项措施。

(三)转移对策

当出版企业感到环境的威胁特别强大时,主动放弃原来的市场或目标,投资其他行业,或者实行多角化营销,以求新的发展。例如,2021年"双减政策"的颁布实施,一方面规范了教育培训市场与教辅出版发行行业,另一方面短期内中小学教育出版单位也面临着严峻的市场经营考验。在此情形下,教育出版单位纷纷转向出版研学服务,出版研学市场也逐渐成为业界关注的热点领域。

第二节 政治与法律环境

政治与法律是影响出版企业营销活动的两个非常重要的环境因素。无论是从它对出版业影响的力度,还是从对出版业影响的范围来考察,这两个因素都是至关重要的。出版企业对此必须有着清醒的认识。政治、法律环境包括多方面的具体因素,政治因素包括政治制度、政治局势、方针政策等,法律因素包括与出版业有关的法律法规、条例、标准等。这些因素会对出版企业的营销活动产生不同的影响,本节将对其中几个有着重大影响的因素进行简要的介绍和分析。

一、国家的政治形势

政治形势是指企业营销活动所处的国家政治的发展状况、政局的稳定状况等。政治形势对出版企业图书营销的影响主要体现在以下几个方面。

(一)政治形势影响着出版产品的内容

出版营销的对象是出版产品,也即图书。众所周知,图书具有双重属性,作为文化消费物质品的商品属性,以及作为内容产品的精神文化属性。出版工作是宣传思想文化工作的重要组成部分,出版业是巩固主流意识形态的重要阵地,图书的内容有不少会不同程度地涉及社会的意识形态,这就决定了图书产品与国家政治形势有着与生俱来的因果联系。正因为如此,政治形势对图书营销活动的影响就比其对一般物质产品营销活动的影响要深远得多。

在通常情况下,无论在任何社会制度下,出版企业所经营的图书产品都不能与其政治制度及当时的政治形势相违背,大凡违背国家意志以及与当时的政治形势相违背的图书产品都将受到政府的严格限制。我国历史上秦朝的"焚书坑儒"、清朝的"文字狱",英美等资本主义国家对违禁图书的查禁,我国现阶段的"扫黄打非"等,都不同程度地反映了这个规律。出于同一原因,国家的政治形势在限制某些内容的图书出版发行的同时,还会促使政府大力倡导有利于当时政治形势的图书产品的出版发行。各国政府不仅积极鼓励出版企业大量出版发行有利于国家政治稳定的图书，还会通过各种措施直接参与这些图书的出版发行，借此宣传国家的政治形势，为国家的根本利益服务。例如，美国的国家印刷局每年都要出版大量图书，其主要目的就是宣传美国的政治形势；"二战"结束后，为了整理利用从战败国获得的秘密科技资料，巩固战后全球科技地位，美国成立商务部出版局，每年组织出版四大科技报告。再如，清朝政府在大兴"文字狱"的同时，还组织大量的人力、财力、物力编撰《四库全书》。以上种种说明，政治形势对于图书产品的内容具有深远的影响。

(二)政治形势影响着出版业的发展规模

以我国为例，中华人民共和国成立初期，我国年出版图书仅有几千种。在中华人民共和国成立后的十几年时间里，随着社会主义改造的完成和社会主义建设的发展，我国出版业也得到迅速发展。1966年我国出版图书达2万多种。"文革"期间，出版业受到极"左"的政治形势的严重干扰，出版社只"算政治账，不算经济账"，出版业几乎陷入停顿，1978年我国出版的图书还不及1966年，仅有1.4万种。"文革"结束后，我们国家的政治形势又迅速好转，这又极大地促进了我国出版业的繁荣，改革开放40年来，我国图书出版品种数量到2017年近50万种，出版数量位居世界第一。党的十九大之后，我国整体发展主线由高速增长转向高质量发展，2018年之后开始控制图书出版数量规模、调整优化出书结构。由此不难看出政治形势对出版业发展规模有着多大的影响。

(三)政治形势的发展变化对出版企业营销具有双重影响

政治形势的发展变化既给出版发行企业的营销带来机会，也给出版发行企业的营销带来消极影响。政治形势的发展变化可以给出版营销活动带来各种各样的环境机会。例如，我国的几次大规模的全民普法活动给法律法学图书的销售带来了极好的机会。再如，改革开放40周年、中华人民共和国成立70周年、中国共产党建党100周年等，是我国这些年政治社会生活中的大事，为充分反映我国政治经济社会文化发展取得的重大成就，不少出版社组织出版了一批重点主题出版物，推出一批礼赞新中国、弘扬主旋律的精品力作，受到了读者的关注和喜爱，取得了很好的社会效益，也为出版社带来了可观的经济效益。政治形势的发展变化除了给出版企业带来环境机会之外，也会带来威胁，阻碍和影响出版企业营销活动的发展。这些事例在出版业发达国家及我国历史上屡见不鲜，就不在此赘述。

(四)政治形势还会影响到出版企业的营销战略

稳定、宽松的政治环境有利于出版企业营销活动的开展。改革开放以来，我国宽松的政治环境为出版业的发展提供了良好的条件，极大地促进了我国出版业的迅速发展。例如，引进版权本是出版企业营销活动中图书产品开发的一条重要途径，然而在改革开放以前，由于受到国家宏观环境的制约，该项工作的进展一直非常缓慢，出版业发达国家的一些畅销图书难以及时在国内出版发行。改革开放以来，特别是 1992 年我国加入《伯尔尼公约》和《国际版权公约》以来，引进版权已成为我国出版发行企业进行图书产品开发的重要途径。据了解，从 1992 年版权引进出版图书仅有几百种，到 2020 年全国图书版权引进1.39 万项。[①] 而随着我国成为世界第二大经济体，国际地位得到显著提升，也深刻影响了出版企业的国际出版战略，不仅版权引进输出的"逆差"进一步缩小，版权引进与版权输出之比已由 2011 年的 2.48 降为 2020 年的 1.00。[②] 这也从侧面反映了中国文化在全球传播体系中话语权的提升和影响力的扩大，可以相信，这与我国宽松的政治环境、国际地位提升的政治形势是密切相关的。

二、出版方针政策

我国党和政府制定的涉及出版业的各项方针政策，反映了出版业客观规律的要求，代表了最广大人民群众的利益，任何出版企业都必须坚持这些方针政策。只有这样，出版业才能得到健康发展。

(一) 我国出版方针的基本内容

我国党和政府历来重视出版业，在中华人民共和国成立的第三天，毛泽东同志就发出了"认真做好出版工作"的号召，中央人民政府出版总署在中华人民共和国成立后召开的第一次全国出版工作会议上，就明确提出了"为人民服务，为社会主义服务"的出版方针。1958 年 4 月，文化部又发文指示，出版工作"方针和目的就是加强社会主义和爱国主义教育，为繁荣和发展科学文化，促进社会生产力的发展服务"。1959 年 3 月，中共中央在《关于报刊书籍出版发行工作的几个问题的通知》中，要求"各级党委要加强对出版发行工作的领导……采取切实有效的措施，改进这方面的工作，使之进一步提高，适应国家建设的需要"。粉碎"四人帮"后的 1977 年，全国出版工作座谈会在长沙举行，指出了新时期出版发行工作的方针任务。1983 年 6 月中共中央、国务院《关于加强出版工作的决定》对新时期出版工作做了进一步阐明，即"出版部门应该自觉地贯彻党的百花齐放、百家争鸣、古为今用、洋为中用、推陈出新的方针"。2001 年 12 月国务院发布的《出版管理条例》指出，要"传播和积累有益于提高民族素质、有益于经济发展和社会进步的科学技术和文化知识，弘扬民族优秀文化，促进国际文化交流，丰富和提高人民的精神生活"，"从事出版活动，应当将社会效益放在首位，实现社会效益与经济效益相结合"。《出版业"十四五"发展规划》，提出了出版业发展的指导思想是"高举中国特色社会主义伟大旗帜，深入贯彻

---

① 国家新闻出版署．2020 年全国新闻出版业基本情况[EB/OL]．[2023-02-26]．https://www.nppa.gov.cn/nppa/upload/files/2021/12/cb1263408943e406.pdf.

② 赵亚可．我国图书版权贸易的发展趋势及对策[J]．中国编辑，2022，153(9)：58-62.

党的十九大和十九届历次全会精神，坚持以马克思列宁主义、毛泽东思想、邓小平理论、'三个代表'重要思想、科学发展观、习近平新时代中国特色社会主义思想为指导"，基本原则是"贯彻落实党管出版原则，健全完善党领导出版发展的体制机制"。

从以上的回顾我们不难看出，我国出版工作的方针可以概括为以下五点基本内容：其一，出版工作的方向是"为人民服务，为社会主义服务"；其二，出版工作的指导思想坚持以马克思列宁主义、毛泽东思想、邓小平理论、"三个代表"重要思想、科学发展观、习近平新时代中国特色社会主义思想为指导；其三，出版工作的基本原则是坚持"社会效益放在首位，实现社会效益与经济效益相结合"；其四，出版工作的任务是传播和积累有益于提高民族素质、有益于经济发展和社会进步的科学技术和文化知识，弘扬民族优秀文化，促进国际文化交流，丰富和提高人民的精神生活；其五，出版工作的根本保障是坚持和加强党对出版工作的全面领导，不断完善党领导出版工作的体制机制。

(二) 出版方针对营销活动的影响

同前面介绍的政治、法律等环境因素相比，出版方针对出版营销活动的影响主要表现为一种对企业营销理念上的指导，而不是以规范条文的形式来强制性地施加影响的。当然，在很多情况下，出版方针也会以法律法规、具体的出版政策等带有明显强制性的方式来发挥其作用。具体地讲，出版方针对出版营销活动的影响主要体现在这样几个方面：

首先，出版方针直接决定着出版业的根本任务。我国出版业的"为人民服务，为社会主义服务"的根本方针，决定了我国出版工作的根本任务是宣传马克思列宁主义、毛泽东思想、邓小平理论、"三个代表"重要思想、科学发展观、习近平新时代中国特色社会主义思想，也明确了出版活动应当将社会效益放在首位，实现社会效益与经济效益相结合。现阶段，我国出版企业都必须围绕着这一任务来开展图书营销活动，任何违背这一出版方针的行为都是不允许的。这些年来，有个别出版企业置党和国家的出版方针于不顾，从事淫秽黄色甚至反动出版物的营销、严重偏离社会主义核心价值观的出版发行而受到严厉制裁的事例就充分说明了这一点。

其次，出版方针直接决定了出版企业的营销策略与手段。图书营销策略和手段多种多样，但是，出版企业在选择运用这些策略和手段时，必须充分考虑党和国家的出版方针，凡是与出版方针直接抵触的策略和手段决不能使用。例如，"买卖书号""贿赂发行""回扣发行"等不法营销方式就同我们的出版方针相左，严重扰乱了我国的图书市场，为那些内容不健康甚至偏离主流意识形态的出版物流入市场开了方便之门，严重影响了广大读者特别是青少年读者的身心健康。对这些直接违背出版方针的营销方式，我们的出版企业应自觉加以抵制。

最后，出版方针是评价出版企业营销效果的重要标准。我们认为，我国的出版方针直接决定了对我国出版企业营销成效的评价标准应该是坚持"社会效益优先"和"双效统一"。如果认为出版企业是自主营销、自负盈亏的独立法人，应以追求经济效益为最高准则的话，那就大错特错。出版企业作为独立的法人实体，追求经济效益固然必不可少，但是，其经济效益的取得必须建立在良好的社会效益的基础之上，社会效益才是我国出版企业的最高追求。因此，在评价出版业的营销业绩时，必须坚持"社会效益优先"和"双效统一"的标准。现阶段，仍有个别出版企业没有能够摆正两个效益的关系，片面强调经济效益，这是对出版方针这一环境因素把握不准的一种表现。对此，必须予以纠正。

三、法律法规

法律环境对市场消费需求的形成和实现具有调节作用，企业必须熟悉和研究法律环境才能既保证依法经营，又能依法保障自身权益。[①] 法律法规是对出版营销活动影响最为强烈和直接的一种宏观市场环境因素，在各国出版界，法律法规都被视作规范出版业运作的最重要的工具。如法国就以图书定价立法的方式将图书定价的权利交给出版方，于20世纪80年代开始执行《法国图书定价法》；同时随着数字出版浪潮的到来，2011年又颁布了《电子书定价法》，对电子书出版社是电子书定价主导方的身份进行了明确。[②]

法律法规对出版营销活动的影响主要体现在两个方面：一是运用法律法规来限制出版产品的思想内容；二是用法律法规来规范出版营销业务活动。

概括起来讲，出版业发达国家规范出版业运作的法律法规不外乎四类：第一类是普通的基本法，各国的宪法和其他基本法规无疑是出版营销活动所必须遵循的，同时，各国的经济法、民法、商法、知识产权法等有关企业的基本法规，出版营销活动自然也不能违背。例如，各国宪法、美国的"统一商法"、英国的"保密法"、日本的《青少年健康成长条例》等都属于这一类。第二类是针对出版物思想内容的专门性法律法规，如德国的《关于散布危害青少年书刊的法律》、英国的《淫秽出版物法》等。第三类是有关出版营销业务活动的专门性法规。如我国的《出版管理条例》《印刷业管理条例》《出版物市场管理规定》，以及德国的《图书贸易往来条例》、法国的《法国图书定价法》、日本的《再贩卖价格维持契约书》及《关于书刊统一出售日的规定》等。第四类是有关出版作品创作与权益保护的专门法律，主要是著作权法，如我国的《著作权法》、欧盟的《数字化单一市场版权指令》等。1990年，我国正式颁布了《中华人民共和国著作权法》，后分别于2001年、2010年、2020年三次进行修订，最新一版著作权法将短视频、网络直播等视听作品纳入作品保护范畴，对于出版企业的短视频营销、图书直播营销等有重要影响。

在我国，党和政府对出版工作非常重视。中华人民共和国成立以来，全国人大常委会、国务院、新闻出版行政主管部门和国务院有关部委颁布的行业性法规，以规定、决定、条例、办法、通知等名称发布的行政法规和部门规章及中共中央宣传部等党的领导机关和政府有关部门联合发布的法规性文件共计数百种，我国的出版法律法规体系也从建立

---

① 韩英，李晨溪. 市场营销学［M］. 郑州：河南科学技术出版社，2020：51.
② 王珺. 法国出版政策调整对行业的影响及启示［J］. 出版参考，2019(8)：23-27.

到逐步完善。这些是我国出版企业有效运作所必须严格遵循的。这方面的相关内容请参见黄先蓉主编的《出版法规及其应用》《出版法律基础》(均为武汉大学出版社 2013 年版)。

第三节　经 济 环 境

经济环境是指企业开展营销活动的外部经济条件,是影响企业营销方式与规模的经济因素,也是对市场具有广泛和直接影响的环境内容。出版企业营销的经济环境主要有直接的和间接的两类。其中,直接经济环境是指企业与其他企业或行业之间的经济联系,如出版社与印刷企业、书店、物流企业、电商企业等的联系。这些直接影响出版企业营销活动的客观经济环境虽然对出版企业的营销活动也十分重要,但是相对而言,这些因素比较容易掌握。因此,营销学通常是将社会经济环境的研究重点放在间接经济环境方面,包括一个国家的宏观经济发展状况、市场供求与竞争状况、经济等,此外,诸如物价指数、通货膨胀率及消费信贷的发达程度等经济因素也属间接经济环境。

一、宏观经济发展状况

一个国家或地区的宏观经济的发展状况对出版业的发展具有十分深远的影响,在经济全球化背景下国际经济形势的影响力也日渐凸显。出版企业在制订营销战略时,必须充分考虑企业所面临的宏观经济发展状况。

衡量一个国家宏观经济发展状况的因素很多,其中罗斯托(W. W. Rostow)于 1960 年在《经济成长的阶段》①一书中提出的经济成长阶段论颇富代表意义。该理论认为,一个国家或地区的经济发展可以分为五大阶段,即传统社会阶段、起飞前的准备阶段、起飞阶段、通向成熟阶段和大量消费阶段。凡经济发展处于前三个阶段的国家属发展中国家,处于后两个阶段的则可称为发达国家。该理论认为,一个国家在不同的经济发展阶段就意味着不同的经济发展状况,企业的营销活动必须充分考虑其目标市场的经济发展阶段,因为处于不同的成长阶段,其市场的发育具有不同的特点,因而企业的营销就应采取完全不同的策略。罗斯特的经济成长阶段论认为经济发展阶段的高低会直接或间接地影响到其市场的发展状况,这种影响主要体现在三个方面:第一,不同的经济成长阶段有不同的市场需求;第二,不同的经济成长阶段有不同的分销渠道;第三,不同的经济成长阶段有不同的产品销售方式等。

按照罗斯特的经济成长阶段论,我国目前正处于经济高速发展并加速迈向成熟阶段,这一阶段是经过较长期的经济持续发展所达到的一个新的阶段。这一阶段经济体系逐渐完善,经济部门日趋增多,新技术的应用日益普遍,市场供给与消费更加成熟。我们深信,从出版营销活动的角度看,这一中国经济形势对我国出版业的发展无疑是一个难得的机

---

① 罗斯托 W W. 经济增长的阶段[M]. 郭熙保,王松茂,译. 北京:中国社会科学出版社,2001.

遇，应该说，这是我国出版业所面临的一个最为有利的市场机会，但是同时也面临着一定挑战。

首先，经济的飞速发展与市场日渐成熟，使得居民的消费水平显著提高，居民消费结构逐渐优化，为出版市场的扩大与消费结构的升级提供了可能。众所周知，图书作为非生活必需品，在居民消费水平较低的情况下，难以成为广大居民踊跃购买的对象，但随着收入水平与消费能力的提高，居民消费结构就有向精神生活需求倾斜，以及图书消费结构优化的可能。这样一来，居民的购书意愿得到提升，购书、读书乃至读好书的习惯逐渐形成。这正是图书市场需求得以扩大及进一步优化的基本前提条件之一。

其次，经济的高速发展，带动了科学技术的进步，为出版企业的技术应用与融合打下了坚实的技术基础，从而促进了出版业转型升级。近些年来，随着数字化技术的发展与应用成熟，数字出版产业得到了迅猛发展，渐成规模，且在出版产业中的地位越来越重要。高速发展与迅速普及的数字技术奠定了数字出版产业的技术基础，信息处理技术、语义技术、本体技术、云计算技术、人工智能技术等数字化出版工艺，使数字出版产品形态日趋成熟，网络传播、移动阅读、大数据等技术的出现及普及应用，为数字内容的广泛传播奠定了技术基础。与此同时，传统出版中，数字印刷技术的应用实现了按需印刷出版，人工智能技术助推了出版物流的智能化，传统出版的生产效率也大大提升了。这些都是经济的发展带动技术的进步对出版业发展的直接影响。

再次，经济的高速发展与日渐成熟，同时还给出版业的发展带来了巨大的驱动力，促进出版业同步发展。经济的高速发展与成熟推进，需要科学技术向生产领域的快速转化，需要科学技术的迅速普及，需要生产基础设施的更新，需要人才素质的提高，需要管理水平的提升。正是由于经济发展所驱动的上述诸多因素的共同作用，才促进了以积累和传播科学技术知识为己任的出版业的迅速发展。改革开放以来，我国出版业之所以有如此高的发展速度，是与同时期我国经济的高速发展密切相关的。

最后，经济的高速发展与向成熟推进，也促进了现代企业制度的建立，促进了市场经济体制的完善，客观上也为出版业的改革，为图书市场的规范运作提供了可能。近年来，我国出版业诸多改革及发展战略和措施的出台，诸如集团化、精品化、资本上市、股份制等，无一不是在宏观经济形势的总的要求下提出的，有些甚至是在其他经济领域业已取得显著成效的前提下引入出版系统中来的。应该说，这也是市场逐渐成熟给出版业带来的有利影响。

二、市场供求与竞争状况

市场供求与竞争状况是一个国家和地区产品与服务价值实现的基本环境要素。不同的供求关系和竞争状况，将影响企业营销战略和战术的不同选择。出版企业的营销战略与战术选择同样是在不同的供求关系和竞争状况下确立的。

从总体上考察，供求关系不外乎三种情形，即供求平衡、供过于求和供不应求。市场竞争按其程度来分，有完全竞争、完全垄断和不完全竞争三种。这些不同的供求情形和竞争关系对出版企业的营销分别会施加完全不同的影响。

经过多年来的改革开放，我国不仅告别了图书产品短缺，而且从 20 世纪 90 年代中期就进入一个图书品种极大丰富、图书总量供给过剩和结构供给相对不足的时期。到 2021 年全国出版新版图书 22.5 万种，[①] 成为世界图书出版品种数量第一大国。图书品种的极大丰富在较好地满足了广大人民群众不断增长的文化需求的同时，也带来了一系列问题，如出版品种重复、出版资源浪费等，加剧了出版企业之间的不良竞争，而且在供给层面有效供给不足、供给结构失衡、无效供给过剩等问题突出。同时，"入世"以后，我国图书市场的逐步对外开放，越来越多的境外出版企业开始进入中国市场，又为中国图书市场竞争的进一步加剧增添了新的动力；与此同时我国出版企业也开始积极走向国际出版市场，海外投资并购、设立海外出版机构等，也为出版企业借鉴出版发达国家的经营管理经验，提升竞争力提供了很好的机遇。在这样一种供求与竞争环境下，广大出版企业不再可能像以往那样进行简单的粗放经营就可以获得生存，而必须根据自身的资源禀赋，科学分析市场变化，进行准确的市场定位，实行精品化出版、集约化经营，积极参与竞争，才可能立于不败之地。

三、物价指数与通货膨胀率

消费者物价指数(Consumer Price Index，CPI)，是反映与居民生活有关的产品及劳务价格统计出来的物价变动指标，通常作为观察通货膨胀水平的重要指标。如果消费者物价指数升幅过大，表明通胀已经成为经济不稳定因素，央行会有紧缩货币政策和财政政策的风险，从而造成经济前景不明朗。因此，该指数过高的升幅往往不被市场欢迎。通货膨胀率是指物价指数总水平与国民生产总值实际增长率之差，即：

通货膨胀率 ＝ 物价指数总水平 － 国民生产总值实际增长率

物价指数以及通货膨胀率的上涨会影响人们的购买力水平，自然也会影响到图书市场消费。一般而言，稳定的物价指数和较低的通货膨胀率有利于出版市场的发展。改革开放以来，我国经济一直保持"高增长，低通胀"的良好态势。但自 2003 年开始，我国物价形势一改过去持续下降的态势而持续攀升，一定程度上影响了人们的购买力水平。物价水平不仅反映在了读者购买力上，也反映在了出版企业经营成本上。近年来，在国家进一步加强环境保护等促推下纸张供应相对短缺，纸张价格暴涨，出版社图书出版成本面临极大压力；同时，受城市建设规划与房价上涨等因素影响，书店的租金成本也大大增加。这样一种经济环境对图书消费市场产生了消极影响；然而，在国家大力提倡全民阅读的助推下，居民阅读量与购书意愿持续增强，总体上我国图书出版市场保持小幅稳步增长。

---

① 国家新闻出版署.2021 年新闻出版产业分析报告［EB/OL］.［2023-02-26］. https://www. chinaxwcb.com/info/585998.

四、出版经济政策

作为宏观调控的重要机制，经济政策对出版营销活动具有重要的直接影响。通过产业布局引导、财政投入、税收政策、融资政策等经济政策，能够规范出版企业市场行为、优化市场资源配置。出版企业作为独立的企业法人，国家的各项经济政策都会不同程度地影响到其营销活动。对出版营销活动具有直接影响作用的国家经济政策不外乎以下这几个方面。

(一)产业政策

产业政策是指国家根据国民经济发展的内在要求促进各生产企业部门均衡发展而采取的政策措施及手段的总和。产业经济学观点认为，产业政策可分为产业组织政策、产业结构政策、产业技术政策、产业布局政策及产业国际竞争力政策等。产业政策能够弥补市场失灵，有效配置资源，对产业内部结构进行调整促进产业结构优化，鼓励产业内的企业进行良性竞争增强产业国际竞争力。在政策实施过程中，通过对市场竞争秩序的规范和政策资源的调配等手段，显著影响企业的营销目标与活动。

一般而言，产业政策法往往是针对特定的产业而制定的，体现了国家的政策意图，目的是扶持或调整某个产业。世界各国历来均重视包括出版产业在内的文化产业的政策扶持与政策法制定，如《加拿大多元文化法》、日本《内容产业促进法》、韩国《文化产业振兴基本法》等，美国的文化政策的形式也多用法案来体现。再如，欧洲出版商协会于2008年发布了《欧洲与图书》宣言，有研究者认为该宣言是该协会开始主动向欧盟寻求出版政策和法律支持的体现。[①]

在我国，包括出版产业在内的文化产业的发展向来也受到了党和政府的高度重视，大力发展文化产业已成为我国经济与社会发展的基本战略。一是通过实施五年发展规划推进产业发展。自2000年10月党的十五届五中全会通过的《关于"十五"规划的建议》提出"完善文化产业政策，加强文化市场建设和管理，推动有关文化产业发展"，之后，从"十一五"开始连续制定颁布文化发展五年规划。2009年，国务院发布了我国第一部文化产业专项规划《文化产业振兴规划》。出版业五年发展规划最早为"八五"时期，1991年发布了《出版事业"八五"计划及十年发展规划》，"十一五"时期开始，出版业发展规划进入了制度化、常规化、连续性的发布周期。[②]《出版业"十四五"发展规划》明确了"出版工作是党的宣传思想文化工作的重要组成部分，是促进文化繁荣兴盛、建设社会主义文化强国的重要力量"，确定了面向2035年建成出版强国的远景目标，同时提出"加强政策有效供给，完善制度保障体系建设"。二是发布专项扶持促进政策。2003年9月，文化部发布《关于支

---

① 王清. 欧洲出版商最新欧盟出版政策诉求述评[J]. 出版发行研究，2009(10)：66-70.

② 朱小妮，赵玉山. 从"出版大国"到"出版强国"：新时代中国出版业的发展战略与路径规划[J]. 科技与出版，2022(7)：52-62.

持和促进文化产业发展的若干意见》，提出以政策法规为保障，调整产业布局，优化产业结构和资源配置，到 2010 年形成比较完备的有利于文化产业发展的政策法规体系。2004年，文化部实施《关于鼓励、支持和引导非公有制经济发展文化产业的意见》，对推动包括出版产业在内的文化产业起到了积极作用。2005 年，中共中央、国务院《关于深化文化体制改革的若干意见》指出，繁荣和发展社会主义先进文化具有全局性、战略性的地位和作用，重要新闻媒体和重要出版社是重要的思想文化阵地。2011 年，原新闻出版总署发布《关于加快我国数字出版产业发展的若干意见》，对推动出版业数字化转型发挥了重要作用。2016 年重新颁布的《出版物市场管理规定》提出，"建立全国统一开放、竞争有序的出版物市场体系"。可见，党和政府对包括出版产业在内的文化产业的高度重视，是我国出版产业持续健康发展的有力保障。

(二)税收政策

财政、税收和金融是国家实行宏观调控与经济社会发展管理的重要工具手段，其中税收是国家财政收入的主要来源，税收政策是一个国家调节其经济活动的重要杠杆。对不同的产业实施不同的差别税率，有利于国民经济协调发展。许多国家习惯采用不同的税率来调控其产业结构，通过差别税率鼓励某些优先行业的发展。作为人类知识生产与文明传承的重要行业，出版产业的发展离不开国家税收政策的支持，世界上很多国家对出版业实行"轻徭薄赋"甚至免税政策。

就我们所了解的情况看，发达国家对出版业所确定的税率普遍较低，不少国家的出版业税率远远低于其他行业的税率。例如，加拿大、英国、爱尔兰、葡萄牙、新加坡、韩国等对图书销售实行的是零税政策，丹麦、意大利、瑞士等图书销售的税率只有 2%，绝大多数欧洲国家，如德国、法国、比利时、西班牙、荷兰、卢森堡等，出版业的税率在 8% 以下，美国的图书销售税率在 4%~6%。数字出版税率方面，西班牙为鼓励传统出版业发展，将数字增值税税率从 4% 上调至 21%，纸质图书仍保持在 4%；2020 年 5 月英国财政部率先宣布取消数字出版税(21% 左右)，对深陷疫情危机的出版业起到了提振作用。

相比较而言，我国出版业的税率还是比较高的，需缴纳的税种也较多，主要包括增值税、企业所得税和房产税等。改革开放 40 年来，我国出台了一系列税收优惠政策，扶持新闻出版业，大致经历了初步扶持、加大力度、加速优惠三个阶段。[①] 近年来，我国出版业主要税收政策见表 2-1，可见，近年来我国逐渐加大对出版业的税收优惠力度，且部分出版企业、部分出版环节享受了一定期限的税收减免。应该说，从促进科学技术的普及、传播科学文化知识的高度来看，这对于促进出版业的发展、保障出版业较好地履行其社会职责是有积极意义的。但是，与国外相比仍显较高，且部分减免是具有明确的期限的，这一做法虽然保障了税收激励政策的弹性和可控性，但缺乏系统性，期限过后是否仍能享受

---

① 刘芳. 改革开放 40 年的新闻出版税收政策演化与完善[J]. 科技与出版，2018(12)：76-79.

税收优惠是未知的，会严重影响出版企业的长期营销目标的制定，如很多出版传媒上市公司在其财报的风险说明中，都对此进行了描述。

表 2-1 近年来我国出版业主要税收政策一览表①

税种	政策方式	税收政策内容	政策文件
增值税	免收增值税	自 2018 年 1 月 1 日起至 2020 年 12 月 31 日，免征图书批发、零售环节增值税	财税〔2018〕53 号
		党报、党刊将其发行、印刷业务及相应的经营性资产剥离组建的文化企业，所取得的党报、党刊发行收入和印刷收入免征增值税	国办发〔2014〕15 号、财税〔2019〕16 号
	先征后退	部分重点出版物在出版环节执行增值税 100% 先征后退的政策，其他各类图书、期刊、音像制品、电子出版物在出版环节执行增值税先征后退 50% 的政策，对部分出版物印刷、制作业务执行增值税 100% 先征后退的政策	财税〔2018〕53 号
		出版物在出版环节执行增值税先征后退 50%～100% 的政策。对部分印刷、制作业务执行增值税 100% 先征后退的政策	财政部、税务总局〔2021〕10 号
		电子出版物在出版环节执行增值税先征后退 50% 的政策	财政部、税务总局〔2021〕10 号
	减税	图书、报纸、杂志、音像制品、电子出版物等增值税由 13% 下调为 11%	财税〔2017〕37 号
		图书、报纸、杂志、电子出版物增值税税率下调至 9%	财政部、税务总局、海关总署公告 2019 年第 39 号
企业所得税	短期免征	新办的报业、出版、发行、广电、电影、放映、演艺等文化企业，给予免征 1 至 3 年的企业所得税照顾	国办发〔2003〕105 号
		经营性文化事业单位转制为企业后，免征企业所得税。	国办发〔2014〕15 号
		经营性文化事业单位转制为企业，自转制注册之日起五年内免征企业所得税；2018 年 12 月 31 日之前已完成转制的企业，自 2019 年 1 月 1 日起可继续免征五年企业所得税	财税〔2019〕16 号
	减税	对从事文化产业支撑技术等领域的文化企业，按规定认定为高新技术企业的，减按 15% 的税率征收企业所得税	国办发〔2014〕15 号

① 部分参考李林. 应对出版数字化转型的税收政策研究[J]. 财政科学，2021，70(10)：72-81.

续表

税种	政策方式	税收政策内容	政策文件
房产税	减免	文化企业纳税确有困难的,可申请减免经营用土地和房产的城镇土地使用税、房产税	国办发〔2003〕105 号
	免征	经费的经营性文化事业单位转制为企业,对其自用房产免征房产税	国办发〔2014〕15 号
		财政部门拨付事业经费的文化单位转制为企业,自转制注册之日起五年内对其自用房产免征房产税;2018 年 12 月 31 日之前已完成转制的企业,自 2019 年 1 月 1 日起对其自用房产可继续免征五年房产税	财税〔2019〕16 号
其他税收	部分免征	特定进口图书免进口环节增值税	财税〔2014〕85 号、财税〔2019〕16 号
	增值税零税率	对国家重点鼓励的文化产品出口实行增值税零税率	国办发〔2014〕15 号
	税收优惠	经营性文化事业单位转制中资产评估增值、资产转让或划转涉及的企业所得税、增值税、城市维护建设税、契税、印花税等,符合现行规定的享受相应税收优惠政策	国办发〔2014〕15 号
	退税	出版物的出口可享受出口退税	财税〔2009〕31 号

(三)财政政策

2009 年,国务院发布我国第一部文化产业专项规划《文化产业振兴规划》,明确指出,通过贷款贴息、项目补贴、补充资本金等方式加大对文化产业的投入。

早在 2003 年 9 月,文化部发布《关于支持和促进文化产业发展的若干意见》(文产发〔2003〕38 号),明确对包括出版产品在内的文化产品的生产给予资金补助和信贷贴息等财政支持。

2005 年以来我国文化产业信贷规模不断扩大,开展文化与金融合作示范区创建工作,鼓励金融机构对版权等核心知识产权的文化创意产业,扩大知识产权质押贷款业务规模。2017 年,全国科学研究和技术与文化等产业中长期贷款余额 3642 亿元,同比增长 8.43%。

银行信贷为文化产业的主要资金来源,因而信贷政策对文化产业的发展有着至关重要的作用。

融资方式是指企业融通资金的具体形式。融资方式越多,意味着可供企业选择的融资机会就越多。如果一个企业既能够获得商业信用和银行信用,又能够同时通过发行股票和债券直接进行融资,还能够利用贴现、租赁、补偿贸易等方式融资,那么就意味着该企业拥有更多的机会筹集到生产经营所需资金，即企业融资的渠道，它可以分为两类：债务性融资和权益性融资。前者包括银行贷款、发行债券和应付票据、应付账款等，后者主要指股票融资。债务性融资构成负债，企业要按期偿还约定的本息，债权人一般不参与企业的经营决策，对资金的运用也没有决策权。权益性融资是指向其他投资者出售公司的所有权，即用所有者的权益来交换资金。

有研究表明，支持文化产业的信贷政策的确对文化产业发展存在促进作用，但目前我国对文化产业的信贷支持严重不足，因此，必须加大对文化产业的信贷支持力度以满足其资金需求。[①]

文化部发布《关于加强文化产业园区基地管理、促进文化产业健康发展的通知》，其中包括通过投融资政策引导产业布局的思路，例如优先将示范园区、基地内有贷款需求的企业和项目推荐给与文化部建立部行合作机制的银行机构，积极促成优质文化项目进入文化产权交易市场进行融资，大力推荐符合条件的文化企业上市融资等。

(四)融资政策

融资政策是宏观经济政策的重要组成部分，是实现资金优化配置以促进经济结构调整的重要手段。企业融资，主要有债权融资和股权融资两种方式，其中来自负债的资金为债权融资，来自权益的资金为股权融资。出版产业的发展，离不开信贷或资本市场的支持。出版传媒业某种程度上说是资本密集型产业，尤其是在媒介融合时代下，出版传媒企业为推动与新兴媒体的融合发展，实现资产重组及新业态布局，可以说具有双重的融资需求。

当前，我国出版传媒资本市场尚不完善，一方面传媒企业规模小、盈利能力有限，融资能力较弱，通过金融市场获得的融资有限；另一方面，由于出版传媒业资本运营刚刚兴起，上市融资比重及水平又还较低，主要依靠政策扶持获得金融和其他资本形态的支持。[②] 特别是图书流通企业大多是小型企业、自有资金少，绝大多数图书流通企业依靠贷款来维持运行，特别是一些基层书店几乎是靠银行贷款来维持运行的。占有大量的贷款就必须支付数量巨大的银行利息，这极大地影响了中小型出版企业的营销业务活动与生存发展。面对出版企业生存发展与转型升级，需要国家提供良好的金融政策支持。

基于出版文化企业的融资困境，国务院及其有关部门出台了一系列信贷优惠政策和融资政策，健全文化市场投融资体系。一方面，是引导金融支持文化产业发展。2005 年 12 月，《中共中央、国务院关于深化文化体制改革的若干意见》指出，"创新投融资体制，支持国有文化企业面向资本市场融资，支持其吸引社会资本进行股份化改造"。2010 年，中国人民银行等九部委联合发布了《关于金融支持文化产业振兴和发展繁荣的指导意见》（银

---

① 张强，张慧君，刘晓剑. 信贷政策对文化产业的支持效果研究[J]. 湖南大学学报（社会科学版），2017，31(1)：56-60.

② 曾元祥，李长旭. 出版传媒上市公司融资结构的影响因素研究——基于我国 22 家出版传媒上市公司数据的分析[J]. 新闻界，2018(7)：87-92，100.

发〔2010〕94 号），指出文化产业快速发展迫切需要金融业的大力支持，这是金融支持文化产业的第一个金融政策指导文件，旨在打破中国文化产业发展投融资瓶颈，发挥民资、外资、信贷、保险、证券等多层次金融市场资源来助推文化产业发展。另一方面，是推动出版传媒文化企业上市，拓展融资渠道。如 2011 年，文化部发布《关于推进文化企业境内上市有关工作的通知》，指出支持出版传媒集团实现主营业务整体上市，推动出版传媒集团拓展融资渠道。经过这些年的发展，我国已有 30 多家出版传媒集团实现上市，通过资本运营，在资产规模、主营收入、利润增长等方面取得了不小的发展。据国家新闻出版署《2021 年新闻出版产业分析报告》的数据，2021 年全国有 12 家出版传媒集团迈入"三百亿"（资产总额、主营业务收入和所有者权益均超过 100 亿元）集团阵营。

（五）补贴政策

出版是薄利行业，国家如果不通过各种政策予以扶持的话，它是很难与其他产业部门协调发展的。出版业发达国家的出版组织通常可以得到多方面的支持，除了享受低税率、优惠贷款等支持之外，往往还可以得到政府的一些补贴。例如，英国伦敦的图书推广组织——图书基金会（Book Trust），每年都能从政府那里获得 30 万英镑的拨款补贴，加拿大文化与交流部每年都有专项资金资助出版产业发展，法国政府给予出版企业年营业额 15% 的补助，欧盟的《文化 2000（2000—2006）》和《文化计划（2007—2013）》项目中也有对出版业进行直接资助的内容。

我们国家财力有限，能给予出版企业的财政补贴有限。现阶段，国家对出版企业的少量补贴主要是针对少数民族地区的出版企业、专业性较强的出版企业以及老少边穷地区的基层书店等，以及通过国家出版基金等对重点出版选题给予补助。2007 年开始设立的国家出版基金，以出版资助的形式重点支持公益性出版项目；设立于 2008 年的文化产业发展专项资金，则对包括出版企业在内的文化企业的新技术研发与数字化转型发挥了积极推动作用，设立当年财政投入规模为 10 亿元。《出版业"十四五"发展规划》也指出，"优化资金投入机制。提高国家出版基金资助力度和精准度，统筹用好相关出版专项资金，加大主题出版、学术出版、融合出版支持力度，提高原创精品扶持效能"。

五、出版市场状况

图书产品价值的实现是通过市场来完成的，一个国家和地区的市场状况无疑会在相当程度上影响出版企业的营销策略。这里所指的市场状况主要指市场发育状况、市场竞争状况、市场规范程度等几个方面。

（一）市场发育状况

市场发育状况主要是指市场的发育程度，即市场机制是否真正建立起来并得到完善。与我国经济体制相适应，我国出版业从中华人民共和国成立初期开始实行的是高度的计划经济体制。自从党的十四大明确提出建立社会主义市场经济体制以来，市场经济体制开始在我国经济生活中得以逐步发挥作用，社会主义市场经济体制得以逐步确立。与物质产品生产领域相比，出版体制改革要相对滞后一些。至今，我国图书市场的发育程度还比较低，这种发育不完备的市场对我国出版业的发展显然是不利的，主要表现在以下几个方面：首先，图书市场发育程度低，影响了市场对出版资源的合理配置。其次，图书市场发育程度低，出版企业的市场主体地位不巩固，产权不明晰，严重影响了出版企业自主营销的积极性。最后，图书市场发育程度低，市场对企业主体的约束力度不够，市场行为不够规范，不利于市场主体的平等竞争。

(二)市场竞争状况

竞争是市场经济的基本特点，也是市场经济的生命力之所在。市场竞争状况对出版企业营销活动的影响也不可低估，如竞争对手的营销策略及营销活动的变化就会直接影响出版企业营销策略的选择。经过改革开放40多年的发展，我国出版市场的竞争日趋激烈，然而，同出版业发达国家或地区相比，我国图书市场的竞争程度还较低，市场竞争还不够规范，有效竞争尚不足。很明显，这对于出版企业营销活动的开展是不利的。

开放的、平等的竞争是出版业发展的根本动力。就我国图书市场而言，出版业竞争的开放程度明显不够。出版市场这种不完全的竞争，根源在于我国出版市场的规模经济、市场进入壁垒和产品差异。[①] 当前，我国图书出版企业的数量只有580多家，且总体规模偏小，出版业在市场主体数量受到限制的情况下，任何竞争都是不充分的。再者，我国现有的580多家出版社在专业分工上也都是通过计划手段确定的，而不是通过平等、充分的竞争去实现的。当市场主体的营销范围被严格界定之后再去参加市场竞争，这就犹如捆住手脚让人们去搏斗一样，不会有积极的效果。这就是说，出版业竞争的不开放、不平等是影响我国出版业发展的一个重要因素。

此外，竞争的规范化程度的高低对出版业发展也有很大影响。从目前的情况来看，我国图书市场竞争还不是很规范，存在着不少问题，如选题重复开发、同质化、严重依赖教材教辅市场等。

(三)市场的规范程度

市场的规范程度也是影响出版企业营销活动的重要因素。在市场经济体制下，对于市场主体的规范主要有两种形式：一是他律，即通过法律法规、条例、政府的宏观调控手段、社会的舆论监督等方式来规范市场主体的运作；二是企业或行业自律，主要是通过企业自身及行业协会等来规范企业的运作。应该说，要确保图书市场的规范运作，这两种方式缺一不可。目前，我国的基本情况是有关出版业的法律法规尚不健全，《出版法》迟迟未

---

① 吴赟. 出版经济学的核心[M]. 上海：同济大学出版社，2014：228-229.

能出台；现有的行政规章约束力相对较弱，而且尚待完备；政府的行政管理带有一定的主观色彩，效果不甚理想。从自律的角度看，出版企业自律意识不强，行业协会尚未能发挥有效的行业管理职能。正因为如此，我国图书市场的规范化程度，同出版业发达国家如日本、德国等相比，尚有一定差距。

第四节　社会文化与科学技术环境

一般来讲，在企业营销环境的诸多因素中，社会文化和科学技术对企业营销活动的影响相对要小一些。但是，就出版营销活动而言，社会文化与科学技术这两个因素却是至关重要的。从某种意义上讲，它们对于图书营销活动的影响甚至还超过了前面所提到的那些环境因素。其中的原因非常简单，一方面是由于出版活动的客体——图书产品所具有的精神文化属性使然，另一方面则与新技术变革催生了营销变革息息相关。本节我们将介绍一下这两个环境因素对出版营销活动的影响。

一、社会文化因素

社会文化环境是一个国家或地区的价值观念、文化思潮、民族传统、宗教信仰、地域文化、语言文字及教育水平等的总和，它体现着一个国家或地区的社会文明程度。社会文化环境因素的影响是多层次、全方位、渗透性的，[①] 对出版营销活动的影响主要通过其对广大社会成员思想观念和行为方式的影响而潜在地作用于出版营销活动。而社会文化环境中所包含的诸多因素都会对出版营销活动产生不同程度的影响。

(一)价值观念

价值观念是指生活在某一社会环境下的多数人对事物的普遍态度、看法或评价。不同文化背景下，用户的价值观念差异很大。不同价值观念的用户，对出版产品的购买需求及购买行为也有显著差异，出版企业的营销活动也需要采取不同的营销策略。例如，1996年5月，中华工商联合出版社以一本名为《中国可以说不》的通俗政治读物在中国图书市场引起强烈的震动。"说不"图书的畅销，绝不是一种偶然，是与当时美国对中国的"复关"问题、知识产权问题、劳改产品问题、人权问题、西藏问题、台湾问题、对华最惠国待遇问题等横加干涉、百般刁难分不开的，表明中国老百姓对美国的"太平洋警察"形象的一种普遍反感，是我国老百姓向美国对第三世界国家指手画脚、企图干涉其内政的霸权主义行径的一种唾弃。这正是"说不"图书畅销的社会文化背景。可见，价值观念是通过读者的消费心理和消费行为来影响出版营销活动的。因此，出版企业在确定图书出版的选题、图书的装帧设计、图书的宣传促销策略时，必须充分考虑到人们的价值观念。

---

① 韩英，李晨溪. 市场营销学[M]. 郑州：河南科学技术出版社，2020：52.

(二)文化思潮

社会文化思潮是指社会上一时间广为流行的某种理论和观点，它虽然是社会的政治、经济、科学文化和人们的价值观念、心理状态的综合反映，但它主要仍表现为一种社会文化现象。文化思潮对于出版营销的影响也是显而易见的，是通过文化消费流行的影响，形成不同时期的图书的"流行性"需求。例如，在 20 世纪 50 年代上半期，曾出现对苏联文学作品的"流行性"需求，《钢铁是怎样炼成的》等苏联文学作品深受欢迎，这种需求反映了当时社会上出现的"向苏联老大哥学习"的思潮。在 20 世纪 50 年代末期出现的对《红岩》《红旗谱》《青春之歌》等一批中国当代文学作品的"流行性"需求，以及 60 年代上半期出现的对《雷锋日记》《王杰日记》等图书的大量需求，则反映广大青年学习革命传统和学习解放军的思潮。又如，20 世纪 80 年代商务印书馆的"汉译世界学术名著丛书""走向未来丛书"、三联书店的"新知文库"等的出版，与改革开放后处于社会转型期中的中国知识分子思考思想解放的思潮密切相关。再如，进入 21 世纪之后，随着家庭教育、素质教育思潮的兴起，以《哈佛女孩刘亦婷》为代表的一批分享家庭教育和成长体验的图书在市场上广受追捧。可见，各种文化思潮一旦出现，必定对图书市场产生巨大而深远的影响。因此，出版企业在分析营销环境时，一定要重视对各种文化思潮的正确把握。

(三)民族传统

民族传统是社会文化环境中的一个重要组成部分，它是在长期的历史过程中逐步形成和发展起来的。民族传统作为一个相对稳定的环境因素，它对人们的消费心理和消费行为都有着不可低估的影响。例如，一些发达国家具有超前消费的传统习惯，这对于企业推行分期付款等促销方式就十分有利。在美、英、日等国，一些码价较高的图书产品往往就习惯采用分期付款的方式进行销售，并且收到很好的效果。日本平凡社出版的豪华精装本《世界大百科词典》共 16 卷，从 1955 年开始已累计发行 220 万套，其中，30% 就是通过分期付款的方式卖出去的。相比较而言，我国的情况就不同，我国人民长期以来形成的量入为出、注重积累的传统习惯，就不适合用这种方式来进行促销。前些年，虽有一些出版企业也曾试图利用分期付款的方式来推销图书，结果应者寥寥，效果极不理想。这正说明传统习惯对企业的营销活动有着重大的影响，企业营销策略的确定必须充分考虑到当地消费者的民族传统。

民族传统对出版企业营销的影响，既有积极的一面可以善加利用，也有消极的一面需要极力规避。

一方面，可以善用各民族的传统节日开展营销活动，促进出版产品的销售。市场营销具有时间性，能否应景开展营销活动，很多时候会最终决定营销的成效，在出版市场营销中同样如此。如我国的春节、重阳节等，西方国家的圣诞节、感恩节等都是非常有影响的民族传统节日，出版企业如果能结合这些民族传统节日，组织有针对性的营销活动通常都能起到较好的促销效果。

另一方面，需要重视各民族的一些禁忌对出版营销活动的影响，避免造成难以挽回的损失。不同的民族有不同的风俗习惯，它对读者的消费偏好、消费行为等具有重要的影响。例如，不同的民族对图案、颜色、数字、动植物等都有不同的喜好和不同的使用习惯。日本人禁忌荷花、梅花等图案，忌用绿色，忌用数字"4"；英国忌用大象、山羊做商品装潢图案，禁忌孔雀；匈牙利人忌"13"；墨西哥人视黄花为死亡，视红色为晦气等。出版企业营销者应了解和注意不同国家或地区的各个民族的传统习俗，在封面、版式设计、广告海报等方面做到"入境随俗"。

(四)宗教信仰

宗教是构成社会文化的重要因素，尤其是对人们的购买需求和消费禁忌有很大的影响。宗教信仰对图书营销活动也有一定的影响，特别是在一些信奉宗教的国家和地区，宗教的节日礼仪、商品使用要求和禁忌等，对其教徒购书的影响更是不可低估的。据统计，全世界人口中，基督教徒约占32%，伊斯兰教信徒占23%左右，印度教徒占15%，佛教徒占7%。[①] 可见宗教信仰的普遍性。每一种宗教都有自己的教义，每一个教徒都有自己的信仰，有自己的禁忌。因此，宗教类图书从内容到形式毫无疑问都要符合各种宗教的教义、尊重教徒的信仰，不能触犯其宗教禁忌。即使是非宗教类图书，只要涉及宗教问题，一定要十分谨慎。我国是一个统一的多民族国家，特别是在少数民族中，宗教信仰各不相同，较为复杂。出版企业的图书营销活动一定要严格遵循党的民族宗教政策，尊重教徒的信仰。总的说来，我国出版界在这方面做得不错，但也出现过一些问题和较为惨痛的教训。对此，我们的出版企业一定要高度重视。

(五)地域文化

文化的形成和发展会受到许多因素的影响，其中，地域是影响文化形成的重要因素。受地域因素的影响所形成的具有浓厚地域色彩的各种文化就是地域文化，不同的地域文化各具风格特色。地域文化的形成往往和当地的历史传统与文化传统相关，受地域影响而形成的文化，必然对产品生产的取材、设计、包装乃至消费习惯产生深远影响。毫无疑问，它也将对人们的图书消费心理和消费行为产生一定的影响。不同的地域文化的出版用户，其文化观念、消费心理、日常行为模式等地域特征，需要出版企业在选定目标市场、开发选题、开展宣传促销等营销业务过程中，尽可能全面地考量这一文化因素的影响。

(六)语言文字

语言文字是文化构成的核心要素之一。语言文字作为人类交流的基本工具，不同国

---

① 谢荣谦，雷春芳.2010年世界主要宗教群体规模和分布报告(一)[J].世界宗教文化，2013(4)：32-47.

家、不同地区、不同民族都有自己独特的语言文字，即使是同一个国家或地区，其语言文字也可能不完全相同。这一点在我国体现得尤为明显，作为一个多民族、多语言文字的国家，我国党和政府历来高度重视少数民族语言文字的保护和文化权益的保障，这是出版企业在开展相关营销活动中需要特别注意的。

图书是科学文化知识的载体，它是以特定的语言文字来传播和积累科学文化知识的。语言文字因素对于出版企业图书营销活动的影响主要表现在这样几个方面：首先，图书所使用的语言文字决定了其相应的发行范围。例如，中文图书，主要或只能在中文目标市场上发行，它在非中文语言区域就不可能有很大的市场。因此，中文图书出口海外，主要的目标顾客也是当地的华人、会讲汉语的华裔或正在学习汉语的外国读者。对于那些不懂中文的外国读者来讲，他不具备阅读中文图书的语言能力，购买中文书的可能性极小。再如，英语在世界上有很大影响，作为不少国家的官方语言，这就为英、美等国的英语图书发行提供了很好的机会。英国的图书出口，要占其图书总销售的50%，这就是语言文字对图书发行具有重大影响的又一个佐证。其次，图书的书名、装帧设计中语言文字的运用也应考虑到不同销售地区语言文字可能引起的歧义。例如，我国有一种扑克牌，汉语拼音叫"Maxi Puke"，在国内销售很好，但在英语国家就不受欢迎，因为"Maxi Puke"译成英语其含义是"最大限度的呕吐"。因此，这种语言文字上的差异也是图书营销中应该注意的。此外，世界各国语言文字的多样化，也为不同文字版本图书的出版提供了更多的市场机会。例如，出版业发达国家的一些大型出版集团，往往使用多种语言文字出版图书，并从中取得很好的经济效益就是证明。近年来，我国图书版权输出也注重多语种的输出，并取得了很好的效益与反响，如《狼图腾》一书实现版权输出30多个语种、覆盖全球110多个国家和地区。

(七) 教育水平

教育水平是指消费者受教育的程度，它直接影响着读者对图书产品的消费需求与理性程度、消费能力与消费结构。教育水平的高低，很大程度上决定了阅读素养与水平，可以说教育水平甚至对图书市场消费规模有着深层次影响。众所周知，图书的消费要以具备一定的文化知识作为前提，文盲或半文盲通常不具备这一消费能力。一般地讲，教育水平的高低对出版发行企业的营销活动有这样几点影响：其一，一个国家或地区居民受教育水平的高低是影响其图书市场容量的重要指标。一般来讲，居民受教育的水平越高，其图书消费的欲望也就越强烈，其用于图书消费的时间也越长，因此，他对于图书的需求量也就越大。正如张有能先生所说的："在相似的人口条件下衡量图书市场容量的大小，主要标志是人均购书水平，而人均购书水平的高低，主要取决于人口文化素质的高低。"其二，读者受教育水平的高低，还影响着读者对于图书类别及其内容的选择。我们的观察发现，具有较高文化程度的读者对于哲学、人文社会科学方面的理论著作、史料典籍、经典著作等大多具有浓厚的兴趣，而文化程度较低的读者则更喜爱通俗读物、传记文学、报告文学、纪实文学等图书。再就一般意义上的畅销书而言，它们往往更受文化程度较低的读者的欢迎，而一些文化层次较高的读者则较少受图书销售行情的影响。其三，教育水平高低不同的读者对出版企业不同的图书宣传促销方式有不同的反应。例如，文化程度较高的读者对于图书宣传的反应不敏感，特别是广告等方式对文化程度较高的读者来讲，促销效果并不理想；相反，书评、书目等常规促销方式反倒更受这类读者的欢迎。因此，出版企业在进行图书宣传促销时，一定要考虑目标顾客对不同促销方式的反应，据此来选择合理的促销方式。

二、科学技术因素

科学技术是第一生产力，它是影响企业营销活动的重要的环境因素。科学技术环境是指企业所处社会环境中的各种科技要素及其与新产品研发和营销机会相关的因素力量，包括科技发展速度、技术研发投入、新技术应用、技术政策等。科学技术因素对人类社会发展的作用日趋明显，随着全球新一轮科技革命浪潮的到来，加速了全球经济结构与经济体系的变革。市场营销学奠基人菲利普·科特勒认为，营销正在随着新技术的变化而演化，营销已经不再只停留于产品营销，今天的营销已经进入了 3.0 时代，[①] 营销从"消费者"的营销转向了"人"的营销，新的营销概念也应运而生，如情感营销、体验营销等。

当前，出版业已迈入数字化时代，大数据、虚拟现实、人工智能等新技术持续赋能出版转型，有声书、数字藏品等新技术应用成果的不断涌现，众筹出版、直播营销、社群营销等新出版营销模式广受关注，极大地改变了出版的产业业态、产品形态及需求方式等，赋予了出版企业和用户新的能力，也革新了出版营销渠道结构、加剧了出版市场竞争。

科学技术不仅作为一个独立的环境因素影响着出版企业的生产营销活动，而且，它还通过作用于社会的政治、经济等其他环境因素从而间接地影响企业的营销活动。就出版营销活动而言，科学技术的影响已经渗透到出版生产、传播、消费的各个关键环节，主要体现在以下几个方面。

第一，对用户消费需求、消费方式、消费能力的显著影响。其一，数字阅读技术的发展，提升了其阅读的体验感与获得感，数字阅读成为新的需求与趋势。据中国新闻出版研究院每年发布的全国国民阅读调查数据显示，我国居民的数字化阅读方式（网络在线阅读、手机阅读、电子阅读器阅读等）的接触率持续上升，其中 2021 年的数字化阅读方式接触率为 79.6%，图书阅读率为 59.7%。可见，数字阅读已经成为了居民阅读的主要方式和未来趋势，对此，出版企业必须调整其出版产品的生产和营销策略等。其二，互联网、社交媒体的发展和普及，深刻嵌入了用户的消费过程，网购、团购、社群销售等消费方式已经成为主流，基于网络渠道的产品分销、基于社群的营销推广，已经成为出版市场的必然趋

---

① 菲利普·科特勒，何麻温·卡塔加雅. 营销革命 3.0：从价值到价值观的营销（轻携版）［M］. 毕崇毅，译. 北京：机械工业出版社，2019.

势。近年来，出版企业纷纷开设微店、直播营销，各大实体书店也建立不同的社群展开营销，就是典型例证。其三，新技术赋予了用户更多的获取信息的渠道、更大的参与营销推广的能力。正如菲利普·科特勒所指出的，更多的消费者参与协同营销是"营销3.0"时代的三个中心趋势之一。① 越来越多的自媒体参与带货促销、成为宣传推广的渠道，就已经很能说明这一问题。社交媒体的关注、自动化推荐、分享等功能具备强大的"吸粉"能力，网络"大V"的转发、点赞、评论等效果的社会影响力显著，提供了出版企业营销"升级"的可能性。对此，出版企业需高度重视消费者协同营销的能力，进行社交化的数字营销战略布局。

第二，对出版企业营销产品策略与目标定位的影响。数字出版技术的发展和普及，极大地拓展了出版产业边界与产品形态，深刻影响着出版企业的产品策略与营销目标。对此，我们可以从出版生产企业和出版发行企业分别来看。对于出版生产企业而言，电子书、有声书、知识服务产品等，已经成为用户获取知识内容、开展阅读的重要方式和产品形态，自身的出版产品定位不能只有纸质图书，在纸书出版的基础上，开发数字化版本，进行数字出版拓展与战略布局势在必行。近年来，大部分出版社在积极进行数字化转型，包括开发电子书、有声书等数字化产品形态，打造数字化出版平台，设立数字出版子公司或部门等。如中信出版集团为更好地向用户提供"纸、电、声、课、视频"全场景覆盖的知识内容服务，于2017年打造了一个知识型内容服务聚合平台——中信书院APP，并专门成立了中信联合云科技有限责任公司，负责平台的运营。当前，出版社的数字出版布局，绝大多数虽暂时未产生收益，但仍然在积极推进这一目标方向，正是源于数字化趋势的不可逆。对于出版发行企业而言，具体来说就是实体书店，面临着网络书店与数字化阅读的双重冲击与挑战，对其营销定位与活动也产生了重要影响。一方面，部分发行企业的目标定位从图书零售向阅读服务消费转变，如新华文轩将其零售事业部更名为了阅读服务事业部；另一方面，多元化的经营与社群化的营销日渐普遍，如举办阅读活动、拓展销售产品品类、开展同城送货上门等，开通社交媒体账号加强社群营销推广等，都是书店面对挑战的应对之举。

第三，对出版企业营销分析、营销策略制定等能力的影响。出版业面临着巨大的经营管理挑战，不仅是数字出版业务模式的探索，也包括对新技术服务经营管理创新的尝试。传统的出版营销策略制定，出版企业主要基于对营销渠道的掌握、营销人员的经验、企业建立的市场信息网络，或多或少都带有相当的经验导向，很难建立在客观、科学的市场数据分析的基础上做出营销决策。网络传播、大数据等新技术在出版业的应用与普及，出版企业能够通过网络平台的后台数据，收集到更充分、更丰富的消费信息，如人口统计学特征、消费特征、购买偏好、媒介偏好等，建立用户消费画像，为营销决策提供重要依据，

① 菲利普·科特勒，凯文·莱恩·凯勒. 营销管理(第15版)［M］. 何佳讯，等，译. 上海：格致出版社、上海人民出版社，2016：15.

从而实现产需精准对接，提振销量。

第四，对出版企业营销渠道和营销效果的影响。科学技术对出版企业营销渠道和营销效果的影响主要表现在以下几个方面：一是网络书店的发展改变了发行渠道体系。互联网的发展，改变了人们的消费方式，网络渠道逐渐取代实体零售渠道。据开卷数据发布的2021年我国图书零售市场数据显示，图书零售市场网点渠道的市场占有率将近80%，实体店仅占20%。① 可见，网络已经成为图书市场强有力的销售渠道，发行中间商（也即批发商）逐渐被边缘化，大大节约了库存成本，也更多地让利给消费者。但与此同时，网络书店的议价权与垄断权也更为凸显，为竞争网络渠道出版企业不得不降低折扣，图书发行折扣竞争无序、混乱，破坏了图书市场生态。因此，出版业界对图书价格立法呼声，这些年来越发强烈，不断有全国人大代表、政协委员在全国两会上提交提案。二是社交媒体的普及拓展了图书营销渠道。社交媒体、大数据、人工智能等信息技术的高速发展，催生了网络社群、短视频和网络直播等全新的社交媒体营销渠道，因其具有的进入门槛低、信息传播速度快、交互性强等优势，已成为时下流行的新型营销方式和渠道。出版企业也开始主动转变营销理念，建立营销社群开展图书营销信息推送，实现精准营销，如很多出版社都开通了微信公众号、小红书等账号；积极探索和尝试跟短视频、网络直播平台的跨界合作，开展直播带书活动。如主持人王芳自2020年年初开通直播带货以来，先后为果麦文化、磨铁图书、博集天卷、东方出版社等企业开展了多场图书直播营销，也带来了不错的销量。但是，我们也应该看到，社交媒体在拓展出版企业营销渠道的同时，也带来了渠道协同管理、渠道折扣管理等难题，如何实现渠道、折扣、品牌的协同，是出版企业社交媒体营销渠道建设的重要课题。

此外，当代科学技术的迅速发展，也加速了科技图书的老化速度，缩短了科技图书的生命周期，要求出版企业加速科技图书的出版速度，对科技图书的出版提出了更高的要求。从另一个角度来看，科技图书生命周期的缩短，对出版企业的营销活动也有积极意义。因为读者为了获得最新科学技术，紧跟科学技术的发展步伐，其科技图书的购买速度也会加快，科技书更新的频率也会增多，从而导致科技图书需求量的上升。

---

① 北京开卷信息技术有限公司. 开卷发布：2021年图书零售市场报告 [EB/OL]. [2023-03-05]. http：//www. cnfaxie. org/detail. html？id＝26&contentId＝535.

第三章　出版市场分析

---

* **本章知识点提要**

 1. 出版市场调研的概念、作用及基本原则

 2. 出版市场调研的类型、内容、程序与方法

 3. 出版市场预测的概念、作用及基本要求

 4. 出版市场预测的类型、内容、步骤与方法

* **本章术语**

 出版市场调研　探索性/描述性/因果性/预测性出版市场调研

 二手资料/原始资料　出版市场预测　出版市场需求预测　出版市场销售预测

受国内外大环境及出版物供需状况变化的影响，出版市场充满易变性、不确定性、复杂性和模糊性，风险与机遇并存。从营销角度看，出版市场分析是利用统计学、经济学、运筹学、心理学等多学科理论和方法，对出版市场的宏观环境、供需状况、竞争态势等影响出版营销活动的各种因素进行调查研究和预测，以帮助出版企业制定正确的营销战略并适时适地调整营销计划，尽可能地消除出版市场风险，把握出版市场机遇，增强出版企业市场竞争力的活动。市场分析包括市场调研和市场预测，因此，本章主要从出版市场调研和出版市场预测两个方面介绍出版市场分析的内容、程序、方法和技术等基础知识。

第一节　出版市场调研

广义的出版市场调研，是指运用科学的方法，对出版市场营销信息进行有目的、有计划的系统收集、整理、分析和报告的活动，旨在了解出版市场的现状与发展趋势，识别和界定出版市场营销机会，帮助出版企业做出正确的营销决策，改进营销策略，提高营销绩效。出版市场调研是出版市场分析的基础，为出版市场分析提供数据支持和判断依据。在出版市场调研过程中，必须遵循科学的原则，采取科学的方法，获取广泛、系统的出版市

场营销信息。

一、出版市场调研的作用与基本原则

出版市场调研的作用主要是为出版企业制定营销决策提供信息，而其基本原则是出版市场调研功能得以有效发挥的重要保障。

(一)出版市场调研的作用

"在正确的时间和地点，以正确的形式获得正确的信息，其价值是极高的。"①出版市场态势的瞬息万变，机会的稍纵即逝，使出版市场调研变得日益重要。它为出版营销活动决策提供及时、准确、全面的市场信息保障，保证出版营销活动顺利开展并达成预期目标。具体而言，出版市场调研在出版营销活动中具有以下四个方面的作用。

1. 为出版企业营销决策的制定和执行提供信息保障

信息是决策的前提和基础。出版企业无论是进行营销战略决策还是营销战术决策，都离不开出版市场信息的支持，从营销目标的制定到营销策略的产生，再到营销活动的实施，都要依赖于细致、周密、准确的出版市场调研。出版市场调研的基础作用，就是为出版企业进行科学的营销决策提供信息保障。

出版市场调研对出版企业营销决策的信息保障作用主要表现在两个方面。第一，为出版企业营销决策提供依据。出版市场调研包括对市场环境、出版产品及读者的研究，覆盖信息广泛，涉及出版产品从出版企业向读者转移过程中的市场环境信息、出版产品的特性及偏好信息、读者的消费行为与消费动机信息等各类信息，因而能为出版企业提供广泛、深入、准确的内外环境信息，帮助出版企业了解出版市场发展格局与趋势，识别市场机会与市场风险，发现出版市场的现实需求与潜在需求，掌握自身在出版市场竞争中的位势与优势，从而保证营销决策有依据，实现科学性和有效性。第二，为出版企业营销决策的有效执行提供动态信息支持。出版市场调研是对出版市场信息进行持续追踪和研究的活动，具有连续性、动态性，因此，在出版营销决策的执行过程中，它能通过不断地反馈出版市场发展变化信息和出版营销决策执行状况信息，使出版企业及时掌握决策执行动态并根据变化了的出版市场环境修正、优化营销决策，保证营销决策的合理性和执行的有效性。

2. 帮助出版企业有效地开发出版市场

识别和确定出版市场机会，有效地开发出版市场，是出版企业实现长期稳定发展的中心工作。出版市场开发工作要顺利进行并获得良好效果，关键在于实现出版市场供给与需求的有效沟通。出版市场调研的一个基本内容就是收集、整理、分析出版市场供需信息，帮助出版企业了解和掌握读者的现实需求与潜在需求、出版市场产品结构与发展趋势等。

① 阿尔文·C. 伯恩斯，罗纳德·F. 布什. 营销调研(第二版)[M]. 梅清豪，周安柱，徐炜熊，译. 北京：中国人民大学出版社，Prentice Hall 出版公司，2001：5.

所以，积极开展出版市场调研工作能有效地沟通出版市场的供给与需求，为出版企业开发新的出版市场提供依据。对出版社而言，能根据阅读需求变化调整选题结构和出版计划，保证选题能够匹配甚至引领市场阅读需求，从而提高出版企业的市场占有率和市场竞争力；对发行企业而言，能够根据阅读需求组织结构合理、数量适宜的出版物，做到货畅其流、扩大市场占有份额。

出版市场机会的识别和确定，意在发现未被满足的阅读需要及利基市场，拓展出版企业的市场空间。2020 年以来，许多出版企业在新冠肺炎疫情中通过出版市场调研，敏锐地发现了读者在了解新冠肺炎疫情、掌握防范方法、纾解情绪压力等方面的迫切需求，快速推出了关于新冠疫情的选题，如人民出版社出版的《抗击新冠肺炎疫情的中国行动》、上海科技出版社出版的《张文宏教授支招防控新型冠状病毒》、广东科技出版社出版的《新型冠状病毒感染防护》等。此外还有很多延伸选题，如《疾病的隐喻》《传染病与人类历史：从文明起源到 21 世纪》《流行病的故事：从霍乱到埃博拉》等，疫情的客观因素将原本在国内处于边缘领域的疾病、医疗史选题推到大众视野之中，使其受到更多读者的关注。目前，数字技术的发展为内容生产和消费创造了很大的发展空间，但这对传统出版企业而言却是一个相对陌生的领域，因此更需要借助全面、深入的出版市场调研发现新市场、挖掘新机会，如在数字阅读平台发现高质量选题、高水平作者，利用网红直播带动长尾出版物的销售等。

3. 推动出版企业实现精准营销

精准营销是高质量发展阶段出版企业强调质量效益、注重选题策划和流程优化的必然选择，也是出版企业应对数字时代读者分散、渠道多元、市场碎片化的重要举措。精准营销的关键在于有来自编辑出版活动各个环节、各个部门的动态出版信息的支持，能够形成对市场的准确判断并协调各环节、各部门的行为。出版市场调研以信息流贯通出版物策划、复制、发行全流程，通过准确、有效、动态的营销信息引导，可以使编辑出版活动的各个环节无缝衔接，使出版者、发行者、读者、出版物四个出版物市场的基本构成要素形成有机整体，使出版企业的营销行为与读者的消费行为保持一致，从而实现精准营销。比如，在选题策划环节，出版社可以通过出版调研了解出版市场上不同类型出版物在不同渠道的动销情况，掌握本版图书在实体渠道的上架率、动销率、占有率及在网络渠道的销售状况、读者评价等信息，从而及时调整、优化选题结构。在销售环节，出版社可以通过对图书的提印、入库、发货、退货、结算、库存等关键环节的核心数据的客观分析，[①] 更准确地估算图书的市场规模、生产周期、备货周期、库存数量等，从而避免库存不足或备货太多等失误。对于书店而言，出版市场调研提供的本店及同渠道、同类型书店的销售信息，有助于其调整销售与库存结构。

大数据技术赋能出版市场调研，进一步提升了出版市场调研助力精准营销的价值。美

---

① 毛剑锋. 大数据背景下，出版社如何做到精准营销和精细管理[N]. 中华读书报，2015-12-16.

剧《纸牌屋》可谓利用大数据实现精准策划和营销的典型案例，该剧来源于对3000万付费用户收视行为及口味偏好数据的精准分析，上映后大获好评，仅一个季度就为出品方新增几百万用户。对于出版企业而言，同样可以借助大数据技术，快速、准确地整合各种平台，如京东、当当等电商平台，实体书店及线上书店，抖音、快手等直播平台的读者的年龄、性别、文化层次、兴趣偏好、购买行为特征等信息，实现对出版企业核心读者的精准画像，并依此策划产品、选择营销渠道、设计营销活动、协调资源、管理读者，提高营销活动的个性化、定制化程度，最终实现精准营销。

4. 有助于出版企业提高出版营销活动绩效

整体上，出版市场调研通过让出版企业建立对市场、读者及自身品牌和产品的洞察并合理调配出版营销资源而实现营销绩效的提升。具体而言，出版市场调研主要在两个环节对出版企业营销绩效产生影响：一是在营销决策阶段，出版市场调研提供的信息能够帮助出版企业针对出版市场机会合理选择营销策略组合，高效配置出版营销资源，提高营销活动绩效；二是在营销决策执行阶段，出版市场调研提供的动态信息有助于出版企业不断完善营销方案，因时因地合理调配出版营销资源，提高资源利用效率，同时降低营销活动的盲目性，避免风险。

创办于2002年的博集天卷是一家以出版超级畅销书闻名的出版公司，其最突出的能力是紧抓市场热点策划选题，如《不抱怨的世界》《正能量》《从你的全世界路过》，同时根据市场变化不断调整产品结构，形成"快消品+经典"的组合。《杜拉拉升职记》是博集天卷第一个标志性产品，前后做了四本，前两本销量都超过百万册。该选题的成功，首先源于博集天卷对2007年前后正在兴起的白领阶层的阅读需求的敏锐洞察，其次应该归因于编辑的慧眼，能从作者在网络上的片言碎语中发现畅销书的基因，再次，在于围绕产品特质采取的有针对性的营销渠道与促销策略组合，如网络书店的宣传、读者的口碑营销、IP开发等，最后是对于营销调研信息的快速反馈，在《杜拉拉升职记》卖得最好的日子，博集每天上午都会召开专题会议，根据前一天从作者、编辑、客户、营销渠道收集到的营销数据完善营销方案。

数字出版时代，出版产品、发行渠道、促销策略、客户关系等各种出版营销要素及其组合越发复杂多变，更需要出版企业具备及时回应变化、快速迭代、敏捷反应的营销能力。比如，2022年新东方推出东方甄选后，中信出版集团迅速发现其在图书销售上的潜力并与之合作，在几天之内获得了《人类简史三部曲》销量突破万套的良好业绩。显然，这种敏捷营销能力建立在对主播及其粉丝进行精准画像的基础之上。因此，在数字时代，出版企业需要充分运用大数据、人工智能技术等先进技术进行出版市场调研，建立营销信息系统，以快速、精准地掌握读者需求，获得准确的读者洞察，[1] 取得理想的营销绩效。

---

① 加里·阿姆斯特朗，菲利普·科特勒. 市场营销学(第12版)[M]. 王永贵，郑孝莹，等，译. 北京：中国人民大学出版社，2017：99.

(二)出版市场调研的基本原则

出版市场调研是一项科学性强的社会实践活动,如果调研质量不高,甚至出现失误,不仅不利于其作用的发挥,而且会给出版企业造成不应有的损失。比如,调查的市场范围过于狭窄,获得的信息数量少且不具代表性,这样的调研结果会使营销决策变得盲目而缺乏针对性。因此,为了尽可能减少失误,提高出版市场调研的质量,在开展出版市场调研时,不仅要有严谨的工作态度,认真、细致、周到的工作作风和科学的工作方法,而且必须遵循一些基本原则。

1. 全面性原则

出版市场运行中充斥着众多的必然因素和偶然因素,如果在出版市场调研中,不获取充分的资料就下结论,往往会以偏概全,把偶然当作必然,或完全忽视偶然因素的影响,导致结论偏差,因此,开展出版市场调研,首先要遵循的就是全面性原则。

全面性原则,一是指出版市场调研获取的信息要全面、系统。从信息的时间覆盖而言,应该包括历史信息、现时信息及预测信息;从信息的空间覆盖而言,既要收集政治、经济、文化、科技、社会等外部环境信息,也要收集出版企业内部各部门、各环节的内部环境信息,还要收集出版营销活动涉及的读者信息、渠道信息、媒体信息等。二是指出版市场调研工作要全面、系统,具有持续性。应该根据出版企业营销活动的需要,尽可能地扩大出版市场调研范围,采取各种调研手段,通过众多的出版市场调研渠道,广泛地、充分地、系统地、持续地收集和积累与调研主题有关的出版市场信息,把其中的各种复杂现象和规律全面系统地反映出来,以满足出版企业营销活动的需要。

要保证出版市场调研的全面性,首先,要培养信息意识,在日常工作中,要有意识地收集、积累有益于出版营销活动的各种信息资料。其次,要调动出版企业的所有员工参与出版市场调研工作。再次,要善于利用各种外部数据平台如专业的出版信息调研机构、其他调研机构、电商平台、社交媒体平台等的数据资料。最后,有条件的出版企业应该建立出版营销数据库或营销信息系统。

2. 精准性原则

精准性即精确性与准确性。

精确性是针对出版市场调研的质与量的关系而提出的,它要求出版市场调研在收集信息时既要保证数量,更要保证质量;要在保证质量的前提下,尽可能扩大调研范围和信息收集的广度。在出版市场上通过各种渠道获得的出版市场信息,形式多样,数量庞大,价值高低各异。因此,有必要对收集到的信息进行"精化"处理——根据一定的质量标准对获得的信息资料进行精心挑选和提炼,挤掉其中的水分,提高信息的密集度和浓缩度,提高深度信息的含量。出版市场调研的质量究竟如何,其所提供的信息的精确度是一个重要的衡量指标。精确度高,其质量就高,对出版企业营销活动的助益就大,否则,将影响出版企业的营销效率。

准确性是针对图书市场调研工作的内容而言的。出版市场调研获得的信息必须准确、真实、客观，这样才能反映出版市场的现实状况，依据这些信息做出的分析、预测才具有科学性和参考性。因此，出版市场调研必须实事求是地展开，深入出版营销实践，采用科学方法进行认真细致的调查，切忌道听途说、偏听偏信；对信息的分析处理要遵循科学的原则和要求，由此及彼，由表及里，多方面比较分析，抓住最能反映出版市场营销活动中具有规律性、倾向性的内容，并根据各部门的需要提供不同的信息，这样才能使出版企业准确把握出版市场发展动态，做出合理决策。

3. 适用性原则

适用性原则包含三个方面的要求：目的性、针对性和必要性。

目的性，指出版市场调研要目标清晰。出版市场信息量巨大，如果出版市场调研漫无目的，只能是劳而无功，浪费出版企业资源。因此，出版市场调研必须在明确的调研目标引导下有的放矢地进行。

针对性，指出版市场调研应在目标引导下，根据特定的营销活动需求、特定的服务对象、特定的出版物产品等确定合适的调研对象、调研范围、调研内容，选择合适的调研方法和调研途径。比如，对实体书店和网络书店、对经销商和社交媒体等不同营销渠道的调研，对大众图书、教育图书、专业图书等不同类别图书的调研，在调研对象、调研内容、调研方法和途径上就有区别。

必要性，指出版市场调研要具备合理性。出版市场调研有自身适用的场景，在大部分情况下偏向于微观经济及战术层面的内容，如读者需求痛点挖掘、价格策略的选择、渠道组合等。同时，出版市场调研对时机有严格的要求，如果已经错过市场良机，或者决策者尚未对所需信息形成一致且清晰的看法，或者现有的各种信息已经足以支撑营销决策等，就没有必要开展出版市场调研。

4. 经济性原则

经济性原则指出版市场调研要有合适的投入产出比，要考虑调研成本与潜在收益的多寡。

出版市场调研涉及面广、内容琐碎，一般情况下需要深入出版市场搜寻第一手资料，因而所费不赀。但是，除了少数实力雄厚的大型出版集团外，绝大多数出版企业的人力、物力、财力资源十分有限。在这种情况下，出版企业开展具体的调研行动一定要三思而行、反复衡量，要充分评估调研行为的投资回报，分析调研成本与潜在收益。"潜在收益的两个重要决定条件是边际利润和市场规模"[①]，一般而言，边际利润高、市场规模大的出版物，如具有做成长线品牌的系列图书、有畅销潜力的图书等，是值得进行市场调研的。

---

① 小卡尔·麦克丹尼尔，罗杰·盖茨. 当代市场调研[M]. 李桂华，等，译. 北京：机械工业出版社，2018：9.

出版市场调研要做到低成本、高效益，低投入、高回报，一要加强调研的计划性，确保出版市场调研能够按计划、有步骤、有条不紊地进行。二要做好成本控制，在调研过程中应厉行节约，尽可能提高调研工作的效率和质量，提高调研资金利用效率。尽可能采用费用少、效果好的调研途径和方法。对能和其他企业合作开展的调研项目，尽可能合作进行调研；能利用第二手资料的，尽可能利用第二手资料。同时，要善于把市场调研与其他消费者与市场研究方法结合起来，如与科学仪器监测的结合。

5. 快速性原则

快速性是由出版市场信息的特性决定的。出版市场信息具有较强的扩散性和时效性。一方面，出版市场信息一旦产生，就会以各种方式扩散出去，成为任何出版企业都可以利用的社会资源，这就导致出版企业在利用信息的速度上的竞争。一个出版企业能否在竞争中占据优势，一定程度上取决于其能否先于竞争对手掌握市场信息并充分利用这些信息。另一方面，受出版周期缩短、读者注意力转移迅速等因素影响，出版市场信息的时效性变得越来越短。如果出版企业不能实现对出版市场信息的快速利用，市场机会就会倏忽而逝。出版市场信息的扩散性和时效性，决定了出版市场调研必须做到快捷、迅速，紧随出版市场的发展步伐。

二、出版市场调研的类型与内容、程序

出版市场调研类型多样，内容广泛，不同类型的调研强调的重点不同，调研方法、程序也有差别。

(一) 出版市场调研的类型

美国市场营销协会以营销调研的应用领域为基础将营销调研分为价格调研、分销调研、促销调研、购买者行为调研、产品调研和商务、经济及公司调研等类型，伯恩斯等人用管理功能——分析/计划、执行和控制的方法对营销调研进行分类。[1] 对营销调研的类型进行划分，有助于企业更好地确定调研内容，选择调研途径和手段。

依据不同的划分标准，出版市场调研可以分为不同类型。根据出版市场调研涉及的市场范围可以分为国内出版市场调研和国际出版市场调研，国内出版市场调研又可分为各区域市场调研，国际出版市场调研又可依据国别或经济发展状况不同进一步划分为经济发达国家出版市场调研、发展中国家出版市场调研或美国出版市场调研、英国出版市场调研等。根据出版市场调研对象可以分为读者调研、渠道(书店/经销商)调研、出版企业员工调研、出版企业调研等类型。根据出版市场调研的颗粒度可以分为出版产品价格调研、出版物内容与形式调研、出版业发展现状调研、出版业发展规划调研等。

① 阿尔文·C. 伯恩斯，罗纳德·F. 布什. 营销调研(第二版)[M]. 梅清豪，周安柱，徐炜熊，译. 北京：中国人民大学出版社，Prentice Hall 出版公司，2001：9.

下面主要介绍根据两种不同标准划分的出版市场调研类型。

1. 根据出版市场调研的功能和目的划分

出版市场调研根据功能和目的不同可以分为四种类型：探索性出版市场调研、描述性出版市场调研、因果性出版市场调研和预测性出版市场调研。

探索性出版市场调研，是出版企业着眼于深入了解出版市场营销活动中出现的新情况、新问题而组织开展的调查研究活动。一般而言，当出版市场上出现新的竞争对手、新的出版产品品种，或者读者需求出现新变化的时候，出版企业就需要通过探索性调研了解这些变化并寻找引起变化的原因，掌握制定应变策略的依据。此外，如果出版企业要开发新产品，进入和占领新市场，也可通过探索性调研获得决定出版产品和出版市场发展方向所需的科学依据。探索性出版市场调研可以采取前导性研究、经验性调研、二手资料分析、案例分析、焦点小组访谈等形式。[①]

描述性出版市场调研，"试图回答诸如谁、什么、何时、何地和怎样等问题"，如某个出版企业的核心读者群与边缘读者群、现实读者群与潜在读者群的阅读行为特征，以及其出版的不同类别出版物的读者群构成等。这种调研可以说明变量之间存在某种关系或联系，能帮助调研人员确定因果调研的变量，[②] 如折扣与销售量存在关联。描述性出版市场调研也常被用于了解和掌握出版市场发展现状和发展趋势，此时调研人员要详尽地、系统地收集有关资料以全面反映出版市场的发展历程，为出版企业制定正确的出版市场营销战略和营销策略提供依据。

因果性出版市场调研，是出版企业为揭示和鉴别出版营销活动中各种市场因素及其相互作用关系而开展的调研。在出版营销过程中，各种营销因素之间存在复杂的相互作用的因果关系，如图书价格、促销方式与销售量之间的关系。在这些相互作用的因素中，主动影响其他因素变化的因素属于自变量，在调研过程中属于可以被调研者操纵、改变或修正的变量；被动地接受其他因素的影响而变化的因素称为因变量，是被预测或被解释的变量。时间序列、相随变化是判别因果关系的两项标准。在因果性调研中要特别注意避免虚假联系问题。了解各种因素之间相互作用的因果关系，有利于出版企业合理调整营销策略。

预测性出版市场调研，是出版企业为了解出版市场的未来发展以更好地掌握和利用市场机会，避免市场风险而开展的调查研究活动。这类调研对出版企业制定战略规划和长期计划、确保出版营销活动长期稳定发展有非常重要的作用。

2. 根据出版市场调研对象的数量范围划分

出版市场调研根据调研对象的数量范围不同可分为普查、重点调查、典型调查和抽样

① 小卡尔·麦克丹尼尔，罗杰·盖茨. 当代市场调研[M]. 李桂华，等，译. 北京：机械工业出版社，2018：46-47.

② 小卡尔·麦克丹尼尔，罗杰·盖茨. 当代市场调研[M]. 李桂华，等，译. 北京：机械工业出版社，2018：51-52.

调查四种类型。

普查是对一定范围内的被调查对象进行全面调查，通常又可分为单位性普查、区域性普查和全国性普查。普查对全面、真实地反映出版市场基本情况有较大的作用，调查结果较为可靠，但需要投入较多的人、财、物，投入很高。当购买者数量有限、出版物品种单一或其他方法不能取得全面精确统计资料的时候，可以使用普查法。

重点调查是在被调查对象中，选择一部分在总体中处于重要位置的重点单位进行调查。比如，出版企业可以通过对图书销量较大的头部抖音账号的调查研究来获知抖音直播售书的情况。但重点调查获得的信息代表性不强，不利于出版企业对全面情况的掌握。

典型调查是在对被调查对象进行初步分析的基础上，有意识地从中选择一些具有代表性的对象进行调查。比如要了解某一时期全国新华书店的经营情况，可以分别选择一些大、中、小型书店作为调查对象。典型调查适用于调查总体大、调查人员对总体情况较为了解、能够准确选择有代表性的个体情况。

抽样调查是从被调查的总体对象中，抽取一部分对象进行观察和了解，再根据获得的资料推测全体对象有关资料的方法。在当前出版市场信息庞杂、时效性强的情况下，抽样调查有较大的实用价值。

（二）出版市场调研的内容

出版市场调研的内容十分广泛，凡是可以引起出版市场变化的市场层面因素和可以影响出版市场营销活动的营销层面因素，都在出版市场调研范围之内。其中，下列七项内容是出版市场调研最常见的主题。

1. 出版市场环境调研

出版市场环境调研包括对制约和影响出版企业营销活动的各种外部环境因素及出版企业内部因素的调研。

（1）外部环境因素调研

外部环境因素调研包括对影响出版企业营销行为或读者对出版产品需求的政治、经济、文化、技术等外部环境因素的调研，如国家的方针政策、法律法规、社会发展规划、国内生产总值、物价水平、居民收入、财政收支、通货膨胀水平、社会流行文化、时尚、青少年亚文化、新技术、新工具等。

（2）内部环境因素调研

内部环境因素调研，即对出版企业内部影响出版营销的各种因素进行调查研究，包括对出版企业财力、物力的调研，对员工素质结构、员工需求与满意度的调研，对各部门、各环节出版业务信息的调研等。内部环境因素调研有助于明晰出版企业的优势和弱势，有利于企业合理配置资源，增强营销能力。

2. 读者调研

读者调研的主要内容包括：读者需求调研、读者数量与结构调研、读者的出版产品消费状况调研、读者满意度调研等。

（1）读者需求调研

一是对一定时期内各类读者需求的基本规律的调研，二是对一定时期内读者需求的基本倾向和热点的调研，三是对读者潜在需求的调研，四是对特定出版产品的目标读者的需求特征的调研。洞察读者需求是出版市场调研的核心内容。

（2）读者的数量与结构调研

一是对出版企业服务范围内的人口数量和识字人口多寡的调研；二是对读者的层次结构，如年龄结构、知识层次、职业分布等的调研。

（3）读者的出版产品消费状况调研

这种调研包括对读者的购买力、购买动机、购买行为及出版产品消费结构的调研。

（4）读者满意度调研

一是调查读者对出版企业提供的出版产品及出版服务的品种、数量及质量的满意度，二是调查读者对出版企业经营管理方式与水平的评价，三是针对特定出版产品或出版服务的满意度调研。

3. 出版产品调研

对出版企业生产和销售的出版产品的调查研究主要包括六个方面的内容。

（1）出版产品结构调研

出版产品结构调研指对某一出版市场范围内所有出版产品的数量、品种、版别及库存分布等信息的调查，如重印再版结构、版权引进数量、畅销品种及销量等。

（2）选题计划调研

选题计划调研即对各出版企业的选题计划进行调查，旨在了解未来一段时间内出版产品结构将出现什么变化，包括对选题计划、选题重点、出版周期、重印周期、重点图书、出版变更情况等信息的调查。

（3）出版物内容调研

出版物内容调研包括对出版物的内容主题、学科专业类别、内容深度、叙事模式、语言特色等展开调查。

（4）出版物形式特征调研

一是对出版物装帧的市场适应性和改良点的调研，包括对现有出版物装帧的显眼度、美观度、装帧形式与内容的匹配程度、装帧形式与出版物价值定位的匹配程度等的调查研究。二是对出版物载体形式的调研，如对出版物载体材质、读者载体偏好的调查研究。

（5）出版产品价格调研

出版产品价格调研主要包括对出版产品实际价格、读者价格敏感度、影响出版产品价格的因素、新产品定价策略等的调查研究。

（6）出版产品生命周期调研

出版产品生命周期调研即调查出版产品处于生命周期的哪一个阶段，以帮助出版企业做出正确的营销决策，如发现出版物正处于成长期，可加大促销力度。

4. 出版市场竞争情况调研

"知己知彼，百战不殆。"在出版市场竞争日趋激烈的今天，每一个出版企业都有必要去了解出版市场的竞争状况，以争取在竞争中处于有利地位，占有主动性。出版市场竞争情况调研主要包括两个方面的内容。

(1)当前出版市场竞争的一般情况

这方面内容包括当前出版市场竞争的程度、类型，是属于自由竞争还是垄断竞争；各类出版政策对出版市场竞争的影响；出版市场竞争的范围是仅限于国内市场还是波及海外市场，是仅限于行业内还是涉及多个行业；出版市场竞争的内容和手段有哪些；出版市场竞争已经产生什么样的后果等。

(2)出版企业竞争对手的构成状况

这方面内容包括竞争对手的数量及构成情况，竞争对手的地域分布，每一个竞争对手的规模、经营范围、市场占有率、经济实力、经营策略，读者对竞争对手的评价，潜在竞争者的情况等。

5. 出版市场分销渠道调研

正确的分销渠道选择决定着出版产品能否在正确的时间、以正确的数量到达正确的地点，因此，对出版物分销渠道情况的及时了解和掌握成为出版市场营销调研的重要内容。

出版市场分销渠道调研既包括对传统实体书店系统的调研，也包括对电商平台、社交媒体等各类新型分销渠道的调研。对传统分销渠道的调研，着重于对各类中间商储运能力和销售能力、各种运输系统效率及使用情况、各渠道分销效率等的调研。对网络分销渠道的调研，着重于对各平台的人群覆盖面、地区覆盖面、粉丝数量与质量、社群运营能力、转化率、快递速度与质量、售后服务等的调研。

6. 出版市场促销调研

出版市场促销调研即了解以各种促销形式、促销组合进行的促销活动及其效率方面的情况，包括人员推销情况、广告活动情况、各种营业推广情况、公共关系及企业形象的调查等，旨在提高企业促销活动效率。

7. 出版市场细分调研

出版市场细分调研包括对各细分市场性质、规模、潜力、需求特征及各细分市场上存在的市场机会的调查，如根据城市等级、行政区划进行的地理细分调研，根据年龄、世代、职业、收入等进行的人口统计细分调研，根据生活方式、价值观、兴趣等进行的心理细分调研。随着出版市场日趋碎片化，细分市场调研变得更加重要。

(三)出版市场调研的程序

出版市场调研是一个系统、完整、有计划的过程，包括出版市场调研目标的确定、出版市场调研设计、出版市场调研计划的执行三个阶段，每个阶段又分为不同的逻辑步骤（表3-1）。

表 3-1 出版市场调研程序

出版市场调研目标的确定	①提炼出版市场调研主题 ②确定调查项目 ③形成假设
出版市场调研设计	①确定调研类型 ②确定所需资料及资料收集方法 ③选择调研工作的执行者 ④确定调查样本 ⑤估计调研费用并做出时间安排 ⑥制定调研计划
出版市场调研计划的执行	①资料收集 ②资料处理 ③资料的分析与解释 ④提交调研报告

1. 出版市场调研目标的确定

市场调研目标即调研主题或目标陈述，是出版市场调研的基本方向及所要解决的主要问题，它对整个调研过程自始至终产生影响。只有明确了调研目标，才能确定调研的内容、范围、深入程度和调研类型及方法。"正确定义问题是市场调研过程中至关重要的第一步"①，出版企业组织出版市场调研首先必须明确组织调研活动的根本目标是什么，即为什么要组织这次调查，想通过调查解决什么问题。一般而言，出版市场调研目标的提出缘于出版企业在营销过程中遇到的某个症结或契机。比如，某书店在一段时期内销售量持续下降，该书店为遏制这种下降趋势则需要调查造成销售量下降的原因；又如某出版社想就某本新出版的图书展开广告攻势，因而就广告对读者的诉求力进行调研。但是类似的问题及契机通常只是促成出版市场调研的初始原因，就此提出的问题由于范围宽泛、模糊，尚不能成为市场调研的主题。最终确定的出版市场调研目标必须明白、具体、精准，既不能定得太宽太大，也不能定得太窄太小。目标过大，会使调研结果缺乏针对性且易造成资源浪费；目标过小，容易导致调研所得信息资料不完全、不充分，影响调研结果的准确性。所以，出版市场调研目标的确立要建立在严密分析所提出问题的基础上，按照一定的

---

① 小卡尔·麦克丹尼尔，罗杰·盖茨. 当代市场调研[M]. 李桂华，等，译. 北京：机械工业出版社，2018：44.

步骤进行。

(1)提炼出版市场调研主题

如前所述,出版市场调研缘于出版企业营销过程中遇到的问题或契机。但是,影响并导致这些问题或契机的因素很多,调研工作不可能面面俱到,而只能针对关键影响因素展开调查。因此,调研人员必须对出版企业提出的问题和机会进行仔细的辨别,找出问题的实质所在,并以此为最终的调研目标。比如前例中某出版社欲开展的广告调研,就要根据实际情况对问题进行提炼,确定调研重心是媒体选择、广告词拟定还是广告形式设计。在提炼调研主题的过程中需要注意的是,调研主题初步确立之后,调研人员应阅读一些与调研主题有关的背景资料,以确定该主题是否切中问题要害以及是否真的有就此主题展开调研的必要。只有当营销调研人员首肯这一问题之后,出版市场调研目标才算最终确立。

(2)确定调查项目

调研目标确定之后,要根据调研目标进一步确定具体的调查项目。调查项目是与调研目标相关的一些因素,通过对调查项目的调查研究,调研人员才能对调研目标形成全面、准确的认识。比如,对出版市场分销渠道的调研,就要确立中间商状况、运输工具、交通条件等多个调查项目。调查项目的确立同时要考虑调研的根本目的,如果是探索性调研,目的在于收集资料,那么调查项目越细致越全面越好,应尽可能覆盖整个调研主题;如果调研目的是寻找某一症状产生的原因并助力决策的形成,调查项目则应强调针对性。另外,调查项目的确立应考虑资料获取的难易程度和价值大小,获取费用高而价值低的项目,可以舍弃不要。

(3)形成假设

假设是调研人员对被调研对象的某项特征做出的一种假定或理论猜想。为了使调研目标更加明确,调研人员可以针对出版市场上各种可能的情形做一些适当的假设,比如,折扣能增加图书销售量。假设有陈述性假设和行动方案假设两种。陈述性假设与调研目标有密切联系,它通过做一些陈述性假设的判断来达到调研目的。行动方案假设的目的在于确定一个合适的方案。当然,假设并非总是必要的,这取决于假设能否帮助达到市场调研目的。

2. 出版市场调研设计

出版市场调研设计是对出版市场调研活动进行的整体规划,实际上是在明确调研目标和调查项目的基础上对出版市场调研目的和任务的具体化。

(1)确定调研类型

调研类型的差异会影响调研资料的收集和调研结果的形成,因此,开始调研前应根据调研目的和希望获得的结果确定合适的调研类型。在调研活动中,可以只使用一种调研类型,也可以多种类型并用以达到互补的效应。比如在书店销售量下降原因的调查中,首先可以使用探索性调研法来发现导致销售量下降的所有可能的因素,然后再用描述性调研法和因果性调研法来发现真正的原因并制定提高销售量可采取的措施。

（2）确定所需资料及资料的收集方法

根据调研目的决定调研资料的收集范围，是只需要第二手资料，还是既要第二手资料又要原始资料；是只要企业内部资料，还是企业内外部资料都要。在确定所需资料类型后，即可确定资料的收集方法。所需资料范围及资料收集方法将影响调研工作的质量和调研结果的准确程度。

（3）选择调研工作的执行者

选择调研工作的执行者，即对出版市场调研活动的组织领导、人员配置问题进行设计。可以在编辑部、营销部、出版部、发行部等出版企业内部各部门中抽取人员组成调研小组，也可借助外部力量。尤其是当调研内容复杂，涉及面广，需要调研人员有较高的专业素质并需要相当的物质技术条件支持，而当出版企业内部不具备这些条件时，可聘请专门的市场调研组织或专家学者来协助完成调研工作。在这种情况下，出版企业要注意选择信誉好的调研单位并签订合同。此外，要对调研人员的具体任务进行规定，做到任务落实到位，人人各司其职。

（4）确定调研样本

大多数出版市场调研，只能从与调研主题相关的目标总体中的某个样本那里获得资料，因此，确定调研样本非常重要。样本的确定方法有两种：一是概率抽样，在要表明样本代表总体的程度时采用；二是非概率抽样。调研样本的确定直接影响调研结果的典型性。

（5）估计调研费用并做出时间安排

此即对整个调研活动所需费用做出恰当估计，并对调研的价值进行成本—效益分析，以评估该项调研活动的设计是否合理以及是否有必要进行。调研费用因调研内容不同会有较大差异，因此费用预算应保持一定的弹性。同时，要对调研工作做出精密的时间安排，规定各个阶段的目标和任务，以保证调研计划按时完成。需要注意的是，费用与时间安排一定要以保证调研质量为前提，既要保证调研费用与时间的充足，又要避免无谓的浪费和拖延。适当的费用预算和精密的时间安排，是使调研活动行之有效的保证。

（6）制定调研计划

调研设计的最终结果以调研计划的形式表现出来。调研计划反映调研目的、调研设计、调研进度安排和项目费用，通常包括以下内容：概要（概述调研计划的基本内容）、背景（调研主题的历史背景资料及企业内部与调研主题相关的情况）、调研目标（陈述调研目的与任务）、调研方法（确立调研类型、资料收集方法、资料分析方法、时间及费用估计）、调研组织管理（调研工作管理者、承担者）和附录（一些相关资料）。调研计划是开展调研工作的行动纲领，措辞必须严谨、规范、科学，制定必须周密、详细。同时，考虑到出版市场总是发展变化的，在计划执行过程中，有必要进行一定的修正。

3. 出版市场调研计划的执行

调研计划的执行包括收集信息资料、处理信息资料、分析与解释信息资料、提交调研报告四个步骤。

(1)收集信息资料

信息资料的收集始于拟订调查提纲。调研人员在开始调研之前，可将调研内容先具体化为调查提纲，以明确应调查的具体问题和应收集的基本数据。然后即可开始进行全面的信息资料收集工作。信息资料收集工作一般分为二手资料的收集和原始资料的收集两个部分。

二手资料(Secondary Data)，是从出版企业内外部环境中获得的为其他目的而收集的现成信息资料。二手资料的收集，所花时间短、费用低，获取便捷。随着出版业数字化转型，出版企业通常都建立了内部数据库，这是二手资料的重要来源。具体来说，来自出版企业内部的二手资料主要包括：①国家和上级主管部门发布的各种政策、法规、通知、计划、规章制度及本企业制定的各种内部营销制度等；②出版企业的发展规划信息，如中长期发展战略、年度选题计划等；③出版产品的生产、销售记录和有关分析报告；④出版企业的各种资金、物质设备的基本状况及各项经济指标完成情况；⑤经销商数据、读者数据、作者数据、既往营销活动数据等。来自出版企业外部的二手资料内容复杂，主要包括：①政府部门、行业协会、商业机构等编辑发布的出版行业统计资料等，如国家新闻出版署发布的"全国新闻出版业基本情况"；②出版企业及关联企业的各种公开文档文件，如上市公司年报等；③各种公开出版物、网络上传播的出版物广告信息及与出版物经营相关的信息，如各种书目信息、排行榜信息；④政府部门及其他各种团体发布的各种商业资料，如政府的经济发展统计、经济发展趋势分析、互联网发展报告等。⑤电商平台、社交媒体平台等各类平台上与读者相关的网络与移动终端跟踪数据。⑥地理信息系统中可资利用的商业地理信息。网络时代，百度、谷歌等搜索引擎为搜集外部二手资料提供了便利工具。在一般情况下，出版市场调研应该从收集二手资料开始，并据以判断所需的信息资料是否已经全部或部分地收集到手，由此再决定是否还需要进行原始资料的收集工作。二手资料调研完成后要写一个文献综述。

原始资料(Primary Data)，也称第一手资料，是指调研人员针对当前目标通过各种方式和手段直接向调查对象收集的信息资料。第一手资料的收集成本较高，但取得的资料数据更适用于正在处理的问题。在实际调研中，原始信息资料可以通过观察、问卷、面谈、小组访问、抽样调查、实验等多种方法和工具进行收集。原始资料收集如采用问卷调查方式，则应先设计调查表。

信息资料的收集要占用整个调研过程的相当一部分时间和经费。时间包括桌案调查时间、问卷等待时间、差旅时间等，费用包括差旅费、电话费、资料费等。

(2)处理信息资料

出版市场调研人员通过周密的调查研究，收集到大量的调查资料后，还要利用一定的科学方法，对所收集的信息资料进行审核、分析、分类、编辑、列表等一系列的技术处理。分类，是根据调研目标和项目的需要，以及根据所获得的信息资料的内容和形式方面的性质、特征、重要性等，将所有的信息资料分为不同类别。分出的类别之间要有显著差别，相同信息资料应归入一类，同时分类要尽量详细。审核，是对所收集的信息资料的真实性和可靠性进行审核，剔除其中不准确及错误的部分，以确保资料的准确性。编辑或列表，是依分类将审核过的所有资料编辑成册或将其制成各种系统的统计表反映出来。无论以何种方式反映信息资料，都要注意确保信息资料的准确性、完整性、一致性并使其清楚易读。经过如此处理的信息资料，便可提交调研人员做进一步的分析研究。

（3）分析与解释信息资料

分析是指解剖所获得的信息资料，解释指把分析过的信息资料综合起来。分析和解释工作要针对调研目的，以达到调研目标为准则。出版市场调研分析常用的方法有回归分析法、横列表法、聚类分析法、因子分析法及其他统计检验方法等。针对分析和综合所得的结果，调研者可针对调研目的提出一些备选的行动方案或建议。

（4）提交调研报告

调研报告是对出版市场调研工作的简明总结，是调研工作成果的最终表现形式。调研报告一般为书面形式，包括三部分内容：一是序言部分，说明调研的目的、过程和方法，以及其他需要说明的问题；二是主体部分，即针对调研目的和计划，写出调查的经过、情况分析、数据统计，做适当结论，提出看法和建设性意见；三是附件部分，主要说明主体部分引用过的重要数据或资料、图表等。调研报告的撰写要简明扼要、重点突出、针对性强，能集中反映与调研目标相关的重要结论和数据，语言力求简洁准确，易读易懂。

在出版市场调研的全过程中，调研人员要注意调研方式的科学性、创造性，要善于综合运用多种方法。在调研中，应注意方法要适应所调查的问题和内容；要注意协调好调研主题、内容和数据的关系。提交报告之后，还应进行跟踪调研，即追踪调研成效并证实企业是否采纳并实施了调研建议。调研工作真正结束的标志，是所建议的政策或举措业已付诸实施。

三、出版市场调研的方法

出版市场调研的方法很多，如基于调研范围有抽样调研和全数调研，基于调研方式有询问法、观察法和实验法等，基于抽样方法、研究内容、调研方式等有定量研究和定性研究等。本书按照信息资料收集、分析两个环节介绍常用的出版市场调研方法。

（一）收集信息资料的方法

为了能够收集到全面、系统、准确的信息资料，出版市场调研人员有必要掌握信息资料收集的基本方法，并对各种方法的特点、适用性进行了解，以便在信息资料收集过程中合理地选择收集方法。

1. 收集二手资料的方法

文献调查是收集二手资料的主要方法，即通过查阅各种文献、档案资料、数据库等获取相关资料，是一种间接的非介入式的市场调查方法。由于调研者面对的二手资料类型多样、内容复杂，因此，收集二手资料有必要遵循正规的查找步骤。这个步骤可分为四步：第一，辨别所需信息——辨别能达到调研目的的信息类型，可以是一般性的（如电商平台的图书年销售量），也可以是具体的（如当当网2022年教辅图书销售量）；第二，寻找信息源——在辨别出所需信息类型后，通过网络及各种索引、指南、摘要等检索工具查找具体的信息源；第三，收集二手资料——收集所有需要的信息资料，在进行记录时一定要记录下这些信息资料的详细来源（作者、文献名、刊名/出版商/网址、刊号或出版时间、页码等），以便日后能检查信息资料的正确性；第四，信息资料的辨别与评估——辨别所收集到的信息资料与所需要的信息资料之间的差别，从综合性、专业性、准确性、时效性、可用性等方面判断收集到的二手资料是否已经能够满足调研目的需要，如果只能满足一部分需要，则要进一步开展原始资料的收集工作。

2. 收集原始资料的方法

收集原始资料的调研方法很多，常用的有定性调研、观察研究、询问调研和实验研究等。

（1）定性调研

这种方法是在很小的样本范围内进行的深度的、非正规性的访谈，通常用于出版市场调研活动的初始阶段，主要是为了更充分地界定调研主题的广度和深度，以及对调查问卷进行初步试答。使用较多的定性调研方法有焦点小组访谈法、个人深度访谈法、投射测试法、案例分析等。

焦点小组访谈法即请数名相关人员，如编辑、发行人员、书店店员、读者或有关专家，就某个或某几个特定的主题进行集体讨论，目的是了解人们对某一产品、观点、活动或组织的看法及原因。每组由8~12人组成，在1名主持人的引导下展开讨论。线上、线下进行均可。在讨论中，每位参加者可充分发表其对某个问题的见解及对其他参加者发言的看法。一般每个主题可进行3~4次小组讨论。群体动力是焦点小组访谈法成功的关键，① 主持人要设法激发小组成员积极参与互动。焦点小组访谈法的基本步骤如下：首先要进行周密计划，拟订讨论主题大纲，在主题安排上注意遵循先一般问题后特定问题、先易后难的原则。其次要合理选择小组成员，既要考虑他们之间的相似性，又要注意其对比性，要避免将不同层次、不同生活方式的被调查者放在一组。再次，挑选优秀主持人，在讨论过程中有效地引导和控制讨论进程。接着，根据讨论问题的数量合理设计访谈时长，目前平均每个焦点小组的访谈时间约90分钟。最后，编写焦点小组访谈报告，对讨论结果进行分析和解释。

个人深度访谈法即调研者单独采访一名被访问者的调查方法。根据调研者对交谈内容

_____

① 小卡尔·麦克丹尼尔，罗杰·盖茨. 当代市场调研[M]. 李桂华，等，译. 北京：机械工业出版社，2018：89.

的控制程度，个别深度访谈又分为自由交谈和半控制性交谈两种。在自由交谈过程中，被访问者可针对调研者提出的问题自由发表意见，调研者不做干涉，但调研者要注意引导被访问者始终围绕主题畅所欲言。在半控制性交谈中，一般有一系列特定主题，每个主题的讨论时间都有所限制。采访完毕，可留一张正规的问卷，以获得一些特定的数据。

投射测试法即向应答者展示某种模糊的、非结构性的物体、情形、语句或人，请应答者做出解释。这种方法的基本依据是人们在谈论他人、从他人角度看问题或处理某些事情时会间接地表达自己，这样就可以揭示应答者真实的情感和意见。投射测试法包括词语联想测试法、填空测试、角色扮演、第三者角度、图片归类法等具体方法。词语联想测试法即让应答者看一个短语或词，并请其回答最先联想到的一个或几个词或短语。比如，询问读者在看到"中国著名出版社"后首先想到的出版社名称，可以了解读者心中哪家出版社最享有盛名。这种方法在获取读者对书名、广告词的反应方面的信息上比较有用。填空测试即让应答者用一个最先想到的词或短语来完成一个句子，句子通常以第三人称、物体或活动为主语。比如"一般人认为现在图书质量＿＿＿＿；新华书店服务态度＿＿＿＿；新书打折销售＿＿＿＿"等。这种方法对获取被调查者的观点、购买倾向、生活方式、性格等方面的信息比较有用。角色扮演法即请被调查者来扮演某个角色，如书店店员，调研者可从中观察扮演者对待读者的办法、使用的语言等。在一般情况下，扮演者对待读者的言行态度是其作为读者也能接受的态度和行为。这些信息经过分析可推荐给店员作参考。第三者角度即通过询问被调查者对其朋友、邻居或其他人在某种场合对某件事、某种情形会如何反应而间接了解被调查者本人的真实想法。比如，询问某位读者"您认为您的邻居对在住处附近设一个书店有什么想法"，通过其回答可以知道其本人是否希望住处附近设立书店。当被调查者可能不愿直露自己的情感和意见，或出于礼貌不愿直接批评他人时，可使用此法。图片归类法，是请被调查者将给定的一组图片与对应的人或物进行关联，如粉色图片对应青春女性读物。

案例研究即通过对少量典型的被调查者进行深入的调查研究以发现带普遍性的问题。比如某图书批发公司想要研究成功的地区销售经理应具有的特征，那么，该公司可选择市场环境相似但销售业绩截然不同的两个地区的销售经理进行跟踪调查，通过访谈，观察他们的实际工作情况，对他们进行一系列个人性格测试，公司便可了解两名经理各自的特点及相互间的差别，从而找出成功的销售经理所具有的特征。

定性调研有自身的优势，也存在一些问题。其最大的缺点是调查的样本量小，研究结果并不一定能代表研究目标总体，而且结果具有很强的抽象性。因此，定性研究主要用于出版市场调研的初始阶段或一些调研范围较窄的情况。

（2）观察研究

观察研究是调查人员不直接向调查对象提出问题，而是在现场通过各种方式对调查对象作直接观察，并记录其行为、反应或感受的信息资料收集方法。比如，通过观察读者在书店的浏览路线来调整书店的图书陈列。观察研究的特点在于：整个调查过程不为被调查者所察觉,因而其行为、反应或感受十分自然,有助于调研者获得反映出版营销状况的各种真实、客观的信息资料。特别是当调查人员借助录音、摄像等技术手段或机器设备辅助观察时,获得的信息资料更为详尽、准确、易于保存。但是,这种方法获得的出版市场信息资料多为表面现象,无法解释该现象的成因,且收集信息资料时带有一定的偶然性,费用和时间耗费较大。一般来说,观察研究适用于探索性出版市场调研。

小卡尔等将观察研究方法分为自然的观察与经过设计的观察、公开观察和掩饰观察、人员观察和机器观察、直接观察和间接观察四类,不同观察研究方法的成本及所获得的数据质量不同。[①] 在出版市场调研中,传统的观察研究方法有直接观察、亲自体验和行为记录。直接观察即调查人员直接到现场对调查对象进行观察。这是获取出版市场需求信息、读者购买行为信息的理想方法。实体书店是直接观察法的最佳实施场所。例如,可以由书店的营业员在零售过程中观察读者的选购行为以了解读者的购买心理、需求动向、兴趣爱好;调查读者对书店提供的服务的满意程度,可由调查人员深入读者中去倾听读者的议论、评价;调查书店营业员的服务态度、方法、效率,也可采用此法。亲自体验即调查人员通过亲自参与出版营销活动来收集有关信息资料的方法。例如,调查人员直接以读者身份去社交媒体平台购买图书以体验社交媒体平台的售书服务,调查人员直接开展网络直播以了解读者对图书直播的接受度等。行为记录即调查人员在调查现场安装录音机、摄像头、性别和年龄识别系统及其他监测仪器设备,对被调查者的行为进行观察、记录和统计的方法。这对于研究读者的购买行为和心理,改善出版企业的营销工作有较大意义。随着出版营销活动空间的拓展及营销技术的发展,出版市场调研可资利用的观察研究方法不断丰富,如民族志研究,包括在现实消费环境及网络空间中的民族志研究,能够帮助调研人员较充分地了解读者的购买图书的驱动因素。

观察研究主要适用于三种场合。一是对结果的准确性要求较高时使用。比如,新书初版试销过程中,出版社希望准确地获知读者的反应,这时可在书店里摆上该书,并记录下在正常购买条件下该书的销售量。这一数量是读者实际购买的数量,故较真实地反映了读者对该书的态度。二是对已有信息产生疑问时使用。比如,书店经理得到的信息是本书店已经向读者提供了全面、优质的服务,但实际上却经常听到读者的抱怨,这时为摸清真实情况,就有必要在一定时间内观察书店的实际工作情况。三是所需信息的性质要求使用观察法,如读者流量调查、读者在书店的行动路线调查等。

使用观察法需要满足以下条件:所需信息是能够被观察到的或者能从可观察到的行为中推断出来,观察对象的行为必须是重复的、频繁的或在某种程度上是可预测的,且是相对短期的。[②] 因此,使用观察研究法必须精心选择观察活动。同时,调查者要尽可能客观

①　小卡尔·麦克丹尼尔,罗杰·盖茨.当代市场调研[M].李桂华,等,译.北京:机械工业出版社,2018:155.

②　小卡尔·麦克丹尼尔,罗杰·盖茨.当代市场调研[M].李桂华,等,译.北京:机械工业出版社,2018:154-155.

地按照一定程序进行观察，首先要确定观察对象和观察地点，其次要选择观察结果的记录方法，还要选择观察活动的特征以明确观察对象范围。调查者在观察过程中切忌暴露身份。

（3）询问调研

调研人员直接或间接地同被调查者接触，以询问的方式向其提出所要调查的问题并从其回答中获得所需信息资料的方法。多用于"了解人们的知识、态度、偏好或购买行为"[①]等方面的信息，灵活性大，适用于描述性调查。被调查者可以是出版企业的专业人士，也可以是普通读者。根据调查者与被调查者的接触方式和传递信息方式的不同，询问调研可分为面谈调查、电话调查、邮寄调查、网络调查及留置问卷调查等类型。

面谈调查即调查者与被调查者面对面进行直接对话，当面听取被调查者的意见并观察其反应，由此获得信息资料的方法。采用这种方法，一般应在调查前将所要调查的内容提纲透露给被调查者，使之有所准备。在调查过程中，可据调查进行的情况随时调整调查内容，澄清误解，使回答更准确。这种方法的优点是能够比较深入、准确地了解情况，并在较短时间内取得调查成果。但是，这种方法对调查人员的调查技术要求较高，在调研时被调查者易产生被质问的压迫感，调查对象分布较广时费用较高。

电话调查即调研人员根据抽样规定或样本范围，通过电话向被调查者了解情况和询问意见的调查方法。电话调查时间短、效率高、成本低，适用于一些简单问题的调查。随着计算机技术的发展，现在还可以使用计算机辅助电话访谈。受访者的配合是电话调查取得成功的关键。

邮寄调查即调查者将设计好的调查表利用邮政系统寄达被调查者，由其填写回答后再寄回从而收集信息资料的方法。邮寄调查覆盖面宽、费用低，被调查者有充裕的时间考虑并自行回答调查问卷，故调研结果较为全面、深入、准确。但调查耗时较长，只能调查一些简单的问题。如果在调查过程中，被调查者拒绝回答某些问题，则可能导致调研结果失真。随着互联网的兴起，邮寄调查逐步转向互联网和移动终端，以电子邮件的方式进行。

留置问卷调查即调查人员当面将问卷交给被调查人，说明回答方法后，留置给被调查者，待他们填写完毕后由调查人员定期收回。这是面谈及邮寄调查的折中方法，其优缺点也介于二者之间。

媒体问卷调查，是指在公共媒体（如报纸、期刊）上登载问卷，由受访者填写后返回。近年来兴起的网络调查、问卷星小程序调查等，其实是媒体问卷调查的新形式。这种新方式快捷方便、成本较低、覆盖人群广泛，也便于对问卷结果的统计分析。但由于愿意在网络上填写问卷并返回的受访者往往集中在某些特殊的人群，调查结果可能出现偏差。

在询问调研法的使用中，影响其效果的关键因素是抽样计划和调查表的设计。抽样计

---

① 加里·阿姆斯特朗，菲利普·科特勒. 市场营销学（第12版）[M]. 王永贵，郑孝莹，等，译.
北京：中国人民大学出版社，2017：107.

划必须正确确定抽样单位，即向什么人调查；样本大小，即向多少人调查；抽样程序，即怎样选择被调查者的问题。一般应采取概率抽样法，以计算抽样误差。设计调查表，要求精选和设计所要询问的问题、问题形式、用语和问题次序，使问题易于被接受、理解和精确回答。

(4)实验研究

实验研究是调查人员通过在小规模的市场范围内试验性地改变或处理某些营销变量，观察这些变量对其他营销因素的影响，了解营销变量之间因果关系的调查方法，亦称"销售实验"。实验变量通常是营销组合因素(如价格)，因变量是衡量销售的指标(如市场占有率)。凡是出版产品改变设计、价格、广告、陈列方法等营销因素时，都可运用此法，先做小规模实验，调查读者反应，然后再决定是否推广。实验法对因果关系调研有重要意义。其特点在于获得的信息资料客观价值高，但实验所需时间长，成本高，实施起来易受外部不可控因素(如竞争对手、时间等)的影响，调查结果的可比性不强。实验研究要关注变量的选择与控制，以及结果的有效性(实验测量结果与调查人员试图测量结果的相符程度)，特别是内在有效性和外在有效性。

实验研究具体包括直接市场实验、对比性实验、模拟市场实验三种。

直接市场实验。在真实市场环境下进行现场实验。调查者在一定范围内改变某一营销变量，直接收集被调查者的反应和市场变化资料，了解变量与市场之间的相互作用和因果关系。

对比性实验。调查者就某一营销变量的不同变化情况，在条件基本相同的若干小范围市场进行试验，然后收集被调查者的反应和市场变化情况进行对比，以此取得该变量变化与市场之间的相互作用及因果关系。比如，同一本书，在甲书店销售时不做任何宣传推广，只是将其摆在书架上由读者自行挑选；而在乙书店销售时，则作为重点图书向读者进行宣传促销，不仅上架销售，而且在显著位置大量陈列。然后，调查这本书在两个书店的销量变化等资料，便可揭示该书广告宣传与销售量之间的因果关系，以决定是否就此书展开广告攻势。

模拟市场实验。调查者以市场的客观实际为基础建立相应的假设和模型，在实验室或计算机上模拟真实市场，了解和研究市场营销变量的相互作用关系。这种方法可以自动进行各种方案的对比，但其有效性取决于市场假设和模型的科学性。

(二)分析资料的方法

资料分析是实现出版市场调研目标的重要环节。资料的类型和结构直接决定分析技术与方法的使用。分析资料的方法很多，根据分析目标分为指标计算型和关系研究型两大类，前者多用于计算单个或者多个变量的频数、百分比等指标，后者主要研究多个变量的内部关系，如相关关系、影响关系、依存关系、成分结构等。指标计算型分析方法有频数、众数、平均值、标准差、方差等，关系研究型分析方法有交叉表、单因素方差分析、非参数检验、线性回归、聚类分析、效度分析等。① 下面简单介绍几种方法。

1. 多维分析法

多维分析法即将反映某一市场营销现象的资料，根据其相互作用关系，放在一个两维或两维以上的坐标空间来分析的方法。例如，在由出版市场占有率、出版市场需求成长率、利润率构成的三维坐标系中，分析研究出版产品的最佳组合。

2. 因素分析法

因素分析法即根据反映某一营销现象的资料与该营销活动的关系，将这些资料与影响该营销活动的各种因素联系起来，通过分析这些资料所反映的各因素的状况来分析说明该营销现象的方法。例如，了解读者对某种图书的反应，可以分别分析反映读者对该图书的装帧设计、内容、价格等多方面因素的意见和看法的有关资料，然后进行综合评价来完成。

3. 回归分析法

回归分析法即根据营销问题涉及的各变量之间的相互作用关系，将反映这些变量情况的资料分为因变量和自变量，通过分析自变量对因变量的作用关系，来说明该营销问题的方法。

4. 相关分析法

相关分析法即通过对变量之间相关系数的计算、分析，来研究资料中各种变量之间关系的有无、相关程度的大小的一种分析方法。如根据图书销售量与价格变化资料计算二者的相关系数，分析推算未来的变化。

5. 判断分析法

判断分析法即在营销活动中的因变量可以分类而不能进行计量时，分析者设想一个人或一个物体将属于一个或更多的群体，然后根据一定的判别变量，将资料中的调查对象分配到各群体中，对问题做出判断的方法。判断某人是否为潜在读者、市场销售情况是好是坏等，都可用此法。

6. 聚类分析法

聚类分析法即分析人员把一批调查对象按不同特征分成各个群类来分析研究营销问题的方法，例如，根据收入水平将读者分成若干类，根据读者对各类图书的偏好程度将图书分成若干类等，包括层次聚类法、K-Means 聚类法、两步聚类法等。

(三)出版市场调查表的设计

出版市场调研在很多情况下要借助出版市场调查表。一份优秀的调查表，应该结构清晰，内容有助于获取决策信息，便于被调查者理解和回答，并能满足后期资料分析的需要。因此，有必要掌握关于出版市场调查表的结构、形式、设计步骤等方面的基本知识。

---

① 王枫，费毅华. 网络调研技术与实践[M]. 北京：人民邮电出版社，2022：66-69.

1. 调查表的结构

一份规范化的出版市场调查表大致由五个部分组成：

①调查表的名称，反映调查表的基本内容，通常以简明扼要的文字概括出调查表的主题，如《读者需求状况调查表》。

②被调查者的基本情况，即被调查者的姓名、性别、年龄、家庭情况、文化程度、职业、工作单位、通信地址等情况。

③调查内容本身，即需要调查的基本项目，这是调查表最基本的组成部分。

④调查表填写说明，包括填表的目的要求、调查项目的含义、调查时间、填写时的注意事项、资料收集者的注意事项等，其目的在于取得被调查者的有效合作，以便有效地填写调查表。

⑤编号，有些调查表还要加以编号，以便分类归档或便于计算机处理。

2. 调查表的基本形式

①开放式调查表，指只列出调查的问题，而不列出对该问题所有可能的答案，由被调查者进行自由回答的一种调查表。这种调查表获得的资料加工整理工作量较大，信息的分析处理较困难，但能帮助调研者获得一些较为新颖和有价值的信息资料。

②封闭式调查表，在调查表中提出的问题，已经有了备选答案，被调查者只需对答案进行选择或排序即可。封闭式调查表中的问题可以设置为二项选择题、多项选择题或量表式问题。这种调查表获得的信息资料，加工整理较为简单，工作量小，但限制了被调查者充分表达自己的意见。

③混合式调查表，即上述两种调查表的混合体，同时吸收了两种调查表的优点，形式灵活，在实际调查工作中，应用较为普遍。

3. 调查表的设计步骤

调查表的设计是一项十分科学、严肃的工作，为保证调查表的质量，在设计调查表时，应遵循以下设计程序。

①拟订调查内容提纲：根据调研目的和调研主题的牵涉面拟订调查内容的大致提纲。

②确定表式：根据调查对象特点和调查提纲要求，确定调查表的形式，开列调查项目清单表，编写提问命题。

③初步设计：根据调查表结构中各部分的要求，将拟好的调查项目、提问命题依据一定次序排列成表。

④试填及评估：将调查表初稿在小范围内进行试验性调查，以发现问题，进行修正。

⑤定稿。

4. 常用调查技术

适当的调查技术会使出版市场调研工作取得事半功倍的效果，使调查更加准确、真实、全面。调查技术可适用于各种调查方法。下面介绍几种常用的调查技术。

①二项选择法：也称是否法或真伪法，即回答项目仅有两个，回答者选择其一。例如

"你看过这则广告没有"等询问形式。这种方法可对被调查者的态度和意见求得明确的判断，消除中立意见的存在并在短暂的时间内求得回答。但这种方法很难明晰人们对问题意见程度的差别。

②多项选择法：事先给出多个选项，被调查者从中选出一项或几项。这种方法在一定程度上可克服二项选择法的缺陷，获得多层次的调研结果。要使此法更完善，在制定问卷时，要注意答案选项的覆盖面和重复率，答案选项数量不宜超过10个。

③自由回答法：也称"无限制回答法"。被调查者就问题自由发表意见，不受任何约束。这种方法有助于调查者获得一些建设性意见，但因答案漫无边际，统计调查结果颇费时间也难以精细分析，被调查者若不配合调查，易导致调研结果的可信度降低。

④顺位法：请被调查者就选项的重要性程度给予排序。如："下列几项最重要的是哪一项""将下列各项依重要的次序注上号码"等。顺位项目宜控制在10个以内。

⑤回想法：用于测验广告等对读者的影响程度。用回想法拟定问卷时，刺激范围应直截了当，说明清楚。"请你举出最近在网络上看过的图书广告"这种询问就不能具体地表示所要回想的标准，到底是要回答图书名称还是出版社名称，或是二者均可。

⑥一对比较法：决定顺序的一种方法。当公司、广告文案等有若干类时，将其在良与不良等某些评价标准下予以排列，不仅可测定对象顺序，还可测定对象间的评价距离。如"请比较左边和右边的出版社，哪家出书质量高，把你认为高的出版社打'√'：A出版社　B出版社"。

⑦数值尺度法：在5个、9个阶段的数字上，加添适当的副词以表现评论者的判断，必要时也可在正负两方设置3~5个阶段，以便对正负两方做程度上的判断。阶段的划分如：最好、相当好、很好、较好、好。

⑧数值分配法：按调查对象具有的各种特性程度，分配一定的数值。此数值通常设定为10或100。只要调查30~50个样本，即可表示出稳定的数值。这种方法多用于对出版产品、出版企业印象的评价等。

5. 设计调查表时应注意的问题
①调查表中的用词要清楚、准确、通俗易懂，不应有歧义。
②提问应先易后难，先问事实数据方面的问题，再问态度、情感、行为等方面的问题。
③对复杂问题可以多方面、多角度提问。
④调查表格式要统一。
⑤提问数量要适中。
⑥注意适用于实地调研、PC端调研、移动客户端调研的调查表的异同。

第二节　出版市场预测

出版市场预测，指在出版市场调研的基础上，运用科学的方法和手段，根据出版市场自身发展的逻辑性，对未来一定范围内出版市场的供求变化趋势做出定性、定量的描述和分析的行为。简言之，出版市场预测是对出版市场供求关系的未来趋势进行推测和估计。精确的出版市场预测是出版企业营销决策和计划的关键。随着出版市场预测技术的不断完善，预测结果越来越精确，出版市场预测在出版企业营销活动中的重要性越来越明显，作用越来越大。

一、出版市场预测的作用及基本要求

出版市场预测，是根据出版市场的过去和现在推测其未来的活动，是根据已知推测未知的行为。出版市场预测并非对出版市场未来进行任意的猜测，而是用科学方法进行的科学推测。出版市场预测建立在两个重要的基础之上。一是出版市场自身的发展规律。出版市场从发育到成熟，都有可依可循的发展规律，可以根据出版市场的现实对其未来做出大致的描述。二是出版市场各要素之间的因果关系。出版市场的发展变化受制于多种市场因素，而各个市场因素之间存在一定的因果关系，如图书价格与图书销售量的关系。因此，只要掌握各个市场因素之间的因果关系，便可建立出版市场发展模型，将各种已知因素带入模型，就可推测出版市场未来的大致情况。

(一)出版市场预测的作用

出版市场预测能为出版企业营销计划和决策提供所需的预测性出版市场信息。随着社会生产力的发展和科学文化的进步，读者需求不断变化，呈现明显的多样性、不确定性和随机性特征。出版企业在进行生产销售的过程中，只有高度重视出版市场需求预测，才可能做到"预销定产""按需定进"，科学地制订生产销售计划，使出版产品适销对路，更好地满足出版市场需求。

出版市场预测能为出版社的选题策划提供依据。出版社通过出版市场预测，能了解读者需求的大致未来趋势，因此可以使选题策划紧密围绕读者需求展开，保证选题策划具有较强的针对性和市场适应性，做到将合适的选题在合适的时间推送给合适的读者。

出版市场预测有助于提高出版企业的营销绩效。营销绩效的提高直接得益于出版产品销售量的扩大，而出版产品销售量的扩大取决于出版市场需求的激发。出版市场预测是围绕出版产品供求矛盾来进行的，它能帮助出版企业探明潜在需求之所在及其成因，从而帮助出版企业选择合适的营销组合，刺激潜在需求转化为现实需求，最终促进出版产品销量的提高。

出版市场预测可以在一定程度上克服出版企业营销行为的短期化，提高出版企业在发展过程中的确定性。出版企业短期行为的出现往往是营销决策人员只顾眼前利益而忽视长期利益，在营销决策和计划的过程中只重视短期计划而轻视中长期计划的结果。如果出版企业在制订营销计划之前，先行进行认真、细致的出版市场预测，降低未来出版市场中的不确定性，把握出版市场发展的基本趋势，就能使出版企业的长短期计划更科学、更合理、更符合出版市场需求，从而更具指导意义，因此也就能够保证以此为导向而制订的短期计划立足于出版企业的长远发展，从根本上杜绝短期行为出现的可能。

(二)出版市场预测的基本要求

科学、准确的出版市场预测才能提高出版企业营销决策和计划的正确性。为了保证出版市场预测作用的充分发挥，同时考虑出版企业对预测性出版市场信息需求的基本特点，出版市场预测应注意以下几点基本要求。

1. 出版市场预测必须以出版市场调研为基础

出版市场预测是依据过去和现在的事实对出版市场的未来景象进行客观描述的行为。在预测过程中，需要大量的出版市场信息作为分析和判断的依据。这些出版市场信息都需要通过出版市场调研获得。可以说，没有出版市场调研就没有出版市场预测，出版市场预测必须以出版市场调研为基础。进行出版市场预测，首先必须对现实出版市场的相关要素进行周密细致的调查研究，发现各要素之间的因果关系，再进行逻辑推断。把握的出版市场信息越多，预测结果的准确性越高。

2. 出版市场预测必须运用科学的预测方法

出版市场预测是一项科学性很强的工作，是对出版市场未来的科学估计和判断，因此必须运用科学的预测方法。预测有两种方法：推断和模型预测。[①] 推断是以过去的经验为依据预测未来。出版企业过去经常使用经验推断法。但随着出版市场日趋复杂，仅凭经验已难以满足营销决策的需要。模型预测是在综合哲学、社会学方法进行定性分析的基础上，利用经济学、统计学、数学及工程技术等方面的方法建立模型开展定量分析。模型预测不仅能对未来出版市场供求关系的性质做出判断，而且能揭示出版市场各个因素的数量表现、数量关系、数量变化及其规律性，因而预测误差较小，科学性较高。当代出版市场预测，应该以模型预测为主、经验推断为辅。

3. 出版市场预测必须遵循系统性、连续性、准确性原则

出版市场预测主要是为出版企业营销决策提供预测性信息服务，营销决策离不开准确、全面、连续的预测信息，因此，出版市场预测必须遵循系统性、连续性、准确性原则。系统性原则，指出版市场预测要从系统原理出发，尽可能全面地对影响出版企业发展的各种因素进行科学预测，不仅要做各种单项预测，如各类出版产品需求预测，还要进行综合性预测，如出版市场动态预测。准确性原则，指出版市场预测的科学性要尽可能强一些、准确度要尽可能高一些，从而提高预测判断与发展趋势的吻合度，保证营销决策能适应出版市场的未来变化。连续性原则，指出版市场预测应当追踪出版市场的发展变化。不仅在制定出版企业营销决策方案之前要进行出版市场预测，而且在方案执行过程中也要经

---

① 阿尔文·C. 伯恩斯，罗纳德·F. 布什. 营销调研(第二版)[M]. 梅清豪，周安柱，徐炜熊，译. 北京：中国人民大学出版社，Prentice Hall 出版公司，2001：468.

常进行预测，这样才能及时了解和掌握出版市场的发展情况，在预测信息准确度不太高的情况下，还可修正原来的预测结果，使营销决策和计划更臻完善，防止或纠正偏差。

二、出版市场预测的类型、内容和步骤

出版市场预测可以在市场空间、时间及产品范围等不同的层次展开，因而类型丰富、内容各异。各种出版市场预测要达到预期目的，必须按照合理的程序进行。

(一)出版市场预测的类型

依据不同的划分标准，出版市场预测可以分为不同的类型。

1. 根据出版市场预测范围，可分为宏观出版市场预测和微观出版市场预测

宏观出版市场预测是对整个国家范围内出版市场的出版产品供求关系变化的预测，主要由政府部门、出版行业主管部门、行业协会或专门的预测机构来进行，旨在为政府实现对出版市场的宏观调控提供依据。微观出版市场预测是出版企业对特定范围内出版市场供求关系的预测，主要出于出版企业营销管理的需要而展开，多由出版企业的调研部门来完成。微观出版市场预测是宏观出版市场预测的基础，宏观出版市场预测是微观出版市场预测的指导，二者相互联系、相互依存、互为条件。

2. 根据出版市场预测的对象，可分为综合性出版市场预测和单项出版市场预测

综合性出版市场预测指能全面概括反映整个出版市场动态和发展趋势的预测。如社会出版产品购买力和社会出版产品可供量的预测，出版产品购买力投向变化和可供出版产品结构变化的预测等。单项出版市场预测指对某一出版市场因素的发展变化趋势的估计，如出版物价格预测、某类图书需求预测等。综合性预测多服务于出版企业的营销战略决策，也是单项出版市场预测的先导。单项出版市场预测是综合性出版市场预测的基础，主要为出版企业的业务决策提供参考。因此，综合性预测一般由出版企业设立专门的调研预测小组来进行，而单项预测多由各业务部门自行完成。

3. 根据出版市场预测的时间，可分为近期、短期、中期和长期出版市场预测

近期出版市场预测是对一周至一个季度的出版市场供求关系的预测。短期预测是对1~2年的出版市场趋势的预测。对于时间性强、变化快的出版产品宜采用这种短时间的预测。出版企业短期营销计划的制订以及执行过程中对计划的修改、补充，都要依靠短期预测提供的信息。中期预测是对2~5年的出版市场发展状况的预测，对于出版周期长且在短期内不会再版的图书可使用此法。长期预测指5年以上的出版市场预测，多是为出版企业战略性决策提供依据。

4. 根据出版市场预测的性质，可分为定性预测和定量预测

定性预测是对出版市场因素的未来发展性质做出判断与推测，即对出版市场的发展做出上升或下降、发展或停滞的估计。定量预测是对出版市场各因素未来的发展程度和数量关系的推测，对出版市场供求的变化幅度或变化量做出预测。定性预测主要使用定性分析

方法，定量预测主要运用数量经济学方法与模型。在实际预测中，两种预测经常结合使用。

5. 根据出版市场预测的目的，可分为计划性预测和非计划性预测

计划性预测是指预测者可以控制若干因素并用以影响未来出版市场的发展，为制订营销计划、决定将来行动而进行的出版市场预测。非计划性预测是指预测者不掌握影响未来的可控因素，只是根据客观实际对未来出版市场发展做出预测。

6. 根据出版市场预测的内容，可分为出版市场需求预测和出版市场销售预测

出版市场需求预测是对未来一定时期的读者需求量及其影响因素的预测，销售预测是对未来一定时期的出版产品销售量及其影响因素的预测。出版市场需求与销售预测可细分为出版产品出版情况预测、出版市场占有率预测、出版产品购买力投向预测、出版产品价格预测、出版产品生命周期预测、营销费用升降预测、投资效果预测等。

出版市场构成因素的广泛性和复杂性决定了出版市场预测类型的多样性。对出版企业而言，出版市场预测的重心应放在出版市场需求预测和出版市场销售预测上。把握出版市场需求的发展变化是使出版营销能够满足读者需要的重要保证，掌握出版市场销售的未来趋势是实现有效供给和出版产品供需平衡的重要条件。

(二)出版市场预测的主要内容

进行出版市场预测的主体不同，其预测的内容会有所差异；进行预测的目的不同，预测内容也不尽相同。出版企业的出版市场预测主要是需求预测和销售预测，前者偏重于对某一出版市场需求潜量的估计，后者侧重于某个出版企业的有效需求或称市场潜量的预估。销售预测是在需求预测的基础上进行的，每种预测又包含若干因素预测。

1. 出版市场需求预测

出版市场需求是指一定的读者群体，在一定的地理区域、一定的时间、一定的出版市场营销环境和一定的市场营销方案下购买出版产品的总量，是读者具有实际货币支付能力的出版产品需求。对出版市场需求的预测是出版企业评价市场营销机会的重要步骤。简单地说，出版市场需求预测是对出版产品的社会购买力及其投向变化的预测，它主要以全国或某个区域出版市场的读者需求为对象，目的在于了解某一时期整个出版市场最大的可能需求量，是一种宏观预测。

出版市场需求的发展变化受多种市场因素的影响和制约，如国民经济的发展趋势、国民收入的变化、社会成员的文化水平的提高程度、社会消费心理的改变、出版产品本身特征的变化等。进行出版市场需求预测，必须掌握以上诸多因素的变化趋势。所以，较为全面的出版市场需求预测至少包括以下六个方面的内容。

(1)出版市场总需求量预测

此即一定时间内整个出版市场需求量的大小预测，它反映在未来某一时期全社会通过出版市场购买出版产品的总的货币支付能力。出版企业进行出版市场总需求量的预测有两

个方面的作用：一是可以掌握一定时期内出版产品社会购买力的上限，从而可有效地控制本企业的扩张速度和规模；二是可以根据出版市场需求总量合理确定本企业的占有额度。出版市场总需求量的预测，还包括对社会潜在需求量的预测，即对受货币支付能力限制而未能实现的出版需求的预测。此外，出版市场需求总量预测还应兼顾替代品市场需求预测，如对游戏、视频的需求预测。

(2)出版市场分类需求量预测

此即对出版市场的各个部分或细分市场的需求进行推测。出版市场分类需求量预测包括两个方面的内容：其一，在一定时期内，不同种类出版产品的市场需求存在较大差别，某些种类出版产品可能十分畅销，而某些种类可能深受冷落；同一种类的出版产品，也可能因作者、出版社不同而销量迥异。正因为此，出版企业在预测出版市场总需求量的基础上，还必须区别出版产品的类别或品种进行需求量预测，以确定合理的出版产品品种结构。其二，在一定时期和一定市场范围内，不同类型读者的阅读需求有所不同，比如儿童、少年、青年、老年读者对图书的需求就有明显的差别，工人、农民、知识分子的图书需求也不会完全相同。所以，有必要细分读者群体并对各个群体的需求量分别加以预测，保证出版企业的生产销售能充分满足目标读者群体的需要。

(3)出版产品预测

此即对出版产品的价格、品种、形式的变化趋势进行估计。出版市场需求对出版产品的价格及产品特征等会表现出一定程度的弹性。出版产品价格上扬，需求量会下降；反之，价格下降，会刺激市场需求，增加需求量。因此，进行出版市场需求预测，要对出版产品的价格变化趋势有较为充分的认识。出版产品的品种、形式的变化也在一定程度上影响着需求量变化，品种少、形式单一，会遏制读者需求，而如果品种丰富多样，形式富于变化，则能激发读者需求，增加需求量。所以，出版企业应当对未来出版市场上出版产品的品种结构、形式特征进行预测。

(4)读者状况预测

读者是购买出版产品的主体，读者情况的任何改变都将直接引起出版市场需求量的波动。读者预测主要是对未来一段时期内读者的数量、结构、收入状况、购买力、购买动机、购买行为、消费心理等的预测。

(5)图书市场营销环境预测

除了以上各种因素外，出版市场上还存在许多不可控因素，它们也或多或少地影响着出版市场需求的规模、结构及时间等，比如在经济繁荣时期，出版市场需求量就比在萧条时期高。具体而言，这些不可控因素包括：国民经济发展水平和速度、经济发展周期、政治形势、科技发展等。

(6)出版市场供求关系预测

出版市场供求关系不外乎三种情况：供过于求、供不应求、供求平衡。在三种情况中，供过于求和供不应求对图书市场的繁荣和发展都是不利的。因此，要想达到某一出版市场的出版产品供求基本平衡，必须进行出版产品供求关系预测，掌握出版市场供求关系发展的总趋势，预测某一时期内出版产品供求平衡状况以及不平衡的影响因素。出版市场供求关系的预测，可以为调整出版产品的生产、储存与流通的结构和数量等提供客观依据，防止和克服盲目生产，避免出版市场产生严重的积压或脱销。

2. 出版市场销售预测

出版市场销售预测是对某个出版企业自身的销售量或有效需求的预测，是一种微观预测，因而又被称为出版企业需求预测。根据美国营销学会对销售预测的定义，可以将出版市场销售预测定义为：在某一拟议的营销计划下，对某一出版企业在某一特定未来期间的销售量或金额的估计。销售预测一般以出版企业本身最大可能的销售量为基础，估计企业在出版市场总需求中所占的份额以及在企业营销计划内实际的销售可能量。所以，做销售预测的关键在于测出特定出版市场的需求总量和本企业的市场占有率，这样就能预测出本企业的销售可能额，或称销售潜力，即一个出版企业在特定期间内，在特定的市场营销环境条件下，营销费用逐步增加时，出版产品最大的可能销售额。

出版市场销售预测要获得较为精确的结果，除了对出版市场需求进行认真考察和科学推测外，还必须对以下因素做出较为全面和正确的判断。

（1）行业销售预测

行业销售预测即在一定时期、一定水平的出版市场营销努力下，在一定的环境条件下，出版市场上所有出版企业可能达到的最大销售量预测。由此可知全行业发展水平和规模。

（2）出版市场占有率预测

出版市场占有率预测包括对竞争对手的市场占有率和本企业的市场占有率的预测。出版市场是一块可以不断做大的蛋糕，但在一定时间内，其大小相对稳定。因此，要准确预估本企业究竟占据多大的市场份额，出版产品销售量可能占领出版市场需求的程度究竟有多高，需要对竞争对手的市场占有率进行客观的预测。出版市场占有率预测还要考虑"可达市场"占有率。对出版企业来说，完全占有市场是不可能的，出版企业的出版产品和服务不可能达到并吸引所有读者。比如一家建筑书店不可能吸引对建筑不感兴趣、毫无需要的读者。因此，在有些情况下，某一出版企业由于其出版产品只销售到某一区域出版市场，所以尽管它整体市场占有率很低，但其可达市场占有率却很高。在这种情况下，对该企业而言，最好的营销策略无疑是开发其可达出版市场中尚未开发的部分，而不是盲目提高整体市场占比。

（3）出版产品生产能力及库存状况预测

一是预测出版产品的著译能力、编辑能力、印刷能力、纸张供应能力等的发展趋势；二是通过选题计划、新书预告、图书目录等对出版产品的出版情况进行预测，把握各类出版产品的出版比例、出版时间、出版周期、重印再版能力；三是对出版企业的库存能力进行预测，如对库存容量、库存成本进行预测。通过对出版产品的生产能力及库存状况的预测，出版企业能够较好地确定生产策略和备货策略。此外，还应预测国家有关政策对生产出版产品可能产生的影响。

（4）出版市场行情及出版产品生命周期预测

预测在一定时期内哪些出版产品畅销、滞销、平销，各类出版产品的销售会因哪些因素的影响而出现什么样的变化规律等。对出版市场行情的预测，可分别从地区、时间、品种、价格、开本和环境等不同角度进行。

（5）出版产品销售能力预测

出版产品销售能力预测包括渠道、网点、物质技术、销售人员、营销组合等的能力的预测。渠道和网点的建设与发展，是扩大出版产品销售的重要条件。渠道的类型、层次、流通速度、流通规律、覆盖的市场面积等，会影响出版产品销售的规模和速度，网点的增加与减少直接影响读者购买出版产品的方便程度和出版企业销售能力的辐射范围。对渠道和网点进行研究预测，对合理组织出版产品流通、满足读者需要有十分重要的意义。此外，出版企业物质技术条件的改善、销售人员素质的提高、营销策略的完善、营销组合变数的协同效应，也会极大地提高出版产品销售能力。出版产品销售能力预测，既应对出版企业的总体销售能力进行测定，也应对单项销售能力进行估计，即对各渠道、各网点分别的销售能力要有所估计。

（6）出版营销经济效果预测

出版营销经济效果预测以盈利预测为中心，对出版企业的各项投资效果进行评估。资金周转、劳动生产率、流通费用率、营销费用等，都是盈利的制约条件，影响出版企业的投资回报。在进行经济效果预测时，应先分别进行资金周转预测、劳动生产率和流通费用率预测，然后再根据它们的预测结果进行盈利预测。出版营销经济效果预测尤其要注意营销费用预测。营销费用绝对水平高低和利用有效率高低、营销费用弹性等决定着营销效果和企业利润。进行销售预测先要估计出版企业的营销费用的地理分布和项目分布，如广告费与人员推销费的比例等。营销费用各组成部分的有效性和弹性各不相同，合理的营销费用分布将有利于出版企业利润的提高。

(三) 出版市场预测的基本步骤

出版市场预测必须以准确的事实数据为基础，以科学的方法为工具，按照合理的步骤来进行，才能准确把握出版市场动态。

1. 确定出版市场预测目标

进行出版市场预测，应明确预测的对象和目标。预测的对象要具体、准确，目标要明确。确定了清晰的预测目标，才可能围绕预期目标展开一系列工作。

确定预测目标的同时应该确定预测的时期和出版市场的地理区域。出版市场预测是对出版企业某一时期、某一区域出版市场的销售量或需求总量的估计，"某一时期、某一区域"的限制极为重要，它为出版市场预测界定了范围，使预测工作拥有明确的活动时间和空间。

2. 确定影响预测目标的各种因素，即确定市场变量

市场变量决定着出版企业在出版市场中的行为。进行出版市场预测的第二步就是确定影响预测目标的市场因素，明了各因素之间的相互关系以及各因素对出版市场需求和预测目标可能产生的影响。影响预测目标的因素很多，有可控因素也有不可控因素，有主导因素也有相关因素。确定市场变量的重点在于确定影响预测目标的主导因素和主要相关因素。比如预测图书价格趋势，就应将关注焦点集中在图书价格的构成因素和与图书价格密切相关的因素上，比如纸张价格、稿酬、编印成本、读者的价格敏感度等，切忌面面俱到。

3. 进行出版市场调查，收集与预测目标相关的各种数据

根据既定目标和要求进行深入的出版市场调查，广泛收集相关历史和现实资料。资料收集得越多、越全，分析的准确性就越高。

4. 选择预测方法

在出版市场预测过程中，要根据出版市场预测的目的，资料占有情况，出版企业的人力、物力、财力状况和预测人员的水平，从出版市场规律出发，选择恰当的预测方法组合，建立适当的预测模型。

5. 进行合理假设

出版市场预测面临各种已知和未知的因素，通过对它们的科学分析才能得出关于出版市场未来趋势的判断。然而，在预测过程中，并非所有因素都能通过出版市场调查获得数据，这时，必须对这些不能测定的因素做出大胆而合理的假设，在假设的前提下进一步推断预测目标的未来。

6. 组织预测力量

组织预测力量，除了依靠专职预测人员之外，还要依靠其他力量特别是营销人员、财务人员的配合协作。如果预测人员不具备出版市场预测的专门知识，应事先进行必要的培训。

7. 进行出版市场预测

根据预测方案和选择好的预测方法，在充分考虑各出版市场变量相互影响关系的基础上，对已收集的资料进行综合分析、判断并测算出预测数值。分析所用资料数据，应该是与既定目标密切相关的数据信息，因此，在收集到数量庞大、内容复杂且相互间联系松散、缺乏系统性的相关数据后，要对资料进行整理加工，去伪存真，舍去不合理的反常数据，实现数据的明晰化、系统化，使庞杂的数据成为逻辑清晰的信息。

8. 对预测结果进行综合论证，特别是风险论证

预测结果最终将作为出版企业制定营销决策和计划的参照和依据，因此，出版市场预测人员必须从社会效益、经济效益两个方面对预测结果进行论证、评估，分析预测结果的合理性、可靠性、可行性和风险性。尤其是风险性分析非常重要。风险性分析即对预测结

果实际运用于出版企业的营销活动可能造成的损益分析。

9. 提交预测报告

出版市场预测人员在完成预测工作之后，应将预测结果形成书面预测报告，提交出版企业备用。预测报告包括预测目标、预测值、预测依据、预测方法、预测结果、预测结果分析、利弊说明等内容。

10. 分析预测误差

出版市场预测只能降低未来出版市场的不确定性程度，不可能完全准确地预测各因素的未来情况。预测误差的存在体现了出版市场预测的客观性，保持在一定幅度内是十分正常的。但误差不能过大，否则就失去了出版市场预测的实际意义，甚至造成负面影响。因此，每次预测方案实施后，应对照实际，计算误差，分析误差原因，评价预测方法，修正预测方案，改进预测模型，以不断提高出版市场预测的质量。

三、出版市场预测的主要方法

随着预测科学和预测技术的发展，预测方法日趋多样。拉奥等人基于利益变量、相关历史数据、类似品牌的数据、代表性的调查类型数据能否获得将预测方法分为趋势推断法和成长曲线、回归法、类推法、德尔菲法、意图法、联合分析法六类。[①] 国内学者通常将预测方法分为定性分析法(如经验判断法、预期调查测算法等)和定量分析法(如时间序列分析法、因果关系测算法)。不同预测方法的特点和适用范围不同，出版企业可以根据需要对各种预测方法进行多种方式的组合使用。下面介绍几种出版企业常用的预测方法。

(一) 判断预测法

判断预测法适宜在历史数据不全或不适用的条件下使用，其特点是简便直观，无需建立各种数学模型，只依赖于有关人员的意见和判断。出版市场预测常用的判断预测方法有五种。

1. 读者意向判断预测法

读者意向判断预测法是通过出版市场调查人员对读者(包括现实读者和潜在读者)直接或间接的调查访问，了解其出版产品消费倾向，以此判断出版市场需求发展变化趋势的方法，多用于对出版市场需求长期发展趋势的预测。

读者意向判断预测法建立在对读者的现实调查基础上，调查结果比较准确可靠。尤其是在具备以下三个条件的情况下，读者意向判断预测法对准确把握出版市场需求的未来趋势十分有效：①读者的出版产品购买意向明确清晰，②这种意向会转化为读者的购买行为，③读者愿意把其出版产品消费意向告诉调查者。

---

① 维瑟拉·R. 拉奥，乔尔·H. 斯特克尔. 战略营销分析[M]. 张武养，张永宏，等，译. 北京：中国人民大学出版社，Prentice Hall 出版公司，2001：199-200.

对读者出版产品消费支出意向的调查可以使用概率调查表(表3-2),通过向读者提出诸如"在家庭收入支出计划中,你每年都有购买出版产品的花销吗"这样的问题,调查其出版产品消费支出意向。

表3-2 读者出版产品消费支出意向调查表

0.00	0.10	0.20	0.30	0.40	0.50	0.60	0.70	0.80	0.90	1.00
绝对没有	不太可能	或许会有	有点可能	尚有可能	有些可能	有可能	可能	非常可能	颇为确定	一定会有

当然,由于多数出版产品属于非必需品,读者的购买动机或计划很容易因某些因素的变化而变化,所以,如果完全根据读者意向做预测,准确性也并不高,这种方法需要和其他方法配合使用。

2. 销售人员综合意见法

由出版企业内部的销售人员对未来的销售量或对某一本书、某一类书的销售量进行估计,然后汇总分析,提出销售预测值的方法。由于出版市场销售人员经常接触读者,对读者需求动向有较为全面的了解,因此对提高出版市场销售预测的精确度有较重要的意义。而且,让销售人员直接参与预测,会提高他们完成销售任务的积极性,有利于出版企业决策人员掌握按出版物品种、出版市场地理区域、读者或销售人员划分的各种销售预测。

销售人员综合意见法的具体操作步骤和方法如下:

首先由各位销售人员给出预测项目结果,预测项目分为最高销售量、最低销售量、最有可能销售量及期望值四项,然后求出平均预测值。

【例】假设现有3位销售人员对书店某月的销售额进行预测。各销售人员的预测结果见表3-3。

表3-3 销售人员综合意见法

销售人员	预测项目	销售额(万元)	出现概率	销售额×概率(万元)
甲	最高销售额	2000	0.3	600
	最可能销售额	1700	0.5	850
	最低销售额	1400	0.2	280
	期望值			1730
乙	最高销售额	1900	0.2	380
	最可能销售额	1600	0.6	960
	最低销售额	1400	0.2	280
	期望值			1620

续表

销售人员	预测项目	销售额(万元)	出现概率	销售额×概率(万元)
丙	最高销售额	2000	0.2	400
	最可能销售额	1800	0.5	900
	最低销售额	1500	0.3	450
	期望值			1750

又假设 3 位销售人员的预测水平具有同等的意义，即其比重相同，则销售人员对销售额做出的平均预测值是：

$$\frac{1730 + 1620 + 1750}{3} = 1700(万元)$$

即根据 3 位销售人员的预测结果分析得出：该书店某月的预计销售额为 1700 万元。

若假设 3 位销售人员的预测水平不一样，他们各占的比重分别为 30%、30%、40%，则销售人员的销售额预测值为：

$$\frac{0.3 \times 1730 + 0.3 \times 1620 + 0.4 \times 1750}{0.3 + 0.3 + 0.4} = 1705(万元)$$

即该书店某月的预计销售额为 1705 万元。

销售人员综合意见法在使用中应注意一些问题。由于销售人员的判断是基于以往的经验进行的，而且每个销售人员对出版市场前景或出版企业的营销计划的判断与了解存在差异，再加之销售人员个人心理素质及预测能力等因素影响，销售人员的销售预测往往存在一定的偏差，所以，在一般情况下，应对销售预测结果进行修正后再行利用。

3. 专家预测法

利用相关专家来对出版市场各因素的发展做出判断预测。专家包括经销商、分销商、供应商、营销顾问、行业专家等，还可以从调查公司购买经济和行业预测。常用的专家预测法有头脑风暴法和德尔菲法两种。

(1)头脑风暴法

头脑风暴法是以专家的创造性思维来获取未来信息的一种直观预测方法。头脑风暴法有多种类型。按智能结构可分为个人头脑风暴法和集团头脑风暴法两种。个人头脑风暴法是通过专家个人的创造性思维来获取未来信息，集团头脑风暴法是通过专家会议发挥专家的创造性思维来获取未来信息。按头脑风暴法的性质，头脑风暴法分为直接头脑风暴法和间接头脑风暴法。前者指组织专家对预测目标各抒己见以便集思广益；后者是对已制订的计划或方案，组织专家讨论，提出质疑，去掉其中不合理、不科学的部分，补充不全面、不具体的部分，使计划或方案更加完善。

头脑风暴法有利于在短时期内获得创造性的成果。由于集思广益，获得的信息充足，考虑的预测因素较全，因此最终根据预测提出的方案比较全面和广泛。但是，因为头脑风暴法的一般程序是由专家提出各自估计，然后交换意见，最后综合分析提出小组预测，所以，小组成员很容易受权威的影响或屈从于大多数人的意见，不愿提出不同看法，还有的专家碍于情面，明知自己有错也不愿公开承认和修改自己的错误，导致预测准确度降低。

头脑风暴法适用于出版企业进行开拓创新等方面的预测。通过邀请出版领域的行家里手、专家学者及预测专家，对出版企业的发展战略、发展计划、发展目标进行全面论证和预测，使出版企业拥有正确、科学、合理的发展规划。

（2）德尔菲法

约请若干专家，让每个专家针对所预测目标的未来发展趋势独立提出自己的估计和判断，然后由预测主持人对各专家的意见进行汇总整理、修改并提出意见，再以信函方式发回到各专家手中，由各专家再根据综合预测结果，修改自己的预测，提出新的论证和意见。如此往复多次，直到各专家得出比较一致的预测意见。

【例】某出版集团拟预测某类图书的需求，选择了 A、B、C、D、E、F 六名专家组成专家组，由销售经理主持预测。

第一轮预测：销售经理将相关数据资料发给各专家作预测参考。各专家自行进行推测和判断并将预测结果送给销售经理。但各专家彼此间不作任何意见交换。预测结果见表3-4 第 1 次。

第二轮预测：销售经理将第 1 次预测的结果分发给大家，由各专家依据第 1 次预测综合分析结果进行新的预测。若某专家的预测值发生改变，必须说明理由。预测结果见表3-4 第 2 次。

如此往复 4 次，各专家不再修改自己的意见，说明大家对第 3 次预测结果已充分肯定。这时销售经理可将第 4 次预测数值作为最后的预测值。预测结果见表3-4 第 3、4 次。

在此例中，专家预测的这类图书的需求量的最终值为 82.5 万册。

表 3-4　德尔菲法预测结果

预测次数	A	B	C	D	E	F	中位数	改变意见数	差距
1	70	75	30	85	100	100	85	/	30
2	75	75	80	85	90	95	85	2	20
3	75	80	83	85	90	90	82.5	3	15
4	75	80	83	85	90	90	82.5	0	15

德尔菲法是出版企业可以利用的一种科学而行之有效的预测方法，尤其是制订长期计划、确定重大经营决策时，该法可获得令人满意的效果。但值得注意的是，该法的使用一定要把握好匿名性、反馈性和收敛性特征，否则会影响预测效果。

4. 类推法

类推法是一种较为简单易行的方法，它以类似出版产品、类似出版市场的历史、现状及趋势来预测目标的未来。比如，通过比较某类图书以前的销售量，预测将要销售的同类书的可能销售量；以某作者的某一著作的销售量来估计其另一著作的销量；通过对欧美出版市场现状的判断来预测我国出版市场的未来发展；以我国东部地区的图书销售量来推测中西部图书市场的潜力。类推法还可参照某种征候来推测某一现象的未来。如根据移动终端设备普及、移动互联网用户人数增加的现象可推测移动阅读人数及其对阅读应用的需求将增加。类推法适用于对一些相对稳定的出版市场因素的预测。

5. 经验判断法

依靠人的经验和综合分析能力进行预测，它完全依赖人的经验积累，依赖预测者对业务的熟悉程度和思维、综合分析能力。经验越丰富，智力水平越高，预测的准确性就越高。同样的资料，因预测人员不同，预测结果偏差可能很大，有的预测值可能很大，有的却偏小。所以，这种方法主观因素较多，易出现偏差，但它简单易行，耗费较少，在一定的条件下，经验判断法仍不失为一种短期预测的重要的辅助预测法，对掌握行情、合理定价、开拓市场有一定的作用。

(二) 分析计算法

分析计算法是利用有关数据资料来建立数学模型进行分析计算的方法。分析计算法要建立在充分、全面、准确地掌握数据资料的基础上。出版市场预测常用的分析计算法有4种。

1. 需求弹性预测法

出版产品需求是一种精神文化需求，在出版市场营销过程中，出版产品需求往往随出版产品的价格、读者收入或相关产品等因素的变化而变化。所谓出版产品需求弹性即指读者对出版产品的需求量因为某些因素的影响而发生变化的幅度。常见的有价格弹性和收入弹性。出版产品需求弹性系数计算公式为：

$$出版产品需求弹性系数 = \frac{出版产品需求量变化的百分比}{影响因素变化的百分比} \tag{3-1}$$

由式(3-1)可以得出出版产品需求的价格弹性系数和收入弹性系数的计算公式分别为：

$$\begin{aligned} 出版产品需求价格弹性系数 &= \frac{出版产品需求量变化的百分比}{价格变化的百分比} \\ &= \frac{需求变化量}{原有需求量} \div \frac{出版产品价格变化量}{原来的价格} \end{aligned} \tag{3-2}$$

$$\begin{aligned} 出版产品需求收入弹性系数 &= \frac{出版产品需求量变化的百分比}{读者收入变化的百分比} \\ &= \frac{需求变化量}{原有需求量} \div \frac{读者收入变化量}{原来的收入} \end{aligned} \tag{3-3}$$

若用符号表示式(3-2)、式(3-3)，则为：

$$E_p = \frac{\Delta Q/Q}{\Delta P/P} = \frac{\Delta Q}{\Delta P} \times \frac{P}{Q}$$

$$E_m = \frac{\Delta Q/Q}{\Delta M/M} = \frac{\Delta Q}{\Delta M} \times \frac{M}{Q}$$

式中各符号的含义分别为：

E_p：出版产品需求价格弹性系数；

E_m：出版产品需求收入弹性系数；

P：出版产品原有价格；

ΔP：出版产品价格变化量；

M：读者原有收入；

ΔM：读者收入变化量；

Q：出版产品原有需求量；

ΔQ：出版产品需求变化量。

下面借助图书需求价格弹性系数原理，举例计算某一地区读者对图书的需求量。

【例】假设在基准年内，已销售图书的人均需求量为232元，报告年的人均需求量为203元，基准年的图书价格为平均每册44.24元，报告年的图书价格为平均每册50.60元。把这些指标代入价格弹性系数计算公式，可以求出图书需求价格弹性系数为：

$$E_p = \frac{(203 - 232)/232}{(50.60 - 44.24)/44.24} = -0.869$$

即图书价格每上涨100%，图书需求量将下降86.9%。

在已知价格弹性系数的情况下，若有其他相关信息，依下列公式便可计算出需求量：

$$图书需求量 = 基准年已实现的人均图书需求量 \times \left(\frac{100 + 预测年度图书价格 \times 价格弹性系数}{100} \right)$$

$$\times 预测年度该地区人口平均数 \qquad (3\text{-}4)$$

用符号替代式中可变量得：

$$Q = Q_1 \times \left(\frac{100 + P \times E_p}{100} \right) \times H$$

式(3-4)中各符号的含义分别为：

Q：图书需求量；

Q_1：基准年已实现的人均图书需求量；

P：图书价格；

E_p：图书需求价格弹性系数；

H：该地区人口平均数。

【例】假设本年度已实现的人均图书需求量为200元，图书平均价格为48元。预测年度图书价格上涨3.4%，预测年度该地区人口年平均数为10000人。那么，根据式(3-4)可代入测算：

$$Q = 200 \times \left[\frac{100 + (48 \times 103.4\%) \times (-0.869)}{100} \right] \times 10000$$

$$\approx 1137400(元)$$

即预测年度的图书需求量预测值约为 1137400 元。

2. 时间序列预测法

时间序列预测法，又称时间序列趋势分析，趋势指数据的总体走向。时间序列预测法的基本原理是利用出版企业的历史销售资料，按其发生的时间先后次序排列起来分析其合力影响的变化规律，并且假设未来的出版市场仍将继续按过去的规律运动，因此可用它来预测未来的出版产品销售量。该法用于短期销售预测较为有效，如预测月、季、半年的出版产品销售额。

使用时间序列预测法进行分析时，要考虑过去的销售量变化趋势有何特性，是线性变化、指数变化还是按 S 形变化，要使用多少历史数据，如何处理季节性及周期性波动的情况等问题。在实践中，出版市场预测采用较多的是月别时间序列。

按月份分类的月别时间序列，通常含有长期趋势(T)、季节变动(S)、周期性变动(C)和随机波动(I)四种因素。长期趋势指出版产品销售受经济收入增长、人口等长期因素的作用，反映出版市场需求量的长期趋势；季节性变动指出版产品销售受季节因素影响；周期性波动指出版企业营销活动受宏观经济周期性波动的影响，销售额呈现某种波状变化；随机波动指出版产品销售受各种偶然性因素如战争恐慌、自然灾害、疾病的影响。一般说来，任何出版产品的销售量都受这四种因素的作用，因此均可分解"相乘模式"Y = TSCI(式中 T 用绝对值表示，S、C、I 均用系数表示)，通过对出版产品销售量进行时间序列分析，就可计算出 T、S、C、I 四种因素对销售影响力的大小，从而推断未来出版市场需求的方向和数量。

时间序列分析可使用移动平均法、加权移动平均法或连续移动平均趋势法。移动平均法是使用最近几期数据的平均值预测下一期销售额的方法。例如，已知某书店上半年前 3 个月的销售额分别是 2400 万元、2700 万元、2900 万元，则第 4 个月的销售额预测值为 2667 万元。随着时间的往后推移，移动平均法使用的数据也不断更新，以修改预测值。这种方法主要用于对出版市场比较稳定的无趋势性变化项目的直接预测。加权移动平均法是在移动平均数的基础上，根据各期实际资料对预测的影响大小，对每期资料加权，以反映其作用。这种方法主要用于出版市场比较稳定但趋势不明显的预测。对于有线性增长趋势的序列，可以运用移动平均法，但预测值会出现明显滞后于观察值的现象。为了消除这种滞后现象，可以使用连续移动平均趋势法，如二次移动平均趋势法，即对已取得的移动平均值，再进行一次移动平均。

3. 回归分析法

回归分析法是一种确定市场变量之间相关关系的定量分析方法，用以判断某些市场因素(解释变量、自变量)的变化对其他市场因素(被解释变量、因变量)的影响。例如,通过建立销售量与价格、广告费、推销人员数量等的相关性数学模型判断价格、广告费等的变化对销售量的影响程度。根据自变量的个数,回归分析法分为一元线性回归法和多元线性回归法;根据因变量的个数,分为简单回归分析法和多重回归分析法;根据因变量与自变量的关系类型,分为线性回归法与非线性回归法等。

4. 综合分析法

综合分析法即综合运用多种方法来进行出版市场预测,可以先用经验法进行判断,然后用分析计算法进行计算;也可先作分析计算,再结合市场环境的发展变化对预测结果进行判断修正。多种方法综合运用有利于提高出版市场预测的精确度。

第四章 出版目标市场

---

* **本章知识点提要**

  1. 出版目标市场营销战略的组成部分
  2. 出版市场细分的意义、方法、标准、原则
  3. 出版目标市场选择战略、市场覆盖模式和影响因素
  4. 出版市场定位的步骤、方式和战略

* **本章术语**

  市场细分　目标市场　市场定位　竞争战略　无差异市场战略　差异性市场战略
  集中性市场战略

如前所述，出版营销学的主要内容包括出版营销战略和出版营销战术两个层次。其中，出版营销战略是指出版企业在一定时期内对关系全局的方针和任务进行运筹谋划的过程，主要涉及出版目标市场、出版市场发展、出版客户管理和出版品牌建设等宏观层面。本章主要介绍出版目标市场营销战略（STP 战略），按照出版市场细分（Segmenting）、出版目标市场选择（Targeting）、出版市场定位（Positioning）的逻辑展开。

第一节　出版市场细分

本节主要回答四个问题：什么是出版市场细分？即市场细分理论和出版市场细分的发展历程。为什么要进行出版市场细分？即出版市场细分的意义和作用。如何进行出版市场细分？即出版市场细分的方法和标准。如何判断细分市场的有效性？即出版市场细分的一般原则。

简言之，出版市场细分是出版企业通过前期市场调研和分析，依据消费者的阅读需求、购买行为和购买习惯等方面的差异，把出版市场整体上划分为若干具有类似需求的子市场的过程。出版市场细分是营销学中"市场细分"理论在出版领域的具体应用，在介绍出

版市场细分的意义、标准和原则之前，有必要回顾市场细分理论的产生和发展历程。

一、市场细分理论的产生与发展

"市场细分"的概念最早由美国营销学者温德尔·斯密在 20 世纪 50 年代提出，他将产品差异化和市场细分视为可供现代企业选择的两种基本营销战略，认为营销者本身并不创造细分市场，营销者的任务是识别并确定究竟以哪些细分市场作为企业营销战略的实施对象和目标市场。其产生的时代背景是第二次世界大战结束后西方经济社会由卖方市场向买方市场转变，完全以产品、生产者为中心的营销观念已经不能适应时代发展变化这一新的形势，是现代营销观念或曰营销哲学的一次重大进步。从时间维度看，市场细分理论大致经历了以下三个发展阶段。

(一)大量营销阶段(Mass Marketing)

19 世纪末至 20 世纪初，在营销学刚刚诞生之时，事实上并没有市场细分的概念。彼时，整个西方社会在资本主义工业革命洗礼下进行大规模生产，人们日常生活中的许多领域尚处在产品供不应求的卖方市场状态。在卖方市场环境下，企业最理性经济的营销方式就是大量营销，即面向整个市场大批量生产单一品种或规格的产品，并且通过广泛、普遍的分销渠道销售产品，试图满足所有顾客对同类产品的需求。在这样的市场条件下，可谓遍地是"蓝海"，企业没有动力也没有必要进行细致的市场调研和需求分析，市场细分的理论因而也不可能产生。

(二)产品差异化营销阶段(Product Differentiated Marketing)

20 世纪 30 年代，资本主义经济危机震惊世界，西方企业面临严重的产品过剩困境，原先供不应求的卖方市场转变为供过于求的买方市场，大批量生产和销售同质化产品的方式已经无法调动日益萎缩、分散的消费者需求。市场环境的剧变倒逼企业营销观念出现重大调整，即从大量营销向产品差异化营销转变，通过生产经营许多与竞争者在品种、规格、质量、外观、效用等方面具有明显差异化的产品，为顾客提供较大的选择范围，为企业提供更广的利润来源。产品差异化营销相较于大量营销阶段而言，无疑是一种进步，但需要指出的是，这一阶段企业进行差异化营销的主要依据是自身的生产、技术和销售能力，仍然缺乏对目标市场的深入调研和对消费者需求的细致分析，市场细分的观念因而也缺乏诞生的现实基础和条件。

(三)目标营销阶段(Target Marketing)

20 世纪 50 年代以后，产品过剩的买方市场环境进一步发展，生产力大幅提高、产品日新月异的同时，消费者的需求也日益多样化。生产与消费的矛盾，或者说就是营销活动的稳定性和市场环境的动态性之间的矛盾(即前述出版营销学的研究对象)日益凸显，使得以产品为中心、以生产者为中心的产品差异化营销战略远远不足以解决西方企业所面临的市场问题。目标营销的理念随之兴起，即企业以消费者需求为中心，在市场调研和需求分析的基础上，结合自身资源和优势，选择市场中一个或几个细分部分作为目标市场，并专门研究其需求特点，设计与目标市场需求特点相互匹配的营销组合(产品开发、价格确定、渠道选择和促销手段)的营销活动。

市场细分理论由此应运而生。质言之，消费者需求的"异质性"是市场细分理论的基础和依据，这里要区分同质和异质两种市场，前者是指消费者对产品的期望和企业营销策略的反应具有一定一致性的市场，后者则是消费者对产品或服务的规格、款式、质量、价格、体验等特性要求各不相同的市场。20 世纪 50 年代以来，完全的同质市场逐渐减少甚至消失，个性化、分众化、体验化的新消费时代早已全面降临，基于消费者异质性需求的市场细分理论随之不断发展。企业资源禀赋的有限性是市场细分理论的现实条件，当今社会，任何一家企业都不可能同时占有人力、资本、技术、信息等一切资源，都不可能面向市场提供无差别的所有产品和服务，满足不同消费者的全部需求和期待，因而也不可能在营销活动全过程中始终保持对竞争对手的绝对优势。显然，对整体市场进行细分，集中企业精力和资源专注于某一个或某几个细分市场从事生产经营成为企业的现实选择。

就我国出版市场而言，同样经历了上述由卖方市场到买方市场转变、由同质市场向异质市场迁移、由大量营销向目标营销发展的时代历程。改革开放之初，我国社会处于阅读严重匮乏的书荒年代，1977 年我国出版图书仅 12886 种，印数 33.08 亿册，发行网点 6.4 万个。相当长一段时期，图书产品处在供不应求的状态，就读者而言，有书可读是首要需求，多样化、异质性需求基本得不到满足。就出版社而言，抓紧生产是头等大事，图书基本不愁销路，因而也不必花费精力进行市场调研和细分，"重生产轻销售"的观念就是此时肇始的。随着社会主义市场经济发展和出版市场体制改革，到 2020 年，图书品种已达 48 万种，总印数 83 亿册，图书发行网点 18 万个。图书品种和数量剧增极大地满足了读者阅读需求的同时，近年来我国出版业也面临着库存积压、销售下滑的买方市场局面，尤其是 21 世纪以来，人们的精神文化需求不断升级，出版企业在满足读者基本阅读需求的基础上，还不断致力于提升服务层次和服务水平，以满足人们个性化需求、高水平的体验消费需求和公共文化需求。[①] 在此背景下，大量营销的时代已经一去不返了，深入剖析读者的需求特点、深刻洞悉不同出版细分市场的需求规律成为当前出版营销的主要任务。

二、出版市场细分的意义

市场细分理论的产生和发展在营销界掀起了一场"市场营销革命"，标志着以消费者为中心的现代营销观念正式确立。前述第一小节从市场环境和读者需求变化的角度部分回答了为什么要进行出版市场细分，那么从出版企业发展的角度，市场细分有什么作用和意

---

① 方卿，王一鸣.40 年新闻出版事业与产业发展[J]. 中国出版，2018(22).

义呢?

(一)有利于出版企业发现市场机会、找到利基市场

市场机会,通俗地讲,就是商机、"风口"。寻找市场机会是企业营销活动的起点,市场上哪些需求已经饱和、哪些群体的需求还未被满足、哪些需求暂时不显著但可以被刺激引导,往往都是通过市场细分来找到答案的。所谓利基市场(Niche Market),即高度专门化的需求市场,是指在较大的细分市场中具有相似兴趣或需求的一小群顾客所占有的市场空间,利基市场虽小,但能为企业提供有利可图的经济回报和持续增长的发展空间。可以说,市场细分的一大目标就是为了找到利基市场。如曾经畅销全国的《读者》和《故事会》杂志,同属大众出版市场中的通俗文学读物,但通过更加细致的市场细分,二者分别在青年学生群体和"打工者"群体中站稳了脚跟,找到了广阔的市场空间。

(二)有利于出版企业开拓市场、提升竞争能力

市场细分不仅能帮助新进入某一市场的出版企业快速找准需求痛点,推出适销对路的全新出版产品,对于已经在某一细分市场深耕多年的出版企业或某一类长销的出版产品,市场细分有时也是其打破僵局、开拓市场空间的一大法宝。例如《红楼梦》《三国演义》等经典名著,许多出版社都推出了不同版本的图书产品,但按照市场细分的逻辑,还可以原著为基础进一步开发针对不同年龄段读者的改编版本,如青少年版、儿童漫画版、幼儿拼音版、成人注释版等。尤其对于一些中小型的出版企业而言,利润丰厚的市场一般早已被大社、强社占据,通过市场细分把企业的优势资源集中在特定的细分市场上,就能用较少的资源把竞争对手的读者和潜在读者变成本企业的读者,从而提高市场竞争能力。正如"战略管理之父"迈克尔·波特在《竞争战略》中提及的三大竞争战略之一——集中化战略,[①] 其精髓就在于精准而有效的市场细分,在企业选定的细分市场中集中精力利用有限资源实现"四两拨千斤"的战略意图。

(三)有利于出版企业确立目标市场、制定营销组合策略

作为 STP 战略的第一个环节,市场细分是第二个环节"目标市场选择"的直接依据,可以说,目标市场选择是否合适乃至整个营销战略是否成功,很大程度上取决于市场细分的科学性和有效性。出版企业通过市场细分确立目标市场后,就要从战略层面转向更加具体、更加细节的策略层面,营销学上称之为市场营销组合,即企业综合考虑产品、价格、销售渠道和促销形式等各种因素而制定的可操作的市场营销方案。一般来说,就某一特定市场,只有一种最佳组合形式,这种最佳组合就是市场细分的结果。例如世纪之交风靡一

---

① 迈克尔·波特. 竞争战略——分析行业和竞争者的技术[M]. 北京:生活·读书·新知三联书店,1988:56.

时的经管类畅销书《致加西亚的信》，其中文版在引进国内之时，市面上已存在大量经管类
图书，哈尔滨出版社通过市场细分迅速将目标市场确定为经管领域中的企业培训市场，随
之在产品策略上采取精品化路线，印刷精美、硬壳精装；全书篇幅区区5万字，采用"撇
油"策略定价高达16.8元；在销售渠道方面侧重组织出版市场，即以企业集团订购为主渠
道；在促销方式方面发挥名人效应，邀请TCL、华为、平安保险等知名企业的高管进行宣
传推荐。很显然，其营销组合策略就是依据前期的市场细分和目标市场而制定的。

(四)有利于出版企业发挥核心优势、打造出版品牌

前面提到，通过市场细分能帮助企业把优势资源集中在特定领域，从而提高市场竞争
力。对出版企业而言，这一作用尤为显著。据国家新闻出版署最新统计，目前我国共有
587家取得正式出版资质的图书出版社，按照出版社的主营业务类型，一般可分为文学出
版社，如人民文学出版社、长江文艺出版社，少儿出版社如少年儿童出版社、湖北少年儿
童出版社，教育出版社如人民教育出版社、高等教育出版社，科技出版社如中国科学技术
出版社、机械工业出版社，人文社科出版社如社会科学文献出版社、中国社会科学出版
社，以及其他类型的出版社。但在我国出版实践中，大多数出版社实际上缺乏明确的市场
定位，少儿书和教材教辅火爆，一些主营业务非少儿类和教育类图书的出版社就一窝蜂地
"跟风"出版，久而久之，便形成了我国出版业"大而全"的格局，除少数有明确品牌意识
的老牌出版社，大多数出版社在经营业务和市场覆盖范围方面实际上已经没有明显区别。
就出版业整体发展而言，这种"宽而浅"的扁平化发展模式是十分不利的，出版业本身是微
利行业，出版企业尤其是国有出版社的营业规模、资源禀赋与其他企业相比更是薄弱，将
本就有限的出版资源"摊大饼"似地涉足多个出版领域，显然不符合市场营销规律。这种状
况是我国出版市场上庸书横行、缺乏精品力作的主要原因之一，同时也是没有做好市场细
分的反面例证。从市场细分理论的角度，除少部分资源实力雄厚的大社强社之外，我国大
部分出版社应该走"小而精"的路线，专注于主营业务和传统优势领域，发挥其在作者资
源、策划能力或营销能力等方面的核心优势，惟其如此，才能打造差异化的出版品牌，助
力出版企业可持续高质量发展。

(五)有利于出版企业获取市场信息、维护客户关系

市场信息是出版市场的构成要素之一，是出版企业了解出版市场发展规律、把握读者
需求、掌握市场竞争动态、进行科学决策的基础。很大程度上说，谁能第一时间掌握充分
的市场信息，谁就能获得商机、抢占先机。但在企业经营管理实践中，及时准确地掌握市
场信息是十分困难的，尤其是当企业经营的产品线、涉足的市场领域比较广时，获取市场
信息几乎成了所有企业面临的难题。出版企业尤甚，大部分出版企业对收集市场信息不够
重视，尚未建立起健全的市场信息系统。市场细分可以从两个方面帮助出版企业更好地获
取市场信息，首先，市场细分的过程就是一个了解市场、分析市场的过程，在对细分市场

总体规模、读者需求特点、竞争对手状况的研判中，出版企业就能获得支撑重大决策和制订下一步营销计划的市场信息；其次，通过将整体市场细分为多个子市场，降低了在单个细分市场获取信息的难度和成本，符合管理科学中解决复杂问题的"化整为零""各个击破"思想。与此同时，出版企业在市场细分和市场调研的过程中，也通过市场信息的获取及时掌握了读者的需求痛点、需求变化甚至投诉不满等反馈情况，从而帮助出版企业和客户建立并维持双向沟通的良性关系。

三、出版市场细分的原理与方法

既然市场细分对出版企业发展有如此重要的意义，那么究竟如何进行市场细分呢？前面我们将出版市场细分界定为"依据消费者的阅读需求、购买行为和购买习惯等方面的差异，把出版市场整体上划分为若干具有类似需求的子市场的过程"，可见，出版市场细分的基本逻辑就是依据不同消费者所呈现出的不同需求特点，将具有类似需求的群体划归为一个子市场，其理论根基就是前面提到的同质市场和异质市场概念。

(一)出版市场细分的基本原理

为了更好地理解出版市场细分的原理，我们可以假定一个简化的出版市场模型：假设市场上有8位读者，如果8位读者对出版产品的需求完全一致，就无须进行细分；相反，假如8位读者表现出不同的需求特点，则需要依据其需求特点进行细分。

我们进一步假设这8位读者中，有4位男性和4位女性，男性读者偏好励志类图书，女性读者偏好情感类图书，则可以依据性别差异划分为两个细分市场；在4位男性读者中，有2位中年读者偏好励志图书中的职场类图书，2位学生读者偏好励志图书中的名人传记，则可以将男性读者市场进一步细分为两个新的细分市场；依此类推，这2位中年读者和2位学生读者还可能存在不同的阅读需求，随之也还可划分出其他的细分市场。

(二)出版市场细分的一般方法

通过以上分析，我们发现，出版市场细分的依据是读者的需求差异，而影响读者需求的因素或变量有许多，这些因素或变量的组合形式就构成了出版市场细分的一般方法。

1. 单一变量法

单一变量法即根据某一个变量或某一种因素来划分出版市场，如性别因素、年龄因素、职业因素、收入水平、教育水平等。

2. 综合变量法

综合变量法即根据两个以上的变量来综合划分出版市场，如结合性别因素和年龄因素划分为男性成人图书市场、女性儿童图书市场。

3. 系列变量法

系列变量法即根据多个变量由粗到细地划分出版市场，如上例中的男性职场类图书市场、名人传记图书市场。可见，系列变量法实际上是单一变量法和综合变量法的延伸，在出版企业营销实践中，也是最为常见的一种市场细分方法。

四、出版市场细分的标准

简言之，出版市场细分的标准就是指影响读者需求的因素或变量。营销学中一般将市场细分的标准分为消费者市场细分标准和生产者市场(产业市场、组织市场)细分标准来论述，本节仅介绍消费者出版市场的细分标准。

(一)地理因素

地理因素是指出版企业按照消费者所处地理位置及其他地理因素来划分细分市场，如城市农村、气候环境、人口密度、交通状况等。按地理因素标准划分市场的理论依据是，处在不同地理位置的消费者对企业的产品有着不同的需求和偏好，对企业采取的营销策略以及产品价格、分销渠道、宣传推广等营销组合有着不同的反应。如"第十九次全国国民阅读调查"结果显示，城乡居民的图书阅读量和阅读率有明显差异，2021年我国城镇居民的纸质图书阅读量为5.58本，农村居民的纸质图书阅读量为3.76本，城镇居民的图书阅读率为68.5%，农村居民的图书阅读率为50.0%。[①] 当当网发布的《国民阅读洞察2022》报告显示，各线级城市读者的阅读场景存在明显差异，一线和新一线城市读者更喜欢在通勤时间阅读，其中多数人更喜欢在乘坐地铁、公交车或者飞机等交通工具时看书，三线及三线以下城市读者则更倾向于在家中卧室、书房和教室、办公室等学习工作场所阅读。[②]

需要注意的是，作为一种静态因素，单纯依照地理因素来划分出版市场常常会出现偏差，有时并不能准确辨别不同消费者群体的需求特点。在我国出版营销实践中，有一段时期出版单位按照行政区域来划分市场，一些地方出版社固守本省(市)的藩篱，限制外地出版社出版的图书尤其是教材教辅在本地销售流通，看似是市场细分，实质是某种程度上的"地方保护主义"。这种以行政区域来划分出版市场的方式不仅违背经济学、营销学规律，而且也忽视了同一地理位置不同读者群体的需求差异，总之，出版企业在市场细分时，要结合地理因素和其他因素进行综合考量。

(二)人口因素

人口因素是指出版企业按照人口统计变量来细分市场，如性别、年龄、职业、收入、教育水平、婚姻状况、社会阶层等。这种划分方式基于不同年龄、职业、教育水平的读者

---

① 中国新闻出版研究院发布第十九次全国国民阅读调查结果[EB/OL].[2023-03-01]. https://content-static.cctvnews.cctv.com/snow-book/index.html? item _ id = 16336669087372425289&share _ to = wechat&toc_style_id=feeds_default&track_id=72dbfa04-e556-428c-b5ce-e2ef5a751a4a.

② 读书破万"卷" 当当网发布《国民阅读洞察2022》报告[EB/OL].[2023-03-01]. https://baijiahao.baidu.com/s? id=1730706461739493758&wfr=spider&for=pc.

在阅读偏好、价值观念、生活情趣、审美能力和消费方式等方面往往存在较大差异，而且人口统计变量通常比较容易统计，因此成为出版企业最常用的市场细分标准。但就具体的人口因素，不同的人口统计变量对出版市场需求的影响又不尽相同，例如性别因素是服装市场、化妆品市场、理发市场的主要细分标准，收入因素是汽车市场、奢侈品市场、旅游市场的主要细分标准，但对出版市场而言，二者的影响就相对较小。出版产品作为精神文化产品，其需求具有高度多样化、个性化的特征，同一年龄、性别、收入的人群，因为个人成长经历、知识获取能力的不同，其阅读需求、购买需求也可能千差万别。即使是同一个读者，在不同场景、不同阶段，其阅读偏好也会发生改变。

因此，在使用人口因素进行出版市场细分时，仅仅采用单一标准细分市场常常会得出有偏颇的结论，需要将几种人口统计变量综合起来才能更准确地识别某一读者群体的需求特点。例如大学生作为一种按职业变量划分的读者群体，不同年级、家庭环境、人生规划的读者常常表现出差异显著的阅读和购买需求。大一、大二是青年读者刚刚从高中时代的被动学习向自主学习、主动阅读转变的阶段，其阅读兴趣往往非常广泛，大多以娱乐消遣或提升自我为主；大三、大四学生一部分选择就业、一部分选择升学，其阅读需求往往朝着功利、实用的方向变化，与此同时，随着年龄增长，其出版产品购买意愿也会有所增强。

(三) 心理因素

心理因素是指出版企业按照消费者的心理特征来细分市场，包括阅读习惯、阅读动机、个性特征等。上述依据地理因素或人口因素划分的同一读者群体，之所以仍会表现出不同的需求特点，很大程度上就是心理因素在起作用。在影响读者需求特征的心理因素中，阅读习惯和阅读动机是最主要的两个，前者表现为对出版产品的阅读偏好、阅读方式、阅读时间、阅读场景等，常有人感叹当今校园很少看见像20世纪八九十年代大学生晨读的身影，其背后反映的就是阅读方式、时间和场景的嬗变，即阅读方式由纸质阅读向数字阅读、碎片化阅读转变，阅读时间由晨起读书向挑灯夜读转变，阅读场景由校园公共空间阅读向宿舍睡前阅读转变。阅读动机表现为读者使用或购买出版产品的内在驱动力，常见的阅读(购买)动机有求知、消遣、社交、收藏、自尊等，往往因人而异，与地理因素、人口因素没有必然关联，却直接决定着读者的具体需求特征。

个性特征对读者需求的影响也不容忽视，"营销学之父"菲利普·科特勒在《营销管理》中区分了"传统型""新潮型""奢靡型""活泼型""社交型"等不同个性的消费者群体。[①]就出版营销而言，传统出版产品属于标准化产品，在生产和销售时很少考虑读者的个性化特征，但近年来随着互联网发展，新的图书出版方式、营销方式层出不穷，读者的个性需求成为出版企业细分市场的重要标准之一。如博客书、微博书将自己或他人的博客、微博

---

①　菲利普·科特勒. 营销管理(第16版)[M]. 北京：中信出版社，2022：260.

内容印制成书籍，实现了定制出版、按需印刷。"罗辑思维"创始人罗振宇根据"大 V"推荐和粉丝需要推出图书"盲盒"，开辟了新的图书销售细分市场。

(四)行为因素

行为因素是指出版企业按照消费者的阅读和购买行为来细分市场，包括消费者进入市场的程度、购买时机、品牌忠诚度等。营销学中一般将消费者进入市场的程度分为常规消费者、初次消费者和潜在消费者，具体到出版市场，可对应为经常读书购书的常规读者、很少有读书购书需求者以及几乎没有需求者。针对这三类细分市场，不同资源禀赋的出版企业的营销策略各有侧重，实力雄厚的出版企业可考虑引导需求、刺激需求，将潜在消费者变成初次消费者乃至常规消费者，中小型出版企业的营销重点则是吸引并满足常规读者需求，并尽可能提高其阅读频率。

出版企业还可根据读者的购买时机，即产生购买意愿、发生购买行为的时间进行市场细分，如开学季往往是学生读者的购买旺季，每年的诺贝尔文学奖揭晓前后往往是外国文学书籍的购买旺季。此外，根据读者对图书产品或出版企业的品牌忠诚度，可划分为坚定品牌忠诚者、有限品牌忠诚者、游移忠诚者和非忠诚者四大类细分市场，对于坚定品牌忠诚者较多的细分市场，其他品牌很难进入；对于有限品牌忠诚者和游移忠诚者较多的细分市场，出版企业可重点考虑进入；对于非忠诚者占比较大的细分市场，出版企业则应发挥核心优势、努力打造出版品牌，以争取获得更大的市场竞争能力。

五、出版市场细分的原则

尽管出版市场细分的标准和依据五花八门，但并不是所有的划分标准都是有意义的，那么如何衡量细分市场的有效性呢？市场细分的理论依据是消费者需求的异质性，理论上讲，任何两个读者的阅读需求都不可能完全一致，假如营销者能准确识别所有消费者的个性化需求，并针对每一个消费者进行市场细分，无疑是最为完美的营销战略。但在实践中，要做到依据每一个消费者的需求特点划分市场，显然是不现实的。因此在对出版市场进行细分时不仅涉及不同的划分标准，而且要考虑到一个"度"的问题，即并不是划分得越细越好。究竟划分到何种程度才是科学、合理、有效的呢？这就需要了解出版市场细分的基本原则。

(一)可区分性

可区分性是指细分市场在概念上可以被明确区分，且对于不同的营销方案和策略有不同的反应。这是出版市场细分最基本的一个原则，如果两个细分市场不能被明确区别，说明营销者未能准确识别市场中不同读者群体的需求特征，不同细分市场上的读者在需求上还存在交叉重叠。例如按照行政区划简单地将出版市场划分为湖北市场、湖南市场，从可区分性原则来讲，就是不符合营销学原理的。

（二）可衡量性

可衡量性是指细分市场的各项需求特征可以通过有关数据资料加以衡量和测算。因为市场细分的目的是为了制定下一步更具体的营销组合策略，假如细分市场的规模、读者分布、需求偏好等基础数据无法量化，即便符合可区分性标准，也无法为营销方案提供支撑。一般来说，按照人口因素划分的出版细分市场往往比较容易统计，而按照心理因素或行为因素划分的细分市场则不易被准确衡量，这就需要在上一章介绍的市场调研和预测过程中遵循科学的统计和分析方法。

（三）可实现性

可实现性是指出版企业根据目前的人力、财力、物力、技术、资质和各项出版资源条件，可以通过适当的营销组合进入所划分的细分市场，包括有能力开发符合细分市场读者需要的出版产品，产品出版后可以通过一定的销售渠道进入该细分市场，产品或企业的相关信息可以通过一定的宣传促销方式被细分市场读者所知晓。例如，近年来在"国学热"和新冠疫情背景下，国学图书和科普图书市场火爆，但并非所有出版社都具备古籍出版和科技出版的作者团队、编辑团队。莫言、余华等名家的作品在出版市场上一向受读者追捧，但除了极少数拥有独家版权或与作者长期保持密切联系的出版社，其余大多数出版社很难进入该市场。再如，每年的诺贝尔文学奖获得者的作品几乎都会成为当年的畅销书或长销书，但也并不是所有出版企业都拥有强大的海外版权代理团队，诺奖出版市场对于多数出版企业而言便是不具有可实现性的细分市场。

（四）可盈利性

可盈利性是指细分市场具有能够为出版企业盈利的规模，并且有一定的发展潜力，能使出版企业获得长期稳定的利润来源。之所以说市场细分不是越细越好，主要就是从可盈利性的角度考量的，假如某一细分市场读者规模过小，即便能够为出版企业创造一定的收益，但出版企业为之付出的生产成本、营销成本也会远远超过收益，从市场经济的角度而言，便不值得为之设计一套营销方案。

需要特别指出的是，实践中也存在一些看似不满足可盈利性的出版细分市场，例如少数民族语言文字出版、盲文出版、农家书屋等公益出版市场，按照可盈利性原则这些细分市场并不能为出版企业创造足以弥补各项成本的经济收益，但并不妨碍其成为我国出版营销的组成部分之一，这是因为：一方面中央或地方政府一般会为公益出版工程提供财政补贴，出版企业虽然不能从消费者市场直接获利，但依靠政府补贴也能抵消一部分生产和营销成本；另一方面，社会效益优先是我国出版业的显著特征，公益出版作为一类特殊的细分市场，出版企业从中获得的社会效益往往更为丰厚，如社会影响、企业形象、政策红利等，其短期内虽然不能为出版企业提供经济收益，但从长远看是有利于企业发展的。因此，从广义的"可获益"角度，这类出版细分市场仍然是符合可盈利性原则的。

第二节　出版目标市场选择

市场细分后，出版企业就要根据市场环境、自身实力、营销目标、产品特性等内外部条件，权衡利弊，选择一个或几个有利于发挥核心优势、能够达到最佳或满意的战略意图的细分市场作为目标市场。简言之，出版目标市场选择就是出版企业结合内外部条件对打算进入的细分市场进行战略规划的过程。

一、出版目标市场选择战略

营销学中一般有三种目标市场选择战略，同样适用于出版市场。

(一)无差异市场战略

无差异市场战略指出版企业把整体市场视为一个大的目标市场，用一种产品、一种营销组合策略满足尽可能多的读者的需求。无差异市场战略的实施基于两种前提，一种是秉持以生产者(产品)为中心的营销观念，强调读者需求的共性，忽视需求的差异，出版企业据此开发设计标准化的出版产品，并实行无差别的营销组合策略。计划经济时代，我国出版业广泛采用的就是这种无差异战略，当时图书、报刊等出版产品供给能力较低，而社会大众的娱乐方式比较单一，具有旺盛的阅读需求，出版产品总体上处在供不应求的状态，出版单位既没有市场营销的意识，也不必花费精力调研读者的差异化需求。无差异市场战略实施的第二种情况是企业经过市场调查，认为某些产品的需求大致相同或差异很小，因此可以采用无差别的市场营销策略。最典型的例子莫过于从 20 世纪初就风靡全球的可口可乐，一百多年来凭借一种口味、一种配方、一种包装的产品吸引了世界各国、各年龄段、各收入阶层的消费者。

无差异市场战略的最大优点是成本经济性，产品品种、规格简单统一，有利于标准化生产和大规模生产，从而降低产品单位成本，无差别的分销渠道设计和宣传促销可以大幅减少营销成本，不进行细致的市场细分又可相应地降低市场调研、产品设计、营销方案制定等带来的各项成本。可以说，在市场细分理论尚未成熟的大量营销时代，包括出版企业在内的大多数企业实行的都是无差异市场战略。

然而，从今天的市场环境和营销观念来看，无差异市场战略无疑不适用于大多数出版企业。因为读者的阅读和购买需求表现出多样性、层次性等复杂特点，某种类型或某一家出版企业的出版产品始终受到市场普遍欢迎的情况很少，想要凭借少数几种出版产品线满足当今社会多数读者的阅读需求显然是不可能的。因此，以下两种目标市场选择战略更加贴合当下出版市场的实际。

(二) 差异性市场战略

与无差异市场战略相对，差异性市场战略是指出版企业把整体市场划分为若干个具有类似需求的子市场，然后根据企业实力和各项资源，分别为各个细分市场设计不同的出版产品，制定差别化的定价、渠道和促销策略，以满足各个子市场读者的需要。宝洁公司是实行差异性市场战略具有代表性的案例，作为世界上最大的消费品公司之一，宝洁拥有300 个多品牌，畅销 160 多个国家和地区。仅就洗发水品牌而言，宝洁就推出了针对去屑市场的海飞丝，针对女性市场的飘柔，针对职业女性市场的潘婷，针对高消费人群的伊卡璐等。可见，实施差异性市场战略的一大条件是企业拥有庞大的规模和雄厚的实力，从单体体量来看，我国 587 家出版社中的任何一家都不可能拥有覆盖全社会读者需求面的实力，但就特定市场而言仍有实施差异性市场战略的可能，如人民教育出版社、高等教育出版社在教育出版市场，已基本覆盖从学龄前教育到基础教育、高等教育、职业教育、成人教育的多个细分市场。此外，随着我国出版业转企改制和集团化改组完成，一些大的出版集团也适宜采用差异性市场战略，以覆盖尽可能多的细分市场。如中国出版集团由人民文学出版社、人民音乐出版社、商务印书馆、中华书局、现代教育出版社、中国民主法制出版社等 15 家单体出版社，以及新华联合发行有限公司、北京新华印刷有限公司、中版集团数字传媒有限公司、中国对外翻译有限公司、中国图书进出口(集团)有限公司、荣宝斋等十余家子公司组成，涵盖了大众出版、专业出版、教育出版、数字出版、印刷发行、海外贸易等多个出版细分市场，完全有实力进行差异化的营销战略。

差异性市场战略的优势在于可以提高出版企业的目标市场涵盖范围、扩大企业的销售总额和利润来源、提升企业的整体竞争力和抗风险能力。其劣势恰好是无差异市场战略的优势，即成本经济性问题，产品线和目标市场的扩大必然带来生产成本、营销成本、管理成本等各项成本的增加，如若经营不善或盲目扩大细分市场，有时会反受其咎。因此，从现代市场营销的理念出发，不进行市场细分不考虑需求差异固然不可取，一味强调市场差异，过度地进行市场细分，实施所谓"超细分"战略也不一定科学。在出版企业目标市场选择实践中，应根据自身和外部条件变化情况，适时地调整业务范围和目标市场，以应对动态变化的营销环境。

(三) 集中性市场战略

集中性市场战略指出版企业将整体市场划分为若干个细分市场后，集中企业力量，只选择其中一个或少数几个作为目标市场，试图在较少的子市场上实现较高的市场占有率。集中性市场战略又称"弥隙"战略，即弥补市场空隙，比较适合中小规模的出版企业。因为在与大企业的竞争中，小企业受限于资源、规模，无法在整体市场上与之抗衡，但通过集中于一两个能够发挥自身资源优势的目标市场，可以有效避开激烈竞争，从而获得集中市场的竞争力。而且由于目标市场较小或较少，可以大大降低生产和营销费用，同时凭借在集中市场的专业化优势，可以更好地服务该市场的目标读者，维持更好的客户关系的同时也易于获得较高的利润回报。

对比企鹅兰登书屋、集英社、讲谈社等国际出版巨头，我国 587 家出版社从收入规模来看，都算不上大型出版企业。因而相比无差异市场战略和差异性市场战略，集中性的市场战略是最符合中国出版业实际的目标市场选择模式。事实上，从出版业发达国家的发展经验来看，除了少数居于金字塔尖的出版巨头，大多数规模中等的出版企业采取的正是集中性市场战略，即专注于细分领域进行精耕细作，一些居于金字塔底端的超小规模出版企业，有的每年甚至仅出版几十本、数百本图书，但并不妨碍其将目标市场的读者服务做到极致，这就是前述提及的"小而精""小而美"模式。当然，由于出版行业准入政策和退出政策的不同，我国出版企业的规模结构与发达国家相比有明显不同，既缺少营业收入过百亿元的超大型出版社，也没有每年仅策划几百本图书的超小型出版公司，但集中于某一个或某几个目标市场，精耕细作发挥专业化优势的发展模式仍然值得我们借鉴。最后，集中性市场战略也存在一些不足，如果目标市场的读者需求或竞争环境突然发生变化，出版企业面临的市场风险就会显著增加，有时甚至会直接威胁企业生存发展。为此，实践中出版企业对三种目标市场选择战略的运用应更加灵活，在保持有限市场竞争优势的同时也要注意分摊市场风险、增强抵御市场环境变化的能力。

二、出版目标市场选择模式

以上介绍了出版目标市场选择的三种基本战略，在出版企业具体营销实践中，还需要根据实际情况选择更为具体的市场覆盖模式，常见的出版目标市场选择模式有五种，如图4-1 所示。

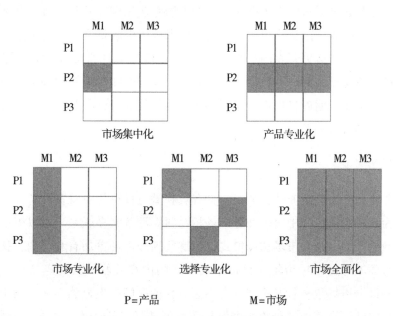

图 4-1　出版目标市场选择的五种模式

（一）市场集中化

市场集中化即选择一个细分市场，生产一种出版产品，满足单一读者群的需求，并实施集中化的营销组合策略。市场集中化是最简单的一种目标市场选择模式，可看作集中性市场战略的一种具体表现形式。除了具备集中性市场战略的优劣势，市场集中化模式对企业和市场环境还有其他要求：出版企业具备在该目标市场从事专业化经营的资源、能力和资质；该目标市场没有竞争对手或竞争极小；出版企业准备以集中化市场为起点，取得成功后向更多细分市场扩展。我国一些专业性出版社如商务印书馆、上海古籍出版社创办初期采用的即是市场集中化模式，后来随着实力、规模壮大，逐步朝着其他细分出版市场进军。

（二）产品专业化

产品专业化即出版企业集中生产一种产品，面向各类读者广泛销售。可视为无差异市场战略的具体实现形式。实施产品专业化模式的前提条件是不同细分市场的目标读者对该产品的需求高度一致，出版企业凭借单一的产品品种就能获得足够的市场回报。20 世纪 70 年代末读者需求刚刚被释放、出版单位生产能力还比较低的一小段时期，产品专业化不失为一种目标市场选择模式，今天随着出版业市场化程度提高，大多数出版企业在多数情况下已经不适合采取该模式了。

（三）市场专业化

与产品专业化相对应的是市场专业化，即出版企业专门面向某一细分市场的读者群体生产并销售满足其各种需求的出版产品。实施市场专业化模式的条件有：该细分市场读者群体规模较大，能够为出版企业提供理想的利润来源；出版企业有能力洞察该读者群体的各种需求特征，并且有能力开发满足其需求的各类出版产品。学术出版市场是比较典型的适合采取市场专业化模式的一类目标市场，其主要读者群体为高校教师、科研人员、研究生等，其需求特征比较明确且稳定，出版企业若能与其保持长期联系，往往能获得良好的品牌声誉和稳定的收入来源。

（四）选择专业化

选择专业化是指出版企业选择若干个具有盈利潜力且符合自身资源条件、营销目标的细分市场作为目标市场，其中每个细分市场相对独立没有太多联系。可以简单理解为一种布局比较分散的产品选择和市场选择模式，即哪些细分市场更加有利可图，就优先将其作为目标市场，而不考虑目标市场与目标市场之间的内在关联。其优点是灵活性强、风险低，即使某一细分市场盈利状况不佳，也不会对其他市场产生显著影响，出版企业仍可选择撤出出版资源转而在其他细分市场继续经营。但选择专业化模式也容易分散企业精力，需要出版企业具备较强的资源实力和营销能力。

(五) 市场全面化

市场全面化是指出版企业生产并销售各种产品以满足不同细分市场读者的不同需要。可视为差异性市场战略的具体实现形式。其实施的基本条件是企业有充足的资源、强大的产品开发能力和营销能力，除了一些超大型的出版集团，我国出版企业一般不适合采取市场全面化模式。

三、出版目标市场选择的影响因素

以上三种出版目标市场选择战略和五种目标市场覆盖模式各有优劣，那么在营销实践中，出版企业究竟应该如何做出具体选择呢？本节将出版目标市场选择界定为出版企业结合内外部条件对打算进入的细分市场进行战略规划的过程，可见出版目标市场选择归根结底是一个"动态匹配"，即根据自身状况、市场环境和细分市场特征加以遴选、适配的过程。具体来说，影响这种匹配过程的因素有内外五种。

(一) 企业能力

企业能力即出版企业在资金、技术、人才储备、内容资源、出版资质、营销手段等各方面能力的总和。如果企业实力雄厚，如中国出版集团、凤凰出版传媒集团等大型出版集团，中信出版社、高等教育出版社、机械工业出版社等收入规模名列前茅的单体出版社，可以选择差异性市场战略和市场全面化模式，以获得较大的市场占有率和读者覆盖率。如果企业实力有限，如我国大多数国有或民营出版企业，则适宜选择集中性市场战略和市场集中化、市场专业化等模式。就某一家具体的出版企业而言，随着规模、实力的变化，应灵活调整其目标市场选择战略和市场覆盖模式。

(二) 产品同质性

产品同质性即产品在性能、特点等方面差异性的大小。对于同质化产品或需求共性较大的产品，企业之间的竞争主要表现在价格和提供的服务水平上，一般实行无差异市场战略和产品专业化模式；对于异质性需求明显的产品，企业应根据不同产品特点和需求特点选择差异性市场战略或集中性市场战略。出版产品作为精神文化产品，严格来说不论是从产品本身还是读者需求来看，都属于同质性较弱的一类产品，因而更适宜采取差异性或集中性的市场战略，但是由于种种原因，我国出版市场的同质化现象比较严重，使得许多类型或题材的出版产品无法在内容本身体现出足够的差异性，因而只能在价格、包装、宣传上进行竞争，这也是导致我国出版业"价格战"盛行、过度包装、虚假宣传的主要原因之一。

(三)市场同质性

市场同质性即市场上所有顾客在同一时期需求偏好差异的大小。如果一定时期顾客需求偏好差异小，对不同营销刺激的反应差异不大，可选择无差异市场战略和市场全面化模式；如果顾客需求偏好差异明显，不同营销组合在市场上表现出不同的营销效果，则应采取差异性或集中性市场战略。如前所述，计划经济时代和改革开放初期我国出版市场的读者需求同质性较强，为大量营销和无差异战略提供了土壤，出版业市场化程度不断加深后，当前大多数出版细分市场的同质性较弱，企业的目标市场选择战略和模式也必然要随之调整。

(四)产品生命周期

营销学一般将产品生命周期分为引入期、成长期、成熟期、衰退期，对于处在不同生命周期的出版产品，出版企业应针对性地选择不同目标市场战略和覆盖模式。例如产品刚刚上市的引入期，市面上同类产品较少、读者需求相对一致，出版企业有条件尝试无差异市场战略和产品专业化模式；进入成长期和成熟期后，同类产品增加、竞争加剧，读者需求也日益多样化，此时出版企业应收缩目标市场范围，选择差异性或集中性市场战略和市场专业化、选择专业化模式，以开辟新市场、满足新市场，延长产品生命周期；进入衰退期后，竞争进一步加剧，读者需求进一步分化甚至消退，出版企业应在差异性和集中性战略的基础上进一步收缩并深挖新的目标市场，选择市场集中化的目标市场覆盖模式。

(五)竞争者战略

出版企业在选择目标市场时，不仅要结合自身实力、产品状况，还要考虑竞争对手所选择的目标市场战略等外部因素。一般来说，出版企业的目标市场战略和覆盖模式应与竞争者有所区别，尤其是企业竞争能力与对手相比没有明显优势的情况下，避其锋芒、差位竞争是目标市场选择战略的指导思想。如果实力强大的竞争对手实施的是无差异市场战略，出版企业应选择差异性或集中性战略在优势领域争夺竞争地位；如果竞争者已采用差异性市场战略，出版企业应选择更深层次的集中性战略，在特定目标市场尽可能获得主动权；如果竞争者实力较弱，其选择的目标市场盈利水平又较高，必要时可选择与之相同的市场战略，在同一目标市场正面击败竞争对手。

第三节　出版市场定位

出版企业根据自身实力、市场环境、产品特性、竞争者状况等内外部条件选择好打算进入的一个或几个目标市场后，就要针对拟进入的目标市场进行一系列营销设计，赋予产品、品牌或企业一定的特色，以求使顾客形成稳定的认知和偏好，这个过程就是出版市场定位。在学习出版市场定位的步骤、方式、战略等具体内容之前，有必要先介绍著名的"定位"理论。

一、定位理论和出版市场定位的概念

1972年，美国企业家艾·里斯和杰克·特劳特在《广告时代》杂志上首次提出了"定位"的概念，他们认为，"定位是你对未来的潜在顾客的心智所下的功夫"，"定位从产品开始，可以是一件商品、一项服务、一个机构甚至是一个人"，"定位并不是要你对产品做什么，而是针对潜在顾客的心理采取的心动，使产品在潜在顾客的脑海里占据一个合理的位置"。① 从定位的基本概念出发，艾·里斯和杰克·特劳特结合20世纪六七十年代美国商业界竞争不断加剧、传统的营销方式逐渐失效的时代背景，对定位理论不断加以丰富和完善，从而开创了一种全新的营销思维和理念，2001年被美国营销协会评为"有史以来对美国营销影响最大的观念"。

定位理论认为消费者的心灵才是营销的终极战场，营销者的使命不是去创造某种新奇或与众不同的东西，而是去"操纵"人们心中原本的想法，基于此提出了消费者的五大思考模式：其一，消费者只能接收有限的信息；其二，消费者喜欢简单、拒绝复杂；其三，消费者缺乏安全感；其四，消费者对品牌的印象不会轻易改变；其五，消费者的想法容易失去焦点。根据消费者的这些特点，定位理论的主要观点包括：①因为消费者只能接收有限的信息，故而定位就是突出企业和产品某方面的焦点，让其在消费者心智中占据最有利的位置，当消费者产生相关需求时，便会将本企业产品作为首选。②因为消费者拒绝复杂且缺乏安全感，在购买商品前往往会经过缜密的比较和调查，所以定位就是追求简单，借助简单、有趣而持续的信息达到最佳的定位效果，奠定产品或品牌在消费者心目中形象的有时是一句广告词甚至一个字眼。③因为消费者对品牌的印象不会轻易改变，所以必须保持定位的稳定性，盲目的品牌延伸有时反而会摧毁已建立的定位。④因为消费者的想法容易失去焦点，所以定位就是要树立认知、建立关联。

定位的概念被广泛运用于各领域之后，衍生出许多术语，如企业定位、品牌定位、广告定位、个人定位等，其中，市场定位是使用频率最高的一个。菲利普·科特勒对市场定位的定义是：对产品进行设计，使其能在目标顾客心目中占有一个独特的、有价值的位置的行动。市场定位的实质是使本企业与其他企业区分开，并且通过定位使顾客明显地感觉和认知到这种差别，从而留下特殊而深刻的印象。

本节介绍的出版市场定位就是在这一定义的基础上发展而来的，所谓出版市场定位，是指出版企业根据潜在读者的心理进行营销设计，建立产品、品牌或企业在目标读者心目中的某种形象或个性特征，保留深刻的印象和独特的位置，从而取得竞争优势的过程。例

---

① 艾·里斯，杰克·特劳特. 定位：有史以来对美国营销影响最大的观念[M]. 北京：机械工业出版社，2002：35.

如，提到教辅图书，人们就想到"黄冈密卷""3年高考2年模拟"系列产品，提到"读客文化""磨铁图书"等民营图书品牌，人们就想到其策划的"半小时漫画系列"、《盗墓笔记》和《甄嬛传》系列。

二、出版市场定位的步骤

从出版市场定位的定义可以看出，定位的关键是找出比竞争对手更具竞争优势的特性。企业的竞争优势通常表现在两个方面：一是价格或成本优势，即企业能够以比竞争者更低的价格销售相同质量的出版产品，或以相同价格销售更高质量或服务水平的出版产品；二是产品差别化优势，即企业能向目标读者提供在质量、功能、品种、规格、外观等方面比竞争者更好的出版产品。为了明确市场定位、获得竞争优势，出版企业一般要经过三个步骤。

(一)识别潜在竞争优势

这一阶段出版企业的中心任务是回答三个问题：竞争对手的市场定位如何？目标市场上读者的需求满足程度如何？针对竞争对手的市场定位和潜在读者的需求特点，本企业还能做什么？这三个问题的回答取决于出版企业营销人员利用各种市场调研手段，充分获取当前出版市场上各类信息，准确判断潜在市场机会的能力。

(二)确定相对竞争优势

就我国出版营销实践而言，某一家企业在各方面均超越竞争对手的情况并不多见，因此在市场定位过程中，第二个阶段是从诸多潜在竞争优势中确定本企业在某一方面的相对优势。可以通过分析比较企业与竞争对手在产品开发、服务质量、销售渠道、品牌知名度等方面所具有的可获取明显差别利益的优势来实现。如一些民营图书公司与老牌出版社相比，在内容资源、作者团队、出版资质方面可能无法比拟，但可以凭借敏锐的市场意识和独特的策划创意在细分市场取得相对竞争优势。

(三)彰显核心竞争优势

企业在某一方面的核心能力和竞争优势不会自动地在市场上得到充分表现，必须通过制定明确的市场战略来加以呈现。因此第三个阶段的主要任务是通过一系列宣传手段，将本企业确定的相对竞争优势准确地传达给目标读者，并在读者心目中留下深刻印象。为此，出版企业首先应力求使目标读者了解、熟悉、认同、偏爱本企业的市场定位，在心目中建立与该定位一致的产品、品牌或企业形象。然后通过各种措施努力强化市场形象，保持与目标读者的持续沟通、稳定目标读者的态度、加深目标读者的感情，最终巩固企业的市场地位。最后，还应注意由于企业定位或宣传的失误而造成的目标读者认知上的模糊、混乱和误会，及时纠正与市场定位不一致的形象。

三、出版市场定位的方式

依据竞争对手状况，出版企业可选择三种基本的市场定位方式。

(一)避强定位

通过出版市场定位的第一个阶段——识别潜在竞争优势之后，如果竞争对手实力强大，企业无法在目标市场正面击败竞争对手，则可以采取避强定位的方式，回避与竞争者的直接对抗，将自身的位置确定于市场的"空白点"，开发并销售市面上还没有或者读者需求尚未得到充分满足的某一类特色出版产品，开拓新的细分市场领域。

(二)迎头定位

如果竞争对手实力与本企业相当，则可以考虑采取迎头定位策略，即选择与竞争对手重合的市场位置，争夺同样的潜在读者，力图在目标市场上进行正面抗衡。迎头定位有较大的市场风险，一旦对抗失败，就会面临整个营销计划落空的境地。但其预期收益也更为明显，不仅可以激励企业勇于进取，而且成功后就能获得巨大的市场优势。实施迎头定位策略，必须知己知彼，准确衡量双方的实力差距，有时不一定要全盘压垮对手进行"零和博弈"，只要能够平分秋色，在正面市场上获得稳固的竞争地位就是成功。例如在碳酸饮料市场，可口可乐与百事可乐之间的持续对抗，两大巨头实力相当，虽竞争不断，但各自拥有良好的发展态势。

(三)重新定位

如果面临竞争对手的强力反击或者目标市场上出现新的实力强大的竞争对手，出版企业就要考虑进行重新定位，即改变目标读者对其原有的印象，使读者对其产品、品牌和企业形象有一个重新认识的过程。除了因竞争对手状况而被动选择重新定位，还有以下三种情形：第一，读者需求偏好发生结构性变化，从喜爱本企业品牌大幅转向其他企业或品牌；第二，企业市场定位出现重大失误，所塑造的形象无法与目标读者需求相契合；第三，企业面向的目标读者范围扩大，需要对已有定位进行扩展以占据更多读者心目中的独特位置。

不论何种情形，出版企业进行重新定位的成本和代价都是巨大的，其不仅意味着产品和营销计划的重新设计，而且意味着已树立的企业形象和已建立的客户关系面临全方位的革新，在这一过程中必然伴随着企业资源的重新投入。由此也从侧面说明出版企业准确地进行初次市场定位的重要性，我国出版营销实践中，一些出版企业在推出新产品前，未做好缜密的市场调研，未能准确识别目标市场竞争者优势并确定本企业的核心优势，最终导致产品被市场淘汰甚至整个企业形象蒙受损失，就是缺乏市场定位意识的直接结果。

四、出版市场定位战略

如果说获得竞争优势是出版市场定位的最终目标，那么竞争优势目标达成的根本战略就是前述定义中指出的，出版企业凭借可与竞争对手明确区分的形象或特征在潜在顾客心目中占据独特的位置，即差异化战略。差异化战略本是迈克尔·波特提出的三种基本竞争战略之一（其余两大战略是总成本领先战略和目标集聚战略），因其与市场定位关系密切，也可作为出版企业进行市场定位时的重要战略。简言之，所谓差异化战略是指企业凭借在顾客广泛重视的某些方面的独特优势在行业内独树一帜，使企业产品、服务或形象与众不同，以一种独特的定位满足客户需求的过程。实现差异化的方式有多种，如产品特色、营销渠道、品牌形象、人员服务等，由此便形成了以下几种主要的差异化战略：

(一)产品差异化战略

产品差异化战略通常通过产品的性能质量和外观设计差异来实现。其中产品性能质量包括产品的有效性、耐用性、易用性、可靠性等方面，在出版产品中主要表现为内容质量，即出版产品在思想观点、审美倾向、知识含量上的总体水平。与电子产品、服装等消费品不同，出版产品的性能质量差异往往不容易体现，如苹果公司推出的手机、电脑、智能手表在性能上明显高出市场平均水平，也可以通过面料、做工等比较直观地分辨出服装质量的优劣。但图书等出版产品的内容质量具有隐蔽性、主观性、长期性的特点，隐蔽性是指读者往往需要阅读全部或大部分内容之后方能判断其思想、审美、知识水准的高下；主观性是指对出版产品内容质量的评判取决于读者个人，同一本书在不同读者群体看来其有用性、易用性、可靠性等内容质量特性可能千差万别；长期性是指出版产品的思想文化价值需要经过读者的长期接受和广泛传播之后才能得到大众认可。

产品外观设计包括产品的款式、规格、包装等各种视觉呈现形式，在出版产品中主要表现为封面、排版、装帧、开本、纸张、印刷等方面的差异，其往往是出版企业实施产品差异化战略的重点。同一内容的书籍，采用平装和精装、胶版纸和铜版纸、黑白印刷和彩色印刷，其视觉呈现效果完全不同，所针对的目标市场一般也有区别。以德国图书艺术基金会主办的"世界最美的书"评选活动为例，2022年度由江苏凤凰美术出版社出版、上海雅昌艺术印刷有限公司印刷的图书《水：王牧羽作品集》入选，"世界最美的书"评委对该书的评语是："本书专注于高水平的图像再现，没有任何文本甚至页码。图书层层打开，信息和绘画被分为两个独立的册子，互不干扰。尽管每个页面的布局不同，但经折装的页面一旦展开，就呈现出流水的画面。不同的水面仿佛连接在一起，但不仅是水面相连，这本书完全展开，书页的长度和厚度形成了海面的起伏，有一种流动感。另一方面，索引的结构和内容对主体提供了很好的指南和解释，显而易见，它们都面朝着大海。本书的精美印刷很好地还原了艺术家的原作。绿色函套边缘模切的波浪如同平静的水纹，静静地等待被打开。"①因而有学者提出,在网络媒介盛行的今天,图书应当更多地以自身的媒介形态价值来存活。纸质书不可被取代的一点,在于它是考虑了视觉、触觉、听觉、嗅觉等多感的综合载体,装帧设计精良的书籍能带来数字阅读无法比拟的阅读体验。②

(二)服务差异化战略

当产品差异化不明显时,出版企业就要通过与产品相关的各种服务来为读者提供附加价值,从而取得独特的市场定位。美国市场营销学会在 20 世纪 60 年代曾将"服务"定义为"用于出售或者是同产品连在一起进行出售的活动、利益或满足感",随着营销观念的进步,到 90 年代,服务的定义修正为"可被区分界定,主要为不可感知,却可使欲望得到满足的活动,而这些活动并不需要与其他产品或服务的出售联系在一起"③。可见,服务逐渐从产品的附属概念中脱离出来,成为企业为顾客、为社会创造价值的重要实现方式。一般来说,市场竞争饱和的领域更适宜采用服务差异化战略,这是因为在饱和市场中,各企业提供的产品在功能、效用上没有根本区别,但是从顾客感知价值的角度,差异化的优质服务可以提高顾客购买总价值、降低顾客购买总成本,从而成为占据顾客心目中独特位置的"制胜法宝"。最具代表性的案例莫过于"海底捞"火锅,凭借其"变态式服务"在食材、口味严重同质化的火锅市场取得领导者地位。

出版产品的同质化程度也比较明显,服务差异化不失为一种理想的市场定位战略,除了与其他产品类似的售前服务、售中服务、售后服务,如售前的读者咨询服务、图书检索服务,售中的图书推荐服务,售后的物流配送服务、退换货服务以及新书发布会、书友会等,出版服务差异化战略还有一个重要的实现形式,即近年来兴起的"出版知识服务"。出版知识服务理论将出版看作知识(文化)生产和知识传播的社会活动,具体来说,是以信息搜寻、组织、呈现为基础,以知识生产、传播、消费为流程,以满足人的精神文化需要为宗旨,以个人知识社会化、无序知识有序化为目标的社会活动。④ 在数字出版和学术出版领域,知识服务日益成为出版企业转型升级的主要方向,即在物质化、媒介化的出版产品之外,为读者创造满足其多元知识需求的个性化体验和延伸性服务。

(三)人员差异化战略

顾名思义,人员差异化战略是通过培训和雇佣比竞争者更为优秀的员工以获取差别优势。现代企业管理理论认为,员工的能力、素质、形象是企业竞争的核心资源,企业营销战略的达成归根结底要依靠人才。服务差异化战略能否实现,很大程度上也要依靠人才。

---

① 2022 年度"世界最美的书"评选揭晓,《水:王牧羽作品集》获荣誉奖[EB/OL].[2023-03-01].https://sghexport.shobserver.com/html/baijiahao/2022/03/11/681719.html.
② 张诗婷,等. 泛媒时代传统媒介的未来发展路径[M].成都:四川大学出版社,2014:28.
③ 庄丽娟. 服务定义的研究线索和理论界定[J].中国流通经济,2004(9):42-45.
④ 方卿,王一鸣. 论出版的知识服务属性与出版转型路径[J].出版科学,2020,28(1):22-29.

如航空企业之间的竞争，除了机型、航线、价格，很重要的一点就是是否拥有优良别致的服务。再如麦当劳、肯德基等快餐品牌，其员工往往以彬彬有礼著称。就出版营销而言，人员差异化战略主要运用在零售领域，如美国最大的零售书店巴诺书店，在书籍品种和店内装饰方面与其他大型连锁书店并没有显著差异，但巴诺书店看中的是员工对读者服务的激情和对书籍的热爱，其雇员通常穿着干净得体的衬衣，以精神饱满的形象和认真负责的态度为读者提供选书、荐书服务。

（四）形象差异化战略

形象差异化战略，是指通过产品形象、品牌形象或企业形象的塑造，在顾客心目中留下独特印象，以获取竞争优势。与人类似，一款产品、一个品牌、一家企业也能拥有独特的"个性"，这种独特的个性通过各种方式为消费者所认知，就在消费者心目中投射出了不同的"镜像"，这种认知镜像就是产品、品牌或企业的形象。例如人们在大街上看到麦当劳金色的"M"标志，就会马上联想到麦当劳舒适宽敞的店堂、优质的服务和美味的汉堡薯条。出版企业能实施好形象差异化战略的并不多，但也有一些老牌出版社和独立书店拥有独特的形象，如以工具书出版著称的中华书局，以免费而高质量的文化沙龙闻名的单向街书店。

出版企业要想成功实施形象差异化战略，需要从三个方面着手：一是凝练能够代表本产品、品牌或企业的独特个性，可以是一句话、一个标志或者一种企业文化；二是借助各种途径将个性形象传达给目标读者，并引起共鸣；三是通过持续的品牌管理和形象维护，不断加深目标读者的认知和印象，最终在读者心目中树立牢固的形象。

（五）营销渠道差异化战略

营销渠道本是出版营销组合的四个基本策略之一，是指出版产品从生产者流向消费者的一系列通路，也可以作为出版企业开展差异化竞争的市场战略之一。不同实力、发展目标的出版企业，由于营销能力的差异，产品流向市场的各种渠道往往不尽相同，渠道的类型、长短、宽窄、覆盖面都会影响企业竞争目标的实现。通过精心选择的营销渠道，一些规模较小的出版企业能避开与大企业的竞争，在细分市场上占据竞争优势。如前文所列举的"罗辑思维"图书"盲盒"案例，产品本身就是市面上流通的图书，并没有显著的"差异化"，但通过直接向粉丝邮寄的方式开辟了与传统出版营销渠道有显著差异的意见领袖直接向读者个人售书的垂直渠道模式。再如近年来火爆全网的"直播带货"，通过出版社本社编辑或其他行业的主播向读者荐书，也是营销渠道差异化战略在出版业的具体应用。

综上所述，出版企业实现差异化竞争的方式多种多样，除了产品差异化、服务差异化、人员差异化、形象差异化、营销渠道差异化，还可以在促销方式、价格等方面与竞争对手区分开来。总而言之，无论采取何种差异化战略，其最终目标都是使出版企业确立的市场定位在潜在顾客心目中占据独特的位置，从而获得长期发展的机会。

第五章　出版产品

---

* 本章知识点提要

　1. 出版产品的概念、生命周期及其各阶段的特征与相应的营销策略

　2. 出版产品组合的概念、产品组合策略和产品组合调整策略

　3. 出版物产品开发流程和出版物重再版

　4. 出版产品形式的含义与意义、出版物名称的设计和出版物的装帧设计

* 本章术语

　出版产品　出版物产品的生命周期　出版产品组合　出版产品线　重印再版
　装帧设计

在市场营销组合中，产品策略居于极其重要的地位。在出版营销中，出版物产品或服务策略自然也是其营销策略的核心所在。正如美国著名出版家、普林斯顿大学出版社社长小赫伯特·贝利所讲的："出版社不是以其经营的本领，而是以其出版的图书而闻名于世的。"①在出版企业的营销活动中，价格策略的确定、分销渠道的建立以及促销活动的开展等虽然也都占有十分重要的地位，但这一切毕竟都是以特定的出版物产品或服务为基础的。因此，可以毫不夸张地讲，出版物产品或服务的开发、出版产品策略的确立是出版营销活动的核心所在。本章我们将围绕出版产品策略，简要介绍出版物产品与服务基础理论、出版产品组合、出版产品开发和出版产品形式策略等问题。

第一节　出版产品概述

出版产品(出版物产品、出版物产品或服务)，是出版营销的客体，是满足读者阅读消

---

① 贝利 H S Jr. 图书出版的科学与艺术[M]. 周旭洲，等，译. 武汉：武汉大学出版社，1987：185.

费需求的最直接的营销要素。出版产品的质量与供给能力是衡量一个出版企业市场营销绩效的核心指标。科学理解出版产品的概念、把握出版产品生命周期与其各阶段的特征、科学制定营销对策，直接关乎企业出版营销的成败。本节主要涉及出版产品的概念、生命周期及其各阶段的特征与相应的营销策略。

一、出版产品的概念

营销学意义上的产品，是一个整体概念，比人们通常的理解要宽泛一些。人们一般认为产品就是具有一定使用价值和物质形态的物品。事实上，这种理解与营销学意义上的产品是有出入的。就我们所了解的情况看，人们对于出版物产品的理解也不够全面，仅仅只看到出版物产品的物质形态及其精神内容。其实，这也是不全面的。那么，从营销学意义上讲，到底什么才是出版产品呢？

我们认为，出版产品是通过交换而满足读者阅读需求或其他文化利益的有形物体及无形服务的总和，它通常包括核心层、形式层和延伸层三大部分。

核心层，是指出版物产品或服务的内容，是提供给读者的实际效用或利益，是满足读者需求的关键层次。读者从出版市场购买出版物产品，不单纯是为获得出版物产品本身，而是通过出版物产品来满足其特定的阅读消费需求或其他文化利益。如，读者购买一本《新华字典》，并不是为了获得其物质载体，而是为了从中得到查找疑难字词的这一效用。再如，读者购买一本文艺图书，或者是要从中得到娱乐消遣，或者为了学习、研究之用，抑或将其作为礼物赠予朋友。可以这么说，读者购买出版物产品，必定要从中获得某种效用或利益。或者是自己用，或者供他人用，或者作为礼品，或者为了收藏。若不是为了获得某种效用，人们是不会去购买出版物产品的。可见，一种出版物产品能否被市场所接受，关键取决于该出版物产品能否给读者提供实际的购后利益，满足其阅读消费需求或其他文化利益。

形式层，是指出版物产品的具体物质形态，主要包括出版物的载体及其装帧等外在呈现形态，它既是出版物产品内容的外在表现，又是激发读者购买欲望的不可或缺的因素。出版物的品质以及它是否受市场欢迎，虽然主要取决于其核心层，取决于其内容价值，但形式层也同样重要。形式如果能够准确地揭示或反映其内容精髓，就可以提升读者对出版物产品的内容或价值的认知，有利于出版物产品的销售。随着社会的发展与进步，消费者的支付能力越来越高，读者的鉴赏力也在不断升，读者对出版物产品的形式也越来越看重。一种出版物产品只有好的内容，没有精美雅致、赏心悦目的形式，往往也很难打动读者。因此，出版企业在营销过程中，不仅要重视产品的内在品质，重视产品核心层的开发，而且也应重视出版物产品形式层的开发，重视出版物产品的外在形式。

延伸层，是与出版物产品直接相关的各种附加利益，是伴随整体出版物产品提供给读者的一系列附加服务，包括售前、售中、售后的各种服务。现代营销的用户服务是一个发展中的概念，企业不仅应该关注和重视与用户交易过程中的服务问题，而且还应该关注和重视"售前"和"售后"的各种服务。出版营销的"售前"服务大致涉及出版信息指导、出版产品宣传、提供咨询、产品加工定制、接受订货和邮购、提供多种方便和财务服务等；"售中"服务大致包括出版物产品销售过程中销售人员了解顾客需求，与顾客进行充分沟通，解疑答惑，以协助顾客选购最合适出版物产品等；"售后"服务是影响读者满意程度的关键因素，包括提供技术指导、处理产品质量纠纷和退换货等。以上这些服务，并不是出版物产品概念之外的东西，而是出版产品的有机组成部分，是所谓出版物产品整体概念中不可或缺的内容。

出版物产品构成的上述三个层次是一个不可分割的整体，三者缺一不可。出版企业不能因为满足读者需要的是核心层，便忽视其他两个层次的内容。在出版营销活动中，读者所追求的是完整的出版物产品，而不仅仅只是核心层。营销实践显示，购买力的变化会影响消费者对产品三个不同层次关注度的变化。购买力低时，关注更多的是核心层，即产品的功能；购买力提升后，更为关注的则是形式层和延伸层。

二、出版物产品的生命周期

产品的生命周期，亦称市场寿命，是指产品从投放市场到被市场淘汰的全过程。出版物产品的生命周期，是出版物产品从投放市场到被市场淘汰的全过程。出版物产品生命周期的长短，主要受出版市场环境尤其读者需求变化以及出版企业产品策略与出版物产品自身因素等的影响。一些出版物入市不久就会被市场淘汰，但有的出版物市场寿命延续千百年之久。一般地，生命周期越长，出版物产品带给出版企业的利益越大。

出版物产品的生命周期，大致可以划分为四个不同的阶段，即引入期、成长期、成熟期和衰退期。典型的出版物产品生命周期曲线及其阶段划分，见图5-1。

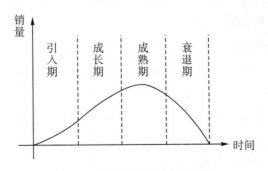

图 5-1 出版物产品的生命周期

营销学提出了划分产品生命周期各个不同阶段的一些经验数据。销售增长率，是划分出版物产品生命周期不同阶段的主要依据。一般地，市场引入期，出版物产品的销售增长率不稳定，总体低于10%；当销售增长率大于10%时，出版物产品便进入成长期；当销售增长率稳定在±10%之间时，出版物产品便处于成熟期；当销售增长率低于-10%时，出版物产品则进入衰退期。由于出版物产品具有集中印制、分批陆续销售的特征，所以其销售增长率往往难以精确统计。因此，营销学上产品生命周期阶段划分的标准，在出版营销中难以达到精确定量化的要求，一般只能从定性的角度来借鉴运用。

引入期，也称导入期，是出版物产品初上市的时期。这一阶段，市场对出版物产品的初期需求不大。因为大多数读者尚不了解刚刚上市的新产品，要让读者了解、熟悉、喜爱上新的新品出版物往往需要一定的时间。一般说来，出版物作者的知名度不同、出版物内容主题的类别不同，其导入期的长短也不一样。名家的作品投入市场后，被市场接受较快，导入期相对较短。如果作者知名度不高，其作品进入市场后往往需要经过一个较长的导入期才能为读者所接受。

成长期，是出版物产品销售量和利润迅速增长的时期。此时，新的出版物产品逐渐为越来越多的读者所接受，市场迅速扩大。由于销售量的增加，给企业带来了可观的利润。一般而言，成长期在是出版物产品生命周期中的关键阶段。一种出版物新品投入市场后，如果在成长期没有较好的销售走势，往往前景也不会太乐观。因此，在出版物产品投入市场后的导入期和成长期，出版企业一定要积极促销，尽可能获得更多读者的了解和认同。如果错过了成长期的宣传促销，不能在成长期内将销售增长率推上去的话，任其以较低的销售增长率进入成熟期，那就有先天不足的嫌疑，以后也难以有什么惊人的销售业绩。

成熟期，是指出版物产品已被大多数读者所接受，销售量处于高位但销售增长率减缓或开始下降的时期。这一阶段，产品成熟，销售量大，成本下降，利润增长快，是出版物产品生命周期的黄金阶段。但由于良好的市场业绩也导致同类产品竞相入市，市场竞争加剧，为维持相对有利的竞争地位，出版企业应该从市场深度和广度两个方面做工作。一是深度开发目标市场，增加老顾客的购买频次；二是积极开拓新市场，通过增加新渠道，向更广泛的市场或用户提供服务。

衰退期，是指出版物产品或服务销售量与利润急剧下降的阶段。进入衰退期的原因，一是出版物产品或服务的内容趋于老化、陈旧过时，而自然淘汰；二是被更新更好的同类主题的产品或服务所替代，使得读者"移情别恋"而被淘汰。一般而言，任何一种出版物产品或服务都摆脱不了被市场淘汰的结果，进入衰退期也是一种很自然的事情。对于出版企业而言，在一种出版物产品或服务进入衰退期后，重要的是要选择合适时机，用适当的方式退出市场，尽可能处理好库存积压产品，减少不必要的损失。

以上介绍的是出版物产品生命周期的典型模式。从实践上看，并非所有的出版物产品都完全遵从这样一个典型发展模式。例如，有些品种的出版物，由于市场预测的失误，刚一进入市场就被淘汰，从而形成一个"断崖型"的生命曲线；也有些品种的出版物，随着季节的变化，其销售量表现出有规则的波动，而且年年如此，从而形成"波浪形"的生命曲线；也有一些出版物在一个典型的生命周期行将结束时又由于某种机遇而发生市场销售的再度复苏，从而形成一个"驼峰形"的生命曲线；还有些出版物产品，由于出版企业不断地采取新的营销举措，使得其销售量呈现出一个小的高峰接着一个大的高峰，继而又是一个更大的高峰，从而呈现出"扇形"的生命曲线；也还有一些出版物进入市场之后，很快便进入成熟期，进入成熟期之后，其销售量相对平稳，从而形成一个"高原型"生命曲线。总之，不同出版物产品的生命曲线并不完全相同，表明出版物产品或服务营销实践活动的复杂性。出版企业的营销人员应结合每一种出版物产品的实际情况来分析其生命周期的演进规律，从而采取有针对性的营销策略。

如前所述，在生命周期的不同阶段，出版物产品或服务的市场特征、竞争格局和需求状况等都不完全相同。因此，基于这些特征，采取相应的营销策略，是营销学产品生命周期理论给出版营销工作的启示。下面拟对出版物产品或服务生命周期不同阶段的营销策略做一个简要分析。

(一) 引入期的特征与营销策略

引入期的主要特征是：出版物产品的首版、首次印刷，在编校印装，甚至内容方面难免不尽如人意；读者或发行中间商对刚入市的出版物新品缺乏了解，中间商往往难以踊跃分销，读者中也只有部分人尝试购买。出版企业为了迅速打开市场，扩大影响，不得不进行积极的宣传促销，因此，这一阶段不仅成本高，而且宣传促销费用大，出版企业普遍是"负债"经营，几乎无利润可言。由于市场还不十分明朗，加之市场紧跟者要推出同类选题的竞争性产品尚需时日，故这一时期，市场竞争还不激烈，竞争对象也不明朗。

引入期，出版企业营销策略的重点，应是使新的出版物产品尽快地为读者所接受，以缩短新品出版物的市场投入时间，尽快地进入成长期。针对这一原则要求，出版企业可以利用的营销策略主要是促销和价格这两个营销因素的不同组合。具体策略有以下四种：

1. 快速—掠取策略

快速—掠取策略，也称高价高促销策略，即以高定价、高促销投入的方式强力推出新的出版物产品，做到先声夺人，迅速占领市场。高定价虽然有抑制需求的嫌疑，但是由于支付了大量的广告宣传及其他促销费用，就可以在市场上塑造该出版物新品的品牌形象，让读者产生一种信任感，并激起强烈的购买欲望，从而减轻高价令人却步的不良影响。若能成功地实施这一策略，企业便可在短期内获得高利润。采用这一策略的条件是：读者对该新品出版物需求心切，愿出高价，即产品的需求价格弹性较小；企业面临着潜在竞争对手的威胁，急需尽早树立品牌形象等。

2. 缓慢—掠取策略

缓慢—掠取策略，也称高价低促销策略，即以高定价、低促销投入的方式推出新的出版物产品，高定价以求在市场上获得每个单位销售中的最大利润，低促销是为降低成本费用，两者结合可望从市场上获取大量利润。采用这一策略的条件是：市场容量较小；大多数中间商和读者已知该产品；产品的需求价格弹性相对较小，读者愿意出高价；潜在竞争的威胁不大等。

3. 快速—渗透策略

快速—渗透策略，也称低价高促销策略，即以低定价、高促销投入的方式推出新的出版物产品。其目的是希望以最快的速度占领最大的市场份额。采用这一策略的条件是：市场容量大；中间商或读者对新品出版物的不了解；绝大多数读者对这类出版物的价格敏感，且需求价格弹性系数较大；潜在的竞争威胁大等。

4. 缓慢—渗透策略

缓慢—渗透策略，也称低价低促销策略，即以低定价、低促销投入的方式推出新的出版物产品。采用这一策略的理论依据是"需求对价格的弹性较大，对促销的弹性较小"。低定价是促进市场尽快并更广泛地接受出版物新品；降低促销投入，一是保证低定价的可行，二是可适当增加盈利空间。采用这一策略的条件是：市场容量大；该出版物产品在市场上的知名度较高；需求价格弹性大，读者对价格的反应敏感；竞争对手的威胁不大等。

(二) 成长期的特征与营销策略

成长期的主要特征是：出版物产品的销售量迅速增加，读者对其也日趋了解；由于销售量的迅速增加和可观的盈利水平，吸引了大批竞争者纷纷介入，同类品种的出版物产品越来越多，市场竞争日趋激烈；出版物产品在首版、首次印刷过程中暴露出的内容及质量问题在再版或重印过程中得到修正，质量进一步提高；由于销售量的扩大，规模效益得到体现，出版企业的利润增加。这一阶段营销策略的核心是提高产品质量，改善服务，大力促销，扩大市场占有率。这一阶段可供出版企业选用的营销策略主要有：

1. 拓宽分销渠道

在销售量迅速提升时，出版企业更应注意加大分销力度，尤其是要注意拓展分销渠道，增加零售网点，使更广泛的市场能便利地购买到企业的产品。如果在读者的购买欲望得到激发时，销售力量跟不上，则会丧失很多机会，给企业带来损失。

2. 改善服务

随着销售量的扩大，不少出版企业由于人力的限制或者思想上的麻痹，经常会出现服务质量的下降，从而导致中间商的不满，这是成长期出版营销工作的一大忌。一般说来，越是销售增长迅速，越应该注意改善服务，力争为中间商和读者提供更加优质的服务。

3. 开辟新的细分市场

不同的细分市场之间，往往也有一个相互影响的问题。如果出版物产品在城市市场畅销，就可以考虑适时将其引入经济文化比较发达的农村市场；再如某种出版物产品在学生中畅销，就应该考虑是否可以将其扩大到广大年轻读者这一更大的细分市场上去。

4. 树立产品形象

这一阶段，宣传促销工作的目的应由传递出版信息转移到建立产品品牌形象上来，力图将产品销售增长率转化为更为持久的品牌影响力，借以增加读者对相关出版物产品及出版企业的好感和偏爱，提升品牌忠诚度。

5. 改进出版物产品的质量

在首版、首次印刷时，新品出版物产品难免存在诸如编校、印制等方面的一些质量问题，在销售量迅速增加时，如果进行重印再版就有机会对其中的问题或不足进行适时改进。

(三)成熟期的特征与营销策略

成熟期的主要特征是：出版物产品销售量虽仍有增长，但已接近和达到饱和状态，增长率趋于稳定或略有下降；利润达到最高点，并有下降趋势；同类出版物产品纷纷进入市场，竞争十分激烈；出版物的内容随着时间的推移开始变得过时，读者的兴趣也在转移。成熟期的营销一般不宜采用单纯的防守战略，在可能的情况下应寻找机会进行主动进攻。总的说来，这一阶段企业应采取进攻与防御并举的营销策略。这一阶段，可供出版企业选择的营销策略有三种。

1. 改进出版物产品内容和形式

应注意改进出版物产品的内容和形式，特别是当出版物产品在市场上有了很好的影响，只是由于内容开始变得陈旧过时，或者装帧设计等形式上的原因导致需求的下降，就应充分利用其在读者中业已形成的影响，进行修订再版，重新推向市场。

2. 寻找新的目标读者，开发新的细分市场

这主要是针对那些内容和形式并没有过时，在新市场仍然具有销售潜力的出版物产品。在原有细分市场趋于饱和或读者兴趣发生转移时，现有目标市场无潜可挖或潜力有限时，应该及时寻求新市场，构建新渠道。

3. 进行营销组合的全面改革

在改进产品和拓展市场外，还可以综合运用价格、渠道及促销进一步激发市场潜力，着力延长其成熟期，避免过早地进入衰退期。例如，向中间商或读者让利，以激发读者购买潜力，鼓励中间商积极分销。

(四)衰退期的特征与营销策略

这一阶段的主要特征是：出版物产品的销售量急剧下降，出现积压，利润锐减；出版物的内容陈旧过时，市场上出现了内容更好的新的替代产品；出版同类出版物产品的竞争对手也纷纷退出市场。此时，出版企业可以选用的策略主要有以下几种。

1. 收缩策略

收缩策略，即缩短战线，把企业的资源集中使用在最有利的细分市场、最有效的销售渠道上。尽可能以最有利的局部市场来赢得尽可能多的利益。

2. 持续策略

进入衰退期后，经营同类出版物的企业纷纷退出市场，但由于需求惯性的作用，市场对此类出版物产品尚有一定的需求。因此，当绝大多数竞争对手退出市场后，少数企业就

可以考虑继续留守一段时间，继续坚守原有的细分市场，沿用原来的营销组合策略。这样往往也可以获得意想不到的盈利，待到机会合适，再退出市场。

3. 撤退战略

当产品进入衰退期后，继续坚守已无利可图时，企业就应果断地停止该产品一切营销努力，集中力量致力于新产品的开发。当然，应注意采取合适的办法来处理库存积压的出版物产品，尽量避免不必要的损失。

第二节 出版产品组合

产品组合，是指企业在一定时期内生产经营的各种不同产品项目和产品线的搭配或组合。它关注的是企业生产经营的不同产品之间的关联性。科学合理的产品组合，不仅有利于高效利用企业的各种资源，而且还可以更好地开发市场、满足需求。

出版企业，是一个产品富聚型企业，所经营的出版物产品或服务，品种多、数量大。当下，我国年出版物品种超过 50 万种，一个大型省级出版集团经营的品种往往超过万种，大型单体出版社的出版品种也高达数千种之多，远远超过一些产值千亿的其他类型的企业。出版物产品品种多、数量大，是出版企业营销的一个显著特征。正因为如此，产品组合策略理应成为出版企业营销工作关注的重点。本节简要介绍出版产品组合的概念、产品组合策略和产品组合调整策略等内容。

一、出版产品组合的概念

如前述，产品组合是指企业在一定时期内生产经营的各种不同产品项目和产品线的搭配或组合。对出版营销而言，出版产品组合就是一个出版企业一定时期内生产经营的全部出版物产品线和产品项目的搭配或组合。

理解出版产品组合这一概念的关键，是要正确理解出版产品线。尽管产品线这个概念在出版圈并不常见，但实际上，它是出版营销的一个核心概念，对出版企业的产品开发具有重要意义。通俗地讲，出版产品线就是一系列相关的出版物产品。这里的所谓"相关"，是多方面的，可以是出版物产品的内容或主题方面的相关，如文学读物、科技读物等；可以是出版物产品的作用或功能方面的相关，如珍藏类出版物、礼品书等；也可以是出版物产品购买或消费对象的相关，少儿读物、成人读物等；还可以是发行或销售渠道上的相关，如中小学教材、学术数据库等；也还可以是载体或生产方式上的相关，如纸质出版物、音像制品等。无论是上述哪个方面的相关，都可以构成一条出版产品线，如文学读物产品线、礼品书产品线、少儿读物产品线、中小学教材产品线和音像制品产品线等。

出版产品线，是由一系列相关的出版物产品构成，构成产品线的每一种出版物产品就是所谓的产品项目。在出版营销中，产品项目，是指单一的出版物产品，每一种出版物也就是一个营销学意义上的产品项目。

与产品线相关的概念还包括产品线的深度、广度和关联性。理解这三个概念也是掌握出版产品组合策略基础。

（一）出版产品线的深度

出版产品线的深度，是指该出版产品线所容纳的出版产品项目的数量，即产品项目的多少。同一出版产品线中，所包含的出版产品项目越多，则该产品线的深度越深；反之，则越浅。也就是说，出版产品线的深浅是由该产品线所容纳的出版物产品品种所决定的。一般地，出版产品线越深，企业营销的规模效益越显著，企业在相应细分市场的地位也更加突出。因此，聚焦出版市场的某一相关要素，深度开发优势出版产品线，是打造优势出版品牌的明智之举。

（二）出版产品线的广度

出版产品线的广度，是指该一个出版企业同时所拥有的产品线的数量，即产品线的多少。一个出版企业，所经营的出版产品线越多，其出版产品线的广度就越大；反之，则越小。出版企业产品线的广度，是由该其所经营的产品线数量来决定的。出版企业产品线的广度，主要受制于企业的规模或实力。一般地，大型出版企业产品线的广度相对较大，而中小型出版企业的产品线相对较窄。产品线的广度越大，对出版企业资源占有和市场掌控能力的要求越高。如果资源和市场掌控能力不足，经营过宽的出版产品线，风险就较大。欧美大型出版企业，大多奉行专业化战略，其经营的出版产品线数量并不多。这一点值得我国出版企业参考或借鉴。

（三）出版产品线的关联性

出版产品线的关联性，是指出版企业同时拥有的不同产品线在生产和销售服务等方面相互关联的程度，如出版物内容编审校的要求、印刷复制的技术与设备、目标读者的购买心理或购买行为、分销渠道的特征等的相关性。例如，一个出版企业同时生产纸型出版物、电子出版物、音像制品等，这些产品线之间的各个产品项目在制作、发行、促销等方面都有很大的差异。因此，我们说该出版企业产品线的关联性很小。再如，一家地图出版社，同时设有教学地图、交通地图、旅游地图等三条产品线，因为这些产品线中的产品项目在制作、发行、促销等方面都比较接近，因此，我们称其产品线的关联性较大。产品线关联性的大小，不仅关乎出版企业的资源使用效率，而且涉及企业的品牌建设。一般地，产品线的关联性越强，出版企业的专业化更加突出，不仅资源的利用率高，而且也更受用户欢迎。

二、出版产品组合策略

出版产品组合策略，是指出版企业对其产品线深度、广度和关联性的选择或部署。产品组合策略的选择，事关出版企业资源的利用和营销目标的实现，是出版产品营销战术的重要任务。一般地讲，出版企业可以选择运用的产品组合策略主要有以下几种。

(一)广深型产品组合策略

广深型产品组合，是指既追求出版产品线的深度，又追求出版产品线的广度，但不过分强调产品线关联性的一种出版产品组合策略。该策略的优点是企业规模大、影响力强，但对出版企业的人财物力资源和市场控制力要求极高。从出版实践看，选取这一策略的出版企业并不多，特别是在出版物的生产环节，很少有出版企业采用这一策略。即便是欧美的一些大型出版集团，虽然产品线的深度很深但产品线的广度却相对较小，很少有采用这一策略的。但在出版物发行环节则不同，发达国家的大型出版物批发商，如美国的贝克泰勒和英格拉姆、日本"东贩""日贩"等都是采用这一策略的代表；我国的大型图书零售企业，如北京图书大厦、王府井新华书店、广州购书中心、深圳购书中心等也都是这一产品组合策略的有效践行者。基于理论和现实的考虑，出版企业应慎用这一策略。

(二)广浅型产品组合策略

广浅型产品组合，是只追求出版产品线的广度，而不追求其深度的一种产品组合策略。一般地讲，这一策略对于产品线关联性的要求不高，它比较适合于向某一区域细分市场提供普遍性服务的出版企业，尤其是从事出版物发行的企业。该策略的优势是可以广泛满足区域市场的大众需求。例如，立足于服务少数民族地区的出版物发行企业，就可以采用这种产品组合策略，根据少数民族地区读者的需求，经营内容广泛的各类出版物产品，而不限于经营某一个或几个学科专业领域的出版物。但该策略有其先天不足，即专业化程度低，难以满足专业读者的需求。因此，对于中小规模的地方出版企业而言，该策略有一定的应用价值，但不适用于大型出版企业。

(三)窄深型产品组合策略

窄深型产品组合策略，即追求出版产品线的深度，不强调产品线的广度的一种出版产品组合策略。由于产品线较单一，企业一般只经营一条或少数几条产品线，但对产品线之间的关联性要求较高。这一产品组合策略具有专业性强，出版物产品的学科专业相对专一，但产品的品种多、数量大，可以很好地满足相关学科读者的专业化需求，是大中型专业出版企业首选的产品组合策略。全球大型出版集团，如施普林格(Springer)、爱斯维尔(Elsevier)、约翰威立(Wiley)等均是专注于科技出版，而哈珀—柯林斯(Harper Collins)、企鹅兰登(Penguin Random House)、阿歇特(Hachette Livre)等则专攻大众出版市场，出版产品线相对单一，一般不涉足目标市场之外的出版领域。

(四)窄浅型产品组合策略

窄浅型产品组合策略，即既不追求产品线的广度，也不追求产品线的深度，只经营单一或少数几条产品线，且每条产品线的产品项目也相对有限，但对产品线的关联性有一定的要求。该策略对出版企业的资源条件要求相对有限，但在一些冷门的细分市场仍然可以有所作为，起到补遗拾阙的作用。出版行业，虽然市场主体数量众多，但绝大多数市场主体是小微企业。前述三大产品组合策略，一般不太适合小微出版企业，唯有窄浅型产品组合策略才是为其量身定制的。出版体制改革以来，国家在着力打造大型出版市场主体的同时，一直鼓励中小微出版企业向"专精特新"方向发展，其中应不乏此意。近年来，我们的中小出版企业，出版产品线越拓越宽，产品项目也在急剧膨胀，但产品的市场占有率却越来越低。这正是产品组合策略选择的失误。如果严格控制产品线和产品项目的数量，企业的经营或许是另外一种景象。

三、出版产品组合的调整策略

由于市场环境和企业自身实力的发展变化，出版企业产品组合策略也不是一成不变的，而是处在一个不断变化或动态调整过程之中。出版产品组合的调整策略，是出版企业根据市场环境和自身实力发展变化适时修改或调整其产品线和产品项目构成的一种营销管理策略。一般地，出版企业产品组合的调整策略大致有以下三种基本形式。

(一) 扩展策略

扩展策略，是指出版企业对其原产品线的广度加以拓展，增加新的产品线，扩大出版经营范围。该策略主要是在出版宏观环境向好，阅读消费需求提振，或者出版企业自身实力由弱变强时，所采用的一种产品组合调整策略。影响出版企业采用这一策略的因素很多，常见的主要有：其一，出版新技术的产生和普及。如20世纪八九十年代，音像技术的发展和普及，导致一些出版企业增加音像出版产品线；进入21世纪，由于数字技术的急剧发展，导致一大批出版企业增设数字出版产品线。其二，读者构成的发展变化。如，1999年，高校扩招带来了大学生数量的答复增长，为面向大学的出版带来了商机，一些专业出版社就增加了大学教材产品线；2015年，"二孩"政策刚刚出台，一些专注于大众市场的出版企业就开始部署少儿出版产品线。其三，出版企业自身实力的显著提升。如进入21世纪以来，一批出版企业上市融资，极大提升了企业资本实力，彻底改变其中的一些企业的产品线构成。不仅出版产品线大幅增加，而且一些上市出版企业还将产品线拓展到非出版领域。

产品组合的扩展，是出版企业的重大营销决策，不宜匆忙行事，需要慎重选择。20世纪八九十年代，我国一些出版企业盲目扩张产品线，打破原有的出版专业分工，无限涉足自身并不擅长的领域，给企业带来了无穷后患。这些教训和经验值得反省或汲取。

(二) 延伸策略

延伸策略，是指出版企业通过增加产品项目数量，延长原产品线，向市场提供更多出版物产品的一种策略。与产品线扩展策略一样，延伸策略也是在出版业环境形势向好、企业自身实力提升背景下的使用的一种策略。两者的不同之处在于，延伸策略坚持的仍然是专业化发展路径，市场规模的扩大并没有脱离原目标市场或客户，而是向市场的深度挖潜。

延伸策略，不增减产品线，以现有产品线为基础，具有向下延伸、向上延伸和双向延伸三种策略。

向下延伸，是指在原企业产品线中增加一些质量和价格相对较低的出版物产品项目，以满足购买力低的读者的需求。这是欧美出版商惯用的产品组合调整策略。通常情况下，美国的大众市场出版物都会出版三个不同的版本，即首先出版高档次的精装版；一两年后出版纸皮书版；待纸皮书版市场趋于饱和后再出版俱乐部版。例如，纸皮书在最初引入美国时，还曾受到绝大多数出版社的排斥，直到第二次世界大战后，美国的纸皮书业才得到真正快速的发展。现在，即使是一些极为保守的传统出版企业也纷纷涉足纸皮书的出版，不少大学出版社就纷纷将自己的产品线向下延伸，充分利用纸皮书这种速度快、编辑加工简单、成本低的方式扩大其产品销售。在当下我国读者普遍抱怨书价上涨过快的背景下，出版企业完全可以考虑分档次出版不同价位的出版物产品，在出版精装本、豪华版的同时，将产品线向下延伸，也出版一些普及本、经济版以满足购买力较低的读者的需求。

向上延伸，则是指在企业原产品线中增加一些质量和价格相对较高的出版产品项目，以满足读者的高档次需求。众所周知，除基本的阅读消费功能外，出版物商品还有收藏、礼品等多方面的文化功能。因此，适度开发质优价高的高档次出版物产品，满足此类需求既有社会意义，又有企业价值。改革开放以来，随着读者购买力的提升，一些出版企业也开始关注出版市场中的此类高档次需求，向上延伸产品线，开发出版一些高档次出版物产品，并起到了较好的社会效益与经济效益。

双向延伸，也称"单线突破全面推进"策略，是指企业在原产品线中同时增加高低两个档次的出版物产品项目，以满足不同层次读者的需求。从购买力视角看，出版市场始终存在低中高三个层次的需求。双向延伸策略正是期望同时收割这三个不同层次的市场，提升在单一细分市场的占有率。理论上讲，运用该策略，往往先以中等购买力的大众化市场为目标，推出中档出版物产品，待市场稳定、企业形象已初步树立起来后，再同时向高、低两个层次推进，以期通过多层次的产品满足不同层次读者的需求，从而占领更多的市场份额。但在实践中，要做到双向延伸并非易事，因为价格差距过大的产品的同时推出，容易带来混乱，进而影响需求。这就解释了为什么欧美出版商更多地采用单向的向下延伸策略，而不是双向延伸策略。

(三)收缩策略

收缩策略，是企业对原产品线的广度和深度加以缩减，同时压缩产品线的数量，减少产品项目的数量，实行集中经营。该策略通常是在宏观经济处于紧缩状态，市场环境不佳，需求下滑，或者是出版企业经营状况不景气，实力滑坡时加以采用。

采用收缩策略调整出版企业产品组合的现象，在国外非常普遍。例如，20世纪90年代初期，英、美出版界对电子出版物市场十分看好。不少大型出版企业纷纷扩展自己的产品组合，设立专门的电子出版物生产线。然而，经过几年的经营实践表明，电子出版物市场并不像人们当初想象的那样火爆，电子出版物市场尚未完全培育起来。基于这样一种事实，在几年前开始电子出版物出版活动的世界著名的企鹅出版集团英、美分公司最近相继宣布停止多媒体出版活动。事实上，在该公司宣布退出电子出版物市场之前，里德公司的电子出版部于1995年10月已停止运营；哈珀—柯林斯出版公司也于1996年6月关闭了它的电子出版部。

相比较而言，我国出版企业更倾向于产品组合的扩展而不是收缩。由于出版专业分工的影响，一些出版社总觉得自己的出版范围过窄，制约了企业的发展，所以很少有出版社主动缩减自己的产品线。从全国范围来看，国家早就提出了"控制规模，优化品种"的出版业发展思路。事实上，不少出版企业也的确存在着控制规模、优化品种结构的问题。要优化品种结构，就必须对原产品组合进行适当调整、压缩，尽可能压缩那些被称为"平庸书""泡沫图书"的产品线。以少儿读物的出版为例，我国现有专业少儿出版社30余家。在"要发财，吃小孩"错误的理念作用下，又有130多家非少儿出版社纷纷设立少儿编辑室。也就是说，我国出版社有近1/3的出版社设有少儿读物产品线。这就难怪少儿读物的出版中选题重复撞车、内容雷同者众多了。在设有少儿出版产品线的130多家出版社中，有不少出版社并不具有少儿出版的任何资源或市场优势。按照根据企业实力调整产品组合的原则，在"控制规模，优化品种"的背景下，那些不具有少儿出版竞争力的出版社完全可以考虑压缩其少儿出版产品线，适时退出少儿读物出版市场。

第三节　出版物产品开发

产品或服务，是企业实现其自身价值和社会功能的基本载体，离开了产品或服务也就无所谓企业营销了。美国著名出版家、普林斯顿大学出版社社长小赫伯特·贝利的名言——出版社"是因为它出版的书出名"以及我们常挂在嘴边的"书比人长寿"等，都表明出版界对出版产品或服务作用或价值的科学认知。出版物产品或服务开发，是出版营销产品策略中具体设计、生产出版物产品或服务的一项营销业务活动。它是在出版企业目标市场战略、产品组合策略基础上，基于出版市场环境尤其是读者需求动态，进行的出版物产品或服务创意设计和生产活动，具体涉及出版物新产品开发和老产品改进，即出版物产品的重再版。本节涉及的内容主要包括出版物产品开发流程（主要指出版物新产品开发）和出版物重再版两个方面的内容。

一、出版物产品开发流程

产品开发，是一项极其复杂的营销业务工作。不同行业、不同企业的产品开发流程，也不尽相同。营销学对产品开发流程也有全然不同的理解和解读。这一流程涉及的环节，多的高达 20 多个，少的也有 10 余个，而且解构这一流程的视角和方法各不相同。因此，我们只能根据自己的对营销学相关理论的理解，结合国内外出版营销实践，来解构出版物产品的开发流程。

一般地，出版物产品开发大致包括市场调研、选题策划（含产品设计）、撰稿和编审校印四个基本环节或步骤。如果将出版产品开发看作一个出版价值创造活动的话，那么，其中的每一个环节或步骤都是一个向最终的出版物产品连续追加价值的活动。每一个环节或步骤都不可缺失，都有其价值定位，有其各自的职责和规范。总体上讲，市场调研是出版物产品开发的基础，选题策划是对出版物产品选题的设想或构思，产品设计是对出版物产品内容与形式的具体策划，撰稿则是作者的内容创作，编审校印是出版物产品的生产。

（一）市场调研

市场调研，是基于获取、整理和分析市场信息以服务于企业特定营销目标需求一项基础性工作。企业的各项营销业务活动，均应建立在充分的市场调研基础上。出版企业的产品开发，也是以市场调研为基础的。只有在市场调查、分析与预测的基础上，出版企业才能提出出版产品创意，进行产品设计和产品生产。

出版物产品开发的市场调研工作，虽然遵循市场调研的一般原则和基本方法，但也有其自身的特征。一般认为，出版物产品开发的市场调研主要应关注出版市场环境、出版产品、读者和合作与竞争者等议题。

1. 出版市场环境

出版产品的开发，总是在特定的市场环境下进行的。只有契合社会政治、经济、科技、文化和教育发展态势和要求的出版物产品，才可能被市场认同、受到市场的欢迎。古今中外的出版实践反复证明，大凡成功的出版选题，如各种畅销书、常销书、获奖出版物等，都是与当时的出版环境发展变化的态势和要求高度契合的；凡是失败的出版选题，如历朝历代的所谓"禁书"，则是与当时的出版环境发展变化的态势和要求相悖的。因此，准确把握市场环境发展变化的态势和要求，是出版物产品开发市场调研关注的基础性议题。出版物产品开发的市场环境调研要解决的核心问题是，什么样的出版主题是受欢迎的、什么样的出版价值观是被鼓励的。它需要回答的是一个出版业的导向问题，事关出版企业对出版方针政策的把握是否准确到位。

2. 出版产品

出版市场的产品供给，是由全部出版市场主体开发的各种出版物产品共同构成的。任何一种出版物产品，都是在与其他产品的竞争中实现其价值的。同类产品中，只有具有比较优势的产品才能脱颖而出，受到市场欢迎。因此，出版产品的市场调研就是要寻求产品开发的比较优势。一般认为，出版产品市场调研，大致涉及三个维度。一是出版产品的总体供求态势，主要回答什么样的产品供过于求、什么样的产品供不应求；二是竞争对手的产品策略，哪些方向是其优势、哪些方向是其短板或不足；三是出版企业自身的产品策略。

3. 读者

读者是出版物产品的最终消费者，自然也是出版物产品开发绩效的评判者，正如美国著名出版营销专家约翰·克雷默所言"客户永远是对的"①。虽然读者及其需求是出版市场中最难以把握的要素，但以下这几个方面的信息是出版产品开发必须掌握的。其一，目标读者的数量与结构；其二，目标读者的需求动态；其三，目标读者的购买心理与行为。通过对这些信息的充分调研，形成总体的目标客户画像，为产品开发的后续环节提供决策支持。

4. 合作与竞争者

出版市场主体多元，彼此既有竞争也有合作。其中，竞争者主要是指目标市场趋同、产品性能或功用相近或类似的其他出版市场主体；合作者则是指同一出版物产品价值链中不同环节的市场主体，如代理商和经销商等。关于竞争者，主要应该着重了解现实和潜在竞争者的构成、其产品开发策略及动向；对于合作者，重在掌握其市场能力与优势以及合作意愿等。

(二)选题策划

选题策划，既是贯彻出版企业营销战略理念的基本环节，又是体现企业出版营销能力的关键业务活动。它决定着企业为市场提供什么样的出版物产品或服务以及产品或服务的性能与品质。选题策划，是出版工作中最难以把握的业务活动，一些精心策划的选题有时难以得到市场认可，而某些事先并不十分被看好的选题却"无心插柳"，深受读者喜爱。因此，选题策划，就有了出版领域的"哥德巴赫猜想"之称。

选题策划，是对出版物产品或服务的创意和设计，大致涉及拟出版的出版物产品的主旨与题目、内容与形式、作者与读者等方面的构思与部署。选题策划的执行者一般为出版企业，或出版企业的编辑部门或编辑人员，也可以是专门的选题策划机构。例如，广东省新闻出版局于1992年7月成立了全国首家图书选题研究中心，聘请特约选题研究员，负责双效书选题的研究、策划和推荐。该研究中心当年就策划选题近200个，获得很好的效益。当然，还可以是非出版单位的文化工作室和其他出版服务单位或个人，但后者的选题策划成果需要由经过国家批准的出版单位进行出版。

选题策划主要包括出版物主题与题目的创意、出版物内容与形式的设计以及出版物作者的选择与读者定位。

1. 出版物主题与题目的创意

出版物是内容产品，它总是围绕着特定主题表达某种思想、观点的或讲述故事的，离

---

① 约翰·克雷默.1001种图书营销方法[M].张志强，等，译.北京：译林出版社，2016：69.

开了主题也就无所谓出版物了。出版物主题与题目的创意，就是构思出版的主题，确定出版物的题目。

构思出版的主题，没有固定的程式，其方式因时因地而异。从出版实践看，除作者投稿和指令性选题外，大致有下述几种类型。

（1）抢先型选题

抢先型选题，是指出版企业根据市场需求新动向，先于其他企业组织开发的当前市场上不曾有过的全新出版物选题。

国内外市场，出版物品种虽然数量众多，主题、题材、内容和形式纷繁复杂，但主题相同、题材相近、内容雷同、形式类似的产品比比皆是，真正意义上的全新品种却相对有限，独树一帜的全新产品更是难得一见。倘若能够先于其他企业，找到全新的出版选题，并先行上市，或许能够获得意想不到的效果。

①抢先型选题的形式。

营销学上所讲的新产品虽然包含多种含义，但抢先型出版选题，却不外乎以下这些形式：

一是填补国内市场空白的大型出版工程。如《中国大百科全书》《汉语大词典》《中国美术全集》等大型出版工程。

二是科技领域的新发现（含新理论、新技术、新应用或新成果）。如以计算机科学与技术出版见长科技类出版社，就可以通过跟踪大数据、人工智能、脑机接口、脉冲神经网络、量子计算等领域的新发现来构思出版主题。

三是目标市场的新需求。如2020年新冠肺炎疫情暴发后，出版市场对"新冠"防治需求激增，上海交通大学出版社适时构思并出版了《新冠肺炎防治精要》，就是一个契合现实需要的出版主题构思案例。

四是国内外同行选题的新动向。国外同行的出版选题之间具有互鉴性，跟踪借鉴国外同行企业有影响力的选题，对于国内市场也是一种创新。如借鉴石原慎太郎的《日本可以说不》和马哈蒂尔的《能够说不的亚洲》，中华工商联合出版社推出的《中国可以说不》。

五是出版形式上的创新。如江西21世纪出版社用漫画的形式出版的《画说〈资本论〉》。

②开发抢先型选题的条件。

抢先型选题开发，一般要具备以下几个条件：

第一，必须建立起健全的市场信息网络，全面系统地搜集社会的政治、经济、科学文化信息，及时分析宏观市场信息对读者需求的影响，只有通过全面、系统、深入、细致的市场信息分析，才能及时掌握读者需求动态，从而确定选题开发的新动向。近年来，我国出版市场上先后出现的一些影响较大的新选题，无一不是在对市场信息的全面把握基础上推出的。可以这么说，对市场环境变化反应迟钝的出版企业是无法开发出这类选题的。

第二，应该建立起专门的选题开发班子，将选题开发提升到企业营销工作的优先地位来看待。例如，广东省新闻出版局于 1992 年 7 月成立了全国首家图书选题研究中心，聘请特约选题研究员，负责双效书选题的研究、策划和推荐。据了解，该研究中心当年就策划选题近 200 个，获得很好的效益。目前，有不少出版企业成立了选题策划部，这是一个好的现象，这对于开发出好的选题无疑是有帮助的。

第三，必须突出一个"快"字。对抢先型选题的开发和运作，应该打破常规，尽可能缩短出版时间，如果没有一个"快"字作为保障，再好的创意也会失去意义。《岁月随想》《中国可以说不》的编校出版都是打破常规的，其出版速度之快是一般企业无法比拟的。据《中国可以说不》的责任编辑王凌云透露："为了《说不》能够尽快出版，中华工商联合出版社抽调了最强的编辑力量，三个编辑小组开足马力昼夜审阅，该书从投稿到出版仅用了 20 多天时间，其速度是罕见的。"

第四，必须利用各种手段进行宣传，以扩大这类选题的影响，提高抢先型选题开发的成功率。新的选题要能够为广大读者所接受，也需要一个过程。然而，一种新品的推出，如果需要太长的时间才能为读者所接受，那就有可能丧失其时效性。因此，在新选题推出时，必须进行强力促销。例如，《新三字经》的成功就是与其高强度的宣传促销分不开的。该书问世后，广东的《南方日报》《羊城晚报》《广州日报》、广东电视台、广东电台等均以显要的篇幅、黄金时段频频报道与之有关的新闻，中央电视台、《人民日报》也都做了报道，正是在各种媒体的强力推动下，《新三字经》才一时"洛阳纸贵"，为社会所广泛接受。

（2）紧跟型选题

选题开发的抢先固然可贵，但不可能每一种出版物都是抢先型产品。同类选题的出版物在出版时间上总会有先有后，我们绝不能对抢先型选题之外的同类选题一概予以否定。对于一些重要领域或主题，在一个抢先型选题推出之后，往往还会紧跟着推出同类的选题，这是一种完全正常的现象。因此，从营销学角度看，围绕着市场上出现的新产品，开发相类似的出版选题，紧跟抢先型选题上市，并与先行上市的产品展开竞争，也是一种重要的产品开发策略，即紧跟型选题策略。

在出版企业的产品开发中，紧跟型选题的意义在于，从抢先型选题中受到一定的启发继而开发出比其更有价值的选题，而不是去一味地模仿，甚至照搬他人的选题。一些出版企业在运用此类选题时，往往摆脱不了照搬，甚至照抄的弊端。例如，当钱锺书先生的《围城》走俏时，竟有出版社紧跟该选题也推出了一个《〈围城〉汇校本》。这类做法绝不是紧跟型选题要求的。"紧跟"的实质，应该是向抢先型选题学习某些做法，从中受到启发后，再去开发更有意义的新选题。例如，江西 21 世纪出版社《画说〈资本论〉》上市并一炮打响之后，其他的出版社从中学到了用"漫画"这种形式出版一些原本内容较为艰深的图书供少儿读者使用，这才是紧跟型策略的关键之所在。

① 紧跟型选题的形式。

紧跟型选题主要有以下几种形式：

一是对现行市场的出版物产品进行补充、完善，与其共同说明一个问题，但侧重点各不相同。例如，在中华工商联合出版社推出《中国可以说不》之后，尾随其后的就有《中国何以说不》《中国为什么说不》《中国还是要说不》等，在某种意义上讲就是这样做的。先行产品《中国可以说不》只是侧重于中国"可以"说不，但并没有说明中国到底"为什么"说不，以及中国"如何"说不，前面提到的几个紧跟选题就是从这个意义上来补充、完善先行选题的。

二是对现行上市的出版物产品进行注释、评价，成为与先行上市的产品成龙配套的有机整体。如，围绕着高等院校统编教材《大学英语》就出版了不少注释、辅导读物。如，辽宁师范大学出版社的《大学英语重点难点解析与训练》、北京广播学院出版社的《新编大学英语自学辅导》、教育科学出版社的《大学英语自学辅导》、武汉出版社的《〈大学英语〉自学手册》、大连理工大学出版社的《大学英语自主学习与同步训练》等若干种。

三是采用与先行上市的出版物产品相同或类似的形式推出形式上的紧跟型产品。如，你出《画说〈资本论〉》，我就出《漫话史记》；你出《红镜头》，我就出《黑镜头》《金镜头》等。

四是从作者队伍的角度上开发紧跟型选题。如，你出版节目主持人白岩松的《痛并快乐着》，我就出版杨澜的《凭海临风》、倪萍的《日子》；你出版影星倪萍的《日子》，我就出版笑星姜昆的《笑面人生》、影星沈丹萍的《阳光下的漂泊》等。

② 开发紧跟型选题应注意的问题。

开发紧跟型选题，之所以被业界视为"跟风""搭车"，无非是其没有真正理解开发此类选题的真谛，不是"紧跟"而是直接照搬照抄。因此，我们认为，开发紧跟型选题应该注意这样两个方面的问题：

第一，必须领会"紧跟"策略的实质，紧跟不是照搬、照抄，而是学习抢先型选题的某些有价值的方面。像前文提到的《〈围城〉汇校本》这样的紧跟法，就是没有领会"紧跟"策略的实质。

第二，相同主题的紧跟型选题在内容和价值上应比先行上市的产品更高一层次，否则就失去其价值。例如，浙江少年儿童出版社在运用这种策略时就能开发出价值高于先行上市产品的更好选题。正如业界所公认的，该社能够"运用仿造、改进等策略，创造出超越同类出版社的产品"。该社在按照"紧跟"策略开发选题时，发现某出版社出版了一套世界名人故事，但该选题未做到位，内容残缺、零散，出了几年仍未形成势头，于是，该社就策划了《绘画本世界名人传记》，对世界名人分门别类进行整理，分为军事家、政治家、思想家、文学家、艺术家等几大类，由于这套书涵盖面广，文化底蕴深厚，很快形成优势。无论在内容、价值还是社会影响上都远远超过被其紧跟的先行产品。

（3）企业优势选题

企业优势选题，是指出版企业围绕着在长期的出版营销实践中形成的产品、渠道、市场等方面的优势开发出版选题的一种策略。在市场竞争日趋激烈的情况下，出版企业的选题开发不应该只盯着同行企业，还可以将自身优势作为选题的来源，围绕着自身优势来开发选题。虽然从综合实力角度看，出版企业存在较大差异，有强有弱，但换个角度看，每个企业理应具有某些方面的比较优势。特别是我国的出版企业大多是从计划体制走过来的，各自都有自己相对稳定的出版服务领域。很明显，这一属于自己的出版选题领域正是自己的优势所在。围绕着自身的这些优势来开发选题，是一种有效的选题策略。

① 优势选题的形式。

出版企业优势产品的形式不外乎以下三种：

一是传统优势选题。有些出版社，特别是历史悠久的名牌出版社，如"商务""三联""中华"等，大多在长期的出版实践活动中形成了自己的优势领域，形成了自己的一些传统风格。对于这类出版社来讲，其产品开发应紧紧围绕着自己的传统优势进行。例如，商务印书馆在100多年来的出版实践中形成了多方面的出版优势，其中，在汉译世界哲学、社会科学名著及中外文语言工具书等领域取得了重大成就，从而形成了自己的一大传统优势。即使是在市场竞争日趋激烈的今天，该社也始终坚持自己这一优势开发选题，而不是随波逐流。可以这么讲，传统优势是出版企业形象的标志，是出版企业无形资产的一个重要方面。出版企业在出版实践中都应从长远着眼，着力培养自己的优势。对于业已具有突出传统优势的出版企业，不仅在选题开发上，而且在企业营销工作的其他方面也可充分利用这一优势。

二是特色优势选题。特色，本身就是优势。围绕着本企业所形成的特色开发出版选题，即是特色优势选题。例如，法国有家名叫"子夜"的出版社，虽然是一家仅有十来人的小型出版社，但由于有了自己的特色，办得十分红火，被誉为"培养现代文学家的摇篮"。其特色就是发现新人新作，培养新作家。它的出版选题都是围绕着文学新人开发的，对那些功成名就的知名作家的作品，则不在其选题之列。

三是行业优势选题。即利用出版社所属行业这一"地利"上的优势来开发出版选题。如中国铁道出版社围绕着"铁道"做文章，人民邮电出版社开发"邮电"选题，专利文献出版社围绕着"专利"开发选题等都属这一类。行业优势是出版企业产品开发中可资利用的一种相对稳定的资源，它对于出版企业选题开发的意义尤为突出。首先，行业优势使得行业出版企业在建立稳定的作者队伍方面具有极大的便利；其次，行业优势还体现在它对行业出版、编辑、管理与发行人才的培养上具有积极意义，而且在聘请本行业专家学者作为社外编辑方面也有很大的优势；最后，行业优势还充分体现在出版物产品的发行方面。

② 运用优势选题应注意的问题。

开发优势选题，看起来似乎简单，事实上却并不那么容易。有时紧紧盯住自己的优势往往很难与市场的需求合拍，而一旦过分重视市场变化，却又容易丢掉自己的优势与特长。这正是灵活有效地运用该策略的难处所在。一般地，要有效地运用这一策略，应注意以下几个问题：

第一，出版企业对自身优势要有充分的认识，这是有效运用优势选题策略的前提。出版企业的优势是一个相对的概念，可以这么讲，每一个企业都有自己的优势所在。遗憾的是，有不少出版企业并没有真正认识到这一点。有的出版社总是只看到自己的一些不利条件。比历史，没有"商务""三联"悠久；比分工，没有少儿社、教育社优越；比名气，没有中央社、部委社大，因此，就看不到自己的优势，也就忽视了对这一策略的运用。一般地，衡量一个出版企业的优势，不仅可以从企业的传统、特色、行业背景等去分析，而且还可以从自身的人才资源、管理优势、公共关系及市场优势等众多角度去考虑。只有真正认识到了自身的优势，才能围绕着这一优势来开发出版选题。

第二，出版企业对自身优势的利用与进一步培养自身优势是相一致的。只注意利用，不重视对优势的培养，不利于企业的长期发展。

第三，出版企业对自身优势的开发和利用是一个动态的过程，不是静止的。也就是说，出版企业必须结合市场需求的变化来开发和利用自身的优势，绝不能闭门造车。例如，一家具有出版弘扬民族文化、民族传统优势的少儿出版社，如果只注意开发民族文化遗产，只强调产品的开发必须符合自身的民族风格与特色，却不注意研究当今少儿读者需求和阅读方面的诸多变化，不善于利用今天的少儿读者喜闻乐见的"绘本"形式，那么，它就很难为少儿读者所接受。可见，利用自己的优势，必须在结合市场环境、读者需求等多种因素的前提下进行，否则，优势可能就会变成束缚手脚的绳索。

(4) 低成本型选题

出版物产品是以交换的形式进入消费领域的，因此，其定价对需求无疑会产生影响。研究表明，出版物是一种需求价格弹性很高的产品。这表明，定价的高低对其需求量的影响很大。因而，对出版企业而言，如果能够尽量降低成本，继而降低定价，就能扩大其销售量，从而通过薄利多销以获得较大的盈利。很明显，这对于出版企业的产品开发具有一定的现实意义。这正是出版物产品低成本型选题得以成立的基本依据。

低成本型选题，是指出版企业以其较低的生产费用、较高的生产效率、科学的经营管理和大批量的生产方式，用比市场同类产品较低的定价出售，以价格优势争取读者，夺取市场的一种营销策略。

这一策略的运用难度不大，没有过多的技巧可言，它只受出版企业出版物产品生产成本这一关键因素的制约。一般地，如果企业产品生产成本降不下来，不能低于社会平均成本，那么这一策略也就无法得到应用。这一策略的运用所发挥作用的大小，关键要看产品生产成本与社会平均生产成本有多大的差距。如果一个企业产品生产成本远远低于社会平均生产成本，那么，它就可以十分灵活地运用这一策略，从而给企业带来十分可观的利益。

降低产品开发成本是这一策略的核心，但是降低成本却也是一个复杂的系统工程，不是三言两语能够说得清楚的。具体来说与出版物产品生产直接相关的不外乎以下几点。

第一，科学地处理好出版物产品内容与形式的关系。对于大众市场出版物，应在不影响其内容的前提下，适当降低用于形式产生方面的投入，或者根据不同层次读者的需求，分别出版不同档次的版本，以满足不同购买力读者的需求。近年来，我国出版物产品在形式生产方面的投入占整个产品总成本的比例不断上升，从而带动了定价的上涨。应该说，从提高出版物整体质量的角度看，加大产品形式生产的投入固然是必要的，但如果考虑到读者的购买力水平，这种形式生产投入的增加却在相当程度上抑制了读者需求。因此，我们认为，出版企业理应妥善处理好这对矛盾，以求在不断提升产品形式质量的同时，并不因成本的上升而抑制读者需求。

第二，对于各类实用性出版物应尽可能精减压缩其内容，挤掉其中的水分，以求降低成本。

第三，增加小册子、单行本的出版比重，适当控制出版物产品规模的膨胀；或者在出版套书、丛书、书系、书库等系列书的同时，加大单行本的出版力度。例如，前些年在许多出版社纷纷推出农村致富"大全"之类的大型套书的同时，金盾出版社出版的各类单行本的农技书就十分畅销。对一些实用型的读者而言，在一套或者一大厚本图书中，真正能够为其所用的往往只有极少的一部分，因此，单行本、小册子往往更受这类读者的欢迎。

第四，尽可能扩大出版物产品的容量，使每一个出版单位（如印张）能够容纳相对多的内容。例如，岳麓书社用小五号字排印四大古典名著，增大了同一出版单位的容量，从而降低了成本。该社四大古典名著的价格比其他出版社要低30%左右，因此，非常受农村读者、学生读者的欢迎。

出版的主题，只是一个方向性的东西或理念，属于"idea"的范畴。对主题的具象化，需要确定出版物的题目，也就是图书的书名。书名的确定，是出版选题策划的点睛之笔，对出版营销具有非凡的意义。一个好的书名，不仅可以更好地揭示和体现出版物的主题、内容、风格和价值，而且还自带流量，具有很好的促销功能，正如《追寻文学"鬼才"的踪影》所讲："一个好的书名，犹如一部作品的精魂。"但是，确定出版物的题目或曰书名，是一项极其严肃的文化创意工作，需要遵循严格的规范或原则，"标题党"的做法不可取。关于书名的相关知识请参见本章第四节"出版产品的形式"。

2. 出版物内容与形式的设计

如果说出版物主题与题目的创意是一项艺术性较强的工作，那么出版物内容与形式的设计则是一项科学性很强的出版业务活动，当然相对也容易把握一些。

出版物内容与形式的设计，是基于出版物主题与题目的创意构想，对出版物主题思想、观点与材料、表达与呈现方式以及物化形态的具体设计，具体可分为内容设计与形式设计两个方面。通过这一设计，出版物的思想、内容、呈现方式和物化形态初步成形，为后期的撰稿安排和编审校印奠定基础。

出版物的内容设计，可以理解为关于出版主题的叙事设计，简单讲就是故事如何开头、展开和结尾。出版物的内容，虽然是由作者最终决定和完成的，但选题策划阶段也应该有一个大致的构思或安排，以避免最终的产品有违出版选题策划的初衷。因主题和目标读者的不同，内容设计的要求也存在显著差异。就主题而言，大众出版主题的内容，更多强调的是普及性和可读性，其形式灵活多样、不拘一格；教育出版主题的内容，规范性强、成熟度高，表达逻辑严密、循序渐进；专业出版主题的内容，学术性、创新性要求高，表达简洁明了。不同主题的出版选题，内容和形式要求各异。晦涩难懂的大众读物、概念或逻辑混乱的教育读物以及内容平庸创新不足的专业读物，很难获得读者认同并被市场接纳。因此，出版主题是出版物内容设计应优先考虑的因素。就目标读者而言，少儿读者与成年人、女性读者与男性读者、大众读者与专业读者的阅读心理和行为都存在显著差异，对相同主题出版物的内容和表达也就有着全然不同的要求。因此，目标读者同样也是出版物内容设计所必须考虑的重要因素。

出版物的形式设计，内容众多，十分复杂，大致可分为技术设计和美术设计两大部分。其中，技术设计主要涉及出版物的纸材选择、开本设计、装订设计等在内的整体设计和版式版面设计；美术设计则主要包括出版物的封面设计和插图配置等内容。出版物的形式，同样因主题和目标读者的差异而不同。例如，《哈利·波特》的"儿童版"和"成人版"就有全然不同的封面设计，儿童版画面明亮，成人版则沉稳。有人说这是作者罗琳考虑到成人在公共场合读这本儿童读物不会感到"难为情"。

3. 作者选择与读者定位

作者和读者，是因为出版物产品紧密联系在一起的一对社会存在。出版物产品，一头连着作者，一头连着读者，是作者与读者"对话"的一种特殊媒介或通道。出版企业的选题策划与创意，本质上讲，是为作者与读者的"对话"设计这一媒介或通道。因此，广义的选题策划，理应包括作者选择与读者定位的确定。

所谓文如其人，就很好地揭示了作者与出版物内容之间的关系。好的选题创意只有在合适的作者手中才能转化为好的出版物产品。大凡成功的出版物产品背后，通常都有一位好的作者。原创出版选题如此，出版物的翻译出版也一样。托尔斯泰的《战争与和平》译本不少，但公推的成功译本则是草婴先生的译本。有人说："读过草婴先生翻译的，再读其他版本就像喝白开水，没有滋味。"因此，选题策划就应该包括选题的作者选择与安排。有人讲："每个细分领域都有一些'大牛'级别的人物，而且每个时代可能都有各自的领军人物"，事实上，每一个好的出版选题，也应该有一个"合适"的作者。寻找作者的途径多种多样，如在已出版过同类选题的作者中遴选，在选题领域的知名学者中优选；借助人脉关系推荐或引荐，通过公开方式征集；借助文献资料筛选，通过新媒体或大数据"海选"等。

读者，是出版物产品或服务的消费者。每一个出版选题都应该是针对特定读者设计和开发的，即便是大众出版物也不例外，也应该是服务于特定群体的。读者定位，要解决的就是这本出版物是"为谁写的，写给谁看的"这样一个问题。只有找准了读者定位，写作才有目标或方向，才有针对性。从出版实践看，似乎有一个误区，即定位越宽越好。一些出版选题往往将读者群设计得非常宽泛，如"广大读者"。实践证明，这类选题由于专指性不足、针对性不强，戳不中读者的痛点，并不受市场欢迎。特别是在专业和教育出版领域，相对窄的读者定位往往效果更好。这是出版选题策划中特别需要注意的问题。

（三）撰稿

撰稿，虽然是由作者主导并执行的内容创作活动，但作为出版物产品开发的一个环节，它理应被纳入出版营销管理范畴之中。出版，是一项有组织的文化经营活动，单一产品只是企业产品组合中的一部分。如作者的撰稿不能按策划方案执行，无疑将影响到企业的整体产品开发策略。

要确保撰稿工作顺利进行，出版企业的编辑或产品经理应该与作者保持密切配合。《关于加强出版工作的决定》指出："社会主义的出版工作，是出版工作者和著译者共同的工作，他们之间的关系是同志式的互助合作关系。"刘杲先生在《我们是中国编辑》一文中强调："作者是作品的创作者，我们是作品的组织者、发现者、加工者。在把优秀作品转化为优秀出版物的过程中，我们是作者最亲密、最忠实的伙伴。"①编辑与作者的合作或配合，首先就应体现在服务于作者的撰稿工作中，帮助作者全面理解并执行选题策划的意图，撰写出符合选题策划要求的稿件。

一般地，在出版合同中，为确保稿件符合出版要求，出版企业对作者和稿件均有相应要求。首先，作者应按出版企业的选题策划意图进行撰稿。其次，作者应按选题策划进度完成撰稿工作。然后，作者应按"齐清定"要求交付稿件。

（四）编审校印

编审校印，是将作者提交的出版物原稿转化为可上市发行的出版物产品的一系列出版业务活动，具体包括编辑、审读、校对和印刷复制等。

编辑，是收集、选择、整理、优化、审定原稿或定本的一项出版业务活动，是对出版物内容质量进行把关的工作，被誉为出版工作的"中心环节"。广义的编辑工作，包括出版物的审读、加工和校对等具体业务工作。一种出版物产品的编辑工作，通常由多人分工协同完成，但由责任编辑负全面责任。编辑工作的规范性强、要求高，是出版物产品开发中最为细致的一项业务工作。编辑工作的价值与意义、流程与规范等，需要通过编辑学的理论学习与编辑工作实践来掌握。

审读，是为评价或选择稿件而进行的审查阅读活动，是决定稿件采纳与否或出具采纳稿件修改意见的一项编辑工作。我国图书出版工作，实行的是"三级审稿责任制度"，即编辑初审、编辑室主任复审和总编辑终审。期刊的出版，在"三级审稿责任制度"基础上，通常还需要辅以"同行评审"，其审读程序更为复杂。

校对，是根据原稿或定本核对并订正抄件或排版样本的编辑工作。校对不是一项简单的技术活，与其他编辑工作一样，也是一项创造性出版业务活动。如"校是非"，即发现原稿或定本的是非对错，就不是一个简单的技术活。我国图书出版工作实行的是"三校"

---

① 刘杲. 我们是中国编辑［J］. 中国编辑，2002（1）：1-3.

制度。

印刷复制，是将经过编辑加工的定本转化为正式出版物产品的一项出版业务工作，具体包括纸质出版的印刷和数字出版物的复制。由于现代数字技术的快速发展，印刷复制工艺越来越先进，出版物印刷复制所创造的追加价值也日益提升。

经过以上四个基本环节，可供上市发行的出版物产品或服务得以生产出来，为满足读者的阅读消费需求奠定了牢固的基础。

二、出版物的重再版

出版物产品（通常为图书）的重再版，也是出版物产品开发的一个重要部分，对应一般企业的"老产品整顿"。如果说上述出版物产品开发流程主要是针对出版企业新产品开发而言的，那么，出版物产品的重再版则不完全遵循这一流程，而是有其自身的个性化要求的。

（一）出版物重再版的概念与意义

出版物重再版，是出版物重印和出版物再版的简称，两者虽然都是基于已出版的出版物产品进行的二次开发，但它们的内涵及其运作并不完全相同。

1. 出版物重再版的概念

出版物重印，是指出版社对已出版的出版物产品不作内容或形式上的重要修改，不改版次和书号的再次或多次印刷。出版物重印时，需要在版权页上记录"印次"，如《习近平谈治国理政》"第1版第8次印刷"等。

从上述定义可以看出，出版物重印包括两种情形，一种是对原出版物产品内容或形式不作任何修改的重印。如《习近平谈治国理政》一书，由外文出版社2014年10月出版第一版，截至2015年6月，未经修改重印8次。其首版版权页记录为"2014年10月第1版第1次印刷"；2015年6月版的版权页记录则为"2015年6月第1版第8次印刷"。该书由中共中央宣传部会同有关部门和单位共同编辑完成，收录了习近平总书记从2012年11月至2014年6月的79篇讲话、谈话、演讲、答问等，收录了习近平主席各个时期的工作生活照片45幅。该书内容经典，编校精良，需求量大，无需修订便可原版重印。二是对原出版物产品内容或形式上不做重要修改的重印。如，《新华字典》在人民教育出版社出版期间，共计出版3个版本，其中的第一版（1953年版）就重印4次，每次都有少许非重要修改。1953年版第一次印刷本，关于"国民"的注释曾出现错误，需要修改。第二次印刷时就做了修订。叶圣陶先生1954年1月22日的日记记录了对这一问题的修改情况。①

出版物再版，是指出版社对已出版的出版物产品经过修订后的再次印刷，一般需要改

---

① 金欣欣.《新华字典》关于"国民""公民"的注释及其相关历史背景[J].新疆社科论坛，2019（4）：92-98.

变版次和书号。出版物再版时，应在版权页上载明再版"版次"，如《人文社科经典导引》第3版、《新华字典》第12版等。

出版物再版的修订，可以是形式上的调整，也可以是内容上的修订。但内容上的修订部分一般不应超过原书内容的1/3。如果原书已作过多修改，则统计时一般可按新书品种统计。形式上的修订再版，如李建中主编的武大通识教材系列《人文社科经典导引》。该书由武汉大学出版社2018年7月出版第一版，2019年7月和2021年7月陆续出版第二版和第三版，相应版次在版权页均有清晰记录。其修订主要体现在形式上，第二版和第三版的装帧和封面设计均有一些非重要修改，从形式上看与第一版有较大不同。内容上的修订再版，如《新华字典》。该书1953年由人民教育出版社出版，1957年改由商务印书馆出版发行。该书第一版自从1953年问世以来，已先后经各方面的专家学者12次大的修订，出版过12个不同版次。到目前发行超过6亿册，获"最受欢迎的字典"和"最畅销的书(定期修订)"两项吉尼斯世界纪录，创造了人类图书出版史上的奇迹。

2. 出版物重再版的意义

在出版物产品开发中，重再版具有与新产品开发同样重要的意义。"好书不能'一版定终身'，而应不断再版重印。中外历代的许多名篇佳作，所以能够流传至今，为后世所承，为今人所用，都是和再版重印分不开的。""注重新书的出版，当然是我们工作的主要途径"，但"注重好书的再版重印，同样是我们必须要做的工作"。① 所谓"接连不断地重印、再版，造成排版、上版等费用的重复支付"，② 显然是一种误解。

出版物重再版的意义集中体现在文化和经济两个方面。重印再版说明"该书有较高的质量和市场影响力"，这句话充分体现了出版物重再版在文化和经济这两个方面的意义。

从文化视角看，出版物是文化(广义的文化含教育与科学等)传播与传承的重要载体，服务于社会文化建构是出版业的重要社会功能。如果说出版物新产品开发可以传播文化的新动向和新成果、体现文化创新，那么出版物的重再版则可以将优秀文化传之久远。《习近平谈治国理政》多次重印、《新华字典》反复再版等，都生动阐释了出版物重再版的文化意义。经典是浓缩的文化，有哪一部经典著作不是一而再再而三地重再版而成为经典的？出版物的重再版，实际上相当于文化广泛传播和长久传承。从这个意义上讲，出版物的重再版就有其独特的文化意义。

从经济视角看，出版物是商品，出版业属文化产业范畴。"在商言商"，出版营销必须强调产品开发的绩效问题。出版物产品开发绩效，一是取决于产品开发的规模效益，即一种出版物产品发行量越大，效益就越高；二是受制于产品开发的风险控制，即产品开发的成功率越高，风险越小，效益就越大。显而易见，出版物的重再版就是一个典型的"规模效益"命题。重印再版的次数越多、销售量越大，规模效益就能得到体现。从风险控制角

① 本刊评论员. 注重好书的再版重印工作[J]. 出版工作，1982(11)：13-14.
② 姜中珠，张玉. 图书重印和再版的启示[J]. 中国出版，1993(12)：47-48.

度看，与新产品开发相比，出版物重再版由于已经经过了市场的前期检验，其成功率更高，不仅成本低而且风险更小。相对较高的成功率，较好地控制了出版物产品开发的风险，进而提高了营销绩效。

(二)出版物重再版策略

作为出版企业产品开发的一个重要组成部分，出版物重再版工作有其自身的运作规范。其中，重再版时机的选择、出版物产品形式和内容的更新以及相关法律问题等，是出版企业开展出版物重再版工作需要特别予以重视的。

1. 重再版时机的选择

重再版是对业已出版的出版物产品的二次开发，因此，选择什么时机着手启动重再版工作就成了出版企业面临的首要问题。如果时机选择不当，过早开始重再版会影响到当前版本的销售，过晚启动则难以借势，当前版本又可能错失前版的影响力。因此，时机的选择就十分重要。一般而言，重再版时机的选择，因重再版性质的不同而不同，大致涉及这样几种情形：

其一，对不做任何修改的重版而言，销售和库存是其选择重版时机的考察点。当市场销售平稳但库存不足时，就应该及时启动重版工作。在印刷复制技术不断进步、多批少量成本增加可控的时代，大多数出版物会采用这一方式进行重版，而不愿意去冒大量备货的风险。

其二，对不做重要修改的重版，除了销售和库存两个考察点外，还要考察市场对当前版本的反应。如果产品存在某些瑕疵，如局部的内容错误、排版或校对差错、插图错误或者装帧设计过时等而影响销售时，一旦发现问题就应该及时启动重版，对发现的瑕疵进行修改或重新进行装帧设计，推出新的重印版。如，2022年人教版小学教材插图问题暴露后，出版社立即对插图进行了重绘，及时推出了面貌一新的重印版。

其三，对做重要修改的再版，其时机的选择应以产品的销售预期、市场表现和生命周期为主要考察点。

对销售预期高但市场表现不佳的产品，在引入期就可以考虑"绝地反击"，启动再版。例如，英国哈里王子的妻子梅根的儿童绘本《长凳》(The Bench)上市发行后销售遇冷，销量不如预期，发行首日未能跻身英国亚马逊畅销榜前200名，读者反映内容平淡无奇、梅根文笔不佳。应该说，梅根本是个有"卖点"的作者，毕竟"卖名"也是出版营销的"套路"之一。出版社如果能够根据该书的"槽点"进行实时改版，绝地反击，或许可以起到意想不到的效果。

对销售预期高且市场表现好的产品，应"借势"在成长期就开始启动再版。如，曼昆的《经济学原理》，是以140万美元征求经济学教科书的中标作品。首版出版于1998年，出版仅3个月就被美国300多所大学采用，其英文版发行量在出版当年就高达20万册，成为世界上首版最成功的经济学教材。到了2001年，该书正处于其生命周期的第二个阶段，即成长期，出版社推出了该书的第二版。内容的及时更新与装帧设计的改变，使得再版书销量继续冲高，市场地位得到进一步巩固。

对销售预期与市场表现相符的产品，为避免"失势"可在成熟期启动再版。如，《中国大百科全书》第一版(74卷)1993年出齐，经过十多年的销售，市场趋于稳定，产品进入成熟期。2009年，在对条目、字数和卷数(32卷)进行精简基础上，正式推出第二版。《中国大百科全书》第二版在编排上采用当代世界各国编纂百科全书的一般通行做法，全书的条目不按学科分类排列，而是按条目标题的汉语拼音字母顺序排列，更加便于读者寻检查阅，使之成为中国第一部按国际惯例编写的大型现代综合性百科全书，并获得市场认可。《中国大百科全书》第二版成为在成熟期以全新的形式进行再版的成功范例。

对业绩不佳但预期回升的产品，即使在衰退期也可启动再版以求反败为胜。如，世纪交替之际，明天出版社陆续推出的《世界经典童话全集》系列，上市初期，市场反应平淡。1999年出版的德国作家埃里希·凯斯特纳的作品首印仅5000册，2000年出版的英国家喻户晓的罗尔德·达尔的作品每种起印量为8000册，2003年出版的瑞士画家莫妮克·弗利克斯的小老鼠《无字书》首印5000套卖了一两年也没卖掉，还有退货。《世界经典童话全集》系列的多数品种出版后都经历了一段低谷，步入衰退期。进入21世纪00年代后期，童书市场回暖，该书的销售预期提升。出版社改进了初版书的装帧设计、开本等，推出再版，很快便获得了市场的认可。凯斯特纳作品中文版的四个版本，每个版本都多次重印；罗尔德·达尔作品的中文版也成为全世界卖得最好的一个版本，其版权还成为了同行竞争的目标；小老鼠《无字书》更是受到市场追捧，销售高达十多万套。这些书由默默无闻到几乎尽人皆知，真正做到了反败为胜。①

2. 重再版的修订策略

出版物的重再版，包括不经修改的重版、不做重要修改的重版和修订再版三种方式。其中，后两者都涉及对当前版本的修订。出版物重再版的修订，又可分为出版物产品形式上的修改和内容上的修订两个方面。从出版实践看，出版物重再版修订大致涉及"改差错""改装帧"和"改内容"三种方式。

(1)"改差错"

根据国家相关规定，出版物容错率是万分之一，也就是书稿的错误率要控制在万分之一内。虽说出版物的首版首次印刷存在一些差错在所难免，但有些不经意的"小错误"却可能酿成严重的后果。如湖南省岳阳市刘某因某农业出版社出版的《葡萄产业配套栽培技术》一书，将矫治葡萄树缺铁症药物配方中硫酸亚铁配比的"小数点"错位，使得硫酸亚铁浓度配比整整提高10倍，导致刘某承包的38亩葡萄园无一株挂果、颗粒无收的严重后果。②

改正当前版本的差错是出版物重再版首先需要解决的问题。现代出版物中经常出现的

① 从首印卖得慢到热销至今，这位出版人拒绝跟风只做长命书![N].出版商务周报，2021-11-25.
② 书上一个小数点毁了38亩葡萄[N].现代农村报，2006-10-13.

差错，大体可归纳为文字错误、词语错误、语法错误、标点符号用法错误、数字使用错误、量和单位使用错误、版面格式错误、事实性错误、知识性错误和政治性错误等十个类型。重再版，为及时改正这些差错提供了机会。

（2）"改装帧"

出版物的装帧设计具有鲜明的时代性，老版本的装帧如果不能适应当前的市场需求，重再版时应该进行重新设计。"改装帧"既包括更改出版物名称，也包括调整封面和版式设计。

"改书名"是大众出版物重再版的惯常策略。《改名让滞销书变畅销书？揭秘因改名而走红的书》[1]一文较好地分析了重再版时的改名现象。"现在人买书目的性大都不强。书名作为图书销售的第一幅广告必须要醒目、精练、直抵人心"，改名正好契合了这一市场变化。改革开放后，我国曾两度翻译出版保加利亚哲学家、文学家基里尔·瓦西列夫的名著。20世纪80年代出版时，中文版名称为《论爱情》，而2000年代的重版时则更名为《情爱论》，两个版本的销量不可同日而语。黄晓阳的《奸商》更名为《阳谋高手》、贺磊的《朔风飞扬》更名为《盛唐领土争夺战》，同样销量大增，等等，都说明了重再版"改书名"的市场价值。

"改封面和版式"也是重再版的常用策略。《图书进入卖封面时代？某作品换个封面销量破百万》[2]一文例举了重再版时更新封面与装帧设计的案例。如《倾城之恋》是张爱玲最卖座作品之一，曾被多次改编成电影、电视剧和舞台剧，是深入街头巷尾的经典作品。但当当数据显示，2006年版的《倾城之恋》销量至今不过6000册，而换了新封面的版本销量过百万；张小娴的代表作《面包树上的女人》，早期版本的销量低迷，2008年由北京十月文艺出版社改头换面再度出版，才为大众熟知。

（3）"改内容"

如果说形式是出版物的"脸面"，那么，内容则是出版物的"灵魂"。所谓"好文章不是写出来的，而是改出来的"，事实上，好书也是改出来的。出版史上的不少经典出版物产品，都是在不断修改迭代过程中形成的。美国经济学教科书保罗·萨缪尔森的《经济学》和格里高利·曼昆的《经济学原理》都是经过二十多次的修订再版才得以成为经济学经典教科书的。可见，重再版正是锻造出版精品的一个过程。"改内容"是指在重再版时，对当前版本的思想观点、文本表达或逻辑结构等内容的更改或调整。如曼昆的《经济学原理》第8版，不仅在出版形式上进行了全新的探索，实现了从纯纸质教材到"纸质教材+在线学习平台"的全新突破，而且在内容上进行了重要更新。第8版纸质教材全面更新了"新闻摘录"（In The News）和"案例研究"（Case Study）。这些新闻和案例紧跟社会经济形势的最新变化和经济学的前沿思想，讨论了公众关注的热点话题，如全球经济增长前景、中美贸易摩擦

---

① 改名让滞销书变畅销书？揭秘因改名而走红的书[N]. 今日女报，2013-03-25.

② 章学锋. 图书进入卖封面时代？某作品换个封面销量破百万[N]. 西安晚报，2013-04-17.

的本质、种族歧视等，还更新了书中的数据及部分章后习题。新增了"专家看法"（Ask The Expert）专栏。该专栏来自对数十名全世界著名经济学家的持续调查。这些专栏中的调查结果使读者能够了解，在社会关注的诸多热点问题上，经济学家们的观点是一致还是存在分歧，并能够了解到，经济学家的看法与普通大众有何不同。

3. 重再版的法律问题

根据我国的《著作权法》，对在版出版物而言，作者是其著作权人，出版企业则享有其专有出版权，含重印和再版的专有权利。因此，出版物的重再版，会涉及一系列法律问题。由于未能有效履行《著作权法》关于重再版规定的相关义务，出版企业与著作权人之间产生的法律纠纷常常见诸报端。如湖南某大学退休教授陈某国诉湖南某出版社《中国礼制史》再版侵权一案，① 就十分典型。

出版物重再版时，出版企业主要应注意到以下三个方面的法律问题。

首先，出版物的重再版需要获得作者授权。

出版物重再版时，出版社应取得作者的许可。即使在合同授权期限内，也不例外；超出合同约定期限的重再版，需作者重新授权。版权到期，其他出版企业重新获得作品专有出版权后，原出版企业不得以任何借口进行重印再版，否则会面临法律风险。"出版社看到过去的老作者又火了，就偷偷拿出过去的作品版本进行加印销售，而不管作者和现在所属出版社的利益，这种事情似乎也不少见。"②如电视剧《人民的名义》热播后，周梅森的作品如《梦想与疯狂》《我主沉浮》的市场行情看涨。享有周梅森这些作品专有出版权的江苏凤凰文艺出版社与上述作品的原出版企业如作家出版社和人民文学出版社等，曾就"版权到期继续卖"打起了"嘴仗"，造成了不良的社会影响。

其次，出版物的重再版需要注意维护作者的修改权和保护作品的完整权。

对作品进行修改再版时，出版社须履行告知作者的义务，以维护作者的修改权和保护作品完整权。因为出版社对作品进行修改再版，可能会影响作品的表达、表现形式、甚至思想内容的完整，从而损害作者的修改权和保护作品完整权。《中国礼制史》的作者陈某国教授诉出版社再版侵权案，就涉及再版书内容修改"出现多处错误"的诉讼理由。

最后，出版物的重再版需要向作者支付报酬。

获酬权是著作权人重要的财产权利，不管出版者与著作权人事先是否在出版合同中

---

① 2011 年 11 月，陈某国发现，湖南某出版社未经许可，再版其《中国礼制史》6 卷本，再版书封面版式不同于原版，封内页"作者简介"被删除，且内容出现多处错误。陈某国认为，湖南某出版社的上述行为侵犯了其著作人身权、复制权、发行权及获得报酬的权利，故诉至湖南省长沙市中级人民法院，请求法院判令被告停止侵权行为、消除影响并赔礼道歉，赔偿经济损失、精神损失抚慰金以及合理开支共计 91.1 万元。2019 年 1 月 7 日，陈某国将经济损失、精神损失抚慰金等变更为 91.8 万元。长沙中院经审理认为，湖南某出版社的被诉行为侵犯了陈某国对涉案作品享有的复制权、发行权及获得报酬权，判决湖南某出版社停止复制、发行涉案作品，赔偿经济损失及合理开支共计 41.6 万元。后经湖南省高院二审，驳回上诉，维持原判。——孙芳华，《图书再版须警惕侵权风险》。

② 郦亮. 一书多版 版权到期继续卖 出版社"打嘴仗"［N］. 青年报，2017-05-17.

约定，出版者只要有重再版的行为，均须向著作权人支付报酬，否则，作者有权终止出版合同。1990 年，国家版权局发布《书籍稿酬暂行规定》对重再版的稿酬支付有明确规定。①

<h2 style="text-align:center">第四节　出版产品的形式</h2>

好的出版物产品，应该是内容与形式的完美结合。只有好的内容，没有好的形式，往往也难以获得市场的认可，获得好的营销业绩。约翰·克雷默的《1001 种图书营销方法》以"精心设计图书，以促进销售"一章的篇幅，专门论述了图书形式设计，就充分显示了出版产品形式开发的重要性。

出版物产品开发，既包括选题创意、内容的编审校印等内容开发，也包括出版物产品的形式开发，如书名、装帧设计等。本节主要涉及出版产品形式的含义与意义、出版物名称的设计和出版物的装帧设计三个方面的内容。

一、出版产品形式的含义和意义

德国著名思想家、作家歌德曾经说过："题材人人看得见，内容意义经过努力可以把握，而形式对大多数人是一个秘密。"②出版物产品形式，的确是一个仁者见仁智者见智、难以把握的问题。

一般地，我们将出版物产品的形式理解为出版物产品的载体形态，主要是指构成出版物产品各要素的组合及其呈现方式。以图书为例，大致涉及书名、书芯、封面、腰封、护封、封底、书脊、勒口、翻口、环衬等基本要素。其中，书名既是出版物的内容，又具有出版物的形式特征。

出版物产品的形式开发，是指基于出版物的内容及其读者定位对上述各要素的构思与设计。如果说一本书的内容生产主要取决于作者，那么，一本书的呈现形式则更多地受制于出版企业的营销努力。

出版物产品的形式，在出版营销中具有极其重要的意义，具体体现在以下三个方面：

首先，出版物产品的形式是其内容的"外化"。

出版物是精神文化产品，作者的立场、观点和方法虽然是内含于文字、图片和音视频之中的，但出版物的形式却可直观地揭示或反映其内容。正是从这个意义上，我们认为，出版物产品的形式是其内容的外化，是其内容的直观反映。因此，只有科学反映出版物内容的形式设计，才是成功的形式设计。无数成功的出版案例表明，内容与形式的完美结合

---

① 《书籍稿酬试行规定》第七条："著译修订重印，视修订程度支付修订费。修订费按增补部分的实际情况付酬；修订后，质量有显著提高，可重新支付原基本稿酬的部分或全部，但其印数稿酬，仍应累计原来的印数。"

② 田建平，沈鸿雁. 当前我国图书装帧设计的九个弊端[J]. 出版发行研究，2007(2)：52-54.

152

才是出版产品开发的不二法则。以外文版《齐白石画集》的书名设计为例。①《齐白石画集》是用外文出版的第一本齐白石作品的高档画册，收集了 1883 年至他 1975 年去世 70 多年间的精品，其中不少是第一次发表，其艺术欣赏价值和研究价值都很高。但考虑到齐白石毕竟是去世多年的一位中国国画画家，西方对他了解不多。如果仅仅把书名直译为 *Selected Paintings of Qi Bashi*，很难让国外读者了解这位画家的特点，并喜欢上这本书。因此，就需要借助书名帮助潜在读者了解齐白石其人其事。基于这一认知，出版社采用了齐白石对自己作品的概括性的评价"似与不似中间"这句话，把英文书名主标题定为 *Likeness and Unlikeness*，副标题才是 *Selected Paintings of Qi Baishi*。这一英文书名，极其贴切地反映和揭示《齐白石画集》的鲜明特色，再辅之以直译的副标题，做到了形式与内容的完美统一，称得上是一个完美的书名策划案。

其次，出版物产品的形式是吸引和激发读者购买的重要因素。

有人说，书籍封面是一本书的"门面"。好的封面设计能吸引更多读者的目光，也影响着一本书的销量。约翰·克雷默在论及图书设计时强调，"只需要六秒钟，人们就能通过它来评价你的书"，"在一个令人眼花缭乱的书店里，重要的是与众不同；如果你的书能引起读者的关注，那么耳语将变成高呼，丑陋将变得美丽"。②可以毫不夸张地讲，一个好的封面或装帧设计，抓人眼球，自带流量，具有很好的促销功能。

读者是"理性人"，通常是以内容来选择出版物产品的，但这也绝不排斥其以"感性"来做购买选择。不然的话，网上就不会有"因为书名好听而买的书""因为封面好看就把书买下"这样的故事。消费心理学研究表明，"感觉"是影响消费者购买行为的四大内在因素（动机、感觉、态度和学习）之一。不能给消费者带来良好"感觉"的产品，就会失去消费者、失去市场。可见，只有能够给消费者带来更好"感觉"的出版物形式设计，才能吸引和激发其购买行为，赢得市场。因此，从读者视角看，出版物产品的形式开发也是出版营销必须重视的内容。

最后，出版产品的形式还是出版企业营销理念与能力的体现。

出版企业营销理念与能力，既可以表现在市场定位、选题策划、销售促进等宏观方面，也可以表现在内容加工、书名构思和装帧设计等精细化的产品开发层面。所谓"细节决定成败"，强调的正是营销工作中那些精细化运作的意义。

重视出版产品的形式开发，一方面体现了出版企业对读者阅读消费体验的重视。出版物的形式与读者的体验直接相关，重视出版产品的形式开发就是重视读者阅读消费体验。学者指出："通过书籍带给读者以想象的余地和韵味，引发读者的心灵感动、震撼和回味，从而使设计在满足人的基本需要的同时，能给人带来或轻松愉快或亲切温馨或幽默有趣或

---

① 佚名. 翻好书名是关键的一环［EB/OL］.［2023-03-01］. http：//www.100test. com/html/131/s_131394_ c95. htm.

② 约翰·克雷默.1001 种图书营销方法［M］. 张志强，等，译. 北京：译林出版社，2016：103.

其他意想不到的心理感受和情感体验。"①另一方面，也体现了出版企业对作者及其作品的重视。都说"作品是作家的孩子"，事实上，出版物产品也是出版企业的"孩子"，作者更是"出版社的衣食父母"。对作品和作者的重视，不能停留在口头上，而应该体现在对其作品的精雕细琢上。

二、出版物名称

通常情况下，出版物的名称是出版物内容的一部分。我们认为，在不妨碍这一基本判断的前提下，同时将其纳入出版物产品的形式范畴，强调出版物名称构思和设计的重要性，显然是有营销学意义的。

德国哲学家、唯意志论创始人叔本华曾讲："一本书的名字之于这本书，就好比是信封上的地址、姓名之于一封发出去的信……书名的首要目的就是让这本书能够引起那些可能会对这本书感兴趣的人的注意。"网名为"一只西米鹿"的读者，曾这样描述自己逛书店的感悟："我每次逛书店，几乎99%的时间都是在看书名。然后就会猜测，这本书到底是讲什么的呢？会不会它原本的内容和我猜测的有一点点相似之处呢？喜欢在那个时刻陷入自己的想象中。"新华书店营业员观察购书顾客的心理，更是总结出购书名言，"一看书名二看皮，三看价格四看题"。书名取得好不好、是不是吸引人，对书的销路影响极大。同样一部书因为书名的改动而改变命运的例子在中外出版史上数不胜数。②

(一)书名的形式

在设计书名时，首先要确定书名的形式。一般地讲，书名的形式主要有单一书名、正副书名、交替书名和并列书名等几种。这些不同形式的书名在揭示图书内容和协助促销方面分别适用于不同的主题或目标读者图书，并且也具有完全不同的效果。

1. 单一书名

单一书名，是图书名称的一种最常见形式，它适用于各学科专业类别、各种类型读者对象、各种不同层次的图书。特别是对各学科专业的基础读物、对于读者对象宽泛的大众读物，单一书名更能体现出自己的优势。单一书名具有简洁、明了、易于识记等优点。一般而言，单一书名通常以揭示图书的学科专业名称、内容主题、基本功用，或者同时涉及读者对象等为其命名的关键点。如《美学》《初等数学》等，就是以学科专业名称命名的；《毛泽东传》《数控机床》《彩色电视机维修手册》等，就是以内容主题命名的；《儿童简笔画》《中小学普法教育读本》等，就是在揭示图书的内容主题、学科专业的同时还涉及读者对象。

① 王伊陆. 浅谈书籍装帧设计对读者视觉经验的影响[J]. 编辑之友，2010(4)：100-101.
② 吕建军. 点睛之笔：书名在营销中的价值探析[J]. 出版发行研究，2009(2)：45-47.

2. 正副书名

正副书名，是指在单一书名基础上，附加一个补充、限制说明该书内容、范围、性质等的副书名，或称说明文字。一般地，如果单一书名不能全面地揭示图书的内容主题，或者易于给读者带来错觉时，通常需要在单一书名的基础上加上一个带强调性或限制性的副书名。副书名的功能主要有：进一步揭示图书的内容，如《伟大的历程：回忆战争年代的毛主席》《从一到无穷大——科学中的事实或臆测》等；指明图书性质，如《死城：科学小说》《天地玄黄：散文集》等；限制、突出正书名的内容，如《营销管理：分析、计划与控制》《国际共产主义运动史：1849—1917》等。正副书名这一形式，看起来较为复杂，但它可以使图书的内容主题更明晰，从揭示图书内容的角度讲，它具有不可替代的作用；从促销的意义上讲，它也具有特殊的作用，特别是对具有明确的购买目标的专业读者的意义尤为突出。

3. 交替书名

交替书名，是指一种图书同时使用两个交替使用的书名，这两个书名通常都可以在封面上出现，也可以在封面上只出现其中的一个，在书名页或版权页上同时列出两个书名。例如，《论艺术》又名《没有地址的信》，《西行漫记》又名《红星照耀中国》，《简·爱》又名《孤女飘零记》等。交替书名多见于翻译图书或古典著作。翻译图书，由于译者的不同，同一图书就可能出现两个或两个以上的书名；古典著作，由于版本的不同，书名也可能相异。大凡由于历史原因形成了交替书名的图书，在重新推向市场时，出版企业可根据营销目标的需要来确定运用策略，既可以从两个或两个以上交替书名中选择其中一个以单一书名的形式出现，也可以两个书名并用，一般没有什么固定的程式。

4. 并列书名

并列书名，是翻译图书的中文名称和外文原名同时出现于封面、书名页或版权页上。如《了解科学》的封面上同时出现了"Understanding Science"，《营销管理》的封面上同时出现了"MARKETING MANAGEMENT"。一般地讲，对于学术著作、专业书等可使用并列书名策略，但对于大众市场图书，即通俗读物来讲，利用并列书名的意义不大。

(二) 书名命名的原则

鉴于书名的重要性，现代出版企业普遍都非常重视书名的命名。书名的命名技巧固然重要，但这并不意味着出版企业就可以随心所欲地命名书名。早些年，我国出版市场上出现的将《水浒传》改为《三个女人和一百零五个男人的故事》，将一本反映马恩列斯生平事迹的读物命名为《世界上四个最有吸引力的男人》以及当前一些网络文学作品名称的低俗、媚俗或庸俗等现象，就极不严肃。

书名命名，是一项十分严肃的工作，它必须遵循科学的设计原则。

1. 科学性原则

科学性是绝大多数出版物，尤其是科技出版物名称命名应遵循的一条基本原则。科学性原则的核心，是指书名要忠实于出版物的内容，不应含浮夸、虚假、欺诈的成分。如前文提到的将马恩列斯生平事迹的传记图书取名为《世界上四个最有吸引力的男人》，就严重违背了书名要忠实于图书内容的科学性原则，有故意欺骗的嫌疑。再如将《爱情心理学》改名为《情爱内心大探密》，就是明显的浮夸，也是违背了这一原则。

市场上，有一些科学著作，故意取一个并不"科学"的名称，目的是为了吸引读者，却造成了误解，影响了出版物的销售。如《女士品茶》，原本是一本统计学基础读物，主要内容是统计学发展史。但书名却给人感觉，这是一本讲"小资生活的女性，如何品茶，提高生活品位的书，就没什么兴趣读"。其实，《女士品茶》书名的由来，是在某个午后，有位女士说把茶加到牛奶里和把牛奶加到茶里，调出来的是两种不同味道的下午茶。在座的科学家都嗤之以鼻，只有一位绅士用科学的方法来检验女士的假设，这种方法便是统计学。还有一种情形恰好与之相反，原本是文学著作却取了一个过于"科学"的书名。如《禅与摩托车维修艺术》，这是本关于主人公在骑摩托车旅行过程中不断地寻找"良质"，也就是东方哲学的禅思，用摩托车维修的道理来解释禅道的文学作品，但书名以及封面的"摩托车维修"字样误导了读者。[①]

以上两种倾向，都是对书名设计的科学性原则的误读。

2. 艺术性原则

艺术性是各类出版物产品，特别是大众出版物产品命名应普遍遵循的准则。艺术性原则，系指书名在揭示图书内容、性质等基本要素的同时，还应充分考虑书名对于读者的艺术感染力，力求以艺术性感染和吸引读者，激发读者的需求。想必不少读者都曾读到过被世界文坛称为"不朽之作"的法国著名作家马塞尔·普鲁斯特的七卷本巨著《追忆似水年华》。可读者却并不一定了解该著确定译名所经历的一场激烈争论。当时，大多数法国文学专家及评论家主张用《寻找失去的时间》这一非常忠实于原文的书名，而以翻译家为代表的一派则力主用艺术性更强的《追忆似水年华》。双方几经争论，最终才确定使用《追忆似水年华》这一艺术感染力更强的书名。本书出版后畅销不衰，应该说其富有诗意的书名也功不可没。再如，章衣萍的短篇小说集，初版定名为《桃色的衣裳》。结果是首版销量一般，再版时更名为《情书一束》，顿时销路大增，这也是书名艺术性的提高对读者吸引力增强的生动一例。

3. 严肃性原则

书名，虽有促销的功能，但它不完全等同于物质产品的名称，它必须同出版物的内容一样应注意其社会影响。出版物命名的严肃性原则，是出版业践行"把社会效益放在首位"这一根本原则的体现。低俗、媚俗和庸俗的"三俗"化命名倾向，是与这一原则格格不入的。近年来，我国出版界在注重书名促销功能的同时，却走入了另一个误区。一些出版单

---

① 韦海生. 因书名不好听，很少有人读过的三本好书[EB/OL]. [2023-03-01]. https://baijiahao. baidu.com/s? id=1728968434502997641&wfr=spider&for=pc.

位为带节奏、博眼球、蹭热点、刷存在，在出版物命名中出现了严重的拜金主义、崇尚暴力和性暗示倾向。一些出版物的名称，尤其是文学作品的书名，不堪入目，极不严肃。

三、装帧设计

一种出版物产品，最终以何种形式呈现于市场，起决定作用的便是装帧设计了。出版物的装帧，如封面、版式、插图，是出版物内容或价值的"外化"表达，是设计者对出版物内容或价值理解的视角表达，是沟通作者与读者心灵的桥梁或中介。好的装帧设计，可以提升出版物的价值、强化读者的理解或认知、增进市场接纳，扩大市场销售，具有文化与营销的双重意义。装帧设计，是出版物产品形式开发的核心内容，有其固有的基本内涵和工作规范。

(一) 装帧设计的原则

装帧设计，属出版物产品形式开发范畴。在遵循出版物产品开发基本原则的前提下，它还有自己需要遵循的个性化原则。一位芬兰的书籍艺术家曾说过："书籍装帧设计是有纪律的狂想。又有纪律，又有狂想，二者是矛盾的统一体。"①其中的所谓纪律和狂想，可以看作出版物装帧设计的原则。

1. 艺术性原则

出版物的装帧设计，常被人们称为"书装艺术"。也就是说，装帧设计不是一项单纯的技术性活动，而是一种艺术创造活动，它必须经过艺术家的艰苦创作，是艺术家借助彩色、图案等手段表现出的艺术家本人对于出版物内容主题与思想的理解。这一原则至少涉及以下两个方面的内容：

一是出版物装帧设计必须表现出出版物产品的形式美。俗话说"人靠衣装，佛靠金装"，出版物装帧设计，首先必须给出版物穿上一件美丽而得体的"外衣"。只有做到这一点，出版物产品才能从感官上吸引广大读者。形式美的营销学意义却不可低估。不可想象一本外表俗不可耐、甚至丑陋不堪的图书会激发起读者的购买欲望。近年来，人们常说的我国的图书的确"漂亮"了，所指的就是出版物装帧设计这一层面的内容。

二是出版物装帧设计必须应该揭示出版物内容的意蕴，展示出版物的内在价值或曰内容美。出版物装帧设计，从本质上讲，正如高斯在《出版审美论》中所言："图书的装帧设计，不仅为图书穿上一件美观的外衣，而且应该使图书的形式通过艺术构思、艺术手法而和内容统一起来，反映出图书内容的美，反映图书所蕴含的生命力的美。"②很明显，相对于形式美而言，内容美是一种更高层次的艺术追求，它是艺术家艺术创造的结晶，任何模仿、照抄照搬，都难以达到内容美的境界。这些年，在图书封面的设计上，有一种追求复

---

① 王伊陆. 浅谈书籍装帧设计对读者视觉经验的影响[J]. 编辑之友，2010(4)：100-101.
② 杨小民. 图书评论应当重视对书籍装帧艺术的整体评价[J]. 大学出版，1996(3)：31.

杂、追求刺激的倾向。当然，这种追求如果表现在一些通俗读物、现代读物上是无可非议的，有时甚至也能起到非常好的效果。然而，有些出版社却将这种过分"花哨"的形式也用于本应显得古朴、庄重的古籍出版物的封面上，这显然是一种脱离内容的单纯的形式追求，是一种模仿，其效果不言自明。正如贾辉丰见到一本封面设计"花哨"的古籍出版物时所说的："它的封面用了大硬壳，花花绿绿，我感觉它不是古籍，是菜谱。"

可见，出版物装帧设计的艺术性，不仅是对出版物形式美的追求，同时它更是对出版物内容美的追求。

2. 风格型原则

风格型原则，是指出版物装帧设计对相对稳定的思想和艺术特色的一种追求。从营销学的角度看，出版企业也好，出版物产品也好，都应该有其自身的风格特色。一个企业、一种产品，只有在市场或消费者心目中留下了鲜明的印象、显示出版独特的风格或特色，才能吸引消费者。对于出版企业或出版物产品而言，自然也不例外。我国出版企业虽数量不多，但每年出版的图书却高达 50 多万种。在这样一个竞争激烈的行业中，在不计其数的图书品种中，没有风格特色的企业，没有风格特色的图书产品，自然难以给读者留下深刻的印象。

出版物装帧设计风格主要体现在以下几个方面：

首先，装帧设计应具有时代特色。不同时期，人们的思想、观念不尽相同，对于出版物产品的内容和形式的要求也不一样。因此，出版物装帧设计必须根据不同时期人们思想、观念变化的要求来构思，创造出符合时代精神的艺术表现形式。有学者指出，"艺术是时代的产物，它反映着时代的美与丑、善与恶、理想与追求、欢乐与悲哀，它永远反映着时代脉搏的跳动"，"书籍装帧设计与其他造型艺术一样，都具有极强的时代性"。[①]

其次，出版物装帧设计必须重视自己的民族风格。不同民族有不同的文化背景和文化传统，这就使得不同民族的人们具有不同的审美意识和艺术追求。出版物装帧设计，也必须在充分把握这一特点的基础上来追求自己的民族风格。当今世界，在图书出版领域，已形成了三种不同的图书装帧艺术风格流派：英国以庄重、豪华、大方为特征；以日本为典型的东方文化风格，以和谐、含蕴、抒情而见长；美国的现代派风格，以追求感官刺激为特征。这三者在出版营销上各有成效，在国际出版界具有广泛而深远的影响。我国是一个历史悠久的文明古国，有着辉煌灿烂的传统民族文化，同时也是一个出版大国，我们在图书的装帧设计上自然应追求本民族的特色。

再次，出版物装帧设计应该追求出版企业自身的风格特色。出版企业，是出版营销的主体，每一出版企业在其出版物装帧设计上应该追求企业自身的整体风格或特色。只有这样，才能使其产品区隔于同行企业，在市场上独树一帜。从这个意义上讲，出版物的装帧设计风格，应该建立在企业的目标市场、出版理念、出版传统和专业优势基础之上，力求

---

① 朴成日. 书籍装帧设计风格应与时代同步[J]. 成功（教育），2010（11）：292.

将企业自身的理念、传统、优势与追求等紧密结合在一起，形成一种突出的企业特色或个性，并将这一特色或个性贯穿于企业出版的全部出版物产品的装帧设计之中。需要强调的是，出版企业的装帧设计风格，是一种精神、一种理念，而不是形式上的强求划一。因此，企业风格并不会制约其不同类别的出版物产品装帧设计的个性化要求。

然后，出版物装帧设计，应在充分遵循上述三个方面原则基础上，充分发挥出版物产品的个性化特征，展示每种出版物产品的个性魅力。众所周知，出版物产品的内容主题各不相同，作者的观点、思想与方法更是百花齐放，每一种出版物产品都有自己的风格特色。因此，每一种出版物产品的装帧，都应该因"书"制宜，充分展示其各自的内在风格。

(二)装帧设计的内容

出版物装帧设计的内容众多，十分复杂，大致可分为技术设计和美术设计两大部分。其中，技术设计主要涉及出版物的纸材选择、开本设计、装订设计等在内的整体设计和版式版面设计；美术设计则主要包括出版物的封面设计和插图配置等内容。这里仅以图书为例，对出版物设计做一个简要介绍。

1. 技术设计

出版物的技术设计，具体包括整体设计和版式版面设计。

(1)整体设计

整体设计，是指与图书产品物质载体直接相关的技术设计，具体涉及纸材选择、开本设计和装订设计三项内容。整体设计直接决定着图书产品的物质形态。

纸材，是图书内容的物质载体。纸材的类型多种多样，如凸版纸、胶版纸、铜版纸、字典纸、毛边纸和新闻纸等。不同类型的纸材，性能或表现力不同，成本不同，适用对象也就存在差异。如铜版纸比较适合以图片为主的艺术类图书、字典纸显然适合字典等工具书、毛边纸则适合于古籍图书等。纸材选择，要在综合考虑图书的主题与内容、类型与功能、读者定位、成本与定价等因素的基础上进行决策。

开本，是指书刊幅面的大小，即一张全开的印刷用纸裁切出的张数。书刊的正常开本有 64 开、32 开和 16 开。除正常开本外，还有异形开本，即不按正常方式裁切出的开本。异形开本，由于形式新颖，受到不少读者欢迎，但纸材浪费较大，成本相对较高。由于国际国内的纸张幅面有多个不同的系列，虽然它们都被分切成同一开数，但其规格的大小却并不相同，成书的尺寸也不一样。开本的大小，看似事小，实则意义不小。有学者认为，"作为最外在的形式，开本是书籍对读者传达的第一句话，适宜的开本设计能给人良好的实用性感受和艺术体验"。[①] 开本设计，虽然共性居多，但并不排斥根据内容呈现的需要进行多样化设计。如，1997 年，人民文学出版社出版的女诗人灰娃的诗集《山鬼故家》，采用的就是异形 32 开本，即 16 开的高度和 1/2 的 16 开宽度。这本书显得十分修长，拿在

---

① 兰华丽. 浅析书籍装帧的整体设计[J]. 艺术科技, 2016, 29(4): 256-257.

手中的感觉自然也非常奇特。这种开本设计的考虑是："诗的形式是行短而转行多，读者在横向上的阅读时间短，诗集采用窄开本是很适合的。"

书籍装订，与印刷技术发展演进密切相关，不同印刷技术对应不同的装订方式。"中国先后出现过卷轴装、经折装、旋风装、蝴蝶装、包背装、线装等装订方式，在西方装订技术的影响下，现代书籍装订方式呈现出更丰富的形式。"①近代以来，中西装订方式的碰撞为书籍装订形式的发展和创新带来了新的机遇。一方面，随着现代印刷装订科技的进步、中西装订方式的深度融合，我国书籍装订艺术的国际化程度越来越高；另一方面，随着中国出版"走出去"战略的持续推进，中国书籍装订的优秀传统和方式，如线装书，也越来越受到国外市场的认同和接纳，受到国际读者的欢迎。

（2）版式版面设计

版式版面设计，又可以分为版式设计和版面设计。其中，版式设计是指对书刊正文部分的全部格式设计，包括正文和标题的字体、字号、版心大小、通栏、双栏、每页的行数、每行字数、行距及表格、图片的排版位置等；版面设计则是对书刊版面中图文和留白，即版心和版心周围空白部分的布局设计。书刊的版式版面，不只关乎其形式美，而且直接影响到读者的阅读体验。"从视觉心理的角度看，版式设计特别要注重版面对角线、垂直、水平等构图的安排以及版面的对称与平衡问题，目的是为了集中读者的视线，给读者以版面布局清晰、疏密有致的视觉感受，从而提高其阅读兴趣。"

版式版面设计中，首要的问题是平面空间如何分割和占有，即文字版心要多大、版心四周留多少空白、文字组成的灰色板块与留白的比例是否适当等问题。版式版面设计，要解决的核心问题是版心和留白的关系。

版心，是指书刊等出版物每面排印文字和图画的部分，但书眉和页码虽是版面中的文字，但不在版心区域，是版面中独立的组成部分，不属版心范畴。版心设计的核心，一是版心与边距的设计。版心和边距的确定，形成了整个版面的基本结构。版心与页边距的比例，关系到整个版面的"紧张"程度。页边距的宽窄会影响到读者的情绪，页边距越宽，人的注意力会更加集中，页边距越窄，人的情绪相对会紧张。二是版心的位置。版心位置的不同会带来不同的感受，当版心的中心和版面的中心重合时，就会给人更为稳定的感受；当版心位于版面中偏上的位置时，有一种漂浮的感受；当版心位于版面中偏下的位置时，给一种温暖、安静、下沉的感受；当版心很大或者撑满了整个版面，整个版面就会有一种扩张的感受；当版心位于版面中偏右的位置时，较为活泼，冲击较强；当版心位于版面中偏左的位置时，没有右边的冲击力强，仿佛受到了阻碍。设计师可根据书籍概念的需求设定相应的版心。②

留白，主要是指书刊等出版物每面排印文字和图画之外的空白部分。"在书籍的版式

① 兰华丽. 浅析书籍装帧的整体设计［J］. 艺术科技，2016，29（4）：256-257.
② 秦志超. 浅谈书籍版面设计中的版心与页边距［J］. 大众文艺，2018（19）：129-130.

设计中，空白具有重要的地位和价值。留白是书籍版式设计中的一种特殊艺术手法，版式设计中好的留白，就好像是在电影中设置的悬念，恰是无声胜有声，看似无形胜有形。"①好的留白设计，能够起到反衬版面主题、渲染重点，强化版面视觉层次感、产生视觉美感，强化版面审美境界，激发读者阅读兴趣等多重功能。书装设计专家都非常重视版面留白的设计。荷兰艺术家杜斯博格将留白定义为版面设计的第一元素（其他三元素分别是文字、色彩以及图片）。在杜斯博格看来，空白的、未经印刷的纸简直就像建筑空间一样重要。另一位对版面的留白也极为重视的设计师保罗伦纳认为："新版面设计艺术从抽象艺术中借鉴了艺术化的结构空间……但适用于空白纸面时尽管形式有别，但价值等同。纸面不仅仅是文字的背景和载体，还是一种需要认真对付的白色空间。"②鲁迅先生在《华盖集·忽然想到》里就曾针对我国当时的书籍版面设计有过这样的感慨："我于书的形式上有一种偏见，就是在书的开头和每个题目前后，总喜欢留些空白……较好的中国书和西洋书，每本前后总有一两张空白的副页，上下的天地头也很宽。而近来中国的排印的新书则大抵没有副页，天地头又都很短，想要写上一点意见或别的什么，也无地可容，翻开书来，满本是密密层层的黑字；加以油臭扑鼻，使人发生一种压迫和窘促之感，很少'读书之乐'，且觉得仿佛人生已没有'余裕'，不留余地了。"③

2. 美术设计

出版物的美术设计，具体包括封面设计与插图配置两个部分，两者既相互独立，又彼此关联。其中，封面设计，是以整体揭示或展示出版物主题、性质或目标读者为宗旨的一种出版物视角形象设计，而插图配置，则是以揭示或展示出版物主题局部内容为目的一种辅助性内容设计。两者的功能和要求存在较大差异。

（1）封面设计

封面，是出版物的"脸面"，封面设计具有非常重要的营销学意义。福斯特封面设计公司（Foster Covers）设计师强调，"图书封面是营销中最重要的部分"，是出版物装帧设计的核心。

图书的封面，是相对书芯而言的，由一系列形式要素构成。狭义的封面，仅指封一，这应该是大众所认可的封面的含义。广义的封面，则包括封一、封二、封三、封四（封底）、书脊和勒口，根据不同的装帧要求，封面还有腰封、护封、袋封等其他形式。这些部分是一个整体，具有展示图书内容、吸引读者和保护书芯等多重功能。

从装帧设计视角看，封面设计是对上述系列封面要素的综合设计，既包括对系列要素的选择或取舍（如是否需要勒口、腰封、护封或袋封等），又涉及各要素的功能定位和呈现的构思与实现。

首先，封面要素的选择或取舍。如前述，封面要素多达十多项，其中的部分要素，如

① 柴磊. 浅谈版式设计中的留白艺术[J]. 艺术教育，2015(9)：282.
② 王艳梅. 书籍装帧整体设计中天头地脚设计的作用[J]. 艺术教育，2011(7)：142-143.
③ 王艳梅. 书籍装帧整体设计中天头地脚设计的作用[J]. 艺术教育，2011(7)：142-143.

勒口、腰封、护封或袋封等都是选择项,并非每种图书都要使用全部要素。要素的取舍或选择,主要取决于图书的类别和目标读者。考虑到要素的增加会带来成本的上涨,对读者对象相对专业的图书,原则上没有必要选择太多的封面要素。一般地,大众图书,尤其是畅销书,使用的封面要素相对较多,但教科书、学术著作选用的相对较少。一旦选择了某些备选项,就一定要充分发挥其效用,通过所选要素向目标读者传递有价值的信息。

其次,封面要素的功能定位。图书封面有其整体功能,不同封面要素也都有其相应的功能或效用。其中,有些要素存在功能上的重叠,如勒口、腰封、护封或袋封等,它们主要起到装饰和传递某种特定信息的作用。在同时选择多重要素的情况下,需要进行功能的区隔或准确定位。

最后,封面要素的呈现。封面的各个要素,不仅有其独特的功能,也有其特定的呈现形式及要求。如,封一,是图书封面的基本要素,它必须在封面的整体构图中呈现图书的书名、作者及著作方式、出版社名称三大要件。图文的布局结构(如上下文图式、左右文图式、图含文式、纯文字式四种)、"三大要件"的位置、字体字号、排列方式等都非常有讲究,技术性和艺术性要求都非常高。①②③④ 由于封面要素的呈现主要表现为一种艺术创意,其效果往往见仁见智,很难以客观或定量的技术指标进行评价,因此,封一的呈现就成为封面设计的重点和难点,更需要给予万分的重视。

(2)插图配置

插图配置,虽属装帧设计之美术设计范畴,但其功能有别于封面,主要是以揭示或展示出版物局部内容为目的的一种辅助性内容设计。插图表达知识和传递信息更直观、更清晰、更具体。图画语言不同于纯艺术的绘画,而是负载书籍文字内蕴之"意",重在对书籍内涵作高度浓缩化的视觉呈现,增强书籍版式的生动感和文字的感染力,以激发读者对书籍的想象和阅读兴趣。可见,插图具有帮助作者更好地表达文字难以表达的意思和帮助读者更好地理解文本内容的双重功能。

"古人以图书并称,凡有书必有图。""古之学者为学有要,置图于左,置书于右。"进入"读图时代"后,出版物插图变得越来越重要,甚至有"无图不成书"之说。因此,插图配置也更加受到重视。

插图配置,作为出版物装帧设计之艺术设计的一项重要内容,其工序复杂,要求专业。从流程看,插图配置大致涉及"从采集与拍摄、选配插图、修图与校色、布局与安排、拼接与融合、去底与虚化六个重要环节"⑤。其中的部分环节,如插图的采集、拍摄和选配等,由作者和编辑共同完成,其他的大部分工作由编辑和技术人员完成。

① 宋焕起. 书名:装帧设计的灵魂[J]. 编辑学刊,2013(3):77-81.
② 宋文岚. 浅谈图书书名形式的设计[J]. 美术教育研究,2021(18):94-95.
③ 师静,龚小凡. 1949—1966年书籍封面的构图研究[J]. 艺术与设计,2016,2(12):69-71.
④ 曹磊. 书名设计四忌[J]. 出版工作,1983(10):47-48.
⑤ 郭学工. 谈书籍装帧中插图及图片的处理技巧[J]. 出版参考,2018(2):51-53.

第六章　出版定价

---

* 本章知识点提要

　1. 企业出版物产品或服务定价的客观因素

　2. 出版定价的目标与方法

　3. 数字出版物定价模式

　4. 出版定价主要策略

* 本章术语

　定价销售制　　自由价格制　　订阅模式　　理解价值定价　　折扣策略

商品或服务的定价，既是一个经济学范畴，同时也是一个营销学范畴。无论是出版产业发展，还是出版企业营销，都必须关注或重视商品或服务的定价问题。

经济学更多的是从价值规律视角考察价格对经济发展的影响。"价格问题是经济学研究的核心问题，所有经济规律的背后，必然有价值规律在发挥作用。"①营销学则是从企业营销组合的视角考察定价策略的科学运用问题，"图书定价是编辑出版活动中'牵一发而动全身'的关键所在"。②营销学强调，科学的定价策略、适度的价格水平，往往会使出版企业获得丰厚的回报。同样，定价的失误，也可使出版企业蒙受不应有的损失。本章将着重介绍出版企业出版物产品或服务定价的影响因素、定价目标与方法以及定价策略。

第一节　出版定价的影响因素

出版物产品或服务的价格，是多元因素综合影响的结果。概括起来讲，这些因素可以

---

① 毛志辉. 价格理论在出版领域的创造性运用——读陈昕著《中国图书定价制度研究》有感[J]. 现代出版，2011(6)：76-79.

② 毛志辉. 价格理论在出版领域的创造性运用——读陈昕著《中国图书定价制度研究》有感[J]. 现代出版，2011(6)：76-79.

分为两类：一是客观因素，如国家的出版价格政策、出版物产品或服务的成本价值因素、出版市场的供求状况、出版物产品或服务需求价格弹性、读者的购买心理与购买行为等；二是主观因素，主要是指出版企业营销的定价目标。出版企业在给一种出版物产品或服务确定价格时，除了要综合考虑以上客观因素外，同时企业的定价目标策略也起着不可忽视的作用。本节主要分析企业出版物产品或服务定价的客观因素。

一、政策因素

出版业，既是一个重要产业部门，又是宣传思想文化工作的一个重要组成部分。因此，出版物产品或服务定价的政策性，较一般物质产品或服务定价更强。出版物产品或服务定价，不仅要遵循一般性的价格政策，而且更要受到国家出版业价格制度或政策的直接影响。

(一)价格体制政策

价格体制是经济体制的一部分，一个国家实行什么样的经济体制，也就决定了其相应的价格体制。经济体制，从严格意义上讲，不外乎两种：一是计划经济体制，二是市场经济体制。与之相适应，价格体制也包括计划价格体制和市场价格体制。

中华人民共和国成立以来，我国出版物定价经历了"按印张分类"的计划定价(1956—1984年)，到"控制定价利润率"的分级自主定价(1984—1992年)，再到基于成本的企业自主定价(1992年至今)三个阶段，出版物价格体制改革给予出版企业越来越多的自主权。[①]

1956年2月18日，文化部发出《颁发全国杂志、书籍定价标准的通知》，正式确立了计划经济体制下，我国出版物产品按印张分类定价的计划价格模式。当时规定全国出版社一般书籍、课本正文的定价共分11大类26小类，其中，中小学课本定价最低，每印张0.046~0.049元，儿童读物每印张0.05元，政策性文件、法令每印张0.055元，一般书籍为0.06~0.20元，如表6-1所示。

表6-1　1956年规定的全国出版社一般书籍、课本正文定价标准表　　单位：元

定价类别	次序号	分类项目	每印张定价(787×1092mm/850×1168mm)
一类	1	小学课本和业余学校课本	0.046/0.055
二类	2	中学课本和业余学校课本	0.049/0.059
三类	3	儿童读物	0.050/0.060
四类	4	政策文件、法令	0.055/0.066

---

① 周正兵.图书定价机制60年回眸[J].中国出版，2009(16)：63-66.

定价类别	次序号	分类项目	每印张定价(787×1092mm/850×1168mm)
五类	5	政治宣传读物	0.060/0.072
	6	大量印行的文学作品和文学作品的普及本	
	7	通俗读物	
	8	青年修养书籍	
	9	教学参考书	
	10	马克思、恩格斯、列宁、斯大林、毛泽东著作	
六类	11	普及性的社会科学书籍	0.075/0.090
	12	文学作品	
	13	高等学校课本和参考教材(社会科学)	
	14	彩色儿童图画书(单色)	
七类	15	一般社会科学书籍	0.082/0.098
	16	诗、剧本、文艺理论书籍	
	17	简谱歌曲和普及性的音乐书籍	
	18	普及性的自然科学书籍	
八类	19	高等学校、中等专业学校课本和参考教材(自然科学、数学、物理、化学)	0.090/0.108
九类	20	普及性的科学技术书籍	
	21	社会科学高级学术性专门著作	0.100/0.120
	22	彩色儿童图画书(复色)	0.110/0.132
十类	23	高等学校、中等专业学校课本和参考教材(科学技术、外国语)	0.120/0.144
	24	一般自然科学、科学技术书籍	0.135/0.162
	25	正谱歌曲和音乐理论书籍	0.150/0.180
十一类	26	自然科学、科学技术专门书籍	0.170/0.204
			0.200/0.240

　　这一定价标准一直执行到 1984 年，前后共 28 年。在这一时期内，文化部还曾对这个定价标准做过某些微调，但大多是为了政治运动的需要，强调低书价政策。例如：1958 年"大跃进"期间，文化部要求图书定价降低 15%；1963 年，又要求出版行业的利润比上年降低 18%。"文化大革命"期间，国家计委于 1973 年颁发了《图书定价试行标准》，该标准确定的图书价格比 1956 年的定价标准还低 20%～25%。

　　1984 年 10 月，文化部发布《关于调整图书定价的通知》，决定地方出版机构的图书定价由地方进行管理，改统一定价为控制印张定价上限，按照"保本微利"的原则进行定价。《通知》规定，中央一级出版社的图书定价标准幅度：社会科学和文学艺术每印张0.075~0.16元，自然科学和生产技术每印张0.08~0.23元，领袖像、年画每对开张0.13~0.18元。但是，这个规定执行不久，由于纸张价格的快速增长，图书定价幅度被一再突破，该《通知》并没有发挥太大作用。

图书定价的真正突破，首先从学术和专业著作开始。1987年4月，吉林出版总社向该省物价局申请试行学术专著按成本定价。同年12月，国家物价局同意科学出版社6类印数在3000册以下的图书，即学术研究专著、科学研究资料、最新学科介绍、各学科的工具书、著名科学家文集和世界科学名著可以参照成本定价。1988年3月，新闻出版署向全国出版社转发了国家物价局给中国科学院的批复，同意对印数较少的学术、专业著作实行参照成本定价的办法。1988年，新闻出版署先后转发了《同意印数在三千册以下学术著作和专业著作可参照成本定价》的通知和《关于改革书刊定价办法的意见》。文件规定，除中小学课本和大中专教材仍实行按国家统一标准定价外，其他书刊的定价按全年书刊定价利润率控制在5%~10%的幅度内自行定价，基本确立了按定价利润率定价的新方法。可以说，这是图书定价方式走向市场化的一次重大突破。但由于管制的放松，造成了图书价格的大幅上涨，政府不得不放缓价格改革的步伐。

1989年11月文化部颁布的《关于整顿图书定价的通知》，对1956年颁布的《全国杂志、图书定价标准》进行了改革，把过去那种将图书按照11大类26小类分别定价的办法改为了按照图书大类进行定价，即将图书分成两大类，其中社会科学类和文学艺术类图书的定价标准为每印张0.075~0.16元，自然科学类和生产技术类图书的定价标准为每印张0.08~0.23元。就效果而言，这次调整虽然在一定程度上抑制了价格上涨，但其负面的效应十分明显，使价格改革放缓，市场活力下降。

1992年，党的十四大明确提出建立社会主义市场经济体制。我国价格改革也从转轨时期的"调放结合"走向构建社会主义市场价格新体制的全面改革，从计划经济的价格体制走向社会主义市场经济的价格体制。1993年4月，国家物价局和新闻出版署联合发出了《关于改革书刊价格管理的通知》，规定除大中专教材、中小学课本以及党和国家重要文献外，一般图书的价格由出版机构根据纸张成本、印刷工价和发行册数自行确定。这份文件标志着符合市场经济规律的图书定价体系正式建立。至此，我国得以初步建立起以成本为导向的出版企业自主定价体制。

(二)价格体系政策

价格体系是市场上千差万别的各种各样的商品之间价格的相互联系、相互制约而形成的一个复杂体系。它通常可以划分为商品的比价体系和差价体系两个部分。价格体系政策是指国家为维护商品差价、比价的合理性而确定的价格管理政策。出版企业在对出版物产品或服务定价时，也必须考虑商品的差价和比价因素。

1. 商品的差价

商品差价是指同一种商品由于流通的环节、地区、季节或质量的不同而形成的价格差额。一般而言，商品差价的主要形式有批零差价、质量差价、地区差价和季节差价四种。就出版物产品或服务而言，这四种形式的差价也应该存在。然而，由于出版物产品或服务价格的形成同一般物质产品相比存在一定的特殊性，其价格在出版物产品或服务出版的出版环节就被确定下来，在出版物产品或服务正式面市之前就已形成，因此实行的是无地区、无季节差别的全国统一定价。出版物产品或服务流通中的地区差价和季节差价因素在出版定价中未能得到体现。也就是说，在四种基本的差价形式中，出版企业在对出版物产品或服务定价中只考虑了批零差价和质量差价，而对与这两种差价因素同样重要的地区差价与季节差价却未予以考虑。

（1）批零差价

批零差价，是指同一商品在同一时间、同一市场零售价与批发价之间的差额。出版物产品或服务的批零差价是指出版物产品或服务定价减去批发价后的差额，它体现为出版物产品或服务的定价乘以批发折扣率。出版物产品或服务的批零差价，直接反映出版商、批发商与零售商之间的利益分配关系，是出版物产品或服务零售企业补偿营销成本、上缴税金和获得利润的来源。因此，批零差价的高低对出版商、批发商和零售商的利益有很大的影响。此外，批零差价的高低还直接影响着出版物产品或服务的市场销售价。合理确定批零差价对于出版物产品或服务的消费也有积极作用。由于出版物产品或服务的价格形成于出版环节，是由出版社单方确定的。因此，出版企业在确定出版物产品或服务定价时，就必须更充分地考虑到其批零差价因素，既要有利于中间商进行广泛分销，又不能因此而提高出版物产品或服务的定价，影响读者购买。

（2）质量差价

质量差价，是指同一种出版物产品或服务在同一市场上因质量差异而形成的价格差额。按质定价是我国价格政策的一项重要内容，出版企业在确定出版物产品或服务的价格时，也必须严格遵循这一政策要求。从理论上讲，出版物产品或服务的质量也可从内容和形式两个方面来考察，但是，由于其内容是科学文化知识，其功效的大小、价值的高低、质量的优劣往往难以衡量，所以出版企业在确定价格时，主要考虑的是其形式质量，如出版物的用纸、装帧、印刷等的质量。严格说来，出版物产品或服务的内容质量较形式质量更为重要，它对读者的影响更大，因此在定价时也应尽可能予以考虑。

（3）地区差价

地区差价，是指同一种商品在同一时间、不同地区的价格差额。它主要是出版物产品或服务在地理空间转移过程中所增加的劳动消耗而形成的，此外，由于不同地区的技术条件、资源条件、生产费用的不同，也会形成地区差价。应该说，地区差价是价值规律的要求。然而，我国出版物产品或服务定价却一直未能考虑到地区差价这一因素，也是出版定价忽视价值规律作用的表现。我国地域辽阔、人口众多，在广大边远山区、偏僻农村，发行成本高、费用大,由于不考虑地区差价,所以农村图书发行企业困难重重。同时,一些经济发达地区,由于劳动力和场地成本居高不下,图书商品零售受制于定价销售制,也会出现经营困难。在这些情况下,难免出现发行量越大,利润越低的怪现象。据了解,整个20世纪80年代,新华书店总店用集资的办法来补贴新疆、西藏、青海、宁夏等地的图书发行费用就高达3000多万元,这正是不考虑地区差价所带来的直接结果。

1995年,国家物价局批准深圳市新华书店出售图书可按定价上浮10%～15%一事,在我国出版界引起较大反响,激发了人们对我国出版定价不考虑地区差价现象的思考。应该说,"深圳现象"的意义不仅在于它解决了围绕深圳市新华书店"卖得越多,亏损越大"的矛盾,而且更在于它是一个以官方形式肯定地区差价因素在图书销售定价中作用的良好开端。相信,随着适应社会主义市场经济体制的出版体制的逐步确立,出版企业的定价将会越来越多地考虑到地区差价这一因素,从而使出版物产品或服务定价更加合理。

(4)季节差价

季节差价,是指同一商品、同一市场、不同季节之间的价格差额。它主要是由于出版物产品或服务供求在时间上的矛盾而造成的。与一般物质产品或服务一样,出版产品或服务的需求具有明显的季节性。如教材、教辅、政治学习读物、年画、挂历等受季节因素的影响就十分明显。因此,在出版物产品或服务定价时,也应该适当考虑季节差价这一因素。当然,受统一定价因素的影响,季节差价更多地只能体现在零售环节。

2. 商品的比价

商品比价,是指同一条件下相关商品或服务价格的比例关系。所谓相关商品,是指在生产或消费中有联系、有影响或能互相替代的商品。从出版企业的角度看,对出版物产品或服务定价有影响的比价形式主要有两种。

(1)替代品比价

替代品比价,是指在使用上可以相互替代的商品之间的价格比例。一般地讲,出版物产品或服务的替代品只能从功能上去找,对于读者而言,具有与图书相同、相近或类似功能的产品都可视作图书产品的替代品。例如,纸质图书的替代品就有报刊、音像制品、电子出版物等。上述这些替代品,由于其功能上的相同或相近,读者在购买过程中就会从价格等功能以外的其他方面去进行比较、挑选。一般地,替代品中具有价格优势的产品或服务往往更受读者欢迎,因而,出版企业定价时,应该充分考虑其替代品定价。

(2)连带品比价

连带品,是指在消费中必须结合在一起才能完成某种功能的两种或两种以上的商品。这种连带品价格之比就是连带品比价。就出版业而言,出版物产品的连带品很多。如,音像出版物与录音(像)机、CD机、VCD机、LD机等音像设备,电子出版物与电子阅读器,纸质图书中教材与教辅读物等都属连带品。一般而言,连带品中,一种商品的价格低就会刺激另一种商品的需求,从而给相关连带品适当提高价格创造了有利条件。

除连带品比价、替代品比价之外,还有一个较为重要的比价关系,即投入要素与制成品的比价也很重要。如纸张与纸质出版物的比价就属这类比价。

(三) 出版业价格政策

不同国家的文化背景、产业政策和出版制度各不相同，其出版价格政策也不尽相同。"世界各国，一般日用品的销售，基本上都实行自由价格制。但书刊不同，有的实行定价销售制，有的实行自由价格制。"①"国外图书出版业主要推行两种图书定价制度，一种是固定价格制度，另一种是自由价格制度。"②其中，前者的"定价销售制"，也就是后者的"固定价格制"，两者是同一个意思。

1. 外国出版价格政策③

定价销售制和自由价格制，各有优缺点，孰优孰劣，尚不好轻易下定论。但两种制度都有一定的市场。其中，法国、德国、意大利、荷兰、挪威、日本是定价销售制的代表；英国(其《图书净价协议》1995 年被废止) 和美国则是自由价格制的典型。北京印刷学院陈凤兰在《国外图书定价制度：历史、内容与启示》一文中较为系统地回顾了这两种制度发展演进的脉络、分析了不同国家图书定价制度变迁的背景及其影响。④

定价销售制历史久远，自 19 世纪开始，国外出版社和图书销售商就开始着手制定面向公众出售图书的定价协议。1829 年，英国出版社启动定价制度以应对零售商的随意打折促销行为。1837 年，丹麦出版社和图书经销商就价格问题签署了协议。1888 年，在代表出版社、批发商和零售商的德国书业协会的敦促下，固定零售价格规定写入法律章程。1889 年，法国出版社和书商专门机构制定了行业行为标准，引入由出版社制定并告知书商建议零售价格的机制。1900 年，英国的出版社和书商之间达成《图书净价协议》(*Net Book Agreement*)，禁止零售商设定价格，并且约定不向那些对图书打折的书店供货。1924 年，《法国物价法》建立了为书商制定建议销售价格的制度，这是第一次由政府而不是行业自行制定协议规范图书价格，该制度几乎为世界各个国家所采用。到了 1950 年，其他国家也纷纷制定和实施图书定价制度，包括匈牙利、意大利、瑞典、日本、荷兰、澳大利亚、芬兰、爱尔兰和奥地利等。至 20 世纪 70 年代，西班牙、葡萄牙、韩国、阿根廷、墨西哥、希腊、黎巴嫩、以色列、斯里兰卡以及泰国均实施了定价制度。1981 年，法国正式启用了以文化部长雅克·朗 (Jack Lang)名字命名、要求图书定价销售的《雅克朗法》。该法成为后来许多国家图书定价制度效仿的样本。2002 年，德国的图书定价协议被《限定图书价格法》所取代，定价制度被合法化。

---

① 王益，张其骈. 世界各国：书刊实行定价销售制还是实行自由价格制？ [J]. 出版参考，1998 (3)：13-14.

② 陈凤兰. 国外图书定价制度：历史、内容与启示[J]. 现代出版，2014(5)：78-80.

③ 本部分内容改编自北京印刷学院陈凤兰教授的《国外图书定价制度：历史、内容与启示》一文，特向作者表示衷心感谢。

④ 陈凤兰. 国外图书定价制度：历史、内容与启示[J]. 现代出版，2014(5)：78-80.

定价销售制度，一般是通过立法或者商业协议来实现的。前者的代表国家包括法国、德国、意大利、荷兰、奥地利、阿根廷以及韩国等；后者则以日本、挪威等为代表。在采用这一制度的国家中，图书被认为有着特殊的价值，与社会乃至个人发展密不可分。作为文化的载体，图书应该得到有别于其他可交易货物的特别待遇。图书定价销售可以为小型图书经销商提供发展空间，使他们面对大型书店的竞争也能够生存。如果没有图书定价制度，那些独立图书经销商在价格战中无疑最终会输给大型书店。如，在实行定价销售制的法国，其独立图书经销商销售额占总销售额的22%，而英国废除该制度后，大量的独立书店倒闭，实体书店的市场份额的4%。可见，定价销售制度是维护图书产业可持续发展的重要、灵活以及有效的政策手段。

不同国家图书定价销售制度，在使用范围和对象上存在一些差异。主要体现在，图书出版后多长时间内使用固定价格，固定价格制度是否同时适用于图书的纸质版和电子版、是否适用于教材、是否适用于给予图书馆和研究机构的折扣率以及是否包括图书博览会或读书日期间推行促销价格等。如，在2013年1月，韩国国会重新审查、研讨图书定价法律制度。韩国出版协会呼吁重新修改现行政策，规定10%的折扣率，包括网上积分和价格折扣。2014年1月，法国参议院通过了所谓"反亚马逊法"，该法规定网络图书经销商不能与实体书店一样以5%的折扣销售图书。网店只能在运费基础上进行折扣销售活动，这就意味着折扣率无论如何都不能超过订单金额的5%。法国文化与通信部部长奥雷莉·菲莉佩蒂女士称该法律不是妨碍网上图书销售而是确保公平竞争。多数国家规定图书在出版后6个月到2年不等的一段时间内，只能在书展、读书日等特别时段，并针对特别群体，如学校、图书馆等公共机构方可打折出售平装书，折扣率从5%~20%。另外，除个别国家，如法国，对电子书定价另有规定外，德国、希腊、挪威以及斯洛文尼亚等国的图书定价制度，也适用于电子书的销售。值得注意的是，德国、意大利、黎巴嫩以及斯洛文尼亚等国的图书定价规定还将教材纳入了管理范围。

关于自由价格制，美国一直是其忠实拥趸。美国"不存在以书刊为对象的统一的定价销售制"①。它们认为定价销售制度不合理，会导致出版商人为地提高图书的价格，与自由市场和竞争要求相背离。在自由市场条件下，零售商理应基于市场需求的变化自由地决定产品价格，政府应该通过创新政策支持扫盲运动和创意产业的发展而不是推行干预市场竞争的不合理政策。迫于自由市场和反不正当竞争的压力，瑞典（1970年）、芬兰（1972年）、澳大利亚（1972年）和英国（1995年），随后还有爱尔兰和瑞典等国，纷纷废除了定价销售制度，转而采用自由价格制度。

2. 我国出版价格政策

总体上讲，我国书刊定价采用的是定价销售制，或曰固定价格制度。书刊出版时，其

---

① 王益，张其骍. 世界各国：书刊实行定价销售制还是实行自由价格制？[J]. 出版参考，1998（3）：13-14.

销售价格就已确定，并且标定在版权页和封底上。出版社是书刊等出版物产品价格的制定者。在发行或销售过程中，出版社、批发商和零售商是以折扣形式来进行结算的，三者各自的利益只能通过发行折扣来体现。直接面对图书馆、团体读者和个人读者销售时，销售者(含出版社、批发商和零售商、网上书店)是否需要按照出版社标定的价格执行，却没有固定程式。如网店打折销售已是常态，而且折扣往往还很大。一定意义上讲，折扣也是一种定价行为。如果这样理解的话，我国的书刊定价政策，并非严格意义上的定价销售制，也含有自由价格制的某些成分。当然，这改变不了我国采用的是定价销售制这一总体判断。

我国出版价格政策的主要内容：

一是出版价格制度与政策的管理权限归属国务院价格主管部门。《中华人民共和国价格法》明确规定，国务院价格主管部门统一负责全国的价格工作。国务院其他有关部门在各自的职责范围内，负责有关的价格工作。因此，出版价格立法主体应是价格主管部门。出版行政主管部门在自己职责范围内负责有关的价格工作，可理解为其起草关于出版价格管理方面的办法，但须报请价格主管部门，由其审定颁发；也可经价格主管部门授权，由出版行政主管部门直接立法。改革开放以来的三次书价重大改革，其政策法规的出台，或是征得国务院价格主管部门同意，或是由国务院价格主管部门直接立法，或是与国务院价格主管部门联合印发。1984 年 11 月 3 日，在文化部所印发《关于调整图书定价的通知》中开篇即明示，"关于调整图书定价的方案，已经国家物价局同意，报请中央批准"。1988年 8 月，新闻出版署起草的《关于改革书刊定价办法的意见》，也是经国家物价局审定后才予以出台。1993 年 4 月 8 日，《关于改革书刊价格管理的通知》，更是由国家物价局与新闻出版署两家联合印发。2010 年 1 月 8 日，中国出版工作者协会、中国书刊发行业协会和中国新华书店协会联合颁布的《图书公平交易规则》，由于"三会"不具立法资格在当年被叫停。①

二是"保本微利"的总原则。1954 年，出版总署根据周恩来总理图书定价要"保本微利"的指示，起草了第一个书籍定价标准，在中央一级出版社试行。1956 年 2 月，在出版业社会主义改造基本完成的背景下，文化部《颁发全国杂志、书籍定价标准的通知》，确立了图书正文按印张分类定价的统一模式。此后，虽然经历过几次具体价格的微调，但直至1984 年的 28 年间，这一模式始终未作变动。② 1984 年，文化部发出《关于调整图书定价的通知》，仍然沿袭"保本微利"原则，将统一定价改为控制印张定价的上限。1988 年，国家物价局公布《关于改革书刊定价方法的意见》，将图书的利润率控制在 5%～10%。控制定价利润率的做法仍有"保本微利"的影子。直到 1993 年，国家物价局和新闻出版署联合发

---

① 范军，王扬. 书价立法如何"砍一刀"［EB/OL］.［2023-03-01］. https：//weibo.com/ttarticle/p/show？id=2309404770627323298522.
② 卿家康. 我国图书定价改革与当前书价［J］. 出版发行研究，1996(4)：22-25.

出《关于改革书刊价格管理的通知》，规定除大中专教材和中小学课本外，一般图书的价格由出版机构根据纸张成本、印刷工价和发行册数自行确定，没有明确将"保本微利"作为书刊定价的原则要求。虽然如此，考虑到出版物的精神文化属性和"把社会效益放在首位"的要求，"保本微利"对我国出版物定价仍然具有一定的指导意义。

三是按印张分类定价。1956年2月，文化部《颁发全国杂志、书籍定价标准的通知》，确立了图书正文按印张分类定价的统一模式，将图书分为11大类、26小类来分别定价。1988年8月，国家对书价制度再次进行重大改革，除中小学课本和大中专教材外，其他图书一律采用控制定价利润率的办法代替印张分类定价制。从制度层面，按印张分类定价模式虽然已经成为过去，但实践中这种模式还一定意义地存在。如，1993年，《关于改革书刊价格管理的通知》明确规定，对"大中专教材和中小学课本"实行限价、"党和国家重要文献"定价报备和"一般图书"定价全面放开。应该说，这仍然是一种分类定价。

四是控制定价利润率。1958年"大跃进"期间，文化部要求图书定价在《全国杂志、书籍定价标准》基础上降低15%。1963年，又要求出版行业的利润比上年降低18%。1973年"文化大革命"期间，国家计委颁发的《图书定价试行标准》，要求各类图书比1956年的标准平均降低20%~25%。1988年8月，国家对书价制度再次进行重大改革，除中小学课本和大中专教材外，其他图书一律采用控制定价利润率的办法代替印张分类定价制，要求出版社一年内定价利润率控制在10%以内，超出部分反哺社会效益好、学术价值高但又难以产生经济效益的图书出版。之后不久，新闻出版署于1989年8月14日发出通知，对控制定价利润率的办法做进一步补充，超过定价利润率范围所得款项除补贴出版社自身出版的学术著作外，还要让利于书刊印刷厂和书店。

从效果看，我国现行书刊定价制度存在进一步优化的空间。如有学者指出，"图书定价销售制形同虚设、名存实亡"[①]，应"考虑多方利益的相对平衡，推出灵活的、以市场为导向的图书固定价格制度"[②]。我们认为，这一制度的优化，主要应考虑纸质出版物与数字出版物定价的兼容性、网店与实体书店的协调性以及"价格战"乱象的平复等多方面的要求。

二、价值与成本因素

出版定价，总是基于特定的出版物产品或服务。出版物产品或服务自身的价值与成本因素，是定价的关键影响因素。

(一)价值因素

价值是指凝结在商品中的人类劳动，商品的价值量即是指凝结在商品中的劳动量。它

---

① 范军，王扬. 书价立法如何"砍一刀"[EB/OL].[2023-03-01]. https://weibo.com/ttarticle/p/show? id=2309404770627323298522.

② 陈凤兰. 国外图书定价制度：历史、内容与启示[J]. 现代出版，2014(5)：78-80.

包括两个方面：一是商品生产中所耗费的物化劳动量，二是商品生产中所耗费的活劳动量。作为商品，出版物产品或服务的价值是指凝结在出版物商品中的人类劳动，其价值量的大小，应该由出版企业所耗费的物化劳动和活劳动来决定。

严格意义上讲，出版物产品的价值不仅应包括其物化形态的价值，更应包括其精神文化内容的价值。但出版定价实践中，出版物商品的价值主要体现为其物化形态的价值，较少考虑其精神文化内容的价值。虽然作者的稿酬或版税也有反映作者在出版物著述过程中所耗费的物化劳动和活劳动的意义，但通常情况下，它难以真正客观地体现作者在著述过程中所消耗的全部劳动量。造成这种现象的直接原因，是出版物商品精神文化内容的价值量难以评估，缺乏可操作的评估方法。虽然人们早已认识到这一点，但在实践中在确定出版物产品价格时，仍习惯于主要考虑其物化形态的价值。

价值是价格的基础，价格是价值的表现。出版物商品的价值量越大，其价格也就越高，反之亦然。但需要强调的是：出版物商品的价值不是由出版企业的个别劳动时间决定的，而是取决于其社会必要劳动时间。因此，只有出版物商品的劳动时间低于社会必要劳动时间，企业才会有较大的定价余地或空间。相反，如果企业个别劳动时间高于其社会必要劳动时间，那企业定价的余地就小。出版企业要争取更灵活的运用各种定价策略的机会，就必须设法提高其劳动生产率、降低出版物商品的个别劳动时间。

（二）成本因素

商品本是商品的最低经济界限，只有以成本为其最低经济界限，才能使耗费在商品生产中的各项费用支出得到补偿，使社会再生产得以继续进行。

出版物商品的成本，可从出版企业出版物生产过程中的各类投入中得到体现。以图书出版为例，图书商品价格通常由四个基本要素构成，即图书商品价格＝图书生产成本＋图书流通成本＋税金＋利润。其中，生产成本和流通成本，是图书商品价格构成的最主要部分。一般地讲，图书的成本越低，出版企业定价的灵活性就越大；相反，成本越高，定价的灵活性就越小，不利于各种定价策略的灵活运用。由于流通成本、税金和利润，相对易于识别，下面分别对图书商品的生产成本和流通费用分别做简单介绍。

图书商品的生产成本是耗费在图书商品著述、编审和印装等生产过程中的各种费用。它主要包括稿费、纸张与装帧材料费、录入制作费、印装费、编审费、企业管理费及废品损失费等。

稿费，也称版税。它主要是指图书的基本稿酬、印数稿酬、校订费、外审费以及外约的封面、插图、照片等费用，此外还包括向其他出版单位租型造货支付的租型费等。同时，稿费在图书商品成本中所占比重有逐年上升的趋势。根据人民出版社 1985 年的统计，图书的稿费仅占图书生产成本的 5.72%，近年来这个比例有明显提高，突出表现在一些畅销书及引进版图书上。近些年，国内出版的名人著作，不少采用的是版税制的付酬方式，而且版税的比例不菲。从引进版来看，北京大学出版社的《未来之路》单是起印版税就支付了 5 万美元,另外,还要按码价的 10% 支付印数稿酬给作者。随着出版市场竞争的日趋激烈,出版社为组织到好的书稿不得不提高稿酬支付标准。我们相信,稿酬在图书成本中的比重还将继续上升。

纸张与装帧材料费。它主要是指正文纸张、封面、插图用纸以及用于装帧的各项纸张、封面板纸、布料、皮革、塑料薄膜、电化铝、金箔、丝带、木板等材料费用。这是图书商品生产成本中最大的一项费用。由于图书的印装质量越来越好,用纸用料越来越精,诸如真皮封面、烫金封面等,加之原材料价格上涨过快,因此,从总体趋势上看,纸张及装帧材料费用占整个图书商品生产成本的比重虽然呈下降态势,但其绝对数值却越来越高。根据人民出版社 1985 年统计,这项费用已占到图书生产成本的 56.51%。从近年来我国出版业的总体情况来看,这项费用的绝对数值还在上升,特别是那些精装精印的图书。当然,由于图书定价的不断提高,该项费用在图书商品定价中所占的比重仍呈现出明显的下降态势。

录入制作费。这是指文稿的录入、排版和制版费用。由于电子计算机技术的进步及其在出版业中的广泛应用,大大提高了出版劳动生产力,使得文稿的录入、排版、制版效率大幅提高,费用相对下降。

印装费。此即印刷费与装订费,该项费用同图书商品印数的大小有着直接的关系,一般地,印数越低,该项费用所占比例越大;反之,亦然。

编审费与企业管理费。编审费是指编审人员的工资以及各项编审业务费用。企业管理费则是指出版、经营、行政管理人员的工资、提取的职工福利基金、各项出版管理、经营管理和行政管理费用以及由出版社负担的其他各项业务费用。管理费在年终统一结算,按全部图书出版的总印数或总码洋分摊计算。

废品损失费。这是指图书商品在印刷过程中因故需要变更书稿内容,所引起的重排、制版或换页的纸张、材料费及印装费等。同上述各项费用相比,该项费用所占比例较小。据人民出版社 1985 年统计,该项费用约占图书生产成本的 0.05%。

流通费用。它是指发生在流通领域为实现图书商品价值而支付的各项物化劳动及活劳动的货币表现。它主要包括图书商品运杂费、包装费、保管费、损耗费、经营管理费等。

以上分别介绍了图书商品的生产成本中的一些重要项目。事实上,除上述这些费用之外,在图书商品生产过程中也还有其他一些支出,如宣传促销费、财务费用等。因此,在计算图书产品的总成本时,只将上述各项费用相加还是不够的。

三、市场因素

市场是商品实现的基本条件,出版物商品价值的实现离不开市场。出版物商品定价也必须充分考虑市场这一重要因素。在市场因素中,对出版物商品定价影响较大的因素主要有出版市场供求状况、出版物产品或服务的需求价格弹性和出版市场竞争状况等三种。此外,诸如市场的发育状况、市场的规范程度等也都对出版物商品定价具有一定程度的影响，但是，其影响的程度相对较小。这里我们仅介绍前面三种因素。

（一）出版市场供求状况

价格与供求是相互影响、相互制约的，价格既能决定供求，供求也可决定价格。出版物产品与服务的价格，总是在一定的供求关系下形成的。出版企业的定价，必须充分了解其市场供求状况。总体上看，出版物产品与服务供求关系不外乎三种情形，即供求平衡、供过于求和供不应求。

供求平衡，是指商品的供给量与需求量在一定时期内处于基本吻合的一种状态。一般地讲，供求平衡是一种理论状态，在实践中，绝对的供求平衡是不存在的。在供求平衡这种理论状态下所形成的价格，称为均衡价格。如果当商品的定价高于其市场均衡价格时，该商品的需求受到高价的抑制就会下降，而其供给量受高价有利可图的影响却会上升，从而形成供过于求。相反，当商品定价低于其市场均衡价格，需求受低价的刺激就会上升，而其供给量受低价微利的影响则会下降，从而形成供不应求。这就是商品价格对其供求的影响。换一个角度看，商品的供求又会影响其价格。例如，某类图书的需求下降、供给增加时，其价格就会自行下降到其均衡价格之下；若其需求增加、供给下降，则其价格就会上升到其均衡价格之上。这就是商品供求对其价格的影响。出版物产品与服务的供求与价格，正是在这种相互影响、相互制约的过程中不停地相互作用的。

供过于求，是指商品供给量大于需求量的一种市场状态。在这种状态下，形成买方市场。一般地讲，在买方市场状态下，读者掌握着市场的主动权，而出版企业为争夺读者则必须展开激烈的竞争。从定价方面来看，此时只宜采用低价策略。从总体形势上看，我国图书市场于 20 世纪 80 年代中期就已进入买方市场状态。应该说，在这种情况下，我国图书商品的价格应该相对下降才合理。然而，实际情况并非如此。进入 20 世纪 80 年代中期以来，伴随着图书市场从卖方市场状态向买方市场状态的转型，我国图书价格水平不仅没有下降，反而大幅度上扬。图书价格的大幅度上涨，导致了我国图书市场的极度疲软。这些年来书价的上涨固然有出版企业不可控因素的作用，但是，出版企业的定价策略欠妥，一味地追求高定价所带来的负面影响却不可低估。

供不应求，则是指商品需求量大于其供给量的一种市场状态。在这种市场状态下，形成卖方市场。一般地讲，在卖方市场状态下，出版企业掌握着市场的主动权，读者则为购买自己所需要的图书而奔波。"文化大革命"结束后的一段时期内，广大读者的图书需求迅速扩大，相对而言，当时我国的出版能力较为有限，各种类型的图书供不应求。在当时的那种条件下，适当高价不会严重影响需求。当然，从总的情况看，卖方市场通常只是短暂的，它不可能持续很长时间。

（二）出版物的需求价格弹性

商品的需求价格弹性，是商品的一个重要市场特征。不同商品的需求价格弹性有很大的差别。出版物产品与服务的这一市场特征对出版企业的定价也有重大影响。

商品的需求价格弹性，是指商品需求量对其价格变动做出的反应程度。用数值来表示，它等于商品价格变动百分比对其需求变动百分比的比值。人们习惯地将这一比值称作商品需求价格弹性系数，如式(6-1)：

$$E_p = \frac{\Delta Q / Q_0}{\Delta P / P_0} \quad 或 \quad E_p = \frac{|Q_1 - Q_0|}{Q_0} \bigg/ \frac{|P_1 - P_0|}{P_0} \tag{6-1}$$

E_p 为需求价格弹性系数，Q_0 为价格变动前的需求量，Q_1 为价格变动后的需求量，ΔQ 为价格变动前后需求量变动之差的绝对值，P_0 为变动前的价格，P_1 为变动后的价格，ΔP 为价格变动前后差额的绝对值。

E_p 值的分布不外乎三种情况：其一，$E_p > 1$，称弹性充足，表明该商品的需求对其价格变化较为敏感；其二，$E_p < 1$，称弹性不足，表明该商品的需求对其价格的变化反应迟钝；其三，$E_p = 1$，称作弹性不变，即该商品的需求量变化幅度与其价格变动幅度相等，这种情况比较复杂，有时可能是一种偶然情况，通常是由价格以外的因素共同作用的结果。

从总体上看，出版物是一种弹性充足的产品，它对价格的变动十分敏感，出版界不少人士曾从多角度测试过图书商品的需求价格弹性，其结论大多十分接近。可以相信，从总体上讲，图书的需求价格弹性系数肯定大于1。当然，具体地分析，不同类别图书的需求价格弹性是不同的，诸如教材、政治学习读物、专著等类别的图书，其需求价格弹性相对较小；其他类别的图书，如文艺书、少儿读物、通俗读物、科普读物等的价格弹性就很大。

从定价的角度，对于图书这种需求价格弹性普遍较大的产品，一般不宜于把价格定得过高，否则就会严重抑制需求，若用相对的低价，会有利于激发读者的需求，达到薄利多销的目的。

(三)出版市场竞争状况

从营销学角度看，价格是企业参与竞争的重要手段。出版物产品或服务的定价，必须充分了解其市场竞争状况。

市场竞争按其程度来分，有完全竞争、完全垄断和不完全竞争三种。一般说来，竞争的程度不同，它对企业定价的影响完全不一样。在完全竞争状态下，任何一个企业都不可能单独左右同类商品的价格。商品价格是在多次交易中自然形成的，各个企业都是价格的接受者而不是价格的决定者。完全垄断下的市场，则正好相反。商品的价格通常是由少数几家垄断企业控制，大多数企业只是垄断企业的跟随者。不完全竞争是市场竞争中最常见的一种状态。在这种竞争状态下，多数企业能积极主动地影响市场价格，而不是价格的被动接受者。正是在这种状态下，竞争对企业定价的影响最大。企业在定价时必须认真分析研究竞争对手的价格策略，以此为基础来确定本企业的价格策略，力争在竞争中取得价上的主动权。

就当前我国图书市场情况看，出版企业之间的竞争比较激烈。然而，从竞争的手段和策略上来讲，更多的出版企业还是着重于产品即选题方面的竞争。相对而言，大多数出版企业对价格这一有效竞争手段的使用还不是十分重视。例如，当前广泛存在且影响恶劣的图书市场"价格战"或"打折战"，就充分表明，一些图书产品定价的不合理，部分同质性图书产品存在定价"虚高"的问题。虽然从营销学的角度讲，价格竞争是一种较低形态的竞争，但这并不能成为出版企业忽视运用价格手段参与竞争的借口。我们认为，无论是从我国广大读者的购买力来看，还是从我国出版企业的社会主义性质来看，价格竞争都不应被忽视，它应该引起出版企业的重视才对。

四、读者因素

读者是出版物产品或服务的消费者，自然也是价格的最终评判者。出版物产品或服务的定价是否合理，终究要由目标市场的读者来评判。如果定价不能为目标读者认同，甚至遭到他们的抵制，那么这种定价显然是失败的。

来自读者方面的定价影响因素，主要是目标读者的购买力和购买动机。一般而言，目标读者的购买力强，相应的出版物产品或服务定价就可以高一些；目标读者的购买力弱，价格应该定得低一些。例如，为各类专业人士出版的学术著作，因为其购买力相对较高，定价可以高于一般的大众市场图书，而为广大农村读者出版的普通农村读物，定价就应该尽可能低一些。与购买力不同，购买动机是一种心理因素，既重要又很难把握。读者心理是出版企业制定价格时最不易把握但又必须考虑的重要因素之一。一般消费者常常有一种矛盾的心理，那就是既希望价廉物美，又认为"便宜无好货，好货不便宜"。还有，消费者对于产品往往有一个期望价格，企业定价如果高于期望值，就很难被消费者接受；反之，低于期望值，又会使其对商品的品质产生怀疑，甚至拒绝购买。① 因此，基于动机在内的心理因素确立定价策略就显得十分重要。

第二节　出版定价的目标与方法

出版企业要成功地运用营销学中的各种价格策略，不仅要全面系统地分析了解影响企业定价的各种影响因素，而且还必须在此基础上选定科学的定价目标和方法。只有定价目标及方法选择得当，才有可能保证出版企业确定科学合理的定价策略。

一、出版定价目标

由于所处环境及企业实力与影响的差异，不同出版企业通常选用不同的定价目标。即

① 徐丽芳. 网络出版的定价模式研究[J]. 电子出版，2003(9)：21-24.

使是同一企业，其定价目标也不是单一的或固定不变的，而是根据企业不同产品或服务选择不同的定价目标，并且随着企业整体营销策略的变化而随时调整的。一般地，出版企业的定价目标主要有利润目标、销量目标及竞争目标三大类，共十余种。

(一)利润目标

获利是出版企业营销活动的主要目标。随着我国社会主义市场经济体制的建立，出版业已发展成为文化产业的核心领域，成为文化强国和出版强国战略的重要力量。作为独立的经济实体，出版企业必须重视经济效益。根据企业对利润追求的不同侧重点，定价的利润目标又可分为三种。

1. 追求利润最大化

一般地讲，追求利润最大化是企业的共同愿望，出版企业自然也不例外。需要强调的是，利润最大化并不意味着它必然导致出版物产品或服务的高定价。因为过高的定价不仅会抑制读者需求，导致读者购买行为的推迟或放弃购买，引起读者的不满，而且过多竞争者的加入还有可能违背限制"把社会效益放在首位"的要求。因此，试图通过高定价来维持利润最大化并不现实。

从理论上讲，利润最大化的条件是产品的边际收益等于其边际成本。如果边际收益大于边际成本，表明还有潜在的利润没有得到，企业通过增加印数，扩大销售是可以获得利润的。如果边际收益小于边际成本，就表明商品数量越多亏损就越大。只有在边际收益等于边际成本时，企业的产销量达到了能够获取利润的最边缘，把能赚的利润都赚到手了，这时的利润是企业所能实现的最大限度的利润。显然，这种穷尽最后一点利润的做法并不可取。因此，从实践看，极少有企业将利润最大化作为其定价的目标。

2. 获取适度利润

获取适度利润，是指企业在补偿正常成本基础上，加上适度的利润来确定商品或服务定价，以获得正常情况下合理利润的一种价格目标。基于这一目标所确定的价格水平较为适度，不仅读者乐于接受，政府积极鼓励，而且它对于避免恶性竞争，稳定供求等都有积极意义，因此，它又被称作"满意利润目标"。

显然，这一定价目标比较适合于我国出版企业。首先，它符合我国出版业的根本宗旨与出版价格政策；其次，受到广大读者的欢迎；再次，适合我国出版企业的总体营销战略，因为我国出版企业的规模、实力及其专业分工的现状决定了任何一家出版企业都难以通过价格手段击败其他竞争对手，激进的定价目标往往难以奏效。

3. 获取预期收益

获取预期收益，是指企业以预期收益(即利润)为定价基点，以利润加上产品总成本和税金来确定商品定价，从而获得预期收益的一种定价目标。总的说来，这一定价目标具有一定的主观色彩，因为企业在产品投入市场前，就需要确定了其预期收益。出版企业在选用这一定价目标时，应该对其出版物产品或服务的市场容量、市场前景、竞争状态、需求弹性等都进行全面系统的分析，以确保企业确定的预期收益更科学更准确。一般地，只有在同类出版企业中具有较强实力和突出地位的企业和具有一定"垄断"性的出版选题，才适合于选择运用这一价格目标。竞争实力较弱的出版企业或完全开放性的选题不太适用于选用这一目标策略，因为一旦受到更强有力的企业的挑战或同类选题的冲击，一般很难控制局面而失去竞争的主动权，从而使得预期收益落空。

(二) 销量目标

商品销售量，似乎就是利润的代名词。一般认为，产品销售量越大，其利润就越多。事实上，在维持正常利润水平前提下，销售量上涨，的确意味着企业利润的增加。正因如此，不少企业就将扩大产品销售量(或销售额)、提高市场占有率等作为企业营销战略目标。相应的，在产品定价中，扩大产品销量也就成了其定价的目标选择。销量目标主要有两种形式，即追求最大销售量(或销售额)、保持和扩大市场占有率。

1. 追求最大销售量

追求最大销售量，是指以适当低价激发消费欲望、扩大市场需求从而达到更大销售量或销售额的一种定价目标。出版物产品或服务的需求价格弹性充分，适当低价的确有助于销售量的提升。但需要注意的是，出版物产品或服务的销售量，除了与价格高低有关之外，还与其他很多因素有关，如要扩大销售量还必须以较大的宣传促销投入作为代价等。因此，追求最大销售量必须与其他因素综合起来考虑，单一低价并不一定能够达到扩大销售量的目标。一般地，采用这一定价目标，需要具备这样一些条件，如市场竞争激烈，同类图书品种多，低价有利于市场渗透；产品的市场容量大，单位产品成本和价格可因大批量销售而显著降低；产品的需求价格弹性大，低价可以激发需求、扩大销售等。

2. 保持和扩大市场占有率

市场占有率，又称市场份额，这里是指企业的出版物产品或服务占同类市场销售总量或销售总额的比重，一般用百分比表示。它既是出版企业产品或服务竞争力的体现，又是出版企业综合实力的反映。作为价格目标，市场占有率是一种较容易测度的指标，不仅可以作为出版企业定价的目标，而且还可以作为整体营销目标来使用。

提高或保持市场占有率，虽然易于测度，但实现这一目标并不容易。除了合理的价格策略外，更多的还是要提升产品或服务的质量，要依靠建立良好的品牌形象和客户关系才能实现。

(三) 竞争目标

市场经济的基本特征就是竞争。当前，我国出版市场的竞争态势也是日趋激烈，但竞争的手段却相对简单粗暴，出版物产品或服务严重同质化，"价格战""折扣战"越演越烈。事实上，出版企业营销工具箱中的竞争工具和手段很多，但当前对这些工具和手段的运用却存在不少问题。作为竞争手段，定价的作用非常明显。以竞争为目标的出版定价，大致可以通过两种思路来实现。

一是维持价格的相对稳定来保持竞争地位。对于一些大中型企业，特别是能够控制和左右市场实力领先型企业，为保持自己在市场竞争中的有利地位，往往以稳定产品或服务的市场价格为定价目标。美、德等发达国家的一些大型出版集团，如贝特尔斯曼、麦克劳·希尔等大型出版集团都具有影响本国出版市场的雄厚实力，在稳定价格方面起着非常重要的作用。

二是以低价击败竞争对手来增强自己的竞争地位。例如，企鹅、班坦等纸皮书出版企业为了跻身大型出版企业林立的美国图书市场，就充分利用纸皮书具有明显价格优势这一特点，以较低的定价销售纸皮书，很快便占领了美国图书市场。据报道，20世纪中叶以前，这些纸皮书出版社以每本不到硬皮书价格的1/10的定价出版纸皮书，当时每本书的利润还不到1美分。正是借助这种低价竞争策略，美国的纸皮书出版社才得以发展到今天这种地位。

二、出版定价方法

定价目标确定之后，接着要解决的便是定价方法问题。营销学上所讲的企业定价方法不外乎成本导向定价法、需求导向定价法和竞争导向定价法三类。我们的研究表明，这三类定价法中，适用于出版企业定价的主要有以下几种。

(一) 成本导向定价法

成本是出版发行企业图书生产经营的实际耗费，是商品价格的最低经济界限。成本导向定价法是以马克思的劳动价值论为基础的，它也是与我图书业价格政策的要求相吻合的，它反映了成本在出版发行企业生产经营中的作用和意义，对于出版发行企业加强管理、控制成本都有现实的意义。对出版发行企业图书商品定价有现实意义的成本导向定价法主要有以下四种。

1. 单位成本加成定价法

单位成本加成定价法，是以出版物产品或服务的单位成本为基础，加上一定比例的预期收益来确定价格的一种方法，其公式为：

$$单位出版物产品或服务价格 = 单位出版物产品或服务成本 \times (1+利润率) \qquad (6-2)$$

例如，某图书商品的单位成本为5元，成本利润率为10%，那么，该图书商品的定价为：

$$P = 5 \times (1+10\%) = 5.5 \text{元}$$

该定价方法操作简单，在出版定价实践中得到广泛应用。单位出版物产品或服务的成本由单位生产成本和单位流通成本构成，通过会计方法很快便可确定，客观性强。单位出版物产品或服务的成本利润率的确定，是科学运用本法的关键。

2. 变动成本定价法

变动成本定价法，是只计出版物产品或服务的变动成本，不计固定成本，以高于变动成本的数额作为定价的一种方法。例如，某种图书产品的单位成本为 5 元，其中，单位固定成本为 1.5 元，单位变动成本为 3.5 元，那么，该图书产品的定价只要高于 3.5 元即可。

这种定价方法的立足点是不求盈利，但求少亏。通常仅应用于两种特殊的情况：一是当出版物产品或服务供大于求，出版企业产品积压严重，企业如坚持以总成本为基础确定价格，恐难以为读者所接受，产品无法销售出去。这样不仅补偿不了固定成本，连变动成本也难以收回。二是当企业订货不足，企业各种资源闲置，不如利用低于总成本但高于变动成本的低价来扩大销售维持生存，尽可能减少固定成本的亏损。一般地，出版企业处理库存积压产品时，可以考虑使用这一方法，加大让利力度。

3. 目标收益定价法

目标收益定价法，是根据出版物产品或服务的总成本（或称总投资额）、目标收益额和预期销售量来确定价格的方法。其公式为：

$$单位出版产品定价 = \frac{总成本 + 目标收益额}{预期销售量} \qquad (6\text{-}3)$$

例如，某种图书商品预计发行 2 万册，总成本 8 万元（含流通成本），预定完成利润目标为 2 万元，故其定价为 5 元。

目标收益定价依据的是总成本、目标收益额和预期发行量，因此，它可以保证在预期销售实现后，其目标收益也能实现。这种方法也有其明显的不足之处，因为图书产品的发行量是与其价格相互作用的，发行量很可能是价格影响的结果。这种以预期销售量（即结果）来决定定价（即原因）的方法，一旦对发行量预计不准，就可能给企业带来损失。然而，由于图书产品所具有的批量生产的特征，预计发行量是出版营销工作中必不可少的重要内容，所以，这种方法在出版业的应用还是很普遍的。

4. 收支平衡定价法

收支平衡定价法，是利用收支平衡点来确定出版物产品或服务定价的方法。所谓收支平衡点，即出版物产品或服务总成本除以发行量所得的商。如，某出版物产品或服务的总成本为 10 万元，发行量为 1 万册，即其收支平衡点为 10 元。如果定价高于这个收支平衡点，企业便可盈利，相反，企业就会亏损。

收支平衡点是企业定价的盈亏临界点，它通常只是作为出版企业出版物产品或服务定价的一个参考依据。出版企业可依据这个指标再参考其他因素来确定出版物产品或服务的最终定价。

(二) 需求导向定价法

满足读者需求，是出版企业营销活动的目的。出版营销中的产品策略、价格策略、分销策略和促销策略，都是以读者需求为中心的。需求导向定价法，是将读者需求作为出版物产品或服务定价主要考量依据的一种定价方法。需求导向定价法是现代企业商品或服务定价的一种重要的方法，对我国出版企业而言，这种定价方法积极意义更是显而易见。需求导向定价法主要有以下三种形式。

1. 理解价值定价法

理解价值，也称感受价值、认知价值，是读者对某种出版物产品或服务价值或效用的一种主观认知。消费心理学的研究表明，消费者对商品的理解价值直接影响着其对商品价格水平的评价。如果读者对某种出版物商品或服务的理解价值偏高，那么，即使是高于成本的定价，读者也乐意接受；相反，如果读者对其理解价值较低，那么，即使低于成本的定价，读者也不乐意购买。可见，读者对出版物商品或服务价格的评价，并不直接同其成本发生关联，更多的是与其理解价值相关。

理解价值定价法，正是根据读者对出版物商品或服务理解价值的高低进行定价的一种方法。对理解价值高的出版物商品或服务，定适当高的价格；理解价值低的，确定相对低的价格。一般地，出版机构的形象和声誉、出版物品牌、作者知名度等因素，对出版物商品或服务理解价值的形成，都会产生影响。重要出版机构、知名出版品牌和有影响力的作者，会给出版物商品或服务的理解价值加分。出版企业，也就可以借助这些因素判断出版物商品或服务理解价值的高低，进而运用于定价之中。

2. 逆向定价法

逆向定价法，也称倒算价格定价法，是生产企业根据市场调研和价格预测结果，先行确定商品的市场零售价，然后以此为基础，推定产品的出厂价和批发价的一种定价方法。采用定价销售制的国家或地区，都是用这种定价法，因为出版物商品或服务的价格形成于出版环节，批发商和零售商都是基于出版商的定价以折扣方式从事出版物发行活动的。

逆向定价法的优点是，出版商对出版物商品或服务的价格有较大的掌控权，其不足是出版产业链各环节的利益分配较难协调。出版业普遍存在的供销矛盾或社店矛盾，大多是由这种关系协调不好所致。因此，这种方法的有效使用，是建立在和谐的产销关系基础上的。出版社在确立出版物商品或服务价格时，应该充分听取批发商和零售商店意见和建议。

3. 差别定价法

差别定价法，也称区别需求定价法，是根据需求条件的不同，对同一商品或服务确定不同价格的一种定价方法。简单地讲，差别定价就是因人、因时、因地，采用差别定价。基于出版定价销售制这一特殊原因，差别定价法在出版营销中的应用受到了一定的限制。当然，并不是说差别定价法在出版营销中就无法使用。事实上，出版或发行企业还是经常使用这一方法的。如，对学校或图书馆给予特别优惠，在六一儿童节对儿童读者实行打折销售等。

差别定价，看似有违我国传统的童叟无欺的营销伦理，但实际上，差别定价有其合理性，对缓和需求和创造消费都有积极意义。这种定价方法的使用，必须把握好分寸，否则，可能涉嫌价格歧视。

(三)竞争导向定价法

竞争导向定价法，是指企业不直接考虑商品的成本和需求因素，主要依据市场竞争因素，尤其是竞争对手同类产品的价格水准来确定商品价格的一种定价方法。常见的形式主要有随行就市定价法和价格领袖定价法两种。

1. 随行就市定价法

随行就市定价法，亦称流行价格定价法，是根据市场上同类出版物产品与服务的平均价格水准来确定价格的一种方法。这种定价法，主要适用于主题、内容和功能类似的同类出版物产品与服务。如，某些公版书，往往有多家出版企业同时出版，在印装条件相近时，定价水准就不宜有太大差异。然而，当前我国出版市场，同类题材的出版物众多，且印装条件相近，但定价悬殊，高低以倍计，给读者留下了很不好的印象。

2. 价格领袖定价法

价格领袖定价法，又称寡头定价法，是指在某一行业或部门中，由少数几个大企业掌握定价主动权，其他企业只好参考这几个大企业的价格水准来确定产品的价格。这几个控制定价主动权的大企业就是所谓的价格领袖。

在出版业发达国家，如美国、德国、日本等国家，出版市场竞争异常激烈，其出版行业早已形成了大、中、小型企业合理分布的竞争格局。这些国家都有少数几家大型出版集团控制着全国较大份额的出版市场。从定价的角度看，这些控制着全国较大份额的少数出版集团同时往往也是其出版市场上的价格领袖，其定价水平的高低都会对本国出版市场产生很大影响，其他中小型出版企业通常只能参考这些价格领袖所确定的价格水平来确定自己产品的定价。一般情况下，中小出版企业轻易不敢在价格上与这些价格领袖直接发生对抗。相比较而言，我国出版企业的规模和实力则较为均衡，没有哪个企业具有非常明显的市场优势。从定价的角度讲，还没有形成明确的价格领袖，谁也决定不了全国市场的价格水平。因此，价格领袖定价法，在我国的适用尚需时日。

三、数字出版物定价模式[①]

数字出版物，尤其是其中的网络出版物，具有与纸质出版物完成不同的载体和消费特征，其营销定价也有不同于纸质出版物之处，"为网络出版物和服务设定价格将是出版商

---

① 本部分根据武汉大学徐丽芳教授《网络出版的定价模式研究》一文改编，特此致谢。

面临的最严峻考验之一"①。从国内外数字出版实践看，数字出版物定价大致涉及订阅费模式、站点授权模式和每单位收费模式。

（一）订阅费模式

在该模式中，读者以年或月为单位向出版商交纳固定费用，获取一个账号和密码，然后就可以下载、浏览自己所需要的内容。如《大不列颠百科全书》（网络版）就是以每月 5 英镑或每年 50 英镑向订阅者收取固定费用的。

受互联网免费传统和读者习惯心理的影响，付费订阅模式的推广经历了一个艰难的历程。微软的在线杂志《石板》（Slate）多次宣布要开始实行收费订阅，但一直迟迟未予执行；时代华纳的"寻路者"网站也曾表示要终止免费营运，但是在转变尚未完成之前就关闭了。近些年来，随着用户互联网收费服务的普及，付费订阅模式正被越来越多的读者所接受。因此，好的数字出版物产品，通过这一模式发行的前景越来越广阔。《华尔街日报》互动版，凭借其印刷版的品牌和独特的内容成为迄今为止互联网上最大的订阅站点，1999 年其付费用户就超过 30 万家。该网络出版物最成功的是它的大部分用户是新读者，因为在它近 30 万的读者中只有 8%～10%的读者同时订阅了印刷版。

（二）站点授权模式

站点授权模式，是出版商向高校、科研机构等组织收费并授权，通过其向组织内成员免费提供数字出版内容资源访问服务的一种方式。例如，美国约翰·霍普金斯大学出版社和艾森豪威尔图书馆合作的缪斯项目，旨在对前者的 40 多种期刊提供特定域名下的用户自由访问服务。

由于高校、科研机构等组织内部的用户，往往有着共同或类似的阅读消费需求，倾向于使用或访问同类数字出版物产品或数据库，通过站点授权许可方式提供服务无疑会大大降低购买者和销售者双方的交易成本。目前，全球主要科技出版商的数字出版产品大多通过这一方式提供服务。可见，站点授权模式深受数字出版商和组织用户的一致认可。

站点授权的具体定价，主要视组织的规模和资源的使用频率而定。具体的价格根据一个特定域名下的计算机数量或 IP 地址数量来决定，因此期刊的订阅价格很大程度上是由机构的规模大小来决定的。如，美国的 JSTOR，是由梅隆基金资助的一个项目发展起来的，前期计划提供 100 多种核心期刊的数字过刊资料，目的是减轻图书馆系统储存学术期刊而带来的一系列成本。在制定价格时，它根据"卡耐基高等教育机构分类法（Carnegic Classification of Institution of Higher Education）"，把 1402 个学术研究机构分为大、中、小、微型四类，并收取相应的费用（见表 6-2）。

---

① 徐丽芳. 网络出版的定价模式研究[J]. 电子出版，2003(9)：21-24.

表 6-2　JSTOR 收费标准

机构类别	机构数量	站点许可年费(美元)
大型	176	5000
中型	589	4000
小型	166	3000
微型	471	2000

资料来源：Richard Ekman，Richard E Quandt. Technology and Scholarly Communication［M］. Berkeley, CA：University of California Press，1999.

值得注意的是，随着数字科技出版市场集中度的提升，一些大型数字出版商利用其垄断地位和组织用户的黏性，不断提升这一模式的收费标准，给高校和科研机构带来了越来越重的经济压力。这种行为使得科技或学术出版的营利性不断强化，而服务性不断弱化，大有背离科技和学术出版服务科技和学术发展的初衷。这一现象，应该引起我国出版单位的重视。

(三)每单位收费模式(Per-unit Fee)

这里的收费"单位"，可以是每看一次(Per-look)、每篇文章(Per-article)、每页(Per-page)、每字节(Per-byte)或者每分钟 (Per-minute)。

尽管出于规模经济或范围经济的考虑，出版商更愿意通过大规模提供内容信息来降低费用和获取更多的收益，但读者对于内容信息的使用却有逐渐"局部化"的趋势。在印刷出版时代，更多的时候是由读者迁就出版商。比如对于大部分读者来说，他们通常只需要阅读其中的个别文章甚至标题，但还是不得不购买或者借阅整本杂志和整份报纸。然而，互联网的优越性使得两种相反的思路与要求能够同时得到满足。比如出版商可以提供集成了数千种出版物的网络数据库，读者则可以在线搜索、确定感兴趣的文章或者文章的某个部分，然后按照实际下载内容的质量和数量付费。这样，对于读者来说所花的每一分钱都物有所值，而且使用也颇为方便；对于出版商来说，因为获得了通过征收订阅费和站点使用费接触不到的那部分市场，也增加了总收入。如美国的《商业周刊》和《财富》杂志的网络版都采取按文章数量收费的定价方法。此外，各种报刊的档案资料也比较适用此种计价方式，例如《纽约时报》通过内容获得的收入中有很大一部分即来源于此。不过，由于这种交易的计价方式每次的发生金额较小，所以需要发展相应的计价系统和收费模式。目前常用的是使用通用收费卡和电子钱包的"微付费"方式。

第三节　出版定价策略

出版定价策略，是指出版企业在分析出版物产品或服务价格影响因素、确定定价目标、选择定价方法基础上，具体确定特定出版物产品或服务价格的技巧和战术。出版定价策略的宗旨，是在国家出版价格政策的指导下，服务出版企业的整体营销目标、扩大出版物产品或服务销售、满足目标市场需求。本节主要涉及价格水准策略、定价心理策略和折扣策略三个方面的内容。

一、出版价格水准策略

出版物产品或服务价格水准不外乎高、中、低三个档次。与之相对应，出版物产品或服务价格水准策略也有三种，即撇油定价策略、渗透定价策略和满意定价策略。

(一)撇油定价策略

撇油定价，又称取脂定价，是指以较高的定价将出版物产品或服务推向市场，以便在短期内获得较高回报，减少经营风险的一种定价策略。如果运用得当，这种策略对于提高出版企业的经济效益是很有帮助的。但是，考虑到出版业的特殊性，我国出版企业在运用此策略时，应该充分尊重"把社会效益放在首位"的原则。

一般地，运用该定价策略应具备以下这样几个条件：第一，与同类商品，该出版物产品或服务从内容到形式相比必须具有明显优势，否则，不宜采用此策略。第二，该出版物产品或服务的需求价格弹性不宜过大，适当高价不会影响目标读者购买的积极性。一般地，大众市场出版物不宜采用此策略。第三，具有一定市场垄断性的出版物产品或服务比较适宜于采用此策略；相反，如果市场上同类产品较多的话，该策略就行不通。第四，先行上市的出版物产品或服务比较适宜于采用此策略。

目前，撇油定价策略在我国出版业的应用较为普遍。不少出版企业习惯采用高定价策略。近年来，图书定价上涨较快，与出版企业较为偏好撇油定价策略是分不开的。虽然该策略的使用有其营销学基础，但不顾及市场反应的过度使用，影响却是负面的。

(二)渗透定价策略

渗透定价策略，也称薄利多销定价策略，它与撇油定价策略正好相反，是指出版企业利用读者的求廉心理以较低的价格将出版物产品或服务推向市场的一种定价策略。渗透定价策略，与我国出版价格政策吻合度高，特别是在现阶段，我国读者购买力相对较有限情况下，更多地运用这种策略会受到读者欢迎。通常情况下，绝大多数出版物产品或服务适用于这一策略，尤其是市场容量大、同类品种多、市场竞争激烈、需求价格弹性高的出版物产品或服务更适用这一定价策略。

同撇油定价策略相比，渗透定价策略具有这样几个突出的优点：第一，较低的价格，对于迅速打开市场，扩大销售量十分有利，因此，出版企业就可以通过薄利多销，取得较大的市场份额，从而也能获得可观的利润。第二，价格上的优势，对于抑制竞争对手，也能取得积极的效果。由于较低的价格、有限的利润，对于同行出版企业吸引力相对较小，因此，它可以起到避免引起激烈竞争的效果。第三，较低的定价，对于提高出版业的社会效益也十分有利。

(三) 满意定价策略

满意定价策略，也称中位定价策略，它是介于撇油定价与渗透定价策略之间的一种折中定价策略。它一般是按照出版业的平均价格水平来确定出版物产品或服务的价格。这种定价策略，既不像撇油定价那样具有"损害"读者利益的嫌疑，又不像渗透定价策略那样导致出版企业投资的低回报。既避开了上述两种定价策略之不足，又在一定程度上吸收了上述两种策略的优点，读者和出版企业双方都乐意接受。因此，它是出版企业定价的一种较为理想的策略。

当然，满意定价策略也并非尽善尽美，也有自己的不足，突出地表现在该策略主张被动地去适应市场，而不是利用价格手段去积极地参与市场竞争。因此，出版企业运用这一策略时也应有所选择。

二、出版定价心理策略

出版物产品或服务定价，不仅要考虑出版企业需求，而且还应该充分考虑目标读者的购买心理与行为。一般地，在价格水准确定后，还应根据目标读者购买心理来对价格进行某些微调。所谓定价心理策略，正是指出版企业根据目标读者购买心理因素对价格进行微调的技巧和方法。它包括尾数定价策略、整数定价策略、声望定价策略和谐音口彩定价策略等。

(一) 尾数定价策略

尾数定价策略，也称奇数定价策略、非整数定价策略，是指出版企业定价时，有意确定一个保留尾数的价格。例如，将一本少儿读物的价格定为 9.95 元，而不是 10.00 元；将一本畅销书的价格定为 49.80 元，而不是 50.00 元。消费者心理研究表明，绝大多数顾客普遍感觉到尾数定价比整数定价要便宜、要精确一些。一本标价 49.90 元的图书，总觉得它不到 50 元。尾数定价正是利用了这种心理倾向确定一个带尾数的定价，让读者有一种价格偏低、比较便宜的感觉。尾数定价出版业应用比较普遍。例如，外语教学与研究出版社的几种外语工具书采用的都是尾数定价策略。《汉英词典》定价 69.90 元，而不是 70.00 元；《朗文当代英汉词典》也是 69.90 元，也不是 70.00 元；《兰登书屋韦伯斯特美国英语学习词典》定价为 59.90 元，而不是 60.00 元。

需要说明的是，这种定价策略主要只适用于那些低价位、需求弹性大的出版物产品或服务，对于那些高档次、高价位、高质量的出版物并不合适，特别是那些价格在百元以上的高价位图书，如果还带上角、分的尾数就有点不伦不类了。

(二) 整数定价策略

与尾数定价策略相反，整数定价策略是指出版企业把原本可以采用尾数定价的出版物产品或服务的价格，定为高于或低于这个价格的整数。整数定价通常以"0"作为尾数。如《齐白石全集》定价8000元，《传世藏书》定价6400元，《毛泽东钦点二十四史》定价16万元等。一般认为，凡超过100元的出版物产品或服务都不宜采用尾数定价策略，而应运用整数定价策略更为合适。

整数定价策略的应用很广，它虽然主要适用于高档、高价、高质量的图书商品，但是，它并不排斥低价、低档图书。也就是说，低价位、低档次图书同样也可采用整数定价策略。例如，欧美等国的图书市场，曾经流行的"一元书"就是典型的整数定价。

(三) 声望定价策略

声望定价，是根据出版物产品或服务在目标读者心目中的声望、地位和信任度来确定其价格的一种定价技巧。出版市场，往往不乏引人注目的大型出版工程，不乏精品力作，如《中华再造善本》《中国大百科全书》《汉语大字典》等。对这类声望高的精品力作，通常可以确定相对高的价格。

当然，声望定价策略的运用要谨慎，其应用范围一定要从严控制，诸如前面提到的《中国大百科全书》《汉语大字典》等，从其社会效益的角度考虑就不宜定过高的价格。声望定价主要适用于以收藏、礼品为目的的出版物产品或服务。

(四) 谐音口彩定价策略

谐音口彩定价，是指企业根据消费者讨口彩、图吉利的心理，使商品或服务定价的发音与一些吉祥字词发音相同或相近的一种定价技巧。如，数字"8"与"发"谐音，所以图书定价中带"8"明显偏多。在1997年8月29日《中国图书商报》第8版的某出版社登出的18种图书广告中，竟有15种的定价是以带"8"的角数结尾的，其中，9.80元1种、10.80元2种、11.80元5种、12.80元4种、13.80元1种、14.80元1种、31.80元1种。相反，由于数字"4"的谐音字听似不吉利，所以以"4"结尾的定价就较为少见。

从营销角度看，这种定价策略只要有利于出版物商品或服务销售，且读者乐意接受，出版企业无疑是可以使用的。只是出版企业对其效果应该有一个恰当的估计，如果过分地轻信该策略，恐怕难如已愿。

三、折扣策略

折扣，是出版企业、批发商和零售商对出版物产品或服务按定价实行折价销售的实际让价比例。在固定价格制度下，由于书刊等出版物产品或服务是明码标价的，出版企业是产业链中实际享有"定价权"的市场主体，批发商和零售商则没有"定价权"，它们只能以折扣方式补偿其营销成本并获得必要收益。从营销定价视角看，折扣本质上相当于固定价格制度下的一种定价手段。因此，折扣的合理使用，对出版营销具有极其重要的意义。

一般地讲，出版企业常用的折扣策略主要有以下几种。

(一)数量折扣

数量折扣，是指卖方根据买方购进产品或服务数量的大小确定的折扣率，购进数量越大，折扣越优惠。数量折扣，利用的是规模效益原理，其目的是鼓励买方大批量购进卖方的产品或服务，以降低交易成本，提高规模效益。

数量折扣，对于调动买方大量购进、积极分销的主动性有很大意义，在各国出版业都得到广泛应用。从实践看，出版业数量折扣大致包括累计数量折扣和非累计数量折扣两种形式。累计数量折扣，是指出版商或出版物批发商按批发商或零售商在规定期限内(如半年、一年)购进出版物产品或服务所达到的总量给予的不同折扣率。这种数量折扣方式有利于出版社或批发商稳定客户或市场，有利于维系长久的客户关系。非累计数量折扣，也称一次性数量折扣，是指出版商或出版物批发商按批发商或零售商单次购进数量大小给予的不同折扣率。与累计数量折扣相比，一次性数量折扣操作简便、管理简单，但不利于稳定客户。

(二)品种折扣

品种折扣，是指针对不同的出版物产品或服务设定的不同折扣率。其假定前提是，不同出版物产品或服务的营销难度、经营成本和盈利水平存在显著差异，应该给予不同的折扣率。对目标读者难以定位、宣传促销成本大的出版物品种，应该给予更为优惠的折扣率。

从出版实践看，教材、科技著作、政治学习读物等的折扣相对较为苛刻，而教辅读物、大众市场图书的折扣则相对优惠一些。

(三)现金折扣

现金折扣，是指对交易过程中提前付款或用现金付款者给予的一种价格优惠，可以视为对提前付款或用现金付款者的一种激励措施。

出版物的发行或分销，往往有一定期限的账期，一般为 3~6 个月。付款周期越长，信用成本就越高，财务风险也就越大。卖方出版企业，为加快资金周转和降低财务风险，通常积极鼓励买方企业提前付款或以现金进行交易。出版业发达国家，现金折扣的运用较为普遍。例如，在德国，零售书店向批发公司的付款期限为 30 天。如果零售书店能提前14 天付款，则可以给予其 2%的优惠折扣。

现金折扣的运用，关键在于折扣比例的大小。一般地，现金折扣的比例应高于银行利率，以至于买方企业即使向银行贷款也乐意按照期限尽早付款，只有这样才能真正起到激励作用。若折扣力度不足，现金折扣往往难以有效发挥作用。

（四）季节折扣

与很多产品一样，出版物产品或服务的购买或消费也具有一定的季节性，也会表现出旺季畅销、淡季滞销的特征。季节折扣，就是按产品或销售淡旺季实行的浮动价格折扣，是给淡季购买的顾客给予的一种减价优惠。例如，夏季原本是图书销售的淡季，针对这一情况，不少出版企业就打出"夏季折价销售"的促销牌，以扩大淡季的图书销售量。美国不少书店在每年6—9月都要推出夏日畅销书大行动，各书店根据其供应书目的种类以及展示和预先包装的数量制定自己的折让计划。在季节折扣和其他诸多促销攻势的合力作用下，以往被称作图书销售淡季的6—9月却变得市场火爆。

季节折扣，对营造良好的卖场氛围、扩大出版物销售、提振淡季阅读消费等显然是有意义的，但是，折扣率应该适度，否则对行业的整体利益可能产生负面影响。一些书店，由于折扣率太高导致利润率严重下降的案例，就很好地印证了这一点。

（五）功能折扣

功能折扣，又称交易折扣、同业折扣、商业折扣、贸易折扣，是指生产企业根据中间商在分销过程中承担的功能、责任和风险所给予的不同折扣。

就出版业而言，出版物批发商和零售商都是出版社的客户，但两者在出版物分销过程中执行的功能却不尽相同。一般地，批发商是以零售商为服务对象，履行的是出版物产品的批发功能；零售商则不同，它是以一般读者为服务对象，履行的是零售功能。两者功能、职责和风险都不一样，经营的成本和收益也不尽相同。因此，出版社给予它们的折扣自然也不能完全一样，应该区别对待。

出版业功能折扣的意义，在于通过利益分配机制维护出版产业链不同环节市场主体的利益，以维系出版产业链的正常运行。一旦批发商和零售商以相同的折扣率从出版社购进出版物产品，批发商的利益就难以得到保障，出版物批发业也就难以持续。长期如此，整个出版产业链也将难以为继，进而伤及出版业的整体利益。

（六）业绩折扣

业绩折扣，就是根据中间商分销业绩或贡献大小给予的不同折扣，是上游企业给予业绩突出、贡献大的中间商的一种奖励折扣。

出版社和出版物批发商，应定期对与其长期发生业务往来的分销商（批发商和零售商）进行业绩评估，并根据评估结果给予其不同的折扣，以激励分销业绩突出的分销商。评估的指标很多，如销售增长快、信用好、汇款迅速、退货率低等。出版物产品分销，较多采用寄售制，到期销售不完的出版物产品会退回上游企业。因此，分销商退货率的高低就可以作为其业绩考核的一个标准。例如，美国的西蒙·舒斯特出版社规定：退货率低的零售商将得到奖励折扣，而对退货率高的中间商将给予其惩罚性折扣。如果某零售商退货率等于该社规定的退货平均值，该社将以这个零售商当时卖价付款；如果其退货率比规定的平均值低，出版社就按比当时卖价高 15% 的价格付款；反之，就按照比卖价低 15% 的价格支付给零售商。

第七章 出版分销

出版产品往往需要经过一系列的中间机构，如批发商、零售书店，方能被送到广大读者手中。如果把出版企业视作起点、把读者视作终点，那么，在他们之间就有无数条供出版产品流通的渠道。正是通过这些渠道，出版企业的产品才能顺利地传递到广大读者手中，广大读者才能方便地购买到自己所需要的出版产品。

出版分销渠道，也称出版营销渠道、出版流通渠道等，是指出版产品从出版企业向广大读者转移时取得商品所有权或转移其所有权的企业或个人的总称。出版企业要扩大产品销售，就必须充分了解各种类型的出版分销渠道，积极同各种类型的发行中间商打交道，进行科学的分销渠道决策。本章将系统介绍出版企业分销渠道的类型、发行中间商的类型以及建立与管理分销渠道的相关策略。

第一节　出版分销渠道类型

出版分销渠道的类型多种多样，不同类型的分销渠道往往又各具特征。出版企业要进行科学的渠道设计和管理，首先就必须了解各种类型分销渠道的性能及其优缺点，以便结合本企业的特点及出版产品的具体情况灵活选择。

一、直接渠道与间接渠道

营销学认为，根据是否有中间商介入，可以将分销渠道划分为直接渠道和间接渠道。

(一)直接渠道

直接分销渠道是指在没有任何中间商介入的情况下，由出版企业将产品直接销售给广大读者的一种渠道类型。在国内外出版界，这种类型的渠道都很常见。虽然直接分销渠道在出版分销活动中所起的作用远远比不上间接分销渠道，但是，作为分销渠道的一种基本形式，它仍为广大出版企业所看重。20世纪80年代初期以前，我国出版业实行的是严格的计划体制，出版企业出版的产品只能交给中间商发行，所以此前，直接渠道在我国出版分销活动中未能得到应用。从1982年起，我国出版业界开始推行"三多一少"的图书发行体制改革，图书发行权回归到了出版企业手中。在这种背景下，不少出版企业开始自设服务部直接服务于广大读者，同时，出版企业的直销人员也直接同广大读者打交道，直接向读者推销图书。此后，直接分销渠道在我国出版业得到了广泛的应用，它对扩大出版产品的发行和便利广大读者选购图书起到了积极的促进作用。

出版直接分销渠道有很多具体的实现形式，概括起来，有以下几种。

1. 出版企业自设门市销售

我国从20世纪80年代初期推行"三多一少"的图书发行体制改革至今，绝大部分出版企业自设门市部，或称读者服务部，直接向读者销售图书等出版产品。这是当时我国出版直接分销渠道的一种最常见的形式。

2. 出版企业推销人员向读者直销

不少出版企业都拥有大批的推销队伍，他们除了向中间商推销图书之外，还常常直接向读者推销。这种形式在美国等出版业发达国家尤为普遍。

3. 邮寄书目直销

这种方式主要用于推销专业图书。例如，美国的麦格劳·希尔图书公司存有1000万个专业读者的数据信息，其计算机可根据图书的内容选择推销对象，并把目录制成推广品，同时打出邮寄封套付邮。此外，美国的出版商也用这种方式向学校或图书馆推销图书。

4. 用户直接向出版企业订购

有些用户大批量地需要某种出版产品，就可主动地向出版企业要求订货。例如，某旅馆业主向出版企业订购大批自己的传记图书，免费发放给旅馆的顾客。再如，日本索尼公司为开展产品推销活动，需要一本体育方面的图书，因此订购了美国班坦图书公司特别印制的《世界体育运动纪录之最》一书。

5. 读者向出版企业函购电购

这种直接分销方式也很常见，它对于方便读者具有特别的意义。尤其是对于一些专业图书而言，由于其发行量小、覆盖面窄，往往得不到中间商的积极分销，因此，要买到这种专业图书往往很不容易，直接向出版商电购或函购便成为读者最方便的购买方式。

6. 出版企业开设网上书店直接销售

近年来随着互联网技术和电子商务的发展，出版企业自办网站或者依托大型电商平台开设网上书店，直接向读者销售本企业出版的产品也逐渐成为主要的出版分销渠道之一。

出版直接分销渠道主要有以下优点：

第一，直接分销省掉了许多中间环节，可以大大降低出版产品在流转过程中的损耗，同时还可以加快出版产品的流转速度。

第二，直接分销是出版企业向流通领域"一体化"发展的重要策略之一，它可以在一定程度上降低流通费用，这就为出版企业直接让利于读者打下了良好的基础。例如，美国不少出版企业就直接向学校和图书馆发行教材，由于省掉了中间环节，降低了发行费用，故出版企业就可以拿出 20%~30% 的折扣让利于学校和图书馆。

第三，直接分销是一种"产""销"直接见面的方式，它便于"产""销"之间直接进行信息交换，既便于出版企业有针对性地进行促销，又有利于出版企业了解读者的需求情况，对于提高出版工作的针对性具有一定积极意义。

当然，直接分销渠道也有其明显的不足之处，突出表现在：

其一，覆盖面相对较窄，发行能力有限，难以适应出版产品生产高度集中与读者需求极度分散这一矛盾，往往难以满足数量庞大却特别分散的各地读者的需求。因此，出版企业要想进行广泛分销，迅速占领并巩固市场，单纯依靠直接分销渠道往往难以奏效。

其二，直接分销完全依靠出版企业自身的力量，容易分散企业的精力，冲击其他出版业务。众所周知，出版分销是一项极为复杂的经济活动，它需要专门的知识和丰富的经验，需要投入大量的人力、财力、物力资源。出版企业如果在直销活动上花费过多的精力，就难免影响出版业务。

其三，直接分销是出版企业向流通领域渗透的重要方式，无原则地扩大直接分销渠道比重可能会影响到广大发行中间商的利益，影响发行中间商的积极性。如果关系处理不好，甚至还会激化出版产品产销之间的矛盾，从而丧失广大发行中间商的支持。正是出于这种考虑，不少出版企业从维护与广大发行中间商的正常合作关系出发，严格控制对直接分销渠道的运用。有些国家的出版企业，如德国，就基本不利用直接分销渠道，而是将其全部产品完全交给中间商发行。即使是读者来函来电向出版企业求购图书，出版企业仍是将读者的信函转交给读者所在地的书店去执行。正因为如此，德国的出版产销关系处理得非常好。

(二) 间接渠道

间接分销渠道是指出版企业利用发行中间商向广大读者供应出版产品的一种分销形

式。同直接分销渠道相比，间接分销渠道要复杂得多。根据介入中间商数量的多寡、性质的不同，间接分销渠道可以划分为多种类型。从作用上看，间接分销渠道也远远超过了直接分销渠道，是出版分销的主要渠道类型，无论是国内还是国外，绝大多数的出版产品通过间接分销渠道传递到了广大读者手中。改革开放以来，随着我国出版发行体制改革的逐步深入，虽然直接分销渠道在我国出版企业营销中也得到不同程度的应用，但是同间接分销渠道相比，直接分销渠道所起的作用仍然相对有限。也就是说，间接分销渠道仍是我国出版分销的主要渠道类型。间接分销渠道的表现方式非常多，不仅有长短之分(如长渠道、短渠道)和宽窄之别(如专营渠道、选择性分销渠道和密集性分销渠道)，甚至还有结构的差异(传统渠道、垂直渠道)。

同直接分销渠道相比，间接分销渠道的优点主要有：

第一，有助于出版产品的广泛分销。发行中间商的介入，有利于缓解出版产品在品种、数量、时间与空间等方面的矛盾，既能在更大范围内充分满足广大目标读者对特定出版产品的需求，也有利于出版企业经济价值和社会效益的实现。

第二，有利于促进出版的专业化分工与协作。出版产品生产与发行各有自己的规律，发行中间商的介入大大减轻了出版企业分销的压力，有利于出版企业集中精力从事出版业务。同时，专业发行中间商队伍的发展和壮大，也为发行业的发展和专业化起到了积极的促进作用。毫无疑问，出版产品生产与发行的专业化分工与协作对于提高出版业的整体发展水平也有着重大意义。

第三，有助于缓解出版企业人力、财力、物力资源的不足。发行中间商购得出版企业的产品并交付货款，使得出版企业"提前"实现了产品的价值，同时，经销商往往还承担着出版产品销售过程中的仓储、运输等费用，并在销售过程中承担其他方面的人力和物力，这就较好地弥补了出版企业人力、财力、物力资源的不足。

当然，间接分销渠道也并非尽善尽美，同样也存在着缺点或不足。

首先，发行中间商的介入，可能导致出版企业与广大读者之间的信息交流受到不利影响。由于有了中间商的介入，出版企业更多地只能从中间商的销售情况中间接地了解到读者对于本企业出版产品选题、内容、装帧及服务等方面的意见以及出版市场的需求状况、竞争状况等。这种间接的信息交流方式就难免造成某些偏差，从而对出版企业的营销活动带来不利影响。

其次，发行中间商的高度介入，可能导致出版企业对产品销售的失控，从而产生对发行中间商的高度依赖，这就可能在一定程度上使出版企业整体营销活动陷入被动。例如近年来当当、京东等网上书店迅猛发展，并日益成为出版产品销售的主渠道之一，为了积累用户，网上书店在不征得出版企业同意的情况下开展"价格战"，严重损害了出版企业乃至整个出版业的长远利益。

最后，如果分销环节过多、效率低下，就可能导致出版产品流通费用的上涨，从而影响出版企业的盈利水平，或者以提高出版产品价格的方式转嫁到读者身上，从而加重读者的负担。

二、短渠道与长渠道

根据企业自身条件及出版产品的基本状况，出版企业可以分别选择不同长度的分销渠道。一般地讲，分销渠道的长短是根据介入出版流通领域中发行中间商环节的多少来定。所谓短渠道，一般是指在出版流通过程中只选择使用一个环节的发行中间商的渠道形式，长渠道则是指选择使用两个及两个以上环节的发行中间商的渠道形式。

(一)短渠道

短渠道虽然只涉及一个环节的发行中间商，但其具体形式却是多种多样的，至少有以下几种形式：

1. 出版企业—零售书店—读者

这是指零售书店不向代理商、经销批发商进货，而是直接向出版企业进货，向读者销售出版产品的一种渠道形式。短渠道形式在国内外出版业都比较普遍，美、英等国 50%左右的图书是不通过批发商、代理商而直接由零售书店销给读者的。一般地讲，适用于这种短渠道形式的情况主要有：第一，某些时效性特别强的图书；第二，有些零售书商规模大、销货能力强、知名度高、影响大，出版企业希望与他们建立良好的合作关系，以扩大本版图书的销售，因而出版企业通常绕过批发商而直接面向这类零售书店；第三，出版企业希望更直接地接触最终读者，避免经过更多的中间层次，从而直接面向零售店；第四，出版企业为降低产品流通费用，以求减少流通环节等。

2. 出版企业—外行业特约经销商—读者

这种形式的短渠道在出版业发达国家比较多见。例如，班坦公司设有一个特约经销部，它专门负责联系和管理本公司的各特约经销商。据报道，班坦的特约经销商就有福特汽车公司、梅耶尔公司等。这种形式的短渠道主要适用于一些内容具有明显行业特色的出版产品，如计算机公司作为计算机类图书的特约经销商，医疗卫生保健机构作为卫生保健图书的特约经销商等。

3. 出版企业—图书俱乐部—读者

图书俱乐部是以读者为中心组织起来的团体，这种团体除了组织读书活动、图书评选活动、作者读者联谊活动之外，同时也面向会员优惠发行图书。俱乐部发行的图书除自己从出版企业购得版权出版俱乐部廉价书之外，往往也从出版企业批量购进，以优惠折扣向会员发行，它因此也就成了一条重要的图书发行渠道。这一渠道发行的主要是一些大众市场图书、畅销书等。

出版业发达国家的图书俱乐部很发达，全美有图书俱乐部会员 700 万人，其图书销售量占全美图书发行总量的 8%。其中，拥有 125 万会员的"每月图书俱乐部"，仅发售《第三帝国的兴亡》一书即达 100 万册。英国也有很多图书俱乐部，其图书销售额也占英国图书销售总额的 6%。荷兰图书俱乐部发行的图书数量占到全国图书发行总量的 24%。近年来，图书俱乐部这一形式在我国也有较快发展，据了解，目前国内有一定影响的图书俱乐部也达 20 多个。当然，这些俱乐部的规模，图书发行量等同出版业发达国家的俱乐部相比尚有很大差距。

4. 出版企业—图书馆供应商—图书馆

与前面三种短渠道不同，这种形式的短渠道面向的不是个人读者，而是机构用户即图书馆，在出版业发达国家比较普遍。英国通过图书馆供应商发行图书的销售量占其国内总销量的 15% 左右。苏联各地也设有图书馆书库，负责经销供应图书馆的图书。瑞典的图书馆服务社也是专门为图书馆提供图书的销售机构，它的业务是尽快将出版企业出版的新书样本送到被指定的 500 余名读者中的 1~2 名读者手中，在读者评价的基础上，地方图书馆决定此书是否购买，然后把订单送给服务社，服务社再采购图书送交图书馆。近年来，随着馆配市场不断成熟，这种形式的短渠道在我国出版业应用也较为普遍，如武汉三新书业就是一家专门从事图书馆配送业务的出版发行企业。

除了上述四种主要的短渠道形式之外，有些国家和地区还有一些比较特别的形式，如"出版企业—学校承包商—学校""出版企业—图书经纪人—读者""出版企业—出版批发商—团体读者"等。

短渠道作为图书分销渠道的一种重要形式，它主要有以下几个基本特点：

第一，仅有一个中间环节，可以使出版产品迅速地流转到读者手中；

第二，有利于节省出版产品流通费用，降低营销成本；

第三，出版企业承担的促销费用相对较多，同时还必须具备足量的出版产品储备及存货。

(二) 长渠道

出版分销的长渠道，顾名思义，是指涉及两个及两个以上环节发行中间商的一种渠道形式。其流转环节较多，流转过程也比较复杂，主要有以下几种形式：

1. 出版企业—批发商—零售商—读者

从营销学的角度看，这是一种最典型的商品流通渠道，它便于发挥批发商的"蓄水"和推广功能，以减轻生产企业分销工作的压力，又可以广泛调动各种零售商的作用，进行广泛分销，方便消费者购买商品。就出版领域而言，这也是国内外出版分销渠道中最有代表性的形式。

出版业发达国家中，德国和日本是采用这种分销渠道最具代表性的两个国家。德国的图书批发业很发达，出版企业一般不直接向零售书店或读者售书，而是直接面向出版批发商，包括代理商、经销批发商和进出口批发公司等。德国图书批发业的现代化程度很高，不少批发企业与零售书店都接入互联网，能高效率地向零售书店提供便利的图书批销服务。日本的图书批发企业数量较少，但企业规模较大，其批发业务主要集中在东贩、日贩等少数大型出版批发商手中。德国、日本等国出版业内部分工明晰，出版、批发、零售企业各司其职。正是良好的秩序才保证了这种形式的分销渠道体制得以健康发展。

2. 出版企业—代理商—零售商—读者

代理商是指受出版企业委托按契约代理销售出版企业产品的一种中间商。一般地讲，代理商的职能与批发商相近，但不拥有所经营出版产品的所有权，不承担存货风险。国外有许多小型出版企业，由于没有能力与众多的零售书商建立广泛的产销关系，就委托一些大型出版企业进行代理。这样，大型出版企业就成了一些中小出版企业的代理商。例如，法国最大的出版集团——阿歇特出版集团就是有名的发行代理商，它年批销图书1亿册，其中60%是本版书，40%是代理批销的外版书。再如，英国的史密斯公司、布莱克维尔图书公司、道森公司也都是著名的出版代理商。

3. 出版企业—代理商—批发商—零售商—读者

这是营销学中分销渠道最长的一种形式。因介入了各种性质的发行中间商，有利于充分发挥各类发行中间商的作用，便于出版产品的集中、储存、调剂和扩散；便于做到把分散的资源集中起来再合理地及时分配到广泛的读者手中；并能减轻出版企业的分销负担；又能广泛分销，方便读者就近选购图书，总之，该渠道具有很强的辐射性和纵深性。当然，这种渠道形式也有其明显的不足之处，即出版企业和目标读者相隔太远，对于出版企业来说，延长了图书销售时间，市场信息的反馈受到一定影响，对于读者来说，可能会承担相对较高的价格。

以上是出版分销长渠道的几种基本形式，但在出版业分销实践中，情况往往更为复杂。例如，就批发商而言，从经营范围来看有综合性批发商，也有专业性批发商；从批发环节来看，既有一级批发商，也有二级批发商；从性质来看，既有专业性出版批发商，也有外行业批发商等。

同短渠道相比，出版分销长渠道主要有以下几个特征：

第一，多重分销商的介入，提高了出版分销能力，有利于出版产品的广泛分销；

第二，多重中间商的介入，减轻了出版企业分销工作的负担；

第三，分销环节的增加，带来了出版分销费用的上涨；

第四，分销环节的增加，影响了出版企业与读者之间的信息沟通；

第五，分销环节的增加，可能会延误分销时间，影响分销效率。

三、渠道的宽窄

出版分销渠道，不仅有长短之分，还有宽窄之别。一般地讲，分销渠道的宽窄取决于分销渠道每一个中间环节的中间商数目的多少，同一环节中间商数目越多，分销渠道就越宽；反之，就越窄。营销学中把分销渠道的宽窄分为以下三种情况。

(一)密集性分销渠道

密集性分销渠道，也称普遍性分销渠道、广泛性分销渠道、强力分销渠道等，它是指出版企业在同一区域市场内各个层次的中间环节都广泛采用尽可能多的发行中间商来销售其出版产品的一种分销渠道形式。在出版发行企业的分销实践中，密集性分销主要用于零售环节，以使众多的零售书店都能积极参与本企业出版产品的发行，以增加出版产品在更多的零售书店陈列待售的机会，既便于广大读者选购，又促使出版企业的出版产品能够迅速、广泛地占领市场。就批发环节而言，出版企业一般较少采用这种密集性渠道形式，而是选择相对较窄的分销渠道。这是因为在批发环节选用密集性分销渠道，出版企业就必须同时与众多的批发商保持业务联系，而每一个发行中间商又同时经营着众多出版企业的出版产品，往往难以为某家出版企业承担广告宣传费用，或者采取专门的促销措施。这就必然导致图书产销之间的合作矛盾，也可能导致出版企业难以控制其生产的产品的分销。一般地讲，在批发环节采用这种渠道形式，出版企业通常需要为宣传本企业出版产品承担较高的促销费用。正因如此，出版企业往往只在零售环节采用密集性的分销渠道。

（二）选择性分销渠道

选择性分销渠道，也称较大宽度的分销渠道，它是指出版企业在同一市场区域内各个层次的中间环节仅选择一些条件较好的中间商来销售其出版产品的一种分销渠道形式。这种分销渠道的形式适用于各种类型的出版产品，但相对而言，对于高档精装大部头、高价格的图书，或内容相对专深的学术著作更为适宜。经过选择挑选出来的发行中间商，其分销能力一般高于普通发行中间商，通常具有较强的市场开拓能力，而且信誉较高。产销双方可通过签订产销协议，共担风险，分享利润。选择这种分销渠道形式，出版企业不需要在所有的销售点上花费很大的财力与精力，可集中有限力量在整体上促进出版产品的销售，也有利于出版企业对渠道中其他成员的控制。

当然，选择性分销渠道也有它的不足之处：首先，它受到较高条件的限制，采用这种分销渠道，出版企业应具备两个基本条件，一是要向发行中间商提供较好的推销条件和较高的促销费用；二是经常要有好的适销对路的出版产品供中间商销售。只有这样，才会有较多的、愿意合作的、能力较强的发行中间商供出版企业挑选。其次，受合约履行情况的影响较大。采用这种分销渠道时，产销双方常以合同或协议进行协作，但是，市场因素的不断变化，有时会导致一方经营受挫，丧失履行契约能力，从而阻碍产销协作关系的发展。

（三）专营性分销渠道

专营性分销渠道，又称独家分销渠道、排他性分销渠道、最小限度分销渠道等，它是指出版企业在同一区域市场内某一层次的中间商环节中仅选择数量极少的中间商（通常为一家）来销售其产品，并约定这家中间商不得再销售其他同类出版产品的一种分销渠道形式。专营性分销渠道的极端形式就是独家分销。这种分销渠道形式在出版营销实践中极少使用，因为绝大多数出版产品并非特殊高档产品，其使用及销售服务也不需要过多的专门知识和特殊条件。从目前的情况看，我国中小学教材的发行渠道带有一定的"专营"性质，一般只能由当地新华书店经销，其他任何发行中间商都不得参与。但其原因并非教材作为一种出版产品本身有何特殊性，而是由教材发行的特殊体制所致。此外，其他出版产品极少采用这种形式的渠道进行分销。

四、传统分销渠道与垂直分销渠道

根据渠道成员之间的关系，还可将出版分销渠道划分为传统分销渠道与垂直分销渠道两种类型。

(一) 传统分销渠道

传统分销渠道是由完全独立的出版企业、批发商和零售商构成的一种渠道形式。在这种形式的渠道中，每一个渠道成员均为独立的经济实体，各自追求利益的最大化，即使是以牺牲整个渠道的利益也在所不惜。在这种渠道形式中，没有一个渠道成员能完全或基本地控制其他成员。正如美国一位学者所指出的，传统分销渠道的特征为："在支离破碎的网络中松散地排列着生产商、批发商和零售商，他们在保持距离的情况下，相互讨价还价，谈判销售条件，并且在其他方面自主行事。"现阶段，我国出版分销主要采用传统分销渠道形式。现有的 500 多家出版社和各省、自治区、直辖市新华书店以及众多的零售书店都是独立经营实体，在图书的分销过程中它们都有各自的经济利益，因此，它们彼此之间经常为出版产品的流通制度、发行权限、折扣、存货风险等权利义务讨价还价。毫无疑问，出版业分销中的这种"内耗"，对我国出版业的整体利益是有害的。如果不改革我国现行的传统分销渠道形式，不采用更先进、更科学的分销渠道形式，就很难从根本上解决这些问题。垂直分销渠道就是一种更为先进、科学的分销渠道形式。

(二) 垂直分销渠道

垂直分销渠道，是由通过所有权、契约或其他方式为纽带紧密联系在一起的出版企业、批发商和零售商构成的一种渠道形式，其实质是一种实行专业化管理和集中计划的组织网络，可以是一个企业联合体，或者是一个渠道成员拥有其他成员的产权，或者是一种契约关系，又或者一个成员拥有相当实力，其他成员愿意与之合作。渠道的支配权既可以由出版企业主导，也可以由批发商或零售商主导。垂直分销渠道中，各个渠道成员为了提高经济效益，往往采用不同程度的一体化经营或联合经营，从而达到控制渠道行为的目的，并为消除由渠道成员追求各自目标所引起的冲突创造条件。垂直分销渠道有三种基本形式。

1. 产权式垂直分销渠道

产权式垂直分销渠道，即以产权为纽带联系在一起的出版企业、批发商和零售商构成的一种分销渠道。它通常表现为一个集团公司拥有或统一经营管理出版企业、批发企业和零售企业，在同一产权组织内部综合经营某种产品的出版、批发和零售业务，也就是说，该公司对其出版产品实行一揽子经营。例如，中华人民共和国成立前"商务""中华""世界""开明""三联"等出版企业就是集图书出版、批发，甚至零售于一体的，它们都有自己的分支机构，有自己的批发中心。其中，商务印书馆就有分馆 36 处，上海设有发行所，网点遍布大中城市，负责本版图书的批发与零售。近年来，随着出版业集团化发展，一些大的出版传媒集团如中国出版集团、中国教育出版集团，也有一定条件实施这种产权式的垂直分销渠道。

产权式垂直分销渠道还可以表现为出版企业、批发企业与零售商相互持有对方部分产权，从而使得渠道成员之间的利益休戚相关。例如，日本的大型出版批发商"东贩""日贩"的股份就有 50% ～ 60% 掌握在出版企业手中。这样一来，出版企业和批发商就有了共同的利益，产销矛盾就容易处理，产销关系就更加协调。产权式垂直分销渠道的这种形式值得我国出版业借鉴，出版企业、批发商与大型零售书店之间可以通过相互参股的方式来处理它们之间的产销矛盾，统一、协调产销之间利益，以提高出版业系统的整体效益。

2. 支配式垂直分销渠道

与产权式垂直分销渠道不同，支配式垂直分销渠道不是通过共同的所有权，而是渠道成员中某一方以其突出的实力、地位或专门性的技术与知识出面组织、协调或影响渠道中其他成员，使多数渠道成员协调行动的一种垂直分销渠道形式。例如，在零售书商中，美国的皇冠、达尔顿和瓦尔顿等，英国的史密斯、沃勒斯通、迪龙等凭借其规模与实力就能对一些出版企业的营销策略产生不同程度的影响。在图书批发业中，美国的贝克·泰勒、英格拉姆，日本的"东贩""日贩"，在出版环节中，英国的哈珀—柯林斯、企鹅，日本的讲谈社、平凡社，美国的麦格劳·希尔、班坦，法国的阿谢特、马松等，也能分别对本国的其他出版分销渠道成员产生一定影响。

支配式垂直分销渠道，实质上是渠道领袖利用其地位影响和支配其他渠道成员行为的一种渠道形式。当渠道领袖的权威和力量大到足以提出一套分销渠道管理计划和方案，而其他渠道成员不得不接受时，支配式垂直分销渠道才得以形成。就我国出版业而言，显然并未出现类似的渠道领袖，因而也不具备实施支配式垂直分销渠道的条件。

3. 契约式垂直分销渠道

这是由不同层次的独立渠道成员为了实现其单独经营所不能达到的效益而以某种协议或契约为基础结成联合体的一种分销渠道形式。契约式垂直分销渠道表现方式不拘一格，多种多样，常见的形式主要有：

特许专卖组织，这是指专卖授权单位将其产品、销售技术或企业名称以契约方式授予某些渠道成员，契约中规定销售区域、经营范围、服务、财务与广告等条件，在此前提下，被授权单位取得授权单位产品的销售权或销售技术、企业名称的使用权，其中包括出版企业主持的零售专卖系统，如特约经销方式；出版企业主持的批发专卖系统，如某一地区由某一批发店负责全部出版产品的总发行；以及零售店主持的零售专卖系统，如某地新华书店将店名使用权授予其他书店使用等。

除此以外，还有批发商主持的自愿连锁组织，即由批发商联合自愿参加的零售商组成的批发—零售组织，统一进、发货业务，通过大量进货来争取优惠的折扣并应对其他中间商的竞争。零售商合作组织，即由许多零售商联合组成新的组织，除零售业务外，还执行批发或出版业务。所有成员通过零售合作组织集中采购并共同规划其广告等促销业务。所得利润按他们的采购比例返还给各成员零售商。非成员零售商也可从该组织进货，但不参加利润分成。契约式垂直分销渠道不需要某一家出版企业拥有其他企业的产权或者支配权，因而从理论上比较容易实现，但目前在我国出版业中，通过契约的形式组成联合体从事出版产品分销的情况并不多见，未来有可能成为出版业垂直分销渠道的发展方向之一。

第二节　出版发行中间商

出版发行中间商是指出版分销渠道中介于出版与消费环节之间的各类分销机构。在出版分销渠道中，起着重要作用甚至决定作用的便是发行中间商。随着出版营销活动的日益复杂和出版行业服务水平的不断提升，发行中间商的地位还在不断提高。出版企业要不断扩大图书销售，提高图书分销效率，就必须充分调动各类发行中间商的积极性，鼓励各种中间商踊跃参加出版分销。

发行中间商，是一个集合概念，它包括多种形式的具体中间商类别。一般从两个不同的角度来区分出版发行中间商。一是按其在分销渠道中的位置来分，按照这一标准，出版发行中间商可分为批发商和零售商两类；二是按其在分销过程中是否有出版产品的所有权来分，按照这一标准，发行中间商可分为经销商和代理商两类。本节将对这四种类型的发行中间商分别进行介绍。

一、出版批发商与零售商

按中间商在分销渠道中的位置这一标准，可将发行中间商划分为出版批发商和出版零售商。

（一）出版批发商

出版批发商是指大批量购进并批量出售，在出版产品购销过程中获取批发利润的企业或个人。出版批发商的购进对象通常是出版企业或其他出版批发商；其出售对象多数为出版零售商。也有团体读者，如机关、学校、图书馆或其他出版批发商。

1. 出版批发商存在的必然性

出版批发商存在的客观必然性主要体现在以下两个方面：

第一，出版企业需要出版批发商。首先，出版批发商大批量购进商品，并大批量出售，简化了出版产品交易过程，提高了分销效率，因而可在一定程度上降低分销成本。其次，出版批发商与零售商接触广泛，且具有进货、促销等方面的专门技能，能为出版产品广泛迅速地进入市场提供便利。再次，许多小型出版企业财力有限，难以直接进行分销；即使是大型出版企业也要集中精力进行出版产品生产，不愿在分销工作中的一些事务性活动方面花去过多的精力，因而它也需要批发商的服务，正是由于上述这些原因，绝大多数出版企业乐意同批发商打交道。纵观出版业发达国家如日本、德国等图书批发企业在其出版业中的地位，就不难看出批发商对于出版业营销的重要意义了。再如，美国作为世界头号出版大国，在 20 世纪 70 年代以前，由于其图书批发业发展的相对滞后，就曾使其出版企业和出版零售商吃尽了苦头。又如，20 世纪 80 年代末以来，我国图书批发业由于受多方面原因的影响，也没有受到应有的重视，特别是新华书店省级批发店的作用没有得到很好发挥。这些都给我国出版业的发展带来了不良影响。到 90 年代中期以后，我国出版业界对此有了比较清醒的认识，因此，有关"中盘"崛起的呼声一浪高过一浪。上述这些情况从正反两个方面说明，出版批发商的存在是出版业营销活动的需要，忽视出版批发商的作用，就会给整个出版业带来不良影响。

第二，出版零售商需要批发商。众所周知，零售商经营的品种繁多，一些大的出版零售商，如日本的纪伊国屋、八重洲、三省堂、丸善等大书店经营的品种都达二三十万种之多。近年来，我国的大型零售书店经营的品种也达二三十万种之多，即使是一些中小型书店，经营的品种也不下一两万种。数量如此众多的图书分别来自全国各地成百上千家出版企业。如果分别向每种图书的出版企业进货，其工作量之大，不可想象。出版批发商则可以充分满足广大零售书店对图书品种多样性的要求，并且手续简便，快速及时，服务周到，正因为如此，零售商才需要批发商的服务。

2. 出版批发商的作用

由于批发商的介入，大大简化了出版企业与零售书店的交易。在没有批发商介入的情况下，出版企业的图书销售要面对每一家书店，零售书店要购进图书也要面对每一家出版企业。在这种情形下，不仅出版企业和零售书店各自的劳动量大，而且由于零售书店每次购进的册数较少，所以交易成本大大提高。相反，有批发商介入后，这种交易过程就大大简化了。出版企业只需面对一家或少数几家批发商，零售书店购进图书也只需同少数几家批发商发生业务往来。这不仅使得出版企业和零售书店减少不必要的劳动消耗，而且各自的工作效率也得到大幅度提高，从而使得交易成本大大下降。

出版批发商的职能，概括起来讲，主要有三项，即集中、平衡与扩散。所谓集中，就是以经销或代理的方式从众多出版企业获得大量出版产品，以供批销。世界上一些著名的大型出版批发，其集中出版产品的职能特别突出。例如日本的两大批发商"东贩"和"日贩"分别同 4000 家和 3000 家出版企业建立业务联系。再如，美国的大型出版批发商贝克·泰勒公司就集中了 14000 家出版企业的 25 万种以上的存书，供零售书店选购。平衡，指批发商进货后，把不同的图书品种根据零售店的需要进行细分，以便出版企业发货，或者零售店进货两方面得以平衡。扩散，指批发商将购进的出版产品迅速批销给各地的零售书店，一些大型批发商的扩散能力极强，如美国的贝克·泰勒公司就有订户17000家，日本的"东贩"同9000多家书店有贸易关系，"日贩"则同多达26000家书店保持有业务往来。

除上述三项基本职能之外，出版批发商对出版企业和零售书店还具有多方面的作用。

（1）批发商对零售书店的作用

预测需求。批发商通过征订、市场调查以及对零售书店以往经营业绩的考察，可预测到零售书店的图书需求。

存储。在批发商同时为许多零售店备货，其图书库存的品种多且规模效益高，减轻了零售书店的存货负担，使其能集中人、财、物力从事零售业务。美、英、法、日等出版业发达国家的零售书店一般都不设仓库，其图书的存储、备货职能主要由出版企业或批发企业履行。

送货。批发商大多拥有专门的运输设备，可以较低的成本迅速及时地为零售书店送货。

信用服务。有些中小书店资金有限，往往要依赖批发商赊销图书才能周转。

信息服务。批发商联系面广，信息灵通，能从宏观上把握图书市场动态，有条件向零售书店提供图书供需信息以及有关销售方面的建议。

进货指导。批发商一般都有自己的推销员，他们经常走访零售书店，向其推荐、补充出版产品，为零售书店的进货提供必要的技术与信息指导。

（2）批发商对出版企业的作用

大规模销售。这是批发商的最基本职能，批发商的购进数量巨大，是出版企业得以大规模销售的前提。

促进销售。批发商通过大规模的分销，并通过宣传和介绍，就能够强有力地促进出版产品的销售。

承担风险。经销批发商大批量购进出版企业的出版产品之后，也就承担了这部分图书的存货风险，这就部分地分担了出版企业的经营风险。

贮存运输。许多批发商往往承担着出版产品的贮存和运输职能，减轻了出版企业在"物流"方面的负担。

融通资金。经销批发商一般是以付款的方式购进出版企业的图书进行批销的，这也就为出版企业提供了可观的资金支持。美、日等出版业发达国家的大型图书批发企业资金雄厚，出版企业在图书进入流通领域后、进入消费领域前，就可以从批发商那里回收部分货款。

信息沟通。由于批发商在图书流通领域中的特殊地位，使得它能从客观上把握图书市场的发展走势，因此，它能向出版企业提供及时有效的信息支持。

（二）出版零售商

出版零售商是指批量购进，零星售出，在出版产品购销过程中获取零售商业利润的单位或个人。零售商的购进对象通常是批发商，也有出版企业，其售出对象主要是个人消费者，也包括团体读者。出版零售商位居出版流通环节的终点，它在出版分销活动中起着极为重要的作用。出版零售商数量众多、类型复杂。

1. 出版零售商的作用

第一，广泛分销。这是出版零售商最基本的功能。图书零售店数量众多，以美国为例，单是美国书商协会拥有的会员店就达 7000 多家，独立书店协会成员也有 7000 余家，而分布在机场、车站、码头、超市、居民区的书店、书摊则不计其数，估计有上万家。再如，日本书店联合会拥有会员店 13000 家，这估计只占日本零售书店的半数，在日本平均 3000 人就拥有一家书店。众多的零售书店分布在读者集中的城乡各地，为图书的广泛分销创造了良好的条件。

第二，促进销售。零售书店虽不像出版企业和批发商那样可以经常举行大规模的宣传促销活动，但是，它却可以借助图书的陈列、样本橱窗等营业推广手段，将宣传促销与图书销售融为一体，从而起到出版企业和批发商无法替代的宣传促销作用。

第三，服务读者。零售书店丰富的备货，完备的服务，如代购、邮购、送书上门、咨询等，为满足广大读者丰富多彩的图书需求提供了便利。

第四，沟通信息。在购进图书时，零售商与出版企业或批发商紧密相连；在售书时，又与广大读者广泛接触。同时，零售商对图书市场也有着充分的了解，能够在出版产品的产销之间进行有效的信息沟通。

2. 出版零售商的类型

出版零售商类型复杂，既有综合性书店，也有专业性书店；既有独立书店，也有连锁书店；既有大中型书店，也有各种小型书店、书摊、报刊亭；既有专营书店，也有兼营图书的超市、商场、方便商店；既有按码价出售图书的书店，也有打折销售的折扣书店；既有实体书店，也有网上书店。

二、出版发行经销商与发行代理商

按中间商在出版分销过程中是否有出版产品所有权这一标准，可将发行中间商划分为出版发行经销商与发行代理商。

出版经销商，是指在从事出版产品交易业务活动中拥有出版产品所有权的中间商。经销商一旦购进出版产品，就获得了所有权。他们独立经营，自负盈亏，自然就承担着出版产品不能售出而造成积压的风险。与经销商不同，发行代理商则是指在从事出版产品交易业务活动中，不持有出版产品所有权的中间商。他们"经营"的出版产品是其以契约的方式从出版企业那里获得的，这些出版产品一旦售出，就可以从中获得一定比例的佣金；如果出版产品卖不出去，形成积压，风险均由出版企业承担。由于出版发行经销商比较普遍，前述章节多有述及，以下对出版发行代理商做详细介绍。

（一）出版发行代理商的特征

首先，发行代理商不拥有其所"经营"的出版产品的所有权。发行代理商所"经营"的出版产品是出版企业委托其销售的，这些出版产品的所有权属于出版企业。代理商只是代理出版企业推销这些出版产品。正因为如此，库存出版产品不会占用代理商的资金，从而减轻了代理商资金占用方面的压力。

其次，发行代理商不承担存货风险。发行代理商所"经营"的出版产品即使出现积压、滞销，也无需承担存货带来的风险。一般都可按契约将积压货退回给出版企业，存货风险完全由出版企业承担。

再次，发行代理商与出版企业之间的关系一般是以契约的方式来维系的，因此，双方都必须严格履行合约。这是代理制下出版产销关系维系的基础。

最后，发行代理商一般可以依据契约在一定范围内运用委托企业的名义进行产品推销。

（二）出版发行代理商的类型

出版发行代理商，按其与出版企业业务联系的特征及代理方式，可以分为出版企业代理商、销售代理商、寄售商和图书经纪人等四种。

出版企业代理商，实际上，是出版企业产品分销的代理人。一般地，按照双方签订的代销合同，由出版企业向其提供有关目录资料及样书，并办理有关推销业务手续，以出版企业的名义（也可以只用代理商自己的名义）进行出版产品分销，同用户（可以是零售书店、也可以是团体读者，甚至是个人读者）达成购书协议或办完销售手续后，可由出版企业发货，也可由代理商发货。一般情况下，出版企业代理商可不设仓库，也无需运输工具。一个出版企业可以同时委托不同的代理商分别在不同地区销售其出版产品，出版企业本身也可同时在该地区从事直接销售活动。这种形式对于营销力量较为薄弱的出版企业来讲，有利于其摸清市场需求情况，打开产品销路。

销售代理商，即独家代理、总代理，他与出版企业签订代销合同，负责销售某个或某些品种出版产品的总包销业务。一般地，出版企业对一个品种或一类图书而言，在同一时期只能委托一个代理商，不能同时再寻找其他代理商，也不得自行销售该出版产品。当然，对这类代理商而言，一般也不能同时代理其他出版企业的同类性质或内容与功能相同或相近的其他图书。这种形式的代理商，不仅负责出版产品的宣传推广，而且还承担仓储、运输等物流业务及整个分销业务，同出版企业代理商相比，销售代理商的佣金率相对较低。

寄售商，即寄售代理商，是处于零售环节的一种代理商，他们主要承担出版企业或出版批发企业寄售产品的工作，在售完寄卖的出版产品后，把货款返还给寄卖者，自己从中获得一定比例的代售费。

经纪人，也叫经纪商，是指既没有商品所有权，也不经手现货，一般也不愿订立严格的委托合同的一种代理商。他的作用主要是为出版产品的买卖双方沟通信息，穿针引线，发挥媒介作用。在出版产品买卖成交后收取一定的手续费。

第三节　出版分销渠道策略

出版产品完成生产环节后，如何设计符合企业需要的分销渠道网络，选择相应的分销渠道类型和中间商，建设高效的分销渠道体系，并根据企业与市场变化对渠道网络进行动态的管理与调整，即选择何种出版分销渠道策略，是出版企业营销活动的重点。分销渠道的设计和管理是出版分销渠道策略的基本内容。在介绍出版分销渠道设计的具体内容之前，需要先分析影响分销渠道选择的若干因素。

一、出版分销渠道选择的影响因素

出版分销渠道的形式多种多样，出版发行中间商的类别也十分复杂，不同的分销渠道，不同的中间商，各自的性能和特征也大相径庭。分销渠道选择是否得当对企业出版产品价值的实现具有重要影响。出版企业在选择分销渠道时，必须综合考虑以下几个方面的因素。

(一) 出版产品因素

一般来讲，出版产品的内容深度、学科专业类别、时效性、生命周期及价格等都对分销渠道的选择会产生不同程度的影响。

出版产品的内容深度是直接影响读者阅读的重要因素。一般说来，内容深度较浅的图书，如少儿读物、社科类通俗读物、科技类普及读物等大众市场图书，读者对象广泛，因此就需要其分销渠道，特别是零售环节具有较宽的发行口径，能向广大的社会成员提供营销服务。对这类出版产品，诸如短渠道、窄渠道，甚至垂直分销渠道都不太适用。相反，内容专深的科技、学术著作，其发行量相对较小，读者面较窄，因此，它对发行渠道的要求也正好与大众市场图书相反。例如，在美、英等出版业发达国家，科技书、学术著作的发行就广泛采用直接渠道或短渠道，一些内容比较专深的图书，根本就不通过任何中间商，而是由出版企业用邮寄书目订单的方式直接向专业读者推销。

出版产品的学科专业类别。众所周知，读者的阅读需求与其自身所学习或从事的学科专业紧密相关。因此，在分销渠道的选择上，出版企业也必须充分考虑到这一因素。例如，专业书店与一般书店相比在服务专业学科读者方面就表现出相当优势，这就是出版产品的学科专业类别对分销渠道具有影响作用的有力证明。

出版产品的时效性。绝大多数出版产品的内容具有一定的时效性。对于时效性较强的产品而言，一旦错过销售时机，就可能会失去其效用。因此，从这个意义上讲，时效性强的出版产品就要求其分销渠道也具有较高的效率，流转环节过多，且速度慢的分销渠道往往难以胜任应时书、畅销书的分销。相反，古典名著、经典著作、艺术图书、史料资料图书则对渠道的时效性要求不是很突出。

出版产品的生命周期。对处于投入期或成长期的新品种，市场难以预料，中间商往往持谨慎态度，出版企业要想尽早打开市场，就应采取直接分销渠道或短渠道，利用自己的推销队伍直接向读者或零售书店推销。产品进入成熟期后，由于其市场逐渐稳定，销售风险相对较小，中间商乐于经营，此时可考虑利用较宽的间接渠道，以进一步扩大发行。

出版产品价格的高低。产品价格的高低不仅直接影响读者的购买，同时也会对发行中间商的购进产生不同程度的影响。特别是对那些数百元、数千元，甚至上万元一套的高价图书，不少中间商往往不敢问津。在发行这些高码价图书时，一般可考虑以直销渠道为主，而不宜采用过长、过宽的间接分销渠道。相反，低价书则可采取与之完全相反的分销策略。

(二)市场状况

市场状况主要是指市场范围、市场容量及市场竞争状况等。

市场范围。总体上讲，出版产品是一种需求高度分散的产品，通常情况下，其需求的市场范围都比较大。从这个意义上讲，出版分销渠道以长渠道、宽渠道和传统渠道实行广泛分销较为适宜。但若具体到每一种出版产品，考虑到对应的目标市场，情况就没有那么简单。目标市场面较窄的图书品种，可考虑利用直接渠道、短渠道、窄渠道甚至是垂直渠道进行分销。目标市场面较宽的图书品种，则可采用完全相反的渠道策略。

市场容量。市场容量对渠道选择的影响体现在两个方面。就其对渠道长度的影响而言，对市场容量大，且需求相对集中的品种，可采取较短的销售渠道，甚至可以让零售商直接从出版企业进货；而对于市场容量小，且需求分散的品种，就需要通过批发商或代理商进行间接分销，分销渠道可以相对长一些。就其对渠道宽度的影响而言，市场容量大的品种，就应采用宽渠道；相反，市场容量小的品种，则适合采用窄渠道。

市场竞争状况。如果在同类市场中，本社出版产品的竞争力强，就可当仁不让，去选择与竞争对手相同的分销渠道。这样一来，竞争对手同类产品的劣势与不足就是对本社出版产品优势的最好宣传，有利于提高本社同类产品的知名度，有利于更好地吸引广大读者，更广泛地占领市场。相反，如果本社出版产品的竞争力不如其他出版企业，就应避其锋芒，另辟分销渠道，去选择有利于销售自己产品的渠道。

(三)出版企业自身的因素

出版企业自身因素主要是指出版企业的声誉、资金与规模、销售技术与能力等几个方面。

出版企业的声誉。出版企业的声誉是影响发行中间商能否与其积极合作的重要因素。

声誉好的出版企业，对广大发行中间商有着较大的吸引力。因此，出版企业就可以很便利地按其自身的意图来建立分销渠道，由于其良好的信誉，很少出现发行中间商不努力合作的问题。相反，声誉较差的出版企业，就难以求得广大发行中间商的努力合作，因此，它们选择发行中间商的余地也就很小。在出版分销过程中，它们就不得不付出额外的代价，以求得发行中间商的合作，或者建立自己的直销渠道。

出版企业的资金与规模。企业经济实力越雄厚，规模越大，资金越充裕，仓储运输条件优越，就越可以自由选择其销售渠道，同时，还可以建立自己的销售机构，采取产销一体化的方式来经营。而资金有限的出版企业，则往往只好选择间接分销渠道，设法调动中间商的积极性来参与其出版产品的分销。

出版企业的销售技术与能力。出版企业在销售力量、储运能力和销售经验等方面具备较好条件时，可更多地采用直接销售。如果出版企业缺乏直接进行分销所需要的技术，缺乏市场经验，缺少在广告、推销、运输和储存等方面的专业技术和专用设备，则只好别无选择地采用间接销售渠道，去邀请具有丰富市场分销经验的中间商销售其产品。

二、出版分销渠道设计

分销渠道设计，即分销渠道网络建设，不仅是企业营销活动的关键，而且也是营销学分销理论研究的核心内容。分销渠道设计水平的高低是衡量一个出版企业营销管理水平高低的主要标志。以下简要介绍出版企业分销渠道设计与组建的原则、内容以及渠道建设中发行中间商的选择等问题。

(一)分销渠道设计与组建原则

出版企业分销渠道的设计是一项复杂的系统工程，它必须严格遵循以下原则。

第一，重视市场导向，充分满足广大读者的出版产品需求。无论是从我国出版业的"二为"方针来看，还是从读者的"上帝"地位来看，出版企业分销渠道的设计都必须重视市场导向，必须以充分满足广大读者的出版产品需求，方便读者购书为前提。

第二，科学合理地分配分销渠道各环节之间的利益，以充分调动分销渠道各环节发行中间商的积极性，确保分销渠道的整体功能得到全面发挥，力求避免分销渠道各环节因利益分配的失衡而造成的内耗。

第三，尽可能降低分销过程中的各种费用，为从整体上降低出版产品的价格创造条件。

第四，正确处理出版企业与各种发行中间商之间的合作关系，既要能放手发挥发行中间商扩大分销的积极性和自主权，又要能从宏观上控制出版分销的主动权。

第五，综合考虑影响出版分销渠道设计的各种因素，择优选择渠道类型和发行中间商。

（二）分销渠道设计的内容

出版企业分销渠道的设计，主要包括以下三个方面的内容：

确定是否需要发行中间商，即决定是采用直接渠道，还是间接渠道。由于出版产品生产的高度集中与消费的广泛分散之间存在着很大的矛盾，而我国出版企业又是以中等规模为主，几乎没有特大型出版企业，一般都无法完全依靠自身力量建立覆盖全国的发行网络，尤其是在零售环节。因此，对于我国出版企业而言，除了极少数特殊出版产品（如"天价"限印版图书）之外，一般都需要借助发行中间商的力量来进行分销。也就是说，绝大多数出版产品应借助中间商的力量来进行分销，而不宜完全依靠出版企业自身力量来进行直接销售。

决定渠道的长短。一般应综合考虑市场容量、出版产品的学科专业类别及内容深度、产品的定价、同类产品的市场竞争状况、中间商分销能力、目标市场读者的集中程度以及读者选购要求等因素。从大多数情况看，标准长度的出版分销渠道应该是"出版企业—批发商—零售书店—读者"这一典型模式，需要批发商和零售商两个层次的中间商同时介入。这种中等长度的分销渠道普遍适用于各类规模的出版企业和各种类别的出版产品。如果某出版企业的自销能力较强，或者产品的专业口径较窄、价格过高，或者目标市场读者相对集中等，那就可以考虑减少某个环节，而采用较短的渠道形式。相反，如果出版企业的自销能力有限，或者产品专业口径较宽、价格较低，或者目标市场读者极度分散等，那就可以考虑适当增加一些中间商环节。如在批发商之前加入一个代理商。当然，营销实践中需要出版企业根据实际情况进行通盘考虑。

决定渠道的宽窄。影响渠道宽窄的因素主要是出版产品的内容深度、学科专业类别、价格、目标市场的容量、读者的集中程度等。从总体上看，大众出版市场普遍适用于较宽的分销渠道，尤其是在零售环节。专业图书则可以采用相对较窄的分销渠道。目前，出版业发达国家的图书分销普遍遵循上述规律。一般地讲，较宽的分销渠道，有利于增加出版产品同更大量的读者见面的机会，对于扩大销售具有一定的积极意义。相比较而言，较窄的渠道则难以达到这样一个目的。因此，针对大多数出版产品，倾向于采用较宽的分销渠道。

（三）发行中间商的选择

分销渠道设计完成之后，接着就是挑选具体的中间商。中间商的选择需要配合上述所设计的中间商类别、数目、渠道的长短等决策而进行。中间商的选择是否得当会极大地影响到出版企业分销渠道的有效运作，从根本上影响分销活动的效率。因此，中间商的选择必须十分谨慎，对发行中间商的选择主要应考虑以下几个方面的问题。

销售对象。中间商的销售对象及其分布范围应与出版企业的目标市场及目标市场读者的分布范围基本一致。同时，中间商所处的地理位置应能便利地向出版企业订货或方便出版企业目标读者的购买。对批发商地理位置的选择，应充分考虑零售商进货的便利。

经营能力。中间商是否拥有一支训练有素的销售队伍，资金与资产有多少，是否有足够的物流处理设备与能力等，这些问题都直接关系到中间商的市场开拓能力。因此，在选择中间商时也应对上述各方面分别进行必要的考察，以选择各方面条件较好的中间商。

商业信誉。中间商是否为本企业的目标读者所信任和尊敬，中间商与相关企业的关系是否融洽、资信程度如何等。这些方面虽然难以量化，是一些软指标，但是，不能低估其意义。一个物质技术条件再好的中间商，如果其信誉很低，那么，它的各种能力的发挥都要大打折扣，因此，商业信誉自然也是出版企业选择中间商时必须注意考虑的因素。

竞争情况。一般来讲，任何发行中间商，都不可能只经营一家出版企业的产品。因此，在选择中间商时，出版企业还必须了解中间商所经营的其他产品与本企业产品的关系，应考察本企业的产品能否与该中间商经营的其他竞争者的产品相抗衡。若本企业产品的竞争力较弱，就需要注意避开锋芒，可考虑放弃该中间商；相反，若本企业产品竞争力较强，则应努力争取中间商来经营本企业的产品，以强化本企业的优势，提高市场竞争力。

三、出版分销渠道的管理与调整

出版分销渠道的设计与组建是一个动态的营销过程，随着企业自身经营情况和出版市场环境的发展变化，出版企业需要经常对已建立起来的分销渠道网络进行动态管理与调整。

(一)分销渠道管理

出版分销渠道管理是指出版企业设法解决与发行中间商的冲突，并以各种适宜的措施去支持和激励中间商积极分销本企业产品的一项管理活动。

出版企业与发行中间商由于彼此都是独立的经济实体，各自都有其利益目标。在通常情况下，一个发行中间商往往同时经营多家出版企业的产品，它的营销重点在于刺激广大读者购买其经营的各种产品，并非使读者仅仅偏爱某一家出版企业的产品。然而，对于特定出版企业而言，它最关心的则是出版产品的价值实现问题，其一切努力都在于培养目标读者对本企业产品的信赖与忠诚。显然，单个出版企业难以满足某个中间商追求利润目标的需求；同样，某个中间商也往往难以为某一个出版企业去全力推销或促销。正是因为两者利益目标上的不一致，就导致了出版企业与发行中间商之间存在着必然的矛盾与冲突。

矛盾与冲突的存在就使得出版企业必须采取积极措施来予以解决，否则，矛盾一旦激化，产销双方都会受到损失。一般说来，出版企业可以从以下几个方面着手来解决这一矛盾。

为发行中间商提供适销对路的出版产品。出版企业出版的产品，有畅销的、销路一般的、滞销的，任何中间商自然都希望从出版企业那里获得各种畅销的图书品种。出版企业理应利用其畅销品种去带动其他品种图书的发行，如果将畅销产品留作自办发行，将其他一般品种委托给中间商，就会严重影响中间商的积极性，得不到中间商在其他品种图书发行上的支持与配合。20世纪80年代中期，随着出版企业总发行权的"回归"，一些"短视"的出版企业把畅销书留给自己发行，把一般图书推给中间商，从而严重挫伤了广大中间商的积极性。这种现象至今还不同程度地存在。长此以往，这样的出版企业就会永远失信于广大发行中间商，难以得到中间商的支持。

合理分配产销利润，保证发行中间商有合理水平的盈利。出版业界产销利润的分配是以折扣率的方式体现出来的，因此，出版产品的产销双方在发行折扣的确定上必须做到科学合理。出版发行企业在确定发行折扣时，应遵循"公开""公正"的原则。作为调节出版产销环节利润分配的重要工具，发行折扣如果运用得科学合理，对于提高发行中间商的积极性有很大帮助。相反，如果折扣运用过滥，就会带来折扣"大战"，从而带来负面效应。

恰到好处地实施激励措施，并协助发行中间商促销。出版企业可经常协助中间商进行广告、公共关系、营业推广等多种形式的宣传促销活动，如出版社联合书店开展签售会、书友会、文化讲座等。这些宣传促销活动对于吸引读者、激发读者需求具有重大意义，因此，也特别受中间商的欢迎。

通过与中间商签订合同或协议等形式，对其进行评估与考核，提出制约性要求，要求他们在一定的时期内完成一定的销售量以维护出版企业的利益。

总之，出版企业应该采取多方面的措施来达到有效管理中间商的目的。需要注意的是，管理中间商的措施主要是间接的，因为中间商是独立的经济实体，出版企业一般无法通过直接方式对其实施管理。

(二)分销渠道调整

分销渠道调整是指出版企业根据其营销战略发展的需要，对原有分销渠道系统的结构或部分渠道成员做局部或整体性的改进，以适应出版企业营销发展及环境变化的需要。

通常遇到下列情况之一，出版企业就需要对原有分销渠道进行调整。

一是新的出版产品问世，如果现有分销渠道不适应推销新产品，应及时调整现有渠道。

二是出版产品销售量增减变化较大时，应对原有渠道进行相应的增删。

三是出版企业推销实力发生根本改变时，可对原分销渠道做必要的调整，或者考虑建立垂直渠道，扩大企业自销比重，或者进一步拓宽渠道，以求扩大发行。

四是读者消费结构、市场需求倾向、政策因素、竞争环境等市场营销环境的变化对出版企业的营销提出新的要求时，往往也有必要对分销渠道做出相应调整。

出版企业分销渠道调整的策略不外乎以下几个方面：

增减个别渠道成员。当某个中间商经营不善，且影响到整个分销渠道时，出版企业可在不改变该渠道整体功能的前提下中止与该中间商的关系，并在适当的时候增加能力较强的中间商，以确保原有渠道功能的继续发挥。

增减个别渠道环节。当市场状况或企业营销实力发生较大变化，就可考虑增减个别渠道环节，由长渠道调整为短渠道或者由短渠道调整为长渠道。

变更整个分销渠道。即出版企业对原有分销渠道做较大规模或根本性的改变，甚至完全废除原有分销渠道，重新建立新的分销渠道系统。

第八章　出版促销

促销是出版企业营销活动的有机组成部分，是出版营销学研究的重要内容。出版发行企业需要通过宣传促销来扩大和加速出版产品的销售，读者也需要通过出版发行企业的宣传促销活动来了解产品相关信息。随着出版业的不断发展，出版市场竞争的日趋激烈，广大出版发行企业也越来越重视出版促销活动。本章将对出版促销的基本概念、广告促销、人员推销、公共关系和其他促销方式进行介绍。

第一节　出版促销概述

促销作为营销组合的四大基本要素之一，有其特定的含义、功能与原则。科学地了解出版促销的含义、功能与原则，有助于出版发行企业促销活动的顺利开展。

一、出版促销的概念

促销，即销售促进，是指企业通过人员或非人员的方式，向目标顾客传递商品或服务的存在、性能、特征等信息，帮助消费者认识商品或服务所能带给购买者的利益，从而引起消费者的兴趣，激发消费者的购买欲望并促成其购买行为的活动。促销实质上是一种通知、说服和沟通活动，是企业通过某种渠道为消费者有意识传递信息，达到有效影响消费者行为与态度的活动。

出版促销，则是出版发行企业运用人员或非人员方式向读者提供出版产品信息，帮助读者了解出版产品以及出版发行企业提供的相关服务，以引起读者对于某种出版产品或服务的关注和兴趣，激发其购买欲望，继而产生购买行为的一种营销管理活动。

从上述定义中不难看出，出版促销由两类基本方式构成：一类是人员促销，另一类是非人员促销。人员促销是指出版企业利用专职推销人员或委派专职推销机构向目标读者或出版发行商介绍和推销出版产品的促销活动。非人员促销又可分为广告、公共关系等具体方式。将在以下章节具体介绍。

二、出版促销的作用

出版促销的本质是实现出版企业产品及服务供给与分销商、读者需求之间的有效信息沟通。在高度信息化的社会中，分销商、读者被大量的相关信息所包围，只有传递有效信息，通过这些信息引起其兴趣和关注，并促使其发生购买行为，才能完成一个完整的出版营销过程，实现出版产品的价值。出版促销的作用主要体现在以下四个方面：

(一) 传递信息、指导消费

读者的购买行为需要有一定的信息指导。在出版业日益发达、出版产品品种数量不断丰富的背景下，读者要想从众多出版发行企业数以百万计的出版产品中挑选到满意的产品越来越不容易。特别是随着品种的不断增加，出版产品内容质量的差别也越来越大，因此，读者对内容质量也越来越关心。如果没有充分的信息支持，要找到适合自己需要的出版产品是无法想象的。指导读者购买出版产品所需要的信息来自许多方面，其中，出版发行企业通过促销活动传递给读者的信息就是其中一个十分重要的来源。一般说来，出版促销的信息传递有两个受众，分别是目标读者和广大发行中间商。没有信息传递的出版产品很难引起读者的注意，难以实现预期的销售目标；没有得到信息传递的发行商很难及时添货和调整销售策略。

(二) 刺激需求、扩大销售

出版市场有较大的弹性，读者的需求也是可塑的。如果出版发行企业的宣传促销力度大、方式得体，对于刺激读者的需求，扩大出版产品销售就具有非常大的作用。众所周知，出版产品需求属于精神文化需求范畴，同一般的物质需求不同，具有较强的隐蔽性，有时连需求者本人都不完全清楚。出版企业通过促销活动，可以激发潜在读者的购买欲望，影响读者的购买决策，引起读者的购买行为。促销还可以在一定程度上抑制读者对某种出版产品需求的衰减，从而延缓出版产品的生命周期，扩大销售。

(三)强化优势、形成偏爱

通过促销沟通，出版企业可以充分展示所宣传的出版产品的特色和优势及其给目标读者所能带来的特殊的利益，从而把自己的出版产品与其他产品区别开来，有利于读者对所宣传的出版产品及出版发行企业产生偏好，并因此树立起独特的产品优势。对于读者偏爱的产品或品牌，即使该类产品需求下降，也可以通过一定形式的促销活动，促使读者对该品牌产品的需求得到一定程度的恢复和提高。

(四)树立形象、巩固市场

通过长期的有意识的促销活动，可以不断明确和规范出版企业特色，在出版产品和读者之间建立起持久稳固的联结，不断积累的产品形象就会提升为出版企业的企业形象，使更多的潜在读者转化为现实的目标读者，使目标读者成为出版企业的忠实购买者。促销在出版企业形象建设中起着重要作用，一次次的出版促销活动连接起来就成为出版企业的形象宣传，特别是特色鲜明且持久连贯的促销沟通是形成忠诚的目标读者的重要条件。单纯的形象宣传很容易被个别促销沟通的效果所覆盖，只有连续不断的有效的个别促销沟通才会把出版企业的形象建设落在实处，才会为企业形象奠定坚实的市场基础。具有品牌价值的企业形象是一种无形的资产，可以吸引更多的读者进入这一市场，从而巩固和提高市场占有率。

三、出版促销的原则

出版促销的原则，就是出版促销工作中必须遵照执行的准则和要求，是对出版促销工作的一种基本规范。在市场经济条件下，出版促销活动应该遵循的基本原则有：思想性原则、客观性原则、时效性原则、艺术性原则和经济性原则等。

(一)思想性原则

出版促销之所以要遵循思想性原则，主要是基于这样两个原因：第一，出版产品所具有的精神文化属性是出版促销应遵循思想性原则的最根本原因。第二，出版企业所具有的经济和文化的双重属性是导致出版促销工作应遵循思想性原则的最重要原因。出版促销作为出版发行工作的一个重要组成部分，它无疑应同整个出版发行工作一样，遵循思想性原则。

出版促销工作的思想性原则主要包括以下几个方面的具体内容：

第一，出版促销工作应着重介绍、宣传和推荐思想进步、内容科学的有益于社会发展和人类进步的优秀出版产品。尤其要宣传反映党和国家的路线方针政策、有利于思想政治教育、有益于科研生产和教学、能够丰富人民群众精神文化生活的优秀图书。

第二，出版促销工作应注意宣传出版产品中内容积极、进步、科学、健康的方面，对少数不健康或价值导向不正确的内容则不应进行宣传，更不能故意渲染。

第三，在出版促销对象的选择、宣传促销语言文字的运用等方面也应考虑社会影响、符合民族习惯，防止影响民族和睦与团结的现象出现，尽量避免可能出现的各种民族纠纷和不良社会影响。

(二)客观性原则

客观性原则，也叫真实性原则，它是指出版发行企业要真实、实事求是地宣传、推荐、介绍出版产品，对出版产品的作用和价值既不能拔高，也不应贬低。广大读者从出版促销活动中所获得的出版产品信息是影响其购买行为的极其重要的因素，应将反映内容和价值等客观真实的信息传递给读者，让读者自己进行判断与选择。

客观性原则具体包括以下几点内容：

第一，对出版产品内容的介绍要真实、客观、不渲染、不虚构、不哗众取宠。

第二，对出版产品作用、地位、价值的评价要公正、客观、实事求是，不随意拔高，切忌无原则地吹捧。

第三，对出版发行企业自身形象的宣传也要客观真实，不能随意夸大。

(三)时效性原则

出版促销之所以要坚持时效性原则，是由两个原因决定的：第一，出版产品内容的时效性决定了出版促销应遵循时效性原则；第二，广大读者的出版产品需求的时效性是决定出版促销工作应具有时效性原则的又一因素。

时效性原则主要包括以下两个方面的内容：

第一，应突出强调一个"快"字，抓紧时间尽早进行宣传促销。出版促销活动是为了激发读者需求，扩大产品销售而开展的一项营销活动。从理论上讲，它应先于销售活动而开展起来，也就是要在产品进入市场之前就开始必要的宣传攻势。一般地讲，宣传促销工作如果能先走一步，为出版产品正式上市作一个铺垫，就能够使产品上市后立即进入畅销期，相应地缩短其试销期。

第二，要抓住特定时机，有针对性地进行出版促销。如在元旦、春节前进行挂历、年画的宣传，在新学年开始之初进行教学辅导书的宣传，在学校的"两假"期间进行课外读物的宣传等，往往都可以取得较好的效果。在出版业发达的国家，感恩节、圣诞节、父亲节、母亲节等重大节日，书商们都会纷纷组织各种各样的出版促销活动。

(四)艺术性原则

艺术性是出版促销的生命力之所在。一条生动活泼的出版促销信息，不仅能激发读者的购买欲望，而且能使读者增长知识和见解，甚至给人以美的享受；相反，一条拙劣的出版促销信息，可能造成读者的反感，带来消极影响。艺术性原则，至少包括以下两个方面的内容：

第一，出版促销应尽可能把出版产品信息的真实内容与丰富多彩的形式结合起来。出版促销的方式和策略是多种多样的，在运用上要因人、因书、因时、因地而异，不能生搬硬套。怎样灵活地运用各种宣传促销策略才能达到良好的效果，则是一个艺术性的问题，需要各出版发行企业自己去创造、去探索。

第二，出版促销工作应注意使用语言、文字的艺术性，力求语言文字生动有趣，以提高出版促销活动的吸引力和感染力。口头宣传要避免单调乏味的说教，应在了解读者需求心理的基础上，运用生动有趣的艺术化语言来吸引、打动读者。文字宣传则应使用优美的语言文字，如果能做到图文并茂则会收到更好的效果。

(五)经济性原则

出版促销需要花费一定的人力、财力和物力。如图书广告，作为图书宣传的一种重要方式，就需要付出一定的经济成本。出版企业或书店作为独立核算、自负盈亏的企业实体，就必须注重自身的经济利益。因此，从投入产出的角度考虑，宣传促销必须要能为出版发行企业带来一定的经济收益。

市场经济条件下，出版促销的费用是极高的。例如，联邦德国的贝塔斯曼出版集团为《基辛格回忆录》一书做广告就花掉了30万马克，英国的霍金出版社在《每日电讯报》等八大报刊上为定价5.90英镑的《魔鬼的选择》一书做全页广告，就花去了10万英镑，我国外语教学与研究出版社在宣传《汉英词典》时就投入促销费100万元，光明日报出版社在宣传《恐龙》一书时就投入广告费250万元。据了解，美国、日本等出版业发达国家出版促销费用一般要占书价的8%～12%，有时甚至要占初版书价的80%，乃至相当于初版书价。

出版企业之所以投入如此之高的促销费用，无非是希望通过扩大销售，获得比投入费用高得多的盈利。一般来说，科学严密的促销策划，的确能够达到扩大销售，获得更大盈利的目的。然而，市场毕竟是一只"看不见的手"，一旦对出版产品的销售前景预测失误，或者宣传促销活动的策划和运作不够科学严密，也可能导致促销活动的失误，不仅无法获得预期盈利，而且前期投入的大笔促销费用也可能付诸东流。正因为如此，出版发行企业在开展促销活动时需要考虑经济性原则，谨慎地对待每一笔促销投入。

第二节 广告促销

广告是促销组合中最具影响力的信息传播形式之一，它是一种付费的、不拘一格的信息传播方式，通过大众传媒(例如电视、广播、杂志、直接邮寄材料、公共交通工具、户外宣传以及互联网等)进行信息的传播。从理论上来说，广告是用来推广产品与服务的，但它同时也有助于企业塑造鲜明的形象并维系企业长期发展。成功的广告往往能使默默无闻的产品或企业名声大噪甚至家喻户晓，因此，出版企业对广告促销方式的运用越来越普遍。

一、出版业广告的含义

广告，有"广而告之"之意，按照美国市场营销协会的解释，是"由明确的主办人通过各种付费媒体所进行的各种非人员的单方面的沟通形式"。营销学将广告界定为广告主以促进销售为目的，付出一定的费用，通过特定的媒体传播产品或服务等有关经济信息的大众传播活动。

从广告的上述含义，我们可以引申出出版业广告的定义。所谓出版业广告，是指出版发行企业以付费的方式，通过一定的媒体向广大读者传递出版产品及出版发行企业有关信息的一种出版促销方式。它包括以下四个要素。

(一)广告主

广告主，即有产品或服务信息传播的需求，并愿意为之付费的机构或组织。出版业广告主通常包括：出版企业、出版批发商(含代理商)及零售商。

(二)媒体

媒体是指在广告主与广告宣传对象之间起桥梁作用的传播媒介。出版业广告媒体众多，除广播、电视、报纸、杂志、互联网等大众传播媒体之外，还有行业性的书目、订单等出版业行业媒体，以及海报、广告牌、标志牌等户外媒体。一般来说，几乎所有商业广告媒体均可以为出版企业所使用。

(三)信息

信息即广告所要宣传的内容，也称广告物。出版业广告信息主要有三类：一是关于某种(类)出版产品的内容、形式、特征、功用及其出版发行动态方面的信息。二是关于出版产品有关促销活动及服务的信息。三是关于出版发行企业形象的信息。

(四)广告费

广告主必须为使用广告媒体支付一定的费用，同时，还要向广告制作者交付相应的设计制作费，甚至还要向广告参与者支付形象使用费等。

二、出版业广告媒体的选择

不同的广告媒体有不同的特性，出版企业在进行广告促销时必须选择合适的广告媒体。那么，可供出版发行企业选择的广告媒体主要有哪些呢？出版发行企业在选择广告媒体时，应考虑哪些因素呢？

(一)出版业广告媒体的类型

从广告媒体的类别上看,与其他行业广告相比,出版业广告并没有特别之处。各种类型的广告媒体,特别是电视、广播、报纸、杂志、互联网等现代广告媒体,出版发行企业都可以运用,海报、墙报、黑板报等影响相对较小的广告媒体在出版业界也颇受欢迎。除了这些公用媒体之外,出版业界还有书目、订单等行业性广告媒体。下面对这些广告媒体做简要介绍。

1. 电视

电视是通过画面和声音同时传递信息的现代广告媒体,它具有形象、生动、逼真、色彩鲜艳、感染力和刺激力强等特点。电视广告形式多样化,常常可以利用名人效应和专家效应,让他们直接面对读者,有利于提高读者对广告内容的信任度。由于电视具有很高的普及率,加之电视广告的不断重复播放,便于加深印象。电视广告成为出版业广告最理想的媒体之一,当然,它也有其局限性,如费用特别高,消逝速度快,因此,不具有较强经济实力的出版企业通常难以问津电视媒体。

2. 广播

广播是以声音信息影响听众的一种传播媒体。广播媒体的主要优点有:覆盖面广,普及率高,能以最快的速度把广告信息传送到全国,乃至世界各地;表现形式灵活多样,可以用小品、采访、直接介绍、演讲等听众喜闻乐见的方式来传达广告内容;同其他媒体相比,广播的费用相对较低。但广播媒体也有不足之处,由于只有声音,没有图像,不利于重复记忆,听后印象不深、不准确、不详细、无法保留、转眼即逝,很容易为听众所错过。

3. 报纸

报纸是印刷媒体中影响最大的一种,它具有几个突出优点:一是读者广泛、稳定。二是传播迅速,反应及时。三是能给人留下明确深刻的印象,还便于查找。四是费用相对较低。其缺点和不足体现在两个方面:一是缺乏形象和声音,表现力较差。二是报纸版面较杂,广告往往容易被人们忽视。

4. 杂志

杂志媒体的优点主要有对象明确、针对性强、宣传效率高;保存时间较长,具有反复阅读、传阅的价值,便于扩大和深化宣传效果;版面相对集中,容易引起读者注意;印刷条件较报纸好,彩色印刷表现力强,引人注目。其不足之处主要体现在:阅读范围相对较小;传播信息的时效性相对较差。

5. 互联网

随着现代信息技术的发展,互联网成为电视、广播、报纸之后对社会影响最大的大众媒体形式,拥有许多得天独厚的优势:传播范围广,可跨越时空限制;内容详尽,互动性强,便于用户主动查询;广告效果易于统计;费用通常较低。但互联网广告也有一些缺陷，如目标受众定位不准确时铺天盖地的网络广告容易引起受众不满。

6. 书目、订单

这是出版业一种行业性的广告宣传媒体。书目、订单的形式多种多样，既有出版企业面向批发商和零售商的出版业系统内部使用的书目订单，也有出版企业、批发商面向读者的订单；既有定期出版发行的，也有随用随印的一次性书目、订单；既有同时宣传多种出版产品的群书目录、订单，也有以一种图书为宣传内容的单书订单。书目、订单作为一种行业性的广告宣传媒体，它的优点主要表现在：第一，传递信息的内容专一，容易引起读者的注意。第二，形式多样，出版发行企业可以根据需要随意设计制作。第三，发行对象专指性强、效果好。当然，书目、订单也有其不足之处，如覆盖面窄、感染力不强等。

7. 墙报、海报、黑板报

墙报、海报、黑板报等形式的广告媒体，其信息的容量相对较小，但是其及时性、针对性比较强。出版发行企业，尤其是零售书店可以根据其经营的需要随时更换内容，使宣传促销紧紧地配合店面图书销售。这类媒体所宣传的内容不仅限于产品广告，还可以有图书的评价、畅销书榜、有关书籍的知识、知名作者的情况等。这类小众媒体如果利用得好，其效果也不可低估。

(二) 影响出版业广告媒体选择的因素

出版发行企业在选择广告媒体时，一般应考虑下列各因素。

1. 媒体特性

媒体本身的特性是影响出版发行企业选择广告媒体的基本因素。媒体的特性主要包括：媒体的影响范围，如广播、电视的覆盖面和收视率，报纸杂志的发行量等；媒体的社会地位，主要指媒体的可信度；媒体的表现力等。

2. 出版产品的特性

产品特性是影响出版发行企业选择广告媒体的根本因素。对于那些需要充分展示其装帧设计、插图等形式特征的美术图书、少儿读物等就可以利用电视或杂志的彩页等媒体进行宣传，以增强其吸引力；相反，对于普通装帧的纯文字图书，就只需要利用广播、报纸等媒体即可以达到理想的宣传效果。此外，出版产品的内容范围、风格特色、目标读者等都对媒体选择有着重大的影响。

3. 读者接触媒体的习惯

读者常常是根据其个人的职业、兴趣爱好、文化程度等的不同来选择传播媒体的。因此，出版发行企业要使其广告通过某一媒体最有效地传递给目标读者，就必须研究目标市场读者经常接触什么样的媒体，然后，根据其接触媒体的习惯来进行选择。例如，少儿读者比较喜欢看电视，因此，少儿读物就可以考虑运用电视媒体来进行宣传促销。再如，专业读者比较习惯翻阅本专业的期刊，因此，学术图书就可以考虑在相应的专业期刊上进行广告宣传。

4. 广告目标

出版发行企业发布广告总有其特定的目标诉求，如扩大销售、增加利润、获得社会影响力等，因此，它在选择广告媒体时，就必须考虑这些目标诉求。只有那些有利于实现企业广告目标的媒体，才能被出版发行企业选用。

5. 市场竞争状况

为了配合日益激烈的市场竞争，出版发行企业在选用广告媒体时，应该结合市场竞争的状况，选择那些最能显示企业产品的优点，体现本企业经营特色的媒体，以争取更多的读者。

6. 投入的广告费

不同媒体的广告费用有较大的差别，因此，出版发行企业在选择广告媒体时，不仅要考虑到广告目标的要求，而且要量力而行。营销实践表明：效果最好的广告通常不一定就是最贵的广告，出版发行企业应将有限的费用运用到最佳的媒体上。

三、出版业广告策略

广告策略是指出版发行企业在广告促销中为取得最佳效果，对出版业广告的设计、实施等诸环节所采用的谋略。一般地讲，出版发行企业的广告策略大致包括以下几个方面的内容。

(一)出版业广告创作策略

广告创意是广告的灵魂，良好的设计是广告成功的前提，适合于出版业广告创作的策略不外乎这样几种。

1. 产品形象策略

产品形象策略即以树立产品形象为主要内容的一种广告创作策略。该策略的代表人物大卫·奥格威认为"每一个广告都是对品牌形象的长期投资"。他确信，对于相同的产品，消费者无法区分其内在的品质差异，借以辨别的是附加上去的个性和形象，这就如同两个长得很相似的人站在一起，能把他们加以区分的只有他们各自不同的穿着、打扮。因此，他认为产品广告必须服务于产品形象。众所周知，出版市场同类选题的出版产品数量众多，对于这些出版产品就应突出宣传其各自的个性特征，以树立产品的形象为主。只有这样，读者才能将广告中的出版产品与其他同类出版产品区分开来。

2. 广告定位策略

广告定位策略即通过广告宣传力求在消费者心目中确定所宣传产品的相应地位。正如艾·里斯和杰克·特劳特所说的，定位"是对你未来的潜在顾客的心智所下的功夫"，"对这一位置所要考虑的不只是自己公司的优势和弱点，对于竞争者的强弱点，也要一并考虑"。可见，广告定位策略的核心是在充分考虑同类产品的基础上，在"消费者心中"下功夫。例如，要在我国读者中宣传《源氏物语》，即使一再强调它是日本的一部古典文学名著，一般读者们也很难留下深刻印象。可是，如果将其同我国的《红楼梦》联系起来，着力宣传《源氏物语》有"日本《红楼梦》"之称，那么，该书就会立即在我国读者心目中确立其位置。

3. 情感广告策略

情感广告策略即通过富有人情味或情感色彩的广告宣传，以激发消费者的某种情感，并使消费者在某种特定的情感驱使下去认识所宣传的产品。情感广告策略在众多的广告"说服"理论中，已越来越受到人们的重视。在丰富的广告实践中，许多成功的事例也表明：富有感情色彩或人情味的广告更有感染力，更容易受到消费者的欢迎。情感广告策略虽然主要以激发消费者的情感为主，但同时也应适当注意向消费者传递商品的功能，特征等方面的提示性信息，应该将激发情感和传递信息有机地结合起来。

(二)出版业广告心理策略

广告的效果虽然要受到广告创意与广告中语言、文字、美术、摄影与表演技巧等因素的影响，但是它同样取决于广告创意与制作中对消费者心理的把握。营销学认为，消费者从接触广告到采取购买行动一般要经过四个心理活动过程，可用 AIDA 公式来表示，即注意(Attention)、兴趣(Interest)、欲望(Desire)与行动(Action)。

1. 诉诸感觉，引起注意

这是广告取得成功最关键的一步。广告只有首先引起消费者的注意，才会有下一步发生兴趣、产生购买欲望等心理活动。引起注意的办法主要有扩大广告的空间、延长广告的时间、突出广告的色彩和增强广告的艺术性等。

2. 赋予特色，激发兴趣

广告在引起消费者的注意之后，其所宣传的产品的优点和特色就会激发消费者的兴趣。一般来讲，能够激发消费者兴趣的虽然主要是广告的内容，但是，广告的形式也很重要。因此，广告从创意到制作都要注意特色，力求通过有特色的创意或设计来激发消费者的兴趣。

3. 确立信念，刺激欲望

心理学研究表明，兴趣是刺激欲望产生的最好诱因。当消费者对广告的内容或形式产生兴趣之后，其购买欲望就会受到刺激，进而产生购买广告中所宣传的产品的欲望或冲动。

4. 坚定信心，促成行动

广告归根结底是一种促销手段，必须以扩大销售为最终目的。因此广告在引起消费者的注意、激发其兴趣和购买欲望之后，一定要能够引起其购买行为的产生。虽然消费者购买行为的产生，要受到很多因素的影响。但是好的广告对于刺激消费者购买行为的产生具有重要意义。相关调查表明，随着同类商品数量的不断增加，广告对于消费者购买行为的影响也越来越大。特别是对于一些新产品，广告甚至是影响消费者购买行为的最主要因素。

(三) 出版业广告时间策略

出版业广告时间策略指在出版业广告宣传促销过程中，对广告发布的具体时间和频率进行合理安排，以求取得最佳效果的广告策略。一般地，广告时间策略要视被宣传的出版产品的生命周期、同类出版产品的市场竞争情况、出版发行企业的整体促销策略以及市场供求状况等多种因素的变化而灵活运用。就广告的时间安排而言，广告时间策略主要有四种形式，即集中时间广告策略、均衡时间广告策略、季节时间广告策略和节假日时间广告策略等。

1. 集中时间广告策略

集中时间广告策略即指出版发行企业在一段时间内集中力量对目标市场进行突击性的密集广告攻势。运用此策略时，一般采用多种媒体组合方式，在短期内掀起广告高潮，扩大影响，迅速提高出版发行企业及其产品的知名度。该策略主要用于以下几种情况：新的出版产品投入市场前后；新的销售时机出现前后；同类产品竞争激烈时等。

2. 均衡时间广告策略

均衡时间广告策略指在较长时期内有计划地、反复地在目标市场进行某种广告宣传活动。其目的是为了持续加深广大读者对某种出版产品或出版发行企业的印象，保持读者对广告主的出版产品的记忆度，扩大知名度，挖掘潜在市场。该策略主要适用于常销书及树立出版发行企业形象的广告。

3. 季节时间广告策略

季节时间广告策略即指对季节性出版产品(如年画挂历、教辅读物、科研资料等)在其销售旺季到来之前或销售过程中展开广告宣传活动，为销售旺季的到来做好"舆论"准备。采用此策略的关键是掌握广告的开始时间。过早地开展广告活动，会增加广告投入，过迟地开展则会延误时机，影响效果。因此，要注意掌握季节性出版产品的变化规律，恰当地安排时间。

4. 节假日时间广告策略

节假日时间广告策略即出版发行企业在节假日到来之前或期间集中进行广告宣传活动。如在"六一"儿童节前进行少儿图书的广告宣传；在"教师节"前后大力宣传向教师优惠售书等。该策略主要适用于零售书店的广告宣传活动。

第三节　人员推销

人员推销有着悠久的历史。在发达国家，很多制造业和服务业都广泛采用这一方式来销售和推广产品与服务。在出版业发达国家，专职图书推销员也很流行，他们代理出版企业或发行商推销图书，收取佣金或销售提成。人员推销不仅有利于出版企业开拓市场、扩大销售，而且极大地方便和服务了读者，实现了企业和读者的双赢。

一、人员推销的概念和类型

根据美国市场营销协会的解释，所谓人员推销，是指企业通过派出推销人员与一个或一个以上可能成为购买者的人交谈，做口头陈述，以推销商品，促进和扩大销售。

出版发行企业的人员推销，则是指出版发行企业派出推销人员深入发行中间商或目标读者进行直接的出版产品宣传推介活动，促使其采取购买行为的宣传与销售方式。它包括以下几个方面的含义：首先，人员推销的主体是出版发行企业的推销人员，包括图书推销员、图书经纪人、出版企业的直销人员及发行企业的营业员。其次，人员推销的对象是出版产品的可能购买者，既包括渠道中的代理商、批发商、零售商，也包括具有购买需求的组织和个人，如图书馆、专业协会、个人读者等。再次，人员推销的形式是出版发行企业推销人员主动深入中间商或购买者中进行有针对性的宣传与推广工作，如出版社的推销人员定期走访各类学校，与教师联系，推广教材，出版社的推销人员深入图书馆，向他们提供有关新书的情况等。最后，人员推销的目的是通过推销人员与中间商和读者的双向沟通，以建立良好的客户关系，让其充分了解所推销的出版产品和相关服务，从而促成其购买行为。

人员推销的类型有：上门推销，即推销人员直接与读者见面，向其介绍并销售出版产品；展示推销，即出版社推销人员利用书市、展销会、订货会等场合，向读者或发行商展示、介绍和销售图书；网点推销，指出版社推销人员定期向销售网点提供图书信息、样书和宣传材料，并定期或不定期地上门走访，洽谈业务，推销图书；服务推销，指通过专题讲座等形式，向读者介绍并推销图书，服务推销的图书一般专业性较强，或具有明显的前瞻性。

二、人员推销的特点

在人员推销过程中，出版发行企业的推销人员通过与客户面对面的交谈或电话访问，通过自己的声音、形象、动作或者样书、宣传材料等直接与图书发行中间商或读者进行交流。推销人员亲临市场，可以及时了解客户的反映和市场上同类出版产品情况，迅速反馈信息，指导企业的营销活动。人员推销的特点主要体现在以下几个方面。

(一)针对性强

在人员推销过程中，推销人员直接面向中间商或读者，他们完全能够根据客户对商品的不同欲望和要求，选择那些客户最可能购买的图书、最感兴趣的信息向其传递，并选择其最容易接受的方式进行推广活动。可见，人员推销的针对性主要体现在：针对特定的客户；推荐符合客户需求的出版产品；传递符合客户需求的信息；采取客户容易接受的信息传播方式。

（二）有利于信息的双向交流

与广告等非人员促销方式不同，人员推销不仅可以直接向中间商或读者传递出版产品信息，而且还可以接受读者提问、解答读者咨询，使读者更好地了解所推广图书的内容和特点，排除读者的购买心理障碍，使图书宣传从一种单向的信息传递，演变成为一种双向的多功能信息交流活动，从而更好地满足广大读者的需求。另一方面人员推销还可以使出版发行企业及时掌握出版市场动态，获取购买者的信息反馈，了解消费动向，及时调整营销计划。

（三）有利于出版企业建立良好的形象和客户关系

推销人员在与读者或中间商的接触中，通过对出版产品的宣传介绍和对顾客的购买指导，使顾客对本企业产品产生信任感和亲切感，有利于读者忠诚度的提高和与中间商长期业务关系的建立，也有利于树立出版发行企业的良好形象和信誉。

（四）开支大、费用高

与其他销售推广方式相比，人员推销是一种较为昂贵的促销方式。如美国企业用于人员推销的费用，约等于广告费用的 3 倍，人员推销的年支出超过 1400 亿美元。人员推销的开支包括推销人员的差旅费、通信费以及其他额外支出等。相比较而言，我国图书价格普遍较低，出版企业难以承担高额的推销费用。为节省开支，除针对中间商或团体读者外，大多数出版企业较少利用人员推销的方式面向广大个人读者提供推销服务。

（五）对推销人员个人素质要求较高

人员推销成功率的高低，在相当程度上取决于推销人员素质的高低。推销人员不仅要掌握较强的出版知识，还应有一定的公共关系意识、应变能力以及熟练的推销技巧和对读者负责的事业心等。因此，选择和培养高素质的推销人员是出版企业人员推销得以成功的关键。

三、人员推销的任务

在出版企业的产品销售推广活动中，人员推销主要承担以下主要任务：

（一）寻找顾客

人员推销是针对具体的推销对象而实施销售促进活动，因此，寻找具体的推销对象是人员推销得以顺利开展的首要任务。寻找顾客就是调查、分析并发现企业潜在目标顾客，为接近顾客提供准备的一项企业营销活动。一般而言，作为企业的目标客户必须同时具备这样三个条件：有购买本企业出版产品的需要；有购买能力；有购买决策权。

（二）传递信息

出版企业推销人员肩负着向潜在客户提供支持其做出购买决策所需信息的重任。推销人员要真正把握所宣传推广的出版产品的内容和价值，了解所推销产品的卖点，使其在面对中间商或读者时能真正揭示出产品的内容价值。此外，推销人员还需要向客户传递关于本企业的其他基本信息，如企业的服务项目及企业声誉等。

（三）销售产品

将产品销售出去是人员推销的最终目的。推销人员通过宣传介绍，解答顾客疑虑，激发顾客购买兴趣，以促成交易。一般地，出版发行企业通过人员推销可以在三个方面促进产品销售：使有明确购买目标的读者在购买到目标产品以后，再购买相关产品；对只有购买欲望，但没有明确购买目标的读者，通过推销人员的宣传介绍，使其购买目标得以明确，并在此基础上实现购买行为；对原来没有购买意愿的读者，通过宣传推荐，使其对某些出版产品产生兴趣，产生购买欲望，形成购买行为。

（四）收集情报

推销人员深入市场，直接接触潜在顾客，是出版企业了解市场动态的"传感器"，承担着为企业收集市场信息的重任。通常，出版企业推销人员可以收集的信息主要集中在这样几个方面：市场动态信息；读者需求信息；同业竞争信息；读者对本企业或产品的评价等。

（五）开展售前、售中、售后服务

售前，负责向客户提供购买决策支持信息，帮助顾客做出科学的购买决策；售中，帮助顾客落实购买决策，顺利实施购买行为，协调企业相关部门及时、准确提供产品和服务，协调企业顺利收回货款等；售后，及时回访，加强联系，力求建立稳固的合作关系。

四、人员推销的步骤

出版企业人员推销是说服潜在顾客购买出版产品的过程，有其基本定型的程序与步骤，具体包括以下七个步骤：

（一）寻找顾客

寻找顾客是推销工作的第一步。人员推销的目标顾客，不仅应具有需求，具有购买力、购买决策权，还应有接近的可能。要寻找到这类顾客，主要有两种办法：一是推销人员通过个人观察、询问或者查找相关资料等方法直接寻找。国外一些大型出版发行企业都建有规模庞大的读者数据库。如美国的麦格劳·希尔公司的读者数据库中就存有 1000 万个专业读者的资料。这些资料正是推销人员根据图书的内容寻找顾客的有效途径。二是通过广告开拓，或利用朋友的介绍，或通过社会团体与推销人员间的协作等间接途径来寻找。

（二）事前准备

事前准备即推销人员在正接触潜在顾客之前进一步了解该顾客情况的过程。在正式接触潜在顾客之前，推销人员必须知己知彼，掌握三方面的信息：一是出版企业信息，包括出书范围、营销特点和作者队伍等方面的信息，关于所推销出版产品的信息，如作者情况、图书内容与价值、装帧设计与定价、折扣等。二是顾客信息，包括潜在顾客的购买心理与购买行为、阅读兴趣与爱好等。三是同业竞争信息，包括竞争者的构成、同类出版产品情况等。

同时，还要准备好样书、广告材料，选定接近顾客的方式、访问时间、应变语言等。通过事前准备工作，有利于进一步分析潜在顾客的情况，有利于推销人员在面谈中做到心中有数，以保证较高的推销成功率。

（三）接近顾客

接近顾客即推销人员直接与顾客发生接触，以便成功地转入推销面谈。这一阶段推销人员要注意三点：一是给顾客一个良好的印象，以引起顾客的注意。推销人员代表着出版发行企业的形象，因而其穿着、言谈、举止、自信而友好的态度等都相当重要。二是验证在事前准备阶段所准备的全部情况。三是为后面的交谈做好准备。

（四）推销面谈

在推销过程中，面谈是关键环节，而面谈的关键又是说服。推销说服的策略一般有两种：一是提示性说服，即通过直接或间接、积极或消极的提示，将顾客的需求和出版产品的功用联系起来，促使顾客做出购买决策。例如，乳山县新华书店征订推销员到县外贸公司推销《中国实用文体大全》一书时，就是以提示说服的策略同外贸公司经理进行面谈的。推销人员问："听说咱们公司与国外一家公司签订的合同，因内容不全损失了几万元，有这事吗?"顺着这种思路谈到《中国实用文体大全》的内容，最终促使该经理决定为公司每个职工购买一本。二是演示性说服。通过出版产品样本，结合产品内容进行一些趣味性的演示，进而说服顾客。少儿读物、实用型图书就有不少适宜于采用这种策略去与顾客进行交谈。

（五）处理异议

异议是指顾客针对推销人员提示或演示的出版产品所提出的反面意见和看法。处理异议是推销人员面谈的重要组成部分，推销人员必须首先认真分析顾客的类型及其产生异议的主要根源，然后才能有针对性地进行处理。推销员应当具有与持不同意见的购买者洽谈的语言能力和技巧，以备随时处理不同意见。常用的策略主要有：

肯定否定法，即首先附和顾客的意见，承认其见解，然后抓住时机表明自己的看法，否定顾客的异议，说服顾客购买。

询问处理法，即推销人员通过直接追问顾客，找出异议的根源，并做出相应的答复与处理意见。

预防处理法，即推销人员为了防止顾客提出异议，而抢先主动提出顾客可能异议的解释，从而预先解除顾客的疑虑。

补偿处理法，即推销人员利用顾客异议以外的出版产品的其他优点来补充或抵消有关异议，从而否定无效异议等。

(六)达成交易

达成交易即推销人员要求对方采取行动、订货购买阶段。有经验的推销人员认为，接近和成交是推销过程中两个最困难的步骤。在洽谈、协商过程中，推销人员要随时给予对方能够成交的机会。有些顾客不需要全面的介绍，介绍过程中如发现顾客表现出愿意购买的意图，应立即抓住时机成交。在这个阶段，推销人员还可以提供一些优惠条件，如折扣、附加服务等，以尽快促成交易。

(七)售后追踪

达成交易不是推销的结束，而是下一轮推销的起点。在完成销售后，推销人员还应该随时了解和掌握顾客的动向和反映，与读者建立长期关系，听取顾客的意见，树立出版发行企业的良好形象，促使顾客的重复购买。

五、人员推销的策略

在正式接触客户之前，推销人员可能部分了解客户的某些需求，也可能基本不了解其需求。针对这两种情况，推销人员在推销过程中应该采用的推销策略是完全不同的。一般地，根据对客户需求了解的不同，可供推销人员选择的推销策略主要有以下三种。

(一)试探性推销策略

试探性推销策略，即"刺激-反应"策略，是指出版推销人员在事先不了解顾客的具体要求的情况下，通过与顾客的"渗透"式交谈，观察其反应，试探其具体需求，然后根据顾客的反应进行有针对性的宣传，以刺激其产生购买动机，引导其购买行为的一种促销策略。

试探性人员推销策略具有三个特点：推销人员事先不了解顾客的需求；通过"渗透式"交谈以了解其需求；根据交谈中的反应，抓住机会推销出版产品。

(二)针对性推销策略

针对性推销策略，即"启发—配合"策略，是指出版发行企业的推销人员事先已经了解顾客的某些具体需要，然后针对顾客的需要积极主动地与之交谈，以求引起对方的共鸣，从而促成交易的一种促销策略。例如，某单位为丰富员工的精神文化生活，特拨出一笔专款准备购买一批图书。书店推销人员了解到这一情况后，主动上门进行宣传促销，以促成这笔交易。

针对性人员推销策略具有以下特点：事先已了解顾客的需求；针对需求进行交谈，以引起对方的共鸣；力求使对方相信推销人员的话。

(三)诱导性推销策略

诱导性推销策略，即"需要-满足"策略，在顾客并无需要和兴趣的情况下，推销人员通过与其交谈，引起顾客对所推销出版产品的需求欲望，并促使其购买行为的产生。这是一种创造性推销，要求推销人员具有较高的推销技巧和艺术才能，善于站在顾客的角度说话，使顾客感到推销人员是自己的"好参谋"。

该策略具有以下几个特点：有目的地与顾客进行交谈；交谈的内容必须与自己推销的出版产品直接或间接相关；在引起顾客的兴趣之后，使其将满足需求的希望寄托在推销人员身上；选择适当的时机承诺帮助解决问题。

第四节 公 共 关 系

公共关系作为出版促销的重要手段之一，在树立企业形象、提高出版产品的知名度、刺激目标顾客对企业产品的需求、增加图书销售等方面，起着其他促销方式无法替代的作用。本节将着重介绍公共关系的概念以及出版发行企业公共关系工作的内容。

一、公共关系的概念

公共关系，简称公关，英文为 Public Relation，简称 PR。公共关系起源于美国，是企业利用各种传播手段，促进企业与公众之间的相互了解，达到相互协调，使公众与企业建立良好的关系，树立起良好的企业形象，求得社会公众对企业的理解与支持，提高产品和企业声誉的一系列活动的总称。

要科学地把握公共关系的这一定义，必须掌握以下几个基本点：

企业公共关系工作的对象是指各种社会关系。任何企业要想顺利地生存和发展，都必须科学合理地建立和运用同自己相关的各种社会关系。在开放型的社会关系体系中，任何一个企业都处于社会关系网络中的一个结点上，与方方面面都发生主体化的关系。在这种形势下，任何企业要求得生存和发展，都必须科学地分析和处理各种社会关系，以便为企业的发展创造最好的社会关系环境。出版企业公共关系的范畴很广，概括起来可以分为两类：一是出版企业内部的关系，主要包括出版企业内部人与人之间的相互关系、部门之间的关系；二是出版企业外部的公共关系，指出版企业与现实或潜在读者、社会公众、纸张供应商、印刷企业、图书批发商、零售商、金融机构、政府部门、新闻媒体、同行出版发行企业等之间的关系。公共关系不同于一般的人际关系，人际关系以个人为支点，研究个人与个人之间的线性关系；公共关系则是以一定的组织机构为支点，研究机构与其公众对象之间的网络关系。这些关系影响和制约着组织机构的活动，成为该组织机构生存发展的人事环境、社会气候。从出版营销的角度看，出版业公共关系工作的对象主要是指出版企业外部的各种关系。

公共关系工作的基本目标是在社会公众中树立起自身良好的形象。良好的社会形象是促使企业营销工作走向成功的有力保障。同广告、人员推销等以直接促进交易为目标的企业促销手段相比，公共关系则表现出较浓重的人情味、功利色彩相对淡薄的特点。企业公共关系工作的目标并非直接服务于促销，它强调的是使企业建立和维持一种良好的社会关系、和谐的社会气候、最佳的社会舆论。以赢得社会各界的了解、信任、好感与合作，从而达到一种良好的公共关系状态。

公共关系工作的手段是信息沟通与交流。公共关系活动运用现代信息传播理论与方法，设计并指定企业内部的信息沟通模式，正确解决职工与企业的关系，从而提高企业经营管理的效率；同时，运用各种大众传播工具，建立企业同外部社会的信息传播网络，向企业反馈社会环境的动向与变化，在外界树立企业的良好社会形象，为企业的发展争取一个良好的社会环境。

公共关系工作的基本原则是平等对待、真诚合作、互惠互利。公共关系虽然是一种企业行为，但它在处理企业与公众的关系时却并不是只考虑企业自身的利益，所遵循的是与公众对象"共同发展"的真诚合作的基本原则。一个具有良好形象的企业，必须注意从公共利益出发，重视社会效益，在企业效益与社会整体效益一致的前提下谋求发展。公共关系工作的效果应该是企业、国家、社会、公众都得利、都受惠。因此，企业公共关系必须注意促使企业正确处理好利己与利他的关系，强调企业与公众平等相待、互惠互利。

公共关系是一个系统工程，是出版企业有意识的活动，每一个公共关系行为都要明确解决什么问题，对谁开展和用什么手段开展。公共关系要进行认真设计，要把公共关系作为一个系统来把握，并为出版营销战略服务，直接或间接地促进销售。

二、公共关系的职能

公共关系的职能主要表现在以下几个方面。

(一)有助于出版企业树立良好的形象

现代经济条件下，企业形象逐渐成为企业竞争战略的重要内容。良好的企业形象既可以提高新产品的市场认知度，又可以使企业赢得更多公众理解和信任，扩大市场影响力。公共关系是树立出版企业良好形象的重要手段，它不仅能向公众介绍自己的产品、服务、方针、政策和行为，还能通过传播、沟通等手段影响公众，增加公众对出版企业的好感。

(二)有助于塑造良好的出版品牌

消费者之所以追求、向往和崇尚名牌，其原因在于品牌的内在价值，图书品牌也是如此。好的出版品牌需要借助公共关系宣传来推动和强化，如利用"名人效应"等宣传手段，通过组合传播塑造完整的形象，全方位提高出版产品的知名度、美誉度和认知度。

(三)有助于营造和谐的出版企业外部环境

大到国家，小到企业、个人，其生存和发展都离不开和谐的外部环境，如何维护、协调和发展各种多边关系成了每个出版企业都面临的课题。公共关系在信息沟通和关系协调方面具有独特的功能。对内，公共关系可以协调领导和员工的关系、各部门之间的关系、员工之间的关系，创造良好的内部环境；对外，公共关系可以帮助出版企业处理好与读者、政府、媒介、作者等各种公共关系，使出版企业在经济、技术、社会等方面保持平衡和协调。

(四)有效收集信息

公共关系所需要收集的信息主要有出版产品形象信息和出版企业形象信息。出版产品形象信息包括读者对产品价格、内容、质量等方面的反应，对于产品优点、缺点的评价以及如何改进等方面的建议。出版企业形象信息包括：读者对该企业组织机构的评价，读者对出版企业管理水平的评价，对出版企业人员素质以及服务质量的评价。通过公共关系，出版企业可以及时获得可靠的社会信息、市场信息、质量反馈信息，为营销决策提供第一手资料，不仅可以满足出版市场的现有需求，而且可以预测出版市场的未来发展趋势，引导读者消费，驱动出版企业不断增强竞争能力。

三、出版企业公共关系的内容

出版企业公共关系工作主要包括以下几个方面的内容。

(一)开展新闻报道

这是出版企业公共关系最基本的内容。通过新闻媒体向社会公众介绍出版企业及其出版发行活动，宣传重大的出版工程或出版选题，不仅可以节约广告费用，而且由于新闻报道或相关的专题节目不具有直接的功利目的，所以权威性更好，更受读者的欢迎和信赖。因此，抓住企业的各种具有宣传报道意义的活动或事件积极撰写新闻稿件，或向新闻媒体通报有关活动或事件以期各种新闻媒体的介入，并进行深入广泛的报道。一般地讲，出版企业进行新闻报道的题材主要有：第一，重要产品出版发行；第二，本企业出版的产品获奖；第三，出版发行企业的重大纪念活动及重大营销活动；第四，出版发行企业的获奖情况；第五，企业员工，尤其是企业领导者所获得的各种荣誉等。

(二)加强外部联系

同政府机构、社会团体以及供应商、印刷企业、批发商、零售商等建立公开的信息联系，以争取他们的理解，提高企业及其出版产品的信誉和形象，也是出版企业公共关系的重要内容。加强同外部联系的方式主要有：第一，开展定期交流活动；第二，向公共关系对象赠送有关材料；第三，处理同公共关系对象的矛盾或摩擦；第四，与公共关系对象开展联谊活动。

(三)举办专题活动

这是创造机会扩大企业影响的重要方式，它包括举办各种庆祝活动，如社庆、店庆等；开展各种竞赛，如知识竞赛、劳动竞赛、有奖评优等。

(四)参加公益活动

通过参加各种公益活动或社会福利活动，回报社会公众，协调企业与社会公众的关系。如赞助公益事业，为社会慈善事业募捐，为希望工程捐资，为贫困地区的学校捐赠课外读物等。

(五)策划公共关系广告

出版企业还可通过公共关系广告宣传本企业或产品信息。出版企业公共关系广告的形式主要有：第一，致意性广告，即向公众表示节日致庆、感谢或道歉等；第二，倡导性广告，即企业率先发起某种社会活动或提倡某种新观念；第三，解释性广告，即就某方面情况向公众介绍、宣传或解释。

第五节　其他促销方式

除了上述广告促销、人员推销和公共关系这三种主要方式之外，还有很多其他促销方式，诸如签名售书、图书陈列及橱窗布置、赠送样书、优惠与降价售书等可供出版企业根据需要进行有针对性的选择。

一、签名售书

签名售书是由出版商、分销商和作者共同参与的以扩大图书销售为目的的一种促销方式。一般是在新书推出时，为了扩大影响和激发读者的购买欲，由出版商或分销商共同组织的。签名售书是基于图书作者的高知名度而开展的一种出版促销活动。一般来说，作者的知名度越高，拥有的读者群就越广泛，签售的效果也越好。

要确保签售活动取得理想的效果，签售活动前的准备工作至关重要。首先，要确定合适的时间和地点。例如，签售活动通常在工作日的晚上、星期六和星期天举办，但如果出版产品是一本商务书籍，那么工作日的午餐时间则更为可取，地点则可以选在距离写字楼比较近的书店。其次，要注意和媒体充分合作，例如在签售活动之前做电台访谈，并在相关媒体中广泛告知听众即将举办活动的时间、地点等相关事宜，这些环节都可为签售活动的成功打下基础。最后，在签售活动的过程当中要注意与现场读者的沟通，热烈的现场气氛能给读者留下深刻印象。

二、图书陈列及橱窗布置

图书陈列是待售出版产品的最好展示。精心布置的图书陈列，能够有效地吸引读者，激发读者的购买欲望。出版业发达国家的零售书店除了常规的图书陈列，如书架陈列、书台陈列、柜台陈列之外，通常还设有专门的推荐书台，用于陈列经过精心挑选的推荐图书或出版社推荐的重点图书，以及本店畅销排行榜前十的图书。营销实践表明，推荐书台上陈列的图书销售量要比常规书台陈列的图书高出 30%~50%。橱窗布置则是无声的商品广告，它同样也能起到促进购买的作用。因此，出版发行企业也应尽量利用好橱窗的促销功能。橱窗陈列既可以展示重点书、畅销书，也可以展示某一专题的系列图书；既可以结合图书陈列，报道企业的经营业绩，也可以反映图书市场动态。出版发行企业的橱窗布置是一门综合性艺术，要求构思新颖、主题突出、摆布合理、装饰美观。由于出版企业一般都有专职美编，发行企业也有宣传方面的美工人员，故出版发行企业应充分利用这一有利条件做好图书的橱窗陈列，以促进图书的销售。

三、赠送样书

此即免费向经过挑选的读者赠送样品图书。赠送样书的促销功能主要是体现在通过少部分读者的使用来带动与该读者相关的目标顾客对该书的兴趣，激发其购买欲望，从而达到扩大销售的目的。这种形式的促销方式，在美、日等出版业发达的国家使用得也很普遍，促销效果很明显。要想充分发挥赠送样书的促销功能，关键是要选好样书的赠送对象。一般来说，样书的赠送对象必须对其周围相关的顾客具有相当的影响力，甚至能够决定其他顾客的购书行为，即传播学中的"意见领袖"。可将样书送给名人或专业领域的权威，因为他们推荐的图书往往会得到认可和信任；也可将书赠送给企业管理人员，因为企业可能正需要一批培训员工的教材或送给员工的励志书等；还可将样书赠送给电视台、电台主持人，因为他们可能在节目中分享样书。总之，样书赠送的对象多种多样，但有效赠送的前提是对图书读者的充分了解和对各方面信息的综合把握。当然，还有一个基本前提，即要保证出版产品的质量，否则，赠送对象不仅会对样书置之不理，甚至可能将之作为批判的样板。国外一些出版社将赠送样书的活动做到了极致。在美国，每家教材出版社都会有一份全美教授名单，被列入名单的条件是他们开设的课程可能会采用出版社的相关教材。于是，每个学期开始之前，教授们手上已经有了各种不同版本的免费教材样书可供选择。

四、赠品

这是向购书者赠送一些纪念品的一种促销方式，它利用的是读者求实惠的一种心理倾向。在出版产品选题同质化的今天，赠品促销已成为推动产品销售的重要手段，这种促销方式如果策划得好，也能起到很好的促销作用。出版发行企业在选择赠品时应更多地考虑其文化特征，最好还要通过赠品来达到进一步宣传本企业或企业的其他出版产品的目的。所以，出版发行企业在考虑赠品促销时，对于赠品要细加斟酌，可以从两个角度来选择赠品。一是针对读者的喜好，如某书店购买《伊索寓言》全套三册赠童话纪念手表，手表表面有精致可爱的动物图案，手表为非卖品，独一无二，只配书赠。深受儿童喜爱的童话手表成为刺激孩子们挑选、购买图书的一个重要因素。二是抓住购买者的心理。在购买者并非图书阅读者的情况下，也可以购买者为切入口展开赠品促销。如购买《神奇校车系列通话》十册精装本赠送"亲子童话笔记"，笔记本兼导读手册与随身笔记功能。作为购买者的家长，对这类赠品会有较大的兴趣。另外，还应特别注意赠品的质量，否则容易适得其反。

五、优惠与降价售书

优惠是指出版发行企业长期或在特定时间内向部分或全部读者以优惠价格供应图书，如美国巴诺书店向会员7折售书，国内一些书店在教师节向教师9折售书、在儿童节9折售书给少儿读者等，电商平台的折扣力度更大。降价售书则是指出版发行企业处理滞销积压和污损图书时的一种促销方式。如教学用书、年画挂历、政治读物等读物都具有较强的时效性，到了一定时限仍销售不完，这时若按标价销售已难以出手，降价销售则可诱发不少读者的购买兴趣，促使积压的图书得以动销。

优惠与降价售书利用的都是价格手段，它对于求廉、经济型读者而言，具有较大的吸引力，因此，往往具有较好的促销效果。当然，对于这种促销方式的运用一定要谨慎，以避免"赔本赚吆喝"使得企业出现亏损。

六、图书券

图书券是一种专门用来购书的凭证。可由零售书店单独发售，也可由零售书店、批发商与出版社按协议共同组成图书券系统，在系统内发售的图书券可以在参加了该图书券协约的任何书店购买图书。由于图书券可以代替图书作为一种礼品赠送，所以很受读者的欢迎。英国出版业界的经验表明，持图书券购书的顾客，不像持现金购书的顾客那样挑剔。此外，图书券还会给书店带来额外的销售。因为图书券都有一定的试用期限，到期非去购书不可。当顾客买下图书券金额所限的图书后，常常还会发现另一些书籍也是他们所需要的，从而产生关联消费行为。

七、有奖销售

这是指对购买达到一定金额出版产品的读者或购买某类、某种出版产品的读者，按照一定的标准发给奖券，当奖券发售到一定数量时即可开奖，或者现购现摸，现场开奖的促销方式。有奖销售活动一般可与节假日、纪念活动、图书展销等其他销售机会结合起来使用。由于出版业总体上是微利行业，出版企业进行有奖销售时，通常不可能以昂贵的奖品或高额的奖金来吸引读者，而应当以与文化品位有关的活动来吸引读者。比如可以通过发放电影票、参加某个专题讲座或与知名作家的联谊活动等来吸引读者，也可以通过发放优惠购书卡来进行有奖销售。在进行竞赛或抽奖活动时，对于活动规则的设置必须高度重视，以免造成混乱。

八、读书竞赛

所谓读书竞赛，是指通过读者对指定书目的阅读，对读者进行一定形式的测试，评选出优胜者的一种读书活动。对优胜者可适当给予奖励，对于参赛者也应发放一定的纪念品。读书竞赛最能体现出版的行业特性，是出版企业常用的促销方式之一，值得重视和推广。读书竞赛可以由出版社单独举办，也可由出版社和书店、图书馆、大众媒体等联合举办。特别是与大众媒体如电视台、网站、报社等联合举办的读书活动，影响大、可信度高，具有很大的促销作用，也有很好的社会效果。

九、图书排行榜

图书排行榜不仅是图书销量的静态呈现结果，而且对于促进图书销售有着重要的作用。可以说，图书排行榜是最好的图书广告，许多读者常常依靠排行榜选书。图书排行榜经大众媒体公布后，便具有公众认可的性质，大多数读者会接受这一认可。传媒越权威，影响力越大，则其排行榜对读者的作用也越大。美国《纽约时报》公布的图书排行榜对全球图书市场都很有影响，许多书店都设有《纽约时报》排行榜专柜。英国的《星期日泰晤士报》，我国的《中国图书商报》和《出版广角》等也定期公布畅销书排行榜。近年来网上书店成为人们购书的主要渠道，其畅销书排行榜往往是读者网上购书的重要依据。如当当图书排行榜号称"依据千万顾客真实购买数据定时更新"，是"最权威的中文图书排行榜"。

十、联合促销

联合促销即出版发行企业联合其他企业共同开展宣传活动，推广出版产品或服务，以扩大促销活动的影响力。联合促销不仅可以降低出版发行企业的促销成本，还能增加活动对读者的吸引力，同时，比单一企业开展促销更能吸引广泛的读者群，从而使促销力度加强。

　　举办联合促销应注意以下几个原则：第一，目标市场相同或相近原则。即联合的企业应具有相同或者具有相近的目标市场，才能用较少的成本取得更好的效果。如西蒙·舒斯特出版公司在母亲节期间推出《送给母亲心灵的巧克力》时，与一家巧克力公司合作，将书与巧克力一起投放市场，巧克力的包装盒正是这本书的封面，相似的目标市场产生了很好的促销效果。第二，注意联合企业的形象影响。要与品牌形象良好的企业合作才能起到提升自身企业形象的作用。如推出"红蜻蜓丛书"的出版社曾与专门生产高档饰品的"红蜻蜓"公司合作，将出版产品推向了跨行业的层次，取得了较好的促销效果。

第九章 出版营销管理

---

* 本章知识点提要

    1. 出版营销计划的作用、类型、制订程序

    2. 出版营销组织的结构与类型

    3. 出版营销组织的设计原则和程序

    4. 出版营销控制的类型、内容与方法

* 本章术语

    出版营销管理　　出版营销计划　　出版营销组织　　出版营销控制　　学习型组织

    顾客渗透率　　顾客忠诚度　　顾客选择性　　价格选择性

管理学认为"管理"是"通过计划、组织、控制、激励和领导等环节来协调人力、物力和财力资源，以期更好地达到组织目标的过程"①，可见，计划、组织与控制是企业管理活动的几个基本职能。出版营销管理作为出版企业管理活动的重要部分，其主要内容同样由计划、组织、控制等构成。出版企业要想在市场营销活动中取得良好的社会效益和经济效益，就要在正确的营销理念指导下，制定切实可行的营销战略和计划，组建合理、高效的营销组织，并根据营销目标和计划对组织行为实施有效的控制。

第一节 出版营销计划

出版营销计划是在分析出版企业所面临的市场营销状况(包括出版市场状况、竞争状况、产品状况、销售状况和宏观环境状况等)和可能存在的机会和问题的基础上，对出版营销目标、营销战略、营销方案及营销损益的确定和控制。凡事预则立不预则废，制订出版营销计划的目的在于确立出版企业的营销目标及实现目标的手段和途径。也就是说，出

---

① 徐国华. 管理学[M]. 北京：清华大学出版社，1998：16.

版企业要根据自身的宗旨、总体战略和市场环境，确立营销目标并提出实现目标的行动方案。出版营销计划为整个出版营销活动设计了行动指南。

一、出版营销计划的地位和作用

出版营销计划是根据出版企业的经营方针确定的一定时期内出版市场营销具体业务的安排和规划，在出版营销中占有重要的地位，发挥着重要的作用。

(一)出版营销计划是出版营销管理的首要职能和基础

营销管理是为"实现组织营销目标而对组织的营销活动加以计划、组织和控制的过程"，其根本目的在于谋求消费者需要和组织需要的同时满足。任何出版企业的营销管理活动都始于营销计划的制订。从事出版市场营销管理活动，首先要明确营销活动的目的和方式，而这正是出版营销计划的基本内容。可见，出版营销计划是出版营销管理的首要职能，对加强出版市场营销管理的针对性、目的性和提高管理效率有很大作用。出版营销计划同时是营销管理所有职能中最基本的职能，是营销管理的基础，它为营销管理的组织职能、控制职能提供了依据。出版营销组织的设立、控制手段的选择都受出版营销计划的制约，任何组织行为和控制行为都要有利于营销目标的实现和营销计划的执行。

(二)出版营销计划使出版营销活动具有明确的目标指向性

一个行之有效的营销计划能指明出版企业的营销目标和作业步骤，使企业各部门行为围绕营销目标展开并保持协调一致，从而促进营销目标的实现。

(三)出版营销计划可使出版企业充分认识并选择市场机会，规避市场风险

出版营销计划的基础是对出版企业营销环境的透彻分析和对出版市场趋势的科学推测，因而具有较强的抗风险性和预见性，能使企业在营销活动中，既充分把握市场机会，又不至于盲目行动造成损失。在市场环境变幻莫测、竞争异常激烈的今天，出版企业开展市场营销活动若没有科学、周密的营销计划为指导，营销结果将难以预料。

(四)出版营销计划能使出版营销活动变得经济合理

出版营销计划有利于实现企业的内部可控要素与外部环境的平衡，并保证企业的营销活动始终围绕营销目标和计划有条不紊地展开，营销决策更加科学合理，因而可有效地降低营销费用，使营销活动变得经济合理。

(五)出版营销计划是出版企业其他计划制订的基础

营销计划只是出版企业各部门计划中的一个，却是最重要的一个，是其他计划的基础。比如出版社的选题计划和发货店的进货计划只有在明确市场潜力以后才能确定，企业

的财务计划、人事计划、资金计划等也要在预计了销售和生产数量后才能确定。出版企业的计划工作通常始于确定销售量，而一般只有通过市场营销分析和制订营销计划才能解决。在出版企业内部，只有当出版营销计划被批准之后，其他计划才开始制订并且都要以营销计划的内容为核心，以保证营销计划的执行和完成为宗旨。可见，出版营销计划是出版企业其他行动计划工作的起点。

二、出版营销计划的类型及内容

根据计划的部门和范围不同，出版营销计划可以划分为不同类型。但从整体上看，各类出版营销计划具有大致相同的内容。

(一)出版营销计划的类型

按计划时期长短，可分为长期计划、中期计划和短期计划三大类。长期计划是一种带有全局性的、服务于企业长远发展的纲领性计划，它确定企业在未来 5 年、10 年甚至 20 年的发展方向和奋斗目标。短期计划期限通常为 1 年，主要是对企业年度营销活动的具体安排。中期计划介于长期计划和短期计划之间，期限为 1 年以上、5 年以下，是短期计划与长期计划之间的过渡性计划，有承上启下的作用。

按计划的性质，可分为战略计划、策略计划和作业计划三类。战略计划体现了出版企业的经营思想，是一系列战略决策的结合体。它的期限较长，涉及面较广，是关于营销活动的全局性、长远性的纲领，是制订其他营销计划的基础。策略计划是对企业营销活动某一方面所作的谋划，带有局部和战术的性质。作业计划非常具体，是关于各项营销活动的执行性计划，详细规定了各项活动的时间、地点、内容及活动方式、参与人员等。

按计划涉及范围，可分为总体营销计划和专项营销计划。前者是综合性计划，反映企业的总体营销目标和实现该目标所必须采取的策略及主要行动方案，是制订各项专项营销计划的依据。后者是为解决某一具体问题而制定的计划，如选题计划、渠道计划、营业推广计划、广告计划等。其内容单一，涉及面窄，易于制定，但在制定时要注意与总体营销计划的衔接以及各个单项计划之间的协调，避免互相冲突。

(二)出版营销计划的基本内容

一份完整的出版营销计划，主要包括计划概述、营销目标、营销策略、营销政策、营销程序、营销规则和营销预算等基本内容。

计划概述。出版营销计划是出版企业计划的重心，是其他部门制订计划的参照，因此，营销计划应当对计划的主要目标和执行方式作简要概述，以保证企业的决策层能迅速抓住计划要点以协调各部门计划，并方便其他职能部门迅速获知营销重点，妥善制订部门计划，更好地为营销计划服务。

营销目标。营销目标是出版企业在一定时期内营销活动所要达到的水平，是营销计划最基本的内容，反映了企业营销工作的重点、任务和预期成果。营销目标包括社会效益目标、经济效益目标和市场竞争目标等。

营销策略。营销策略反映企业为实现营销目标而采用的主要市场营销方法、行动方案、工作部署和资源配置方案。它为企业实现营销目标提供总的指导思想和行动框架。围绕出版营销目标可能形成的营销策略有均衡策略、维持策略、发展策略、增长策略等。

营销政策。营销政策是企业营销决策的指导原则，它对解决实现营销目标的过程中可能遇到的问题的方式、范围做了一定的限制。这样，既能保证营销决策的灵活性又不会导致失控现象发生。

营销程序。营销程序详细规定了营销活动中某项工作的先后顺序和应遵循的具体步骤。营销程序是指导人们行动的条款，它有利于企业各项营销工作有条不紊地进行，并保证各项营销政策落到实处。

营销规则。营销规则是对营销工作中的一些具体事项所做的带有一定强制性的规定。营销人员遇到这些事情时只能按规则行事而不能任意处置。

营销预算。营销预算是营销目标的数字化，反映计划期内企业的收支状况和资源配置状况，表明营销活动在经济上的可行性，为营销管理人员控制营销活动提供明确的标准。营销预算主要包括投资预算、销售预算和管理费预算，预算期可等于计划期，也可只是计划期中的某段时间。

三、出版营销计划的制订

出版企业营销活动的开展是为企业的战略发展服务的，因此，出版营销计划的制订必须以企业的战略计划为基础，为实现战略计划服务。计划的制订要遵循一定的原则，依照一定的程序进行。

(一)出版营销计划的制订原则

出版营销计划的制订是一项十分复杂的工作，在制定过程中，要广泛听取市场营销人员的意见，认真分析企业内外环境，本着科学、严谨、实事求是的态度进行。为了使营销计划切实可行，计划制订工作必须遵循以下原则。

全局性原则。出版市场营销活动是以出版企业全局为对象，为实现企业总目标而开展的企业活动，因此，出版营销计划的制订要符合企业总体发展需要，要全面、综合地考虑企业其他部门的行动安排，确保营销计划和其他部门计划协调一致。

灵活性原则。出版营销计划是建立在对出版市场未来发展趋势的分析和预测的基础上的。但是，出版市场处在不停的发展变化过程中，各种环境因素变幻莫测，市场预测必然与市场发展的实际状况存在偏差。如果营销计划制订得十分精细，对营销活动的每一个方面、每一个步骤都做了明确的规定，就很容易导致营销行为僵化、呆板，缺乏对市场的快速应变性，不利于营销活动的有效开展。所以，在制订出版营销计划时应留有较大的活动余地，保持一定的灵活性，以便在计划实施过程中随时根据环境变化进行调整。在某些情况下，出版企业还应同时制订多套计划方案，做好多手准备。一般而言，计划期越长，灵活性应越大，在计划执行过程中越应该经常进行检查和修订。

连续性原则。出版营销计划要前后衔接、相互照应、成龙配套。在计划的制订过程中，中期计划的制订要以长期计划为指导，与长期计划相衔接，短期计划要以中、长期计划为指导，与中、长期计划相衔接。这样才能保证出版企业营销活动的连续性和一贯性。为保证计划的连续性，可采用滚动计划法。该方法按照近细远粗、远近结合的原则，先制订一个五年计划，其中第一年的计划是具体的年度计划，第二年、第三年的计划比较细，第四年、第五年的计划比较粗；然后，每年根据变化了的情况对上一个五年计划进行检查、分析、修改或调整，编制新的五年计划。这样连续滚动，既能保证计划的可行性，又能保证计划的一致性。

(二)出版营销计划的制订程序

出版营销计划的制订程序包括如下步骤。

1. 出版市场营销现状分析

出版市场营销现状分析是制订出版营销计划的基础，它提供市场营销计划所需的各种数据，使计划有据可依。营销现状分析的主要内容包括：①当前出版市场一般状况分析，如对市场规模与容量、市场需求状况及发展趋势、市场竞争程度、市场类型等的分析；②出版产品信息分析，如对图书内容、装帧、定价、销售量、市场占有率、生命周期等的分析；③市场竞争态势分析，包括对竞争对手构成、竞争对手的市场占有率、经营特色及营销策略的分析；④分销渠道分析，包括对现有出版分销渠道类型、流通量、特点、市场占有率等的分析；⑤宏观环境分析，如对国家方针政策、人口数量、科技文化发展水平等的分析。

2. 发现、分析和评价市场机会与问题

出版市场营销目标的确立取决于出版企业对市场机会的把握和对存在问题的认识。因此，营销计划制订前必须对企业面临的市场机会与威胁、企业的优势与劣势进行分析，明确营销活动中的主要问题及矛盾，从而有针对性地制定最适宜的营销目标。

机会与威胁分析主要是对影响企业营销活动的各种外界因素的分析与评价。通过分析，企业可了解各种市场环境因素给企业带来的机会和可能造成的威胁程度，判断企业是否拥有理想的营销环境并有利于企业根据营销环境特点制订营销计划。一般来说，营销环境可分为理想的、冒险的、稳定的和困难的四种类型，企业可视环境不同确立不同的营销目标。优势与劣势分析主要是比较企业与竞争对手的实力，寻找企业的强势与弱势，以便在竞争中扬长避短，以强攻弱，争取主动。

3. 出版市场预测

通过对出版市场未来发展的推测，判断企业的发展方向和营销目标，为制订出版营销计划提供依据。

4. 确定营销目标

营销目标是营销计划的核心内容。在经过科学、严密的市场分析和预测之后，出版企业便可根据自身的实力和条件、根据企业发展的战略需要，确定切合实际且富有挑战性的营销目标。营销目标应有一定的层次性，从高到低，互相支持，协调一致。同时，营销目标应该具有可测量性，以便于企业随时掌握目标完成状况。总而言之，营销目标既要明确、具体、可行，又要有一定的竞争性和灵活性。

5. 制定营销策略

营销策略是实现营销目标的途径和手段，包括目标市场策略、价格策略、分销渠道策略、宣传推广策略等。企业确定营销目标后，便可选择一种或多种营销策略来实现这些目标。如果选用多种方法，则要注意各种策略的相互配合，使其朝同一方向发生作用，产生协同效应。

6. 制定营销政策和程序

营销政策是对营销策略的细化，包括广告政策、价格政策、促销政策等，它为企业日常营销决策提供准则。营销程序是对各项营销活动步骤与次序的明确规定。营销政策和程序的制定有利于有条不紊地贯彻落实营销计划，保证营销活动始终按照计划进行。

7. 制定行动方案

营销行动方案详细、具体、明确地规定了企业为实现营销目标应该做什么、由谁来做、何时做、如何做、何时完成等，是企业开展营销活动的行动指南，是营销部门编制作业计划(如进货计划、销售计划、资金筹措计划)的基础。行动方案的制定是按时完成营销计划、实现营销目标的保证。

8. 编制营销预算和预计损益表

编制营销预算的目的在于检查营销计划在经济上的可行性，使企业在营销计划付诸实施之前了解该计划的预期损益情况，以便及时做出调整和修改，避免出现预算过高、超出企业财务承受力的现象。

编制营销预算通常采用目标利润法和最大利润法。目标利润法就是在确保目标利润前提下，根据预计毛利的多少来决定各项营销支出费用数额的预算方法；最大利润法是利用销售量和营销组合因素之间的销售反应函数关系，找出最佳营销支出点而使利润达到最大化的方法。两种方法各有优劣，出版企业可根据营销目标自行选用。

营销预算实质上是对市场营销资源进行配置的过程。通过营销预算，出版企业可对市场营销组合因素进行合理调整，从而实现企业利润、市场营销组合、市场营销资源分配的最优化。

第二节　出版营销组织

出版营销组织是指出版企业内部涉及营销活动的各个职位及其结构，其基本构成要素是企业中的职能部门和员工个人，因此也可以说，出版营销组织是出版企业中各个营销职能部门中人的集合。它是出版营销计划的具体执行者和出版营销目标的实现者。出版企业营销活动要取得良好的业绩，不仅需要合理组合各种营销因素，还需要围绕企业总目标和具体营销目标合理设立营销组织。只有有了合理的组织，才有利于所有员工同心协力，产生"一加一大于二"的效果，促进企业营销目标的实现。

一、出版营销组织的目标

出版企业不论规模大小，设立出版营销组织的根本目的都是为了更好地执行营销计划，实现整个营销任务。围绕这一基本目标，出版营销组织的设立一般要服务于三个分目标。

(一)利用并创造最佳市场机会

出版营销组织要较好地完成营销任务，必须时刻把握出版市场需求发展变化的脉搏，不断地适应外部环境，抓住并创造最佳的市场机会，实现出版产品的供需结合。对于出版市场发展变化的了解，出版营销组织要充分利用各个职位、各个员工，如出版市场营销研究部门、销售人员以及其他相关机构，他们都能提供出版市场发展变化的各种信息。在了解到这些信息，知晓市场的动向后，营销组织要迅速对市场变化做出反应，对整个营销活动从新品种的开发到市场定位乃至促销策略都进行适应性调整，保证企业拥有最佳的市场机会。

(二)促使出版营销效率实现最大化

出版企业是由多个专业部门共同组成的职能体，围绕着满足读者需求和企业发展需要运行。出版企业的许多职能部门都或多或少地与出版营销活动有关联，关系到营销效果的好坏。为了保证各个部门协调运作，避免因矛盾和冲突而造成企业内耗，营销组织还承担着协调和控制的功能，确定各部门的权利和责任，降低企业经营管理成本，使营销效率最大化。

(三)代表并维护客户利益

对现代出版企业来说，一旦奉行了市场营销观念，就要以客户(包括各类中间商及读者)需求为中心，把客户利益放在第一位。"客户第一"并不仅仅意味着为客户提供满意的出版产品，而且还要为他们提供优质的服务，要使企业的营销过程始于客户，终于客户，确保客户的利益不受损害。这一职责主要由营销组织来承担。

总而言之，出版营销组织的目的是为了指导企业获得最佳营销效果。那么，营销组织的运作效果和效率怎么评价呢？从组织管理的角度看，效率要通过企业内部的专业化和程序化来实现，专业化有利于培养各方面的专业人才，降低培训费用，减少非生产性时间，并有利于发挥员工个人的聪明才智，因而对出版企业来说，只要外部营销环境和企业目标没有发生改变，提高营销工作的专业化程度就能提高营销工作效率。程序化有利于各专业部门之间的工作有效地衔接起来，一环紧扣一环，保证营销工作开展的连续性和有序性，并能减少因工作交接造成的时间延误，提高营销工作效率。然而需要注意的是，高效率并不等于好效果。效果反映的是实现目标的程度，它是实际结果同预期结果的对比。效率与效果的区别在于迅速取得的结果并不一定能有效地满足目标，比如：书店亏本甩卖的图书未必带来最大盈利。因此，一个有效的营销组织必须能随市场变化和技术革新而不断地进行自我调节，不仅要设法维持原有市场，而且要不断创新。

二、出版营销组织的结构与类型

出版企业的所有营销活动并非都发生在一个组织部门，比如在图书批销中心，不同种类的图书有不同的销售人员负责销售，而图书的分拣、包装、运输也都有专门的人员管理。如果图书批销中心的图书销售活动面向全国各地甚至面向国际出版市场时，图书批销中心还可能对各个地区、各个国家的出版产品营销活动都设立专人负责。当众多的部门、岗位都成为出版企业营销系统的组成部分之一时，对出版营销组织结构进行科学思考、合理设计，选择合适的营销组织类型就非常重要了。

(一)出版营销组织结构

不同的出版企业有不同的企业目标、发展战略和目标市场，竞争环境和资源条件也不尽相同，设立的营销组织结构也各有特点。受宏观环境和国家经济体制、企业营销管理指导思想、企业自身所处的发展阶段和业务特点等因素影响，出版企业内部营销组织结构主要有五种模式。

1. 单纯的销售部门

营销学常识告诉我们，营销决不能简单地等同于销售。某些出版社或书店设立有财务、人事、编辑/进货、发行/销售等基本的职能部门，然而各个部门职能分工明确，缺少有效的沟通和交流。财务部门掌握企业资金的流动问题，人事部门负责企业员工的招聘，编辑部门负责选题组稿，进货部门负责货源购进，发行部门或销售部门负责图书的推销。在这种组织结构中，销售部门的职能非常有限，仅仅是推销本社出版的图书或本书店进货部门购进的图书，同时兼负一小部分的市场调研和广告宣传工作，而对于出版社的图书选题、书店的进货品种等几乎没有发言权。在生产观念盛行的时期，这种结构形式在我国出版业占有主导地位。

2. 附带有营销功能的销售部门

当出版市场竞争日趋激烈，并由卖方市场转为买方市场时，怎样迅速有效地将出版企业及产品信息传递给读者就显得至关重要了。在这种情况下，出版企业原有的销售部门职能得到扩大，营销功能成为其主要职能之一。有时，企业会在销售部门中设有专人负责出版市场营销活动，只是在这一阶段，营销人员仍属于企业销售部门的工作人员。

3. 独立的营销部门

随着出版企业或书店规模的扩大，业务范围的拓展，市场调研、广告宣传和促销、为读者服务等营销职能越来越重要，为了做好这些工作，营销功能逐渐从销售部门独立出来，成为与销售部门并行的另一职能部门，这时的营销部门多称之为广告部、市场部或宣传推广部。

4. 现代营销部门

在实际工作中，前述销售部门和营销部门由于各自所处的角度不同，往往难以形成和谐的关系。营销部门强调营销功能的重要性，为营销功能编制较大预算，而销售部门片面强调销售人员重要性，反对将销售人员置于营销组合中的次要位置；营销部门以长期经营为导向，偏重于满足顾客长期需要的满足，而销售部门往往以短期经营为导向，偏重于完成当年的销售任务。为了协调这种矛盾和冲突，出版企业将两部门的组织关系由并立转变为营销部门领导销售部门，销售职能成为营销职能的子职能之一。

5. 现代营销公司

当出版企业的所有管理人员都意识到企业一切部门的工作都是为读者服务，营销成为企业的运营宗旨时，该出版企业便成为现代营销企业了。从目前来说，该组织结构是最高层次的营销组织结构。

(二)出版营销组织类型

合适的出版营销组织有利于出版企业营销目标和企业战略的实现，因此，企业必须根据需要选择恰当的组织形式。大体上，现代出版营销部门有四种常见的组织类型。

1. 职能型营销组织

这是使用最普遍的一种组织形式，它以营销的各项职能来设置机构，所有职能机构均向营销副总经理负责，营销副总经理则负责协调各职能机构间的活动。职能型营销组织通常包括营销行政部门、广告与促销部门、销售部、市场调研部、实体配送部门(储运部)等。有时，也对职能相近的职位进行合并，如将销售、广告、销售促进、市场调研、读者服务归为服务功能类，将产品、市场、顾客、风险投资等归入计划功能类；或者将策略规划、产品规划、市场调研归为策划功能类，将销售人员、广告、促销、公共关系等归入营销沟通类。这种类型的营销组织形式强调各种职能的重要性，尤其将销售职能作为营销工作的重点，其他各种职能均为销售职能服务。其主要优点在于管理简单容易，能充分发挥职能性专业人员的作用。当企业规模较小，出版产品品种单一且销售方式大体相同时，按照营销职能设置组织结构较为有效。但是，随着出版企业品种的增加和市场的扩大，这种组织形式的缺陷就日渐突出。由于职能型营销组织缺乏专人对某一市场、某一出版产品完全负责任，因而缺乏市场营销的完整计划，常常导致各职能部门擅自为政，甚至为了赢得更多预算和更优越地位相互竞争，导致营销组织发展不平衡，各部门之间不协调，企业内耗较大，不利于企业的发展壮大。

2. 产品型营销组织

产品型营销组织是指在出版企业内部建立产品经理组织制度，以协调职能型组织中的部门冲突。当出版企业规模扩大，经营的出版产品不断丰富，由于各类型出版产品特点差别较大，分销渠道、读者对象各不相同，再依靠职能型组织已很难有效地组织营销活动，因此，这时按照出版产品类型，如针对纸质出版产品和数字出版产品分别设立营销组织更为适宜。产品型营销组织的基本做法是：企业设立一名产品营销经理，负责对本企业所有出版产品营销活动进行协调和控制。其具体职责是制订产品开发计划并付诸实施，监测计划执行结果并对其进行修改调整，包括制定出版产品发展和竞争战略、编制年度营销计划和进行销售预测、分析市场信息、倡导新品种开发、激励销售人员等多项内容。在该经理以下，再按出版产品类型分设几个产品经理，如音像出版物经理、电子出版物经理等，由他们负责具体的出版产品营销工作。这种组织形式的优点是：产品营销经理为所有的出版产品设计了合理可行、富有成效的营销组合策略，能够保证企业的所有产品都不被忽视，并能够有效地协调各种营销职能，对市场变化做出及时反应。但是，这种组织类型中，各产品经理互相独立，他们会为了各自产品的利益发生摩擦，缺乏整体观念，而且，由于产品经理权力有限，很多时候要依赖广告、销售等部门的支持与合作，一旦彼此间不能有效沟通，很容易造成部门冲突。再者，这种组织形式容易导致营销管理费用增加，降低企业竞争力。另外，由于产品经理变动相对频繁，不利于保持产品营销工作的一致性、连续性，也容易导致产品经理产生短期行为，仅仅考虑产品的短期营销计划而不顾长远发展。因此，一旦企业准备采用此种组织形式，首先必须对产品经理的责、权、利进行明确界定，对产品经理与职能专家的决策范围加以明确划分，赋予产品经理履行其职责所必需的权力，然后应当建立一个正式的程序以便迅速、及时地解决产品经理与各部门间的矛盾冲突，保证企业营销计划顺利实施。

3. 市场型营销组织

如果出版企业只集中生产或销售某种类型的出版产品，产品形式单一，但面临的分销渠道众多，出版市场需求复杂，读者的购买习惯、购买偏好存在较大差异，市场型营销组织是最佳选择之一。市场型组织也称顾客型组织，它一般按照市场系统安排营销机构，市场是各部门服务的中心，或者说，它以读者类型作为设立营销部门的基础，针对不同类型的读者设立不同类型的部门，提供专门服务。比如书店按照服务对象的特征，设立机关团体供应部、学校图书馆供应部，而门市部是为企事业单位、学校、图书馆、一般读者提供图书销售服务。市场型组织通常也设立一个总市场经理管辖若干分市场经理，每个细分市场经理负责自己所辖市场的年度销售计划和长期销售利润计划。市场型组织的最大优点在于企业的营销活动是按照满足各类不同读者的需求来组织和安排的，因而能够较好地满足读者需要，有利于企业加强销售和市场服务，扩大销售覆盖面，吸引更多的读者。然而，随着企业销售覆盖面的扩大和市场细分，容易造成各个部门对企业人、财、物等资源的争夺，引起部门间的冲突和资源浪费。再加之这种组织存在一定程度的权责不清和多头领导现象，给企业控制组织行为也带来一定困难。

4. 地理型营销组织

当出版企业的出版市场营销活动面向分散的整个国内市场甚至面向国际市场时，按照地理区域设置营销机构不失为一种较好的选择。具体做法是：若企业仅面向国内市场，则在营销部门设立一个全国销售经理，负责全国的销售工作，在其下按行政区划或根据业务往来的地理划分再分别设立大区销售经理，由其组织各自所在地区的销售工作。如果企业同时面向国内、国外两个市场，则分别设立国内市场销售经理、国际市场销售经理。国内市场部仍按上述方法设立下级部门，国际市场部则按各国经济发展状态、与企业的贸易情况等划分为几个大区，如可分为欧美部、非洲、拉美、西亚、东南亚、澳洲、东欧、东亚，分别设立地区经理，负责当地的出版市场营销活动。地理型营销组织的特点是：按照地区组建营销部门，能够根据各地区读者不同的消费心理和消费习惯，根据各地区不同的市场状况，采取有针对性的营销策略和营销方法，有利于更好地满足不同地区读者的需求，增强企业在当地市场的竞争力。同时，由于各地区的销售经理在遵循企业统一营销政策前提下可以拥有完全的销售主动权，因而可以充分调动销售经理的积极性，有利于企业营销活动的开展。但由于这种营销组织中的每一个地区性组织相互独立，加之空间和时间的限制，会给营销控制工作造成一定困难。在一般情况下，为了使整个营销活动更为有效，地理型组织都和其他类型结合起来使用。

三、出版营销组织的设计

出版营销组织的设计要考虑出版企业所处的环境、营销目标及自身条件，在一定的原则指导下，按照一定的程序进行。

(一)出版营销组织的设计原则

出版营销组织的设计原则主要有以下几点。

1. 目标一致原则

设立出版营销组织的根本目的是为了实现出版企业的营销目标，因此，它的设计必须以服从和服务于营销目标为基础，与营销目标保持一致，坚持目标导向。任何一个职位的设置都应考虑是否是实现营销目标所必需的，凡是与营销目标无关的职位，可考虑撤销。与营销目标关系不大、可有可无的职位，尽量与其他职位合并。

2. 市场需要原则

对一个出版企业来说，其设计的营销组织结构应当运行灵活，能够对发展迅速、变化多端的市场需要做出快速反应，并采取切实可行的营销策略满足市场需要。在具体设计过程中，市场需要应同企业规模、企业能力结合起来考虑。如果企业规模不大，经营能力有限，一般不需要分工较细的营销组织结构，设计权力分散、规模较小的营销部门较为适宜。如果企业规模较大、经营稳定、市场需求也较为稳定，则可设计权力较为集中，拥有一定规模经济的营销结构。

3. 经济性原则

设计营销组织结构必须尽可能地减少管理层次，降低营销组织运行成本。在营销人员聘用上，应坚持最低限度原则，即企业的长期、正式员工应该按照企业经营处于低谷期的需要设置，如果企业营销工作量增加，可以通过招聘临时工来弥补人员不足。这样做，既能保证销售高峰期营销工作顺利开展，又能避免销售低迷时期工作量不足而人员冗多的情况，可大大缩减营销成本。

4. 分工协作原则

分工与协作是社会化大生产的客观要求。设计出版营销组织结构时，必须考虑这一客观要求。应先将营销目标层层分解，变成一项项具体的工作和任务，落实到各个部门和岗位。即首先在组织内部进行分工，明确各个部门的工作内容、工作范围，解决干什么的问题。有分工必然有协作。分工将一个整体分成各个部分，要使各部分协调动作，产生"一加一大于二"的效应，就必须在分工的基础上，明确各个部门和各个岗位之间的关系、协调配合的方法、解决如何干的问题。协作包括横向协作和纵向协作，因此，对上下左右的关系都应加以明确。分工与协作之间有着密切的内在联系。一般而言，分工越细，专业化水平越高，责任越明确，工作效率就越高。但是，分工过细会造成机构增多，协调工作量增大，协调工作较为困难。相反，分工较粗，组织机构可以减少，协调工作量可减轻，但由于分工较粗，工作效率会降低，并容易产生互相推诿责任的现象。所以，分工粗细各有利弊。设计组织结构时，应根据需要做出合理的选择。

5. 命令统一原则

在出版企业内部，管理层次应是一条连续的没有缺口的等级链，各层次的职责、权限、联系方式都应有明确的规定，每一层只设一个主管统一管理本部门工作，并向下级下达命令。下级部门只接受一个上级组织的命令和指挥，对上级的命令和指挥必须无条件服从，不得各自为政，不能越级请示工作。上级也不能越级指挥下级，但可越级检查工作。

6. 权责对等原则

职权是为完成某一职位的责任和义务所应具有的权力，如决定权、命令权等；职责是指某一个职位的责任和义务，二者不可分割。设计职责时，既要明确各部门、各职位的责任范围，又要赋予其必需的管理权限。二者不仅必须统一，而且必须对等。这样才能既保证职责得到很好的履行，又避免产生官僚主义造成滥用权力和瞎指挥。

7. 集权和分权相结合原则

集权是把权力集中于最高领导，分权是将权力分散于组织的各个层次。集权有利于集中统一领导，加强对整个组织的领导控制，但管理层次太多，信息传递不畅，基层缺乏独立性和自主权，高层负担也会过重。分权则相反，高层可集中精力抓大事，基层积极性和自主性易于得到调动，但控制难度较大，不易发挥整个组织的作用。因此，应将集权和分权有效地结合起来。一般来说，二者结合的程度取决于决策的代价、政策一致性、经济规模、企业历史、管理哲学、下级独立愿望、控制技术、经营分散化程度、企业动态特性及环境影响等因素。

8. 以人为本原则

出版营销活动归根结底要由企业营销部门的每个人共同努力去开展，去完成营销目标。因此，营销组织结构的设计，应该尽可能最佳地发挥个人风格和优势，这样才能使机构对交易机会能做出迅速的反应。但应该注意的是，任何结构调整使之适合个人的根本目的在于企业的整体利益而非个人的一己之利。再者，营销组织结构的设计应该使各营销部门经理对自己所承担的工作满意，避免出现打消工作积极性的营销组织体制。

(二) 出版营销组织设计的程序

设计健全的出版营销组织不仅要坚持科学的原则，还必须遵循一定的程序，采用科学的方法。营销组织的设计程序大体上包括以下内容。

1. 分析营销组织环境

设计营销组织结构首先要对组织面临的出版市场状况进行分析，包括对市场稳定程度、出版产品生命周期、读者购买行为等方面。如果市场较为稳定，在长期内读者购买行为、出版产品销售渠道、需求量都无明显变化，如教材教辅市场和图书馆市场等。针对此类市场，设计营销组织时应以稳定为特点，保证买卖双方能形成长期、稳定的友好合作关系。如果出版营销组织面临的市场变幻莫测，读者需求多样和易变，如大众出版市场，那么，营销组织的设计也应增强灵活性，使之能随时跟着市场的发展方向运行。

在出版市场营销过程中遇到的最大挑战往往来自于竞争对手。所以，设计出版营销组织结构之前，对竞争对手状况也应有所了解。要明了组织遇到的竞争对手有哪些，在做什么，组织应做出何种反应。一般来说，若竞争者实力较强，在市场上拥有更大的影响，企业设计的营销组织应具有一定规模以便在面对强劲竞争对手时有足够的防御能力，并能在防御过程中发现竞争对手的弱点伺机组织反攻；若竞争对手实力较弱，企业可主动出击，以大规模的市场营销活动吸引读者，瓦解竞争对手攻势；若双方势均力敌，营销组织设计应灵活，规模适中，这样进退自如，有利于保持竞争中的主动地位。

2. 确定组织内部的各种活动

出版市场营销活动丰富多彩，设计营销结构有必要先对各项营销活动进行划分，确立各项活动的涉及范围，然后再确定职位及部门。

企业一般是在分析了市场机会的基础上制定营销战略，然后再确定相应的营销活动和组织的专业化类型。假设一个出版企业或书店经营的产品多是学术专著，市场稳定，在销售上主要依靠人员推销、广告等技巧性活动，该出版企业或书店的营销组织可以设计为职能型的。如果一个出版企业或书店经营的图书品种多样，读者广泛，销售活动涉及全国各地且各地区市场差别明显，那么，地理型组织可能是其最佳选择。

应该注意的是，组织内部的各种活动也是发展变化的，需要随时对组织类型进行调整，但调整时必须综合考虑市场营销活动需要和原有组织类型特征，选择成本较低的调整方法。

3. 确立组织职位

职位设立的根本目的是为了使各项活动有所归属，因此，建立组织职位必须以营销活动为基础，根据活动的重要性依次设定。

组织职位的设立必须有明确的责、权、利的规定。首先要明确职位的任务，是直接面向个人读者处理读者反馈意见，还是面向机构大客户进行客户关系管理，或是面向竞争对手制定针对性的营销策略，都要在设计出版营销组织时确定。其次要规定各个职位的责任，如处理读者反馈意见必须当天回复，不得拖延。最后，要对各个职位使用企业资源的权力进行限定。每个职位要完成一定的任务，履行一定的责任，当然可以使用企业的各种资源，如电话、稿纸等办公用品。但要根据各种职位的需要量对其使用权进行控制，防止企业资源的流失。

职位设立还要考虑职位层次，即各职位在组织中的地位高低。一般视各职位在企业整个营销活动中的重要程度而定。另外，职位合理数量的确定也是设计的内容之一，一般来讲，职位层次越高，辅助型职位数量越多，职位越重要，数量越多。

4. 设立组织结构

职位确立之后，为了便于对职位的管理并有利于各职位协同工作的整体优势发挥，需要对各个职位进行归类合并，形成完善的组织结构。一般来说，组织结构的设立包括组建部门、确定管理层次和管理幅度、明确职权关系等多项内容。

部门组建主要是根据设立的职位的种类、多寡，对职位进行必要的归类合并，比如根据职能组建部门，根据营销地区、产品特征、读者特征等进行划分。不管根据何种特征组建部门，都要求职位与结构相匹配，这样才能达到组建部门的目的。

再者是确立管理幅度和管理层次。任何组织结构的设立都要求其具有效率，能产生合力效应，节约企业管理成本和费用，而这主要取决于管理的幅度与层次。管理幅度又叫管理跨度，它表明一个层级的管理者能够直接管理的下级人数。管理层次则是组织的最高管理者到基层人员之间所设置的管理职位层级数目，一般而言，管理幅度与管理层次是成反比的，管理的幅度越大，管理层次越少；管理幅度越小，管理层次越多。管理幅度和管理层次的确定要看管理者和下属能力如何、分散程度如何。能力强、分布集中，管理幅度可大些；能力弱、分布分散，则管理的幅度越小越好。

最后要明确各部门的职权关系。在现代组织中，主要有两种职权关系：一种是上下级之间的职权关系，即纵向职权关系；一种是直线与参谋之间的关系，即横向职权关系。职权的授予要根据出版企业开展营销活动的需要以及整个企业的管理哲学而定。通常，职权的授予有充分授权、不充分授权、弹性授权和制约授权四种形式，出版企业可灵活选择使用。

5. 配备组织人员

组织结构确定以后，就要为各个职位物色合适的人选。不同组织类型、营销部门以及同一部门内部不同管理层级的职位，所要求的组织人员能力、素质显然不尽相同。例如读者服务部要求员工具有良好的沟通能力和耐心、细心的个人品质，大客户管理部门需要员工具备突出的公关能力、推销能力和随机应变能力。为营销组织配备工作人员本质上是一个人力资源管理的过程，需要出版企业营销组织设计者按照权责对等、人事相符的原则开展。

6. 检查和调整营销组织

出版营销活动面临的环境变化和企业发展战略的调整，决定了在完成营销组织设计后还需要不断对营销组织进行检查并调整，以避免其在运行过程中产生摩擦和冲突，或变得僵化而缺乏效率。通常，当企业外部环境发生了较大变化，或是企业的主管人员发生变动，或是现存组织存在严重缺陷，组织内部人员关系紧张时，都要对营销组织进行调整。战略管理中有"学习型组织"的概念，即通过培养整个组织的学习气氛，充分发挥员工的创造性思维能力而建立起来的一种有机的、柔性的、扁平化的、符合人性且能够持续发展的新型组织。学习型组织具有如下特点：组织成员拥有共同愿景；终身学习、全员学习、全程学习；自主管理；组织边界重新界定；领导角色发生转换等。① 出版企业营销组织的设计同样可借鉴学习型组织的理念，以使其更好适应内外部环境发展变化。

总之，出版营销组织的设立要经过这样六个相互联系、互相制约的步骤形成动态有序的过程，才能保持营销组织的生机和活力。

第三节　出版营销控制

出版营销控制是指在营销计划执行过程中，要经常将营销活动的实际执行情况或预测将要发生的情况与营销计划相比较，一旦营销实际与计划目标出现偏差，就要寻找出现偏差的原因并采取适当措施纠正偏差，以确保营销目标的实现，使企业营销活动按预定轨道运行。由于营销活动发生在现实的社会政治、经济、文化环境中，营销计划在执行过程中受环境变化、内部条件变化、人员素质、组织结构缺陷等因素的影响，很容易出现执行结果与计划目标不一致的情况。因此，营销组织应本着计划性、系统性、客观性、适应性及灵活性等原则，加强对出版市场营销活动的控制，及时纠正各种偏差。

一、营销控制的基本类型

根据营销控制的特点不同，可以按照不同标准将营销控制加以分类。

---

① 周三多，邹统钎. 战略管理思想史[M]. 上海：复旦大学出版社，2003：127.

(一) 前馈控制、同步控制和反馈控制

这是按营销控制的侧重点和时间参照系划分的。前馈控制立足于对未来的控制，它将预测执行结果与预先设定目标加以比较，事先发现可能出现的偏差并采取预防措施加以纠正，主要用于对各种营销资源投入的控制。同步控制是对正在进行中的工作加以监督和调控，以确保执行结果达到预期目标的活动过程，对确保产品质量和服务质量极为重要。搞好同步控制的关键在于信息灵敏，随时发现问题，解决问题，消灭问题。反馈控制是根据过去的工作情况去调整未来的行为，侧重于企业营销活动的结果而不是过程，其基本假设是过去的结果可以指导未来的工作。

(二) 成果控制和过程控制

成果控制是对营销活动最终结果的控制，它是将实际执行的结果与计划所确立的目标进行比较，发现偏差并采取纠偏措施的一系列活动。过程控制是对营销活动程序、各个环节以及营销方法和手段的控制。前者适用于对广告创意人员、推销人员的控制，后者适宜于对广告制作和销售服务工作的控制。

(三) 直接控制和间接控制

直接控制是营销管理人员采取命令、指示等行政手段实施控制，具体表现为对下属工作人员的直接指挥与监督。间接控制是采取经济手段或改变工作环境和条件等非行政手段实施的控制，其控制作用过程比较缓慢。

(四) 集中控制与分散控制

集中控制是由高层管理者对所有下属及其从事的活动实施的统一控制，分散控制是按照分层负责的原则由各级管理者自主实施的控制。前者有利于营销活动保持高度统一，充分利用各种资源，后者有利于调动基层管理人员的积极性与主动性。

二、出版营销控制的内容与方法

出版营销控制主要包括年度计划控制、盈利能力控制、效率控制、战略控制和市场营销审计四方面的内容。年度计划控制主要由出版企业的高层管理人员负责，目的在于控制年度计划执行结果，根据年度计划的实际完成情况决定是否对年度计划进行调整。盈利能力控制主要是检查企业实际盈利能力是否达到了计划规定的标准、哪些地方盈利、哪些地方亏损。效率控制目的在于评价和提高经费开支效率及营销开支的效果。战略控制和市场营销审计是为了审查企业是否抓住了市场机会，是否适应营销环境的发展变化。

（一）年度计划控制

任何一个出版企业都需要编制年度出版计划，并按照年度出版计划安排下一年的生产和销售。但年度出版计划执行的绩效究竟如何，则要看企业管理人员的控制工作做得如何。年度计划控制是指企业在本年度内采取各种控制措施，对年度计划的执行情况进行控制，保证本年度的销售利润和其他目标都能实现和完成。年度计划控制主要包括四个步骤：第一步，分解年度计划目标，将年度计划目标按时间细分为各个季度或各个月的目标，如月销售额、月利润目标等；第二步，结果比较，即将执行的实际成果与计划目标比较；第三步，原因分析，如果营销计划目标与执行结果存在较大偏差，则要对造成偏差的原因进行仔细分析；第四步，纠偏，即采取必要的改正措施纠正偏差，尽量保持成果与计划的一致性。

在年度计划控制过程中，出版企业的管理人员主要运用销售额与销售量、出版市场占有率、营销费用、读者态度四种绩效分析工具来核对年度计划目标的实际实现程度。

1. 销售分析

销售分析主要用于衡量和评估企业实际销售状况与计划销售目标之间的关系。一是销售差异分析，即寻找导致实际销售额、销售量与计划销售量、销售额之间存在差距的原因，并对各影响因素的影响力大小做出评估，最终发现导致销售差额的主要因素并加以控制。二是微观销售分析，分别从出版产品、销售地区和其他方面考察未能达到预期销售额、销售量的原因。

例如假设某书店为综合性书店，同时经营各类纸质图书、音像制品和部分文具产品。该书店下设三个门市，分别为甲、乙、丙。三门市依次处于住宅区、学校区和繁华商业区。假设该书店某月预计销售额为 100 万元，三个门市分别为 25 万元、40 万元和 35 万元。各类产品的销售计划分别为图书占 65%、音像制品占 25%、文具占 10%。而实际销售额为 90 万元，三个门市分别为 23 万元、27 万元和 40 万元，与计划销售额的差距分别为：总销售额比计划低 10%，甲门市比计划低 6%，乙门市比计划低 32.5%，丙门市比计划增强 14%。可见，从地区分布看，销售额的下降主要是由于乙门市销售额的大幅减少引起的。因此，营销人员首先要深入乙门市去探明销售额下降的原因，加强对该门市营销工作的管理。导致销售额下降的原因很多，管理人员必须仔细分析。从乙门市各类产品的销售看，当月销售额中，图书占 50%，音像制品占 40%，文具占 10%。由此可见，销售额下降的主要原因在于当地的读者需求发生了变化。再通过具体分析，便可找到最主要因素加以控制。

2. 市场占有率分析

市场占有率的高低能够比较准确地反映出企业在整个行业中的竞争能力和竞争地位，而且能够剔除一般外部环境因素影响来考察企业自身的经营状况。通常，如果企业市场占有率较竞争对手高，说明企业的营销工作比竞争对手做得好，反之，则说明企业还需进一步加强营销工作。因此，营销管理人员必须密切关注市场占有率的变化情况，分析变化原因，采取应对策略。

市场占有率可以通过三种方法进行度量。①总体市场占有率：即企业的销售额在整个行业销售额中所占的比重。使用这一方法必须以单位销售量或销售额来表示市场占有率，同时要确定行业范围。单位市场占有率的变化能反映竞争者之间销售量的变化。金额市场占有率的变化则综合反映数量的变化和价格的变化。②局部市场占有率，或称可达市场占有率：即企业的销售额在其直接服务的市场上所占的份额，或者说是在企业营销努力所及市场上所占的比率。一般企业的局部市场占有率总是高于总体市场占有率，甚至于局部市场占有率可达100%，而全部市场占有率却相当低，比如采用目标集聚战略的出版企业。对一个出版企业来说，不应盲目追求较高的全部市场占有率，而应根据企业当前的实力和发展计划，先稳步提高局部市场占有率，再逐步提高总体市场占有率。③相对市场占有率：即将本企业的销售额与竞争对手的销售额相比较而得出的比率。相对市场占有率可以将本企业的销售额与所在市场中最大的几个竞争者的销售总额进行比较，由此判断企业在同行业中是处于强势还是弱势。比如假设本企业的市场占有额为30%，另外两家最大竞争者的市场占有率分别为20%和10%，那么本企业相对市场占有率为50%。一般来说，相对市场占有率超过33%即被认为是强势。此外，相对市场占有率还可以本企业销售额相对市场领导者的销售额的比率来表示，相对市场占有率超过100%，表明企业本身是市场领导者；等于100%，双方同为市场领导者。相对市场占有率的增加表明企业正接近市场领导者。

市场占有率分析不仅要了解市场占有率升降的状况，更重要的是探明引起市场占有率上下波动的原因。营销学中对市场占有率的分析通常采用顾客渗透率 C_P、顾客忠诚度 C_L、顾客选择性 C_S、价格选择性 P_S 四因素分析法，出版市场占有率分析同样可采用此法。这些因素对出版市场占有率的影响可用公式(9-1)表示：

$$总体市场占有率 = C_P \times C_L \times C_S \times P_S \tag{9-1}$$

C_P、C_L、C_S、P_S 对不同性质的出版企业而言，含义会有一定的差别。比如，顾客渗透率本意指购买本企业产品的顾客占顾客总数的比率，对零售书店而言，是指在该书店购买图书的读者占该地区或全国所有读者的比率；对批发商而言，指其所联系的零售商数量比；对出版社而言，指其批发对象数量比。正因为如此，各企业在运用这一分析工具时，要注意其含义的一致性，这样才能保证分析结果正确反映市场情况。顾客忠诚度指顾客从本企业所购买的出版产品数量占这些顾客从其他供应商那里所购数量的百分比；顾客选择性指本企业顾客的平均购买量与一般企业的顾客平均购买量的百分比，价格选择性指本企业的平均价格与所有企业的平均价格的百分比。

假设某一零售书店在一段时期内市场占有率有所下降，那么通过这一公式，该书店可以从四个方面寻找原因：一是书店失去了部分读者；二是读者在该书店购买数量减少；三是读者购买力较弱；四是书店新进图书价格偏高。那么，具体究竟是什么原因导致市场占有率下降呢？该书店可以对这四个方面进行调查。假设在本期始，C_P、C_L、C_S、P_S分别为60%、50%、80%和125%，则该书店市场占有率为30%。到本期末，企业市场占有率仅为27%，经分析，C_P降至55%，C_L仍为50%，C_S与P_S分别变为70%和130%。显然，该书店市场占有率的下降主要是因为失去了部分读者，由于读者的流失导致C_S也随之下降。症结清楚，该书店就可集中精力去寻找读者流失的原因了，是因为附近又有了一家书店，还是因为书店的图书无法满足他们需要，或是书店服务质量不高等，然后便可针对性地加以改进。

3. 营销费用率分析

营销费用率分析，即市场营销费用对销售额的比率分析。年度计划控制对市场营销费用如人员促销费、广告费、营销调研费、营销管理费等也要进行检查和调整，以保证企业在实现营销目标时，营销费用支出没有超过预算标准。对营销费用的检查主要通过市场营销费用对销售额的比率的分析来进行。如果该比率偏大，营销费用增长过快，则需采取措施加以纠正。对营销费用率较小的情况要具体分析，若是因企业人员忽视营销工作而带来的低费用率，应加强营销工作，增加营销费用，若是节约成果，则应加以鼓励，并检查计划中的费用率是否制定得太高。

4. 读者态度分析

与前面三种量化的年度计划控制分析工具不同，读者态度分析是对年度计划的定性控制标准，即通过一定的形式和方法，对读者购买本企业出版产品后的意见、建议等加以反馈，如果发现读者态度发生转变，企业经营者要及早采取行动，以争取主动。对读者态度的追踪可使用几种方式：对一般读者，可通过设立意见簿、发放调查问卷等方式把握其态度变化；对图书馆、学校及机关团体读者，可以通过派出调查组、电话访问等方式了解；对经销商等则可以通过派员上门征求意见的方式达成沟通。

通过上述四方面的分析，出版企业若发现营销实绩同年度计划之间存在较大偏差，就要考虑采取各种措施加以纠正：如削减销售量、降价、裁员、减少投资以至出售企业。

(二)盈利能力控制

盈利能力控制主要是指出版企业的管理人员通过对企业各种出版产品、销售地区、读者群、分销渠道等的盈利能力的掌握，来决定企业的哪些产品或市场营销活动应该扩大、减少或取消。它通过对一系列数据的处理，获得各种产品、各销售地区、分销渠道、读者群的营销成本和所获得利润大小，从而掌握各因素对企业最终获利的贡献大小以及盈利能力强弱。一般说来，盈利能力的考察可以通过市场营销成本和一些盈利能力指标来获取。

1. 市场营销成本分析

市场营销成本主要包括：①直接推销费用，如推销人员工资、奖金、差旅费、公共关系费等；②促销费用，如广告媒体成本、赠品费用、单项宣传品印刷费等；③仓储费用，如租金、折旧等；③运输费用，如托运费、保险费等；⑤其他费用，如营销管理人员工资、办公费用等。这些成本连同企业生产成本共同构成企业的总成本，直接影响企业经济效益。

2. 各项利润指标分析

对企业盈利能力的考察主要依靠各项利润指标来获得，这些指标包括：①销售利润率，即利润与销售额之间的比率，表示每销售100元使企业获得的利润，这是评估企业获利能力的主要指标之一；②资产收益率，即企业所创造的总利润与企业全部资产的比率；③净资产收益率，指税后利润与净资产所得的比率；③资产管理效率，可用资产周转率和存货周转率来衡量。资产管理效率越高，获利能力越高。

(三) 效率控制

效率控制主要用来考察企业是否拥有高效率的方式来管理销售人员、广告、分销渠道、促销活动等。效率控制旨在提高企业营销活动各环节的效率，降低营销成本。

1. 销售人员的效率

是否拥有一支能力突出、高效率的销售队伍是出版营销活动成功的一大关键，销售人员的效率包括每次人员推销平均花费时间、平均成本、平均成交金额；发展的新客户数量、流失的老客户数量；销售队伍成本占总成本的百分比等。

2. 广告效率

一般以每种广告媒体触及一千人次所需的广告费用为标准，此外还包括各种广告媒体能够引起潜在顾客注意、兴趣和购买意愿的程度；受到广告影响的人群在受众中所占的比重；公众对广告内容、形式的意见，广告前后对本企业品牌、产品的态度等。

3. 分销效率

例如出版分销渠道的覆盖面，各级各类渠道成员如出版批发商、零售商、代理商等的分销业绩，分销系统的运行效率、结构布局和优化方案，库存控制、仓储管理和运输方式的效果等。

4. 促销效率

包括各种刺激顾客兴趣的方式、方法及效果，每次促销活动的成本、给产品销售或企业形象带来的利益，如销售转化率、品牌认知度、企业美誉度等。

(四) 战略控制和市场营销审计

随着出版市场的发展变化，出版企业的营销计划往往会与实际情况产生较大出入。为了保证企业的营销目标、营销策略和政策能与市场节奏相吻合，保证企业获得较好的营销效果，企业还必须实行战略控制和营销审计。

1. 战略控制

战略控制是指市场营销管理者采取一系列行动，使实际营销活动与原定规划尽可能一致的过程。战略控制的重点是控制未来，它必须根据最新的情况重新评估计划和进展，所以难度较大。在进行战略控制时，企业多运用市场营销审计这一工具。

2. 市场营销审计

市场营销审计是对一个企业的市场营销环境、目标、战略、组织、方法、程序和业务等各方面所作的综合的、系统的、独立的、定期的检查，目的在于确定企业发展瓶颈所在，发现营销机会，并提出行动计划和建议，以改进市场营销效果。市场营销审计实际上是在一定时期内对企业全部市场营销业务进行的总的效果评价，其主要特点是，不仅只审计几个出问题的地方，而是对整个营销活动进行评价，审计过程有严格的次序和步骤规定，而且通常定期由企业外部的独立营销审计机构来进行。

市场营销审计主要包括六个方面的基本内容：①市场营销环境审计：主要是对市场规模、市场增长率、顾客对企业评价、竞争者目标、战略优势与劣势、市场占有率、经销商销售渠道以及整个市场营销环境的分析与评价。通过营销环境审计，帮助企业适时适当的制定和修改营销战略、营销计划。②市场营销策略审计：主要检查企业的营销目标、营销策略制定和营销资源配置是否以市场为导向，是否卓有成效。③市场营销组织审计：主要评价企业的市场营销组织在执行营销战略方面的组织保证程度和对市场营销环境的应变能力。④市场营销系统审计：审计企业的市场营销信息系统、计划系统、控制系统和新产品开发系统是否运行质量较高，互相协调。⑤市场盈利能力审计：在企业盈利能力分析和成本效益分析的基础上，审核企业不同产品、不同市场、不同地区、不同分销渠道的盈利能力，审核市场营销费用支出情况及成本效益。⑥市场营销职能审计：主要是对企业的市场营销组合要素的运行效率的审计。

第十章　国际出版市场营销

---

* 本章知识点提要

1. 国际出版市场概况，包括规模、结构和主要出版企业情况，主要国家出版市场情况

2. 国际出版市场营销的主要特点、基本类型和主要过程

3. 国际出版市场营销的环境分析和目标市场的选择

4. 国际出版市场营销的战术组合，包括产品、价格、分销和促销等

* 本章术语

国际出版市场　　国际出版市场营销　　国际出版市场营销调查

国际出版目标市场选择　　国际出版市场营销战略　　国际出版市场营销战术

---

20 世纪 90 年代以来，出版市场国际化成为世界出版业不容忽视的现实。美、英、加、法、德、日等出版业发达国家及墨西哥、巴西、中国等主要发展中国家的出版物进出口额与涉外版权贸易数量整体上均呈现持续上升的态势，很多图书如《哈利·波特》《魔戒》《霍比特人》《五十度灰》《饥饿游戏》等成为全球畅销书。越来越多的出版企业意识到出版业是一项全球性的产业，纷纷采取全球化策略，积极向海外拓展。英国培生集团（Pearson PLC）业务遍布北美、欧洲、亚太地区及世界上 200 个国家和地区；诞生于德国的国际传媒巨头贝塔斯曼集团（Bertelsmann）收购了全球最大的大众图书出版集团企鹅兰登（Penguin Random House），成为全球首屈一指的出版业巨头；荷兰沃尔特斯·克鲁维尔集团（Wolters Kluwer nv）在 40 个国家设有办事处，全球雇员接近 2 万人，90% 的营业收入来自荷兰以外。

2003 年，"走出去"成为我国出版业发展的一项重大战略。随之，一系列扶持中国图书"走出去"的工程启动，如"金水桥计划"、中华学术外译、经典中国国际出版工程、中国图书对外推广计划、中国出版物国际营销渠道拓展工程、重点新闻出版企业海外发展扶持计划、边疆新闻出版业"走出去"扶持计划、图书版权输出普遍奖励计划、丝路书香工程

等，形成涉及内容生产、翻译出版、发行推广和资本运营等全流程、全领域的"走出去"格局，打开了 190 多个国家和地区的出版产品市场。2022 年，国家新闻出版署印发《出版业"十四五"时期发展规划》，明确指出要统筹引进来和走出去，深化出版国际交流合作，扎实推进出版走出去重点工程项目，创新出版走出去方式，扩大出版物出口和版权输出，增强我国出版产业的国际竞争力，进一步推动中华文化走出去。

国际化的出版市场为出版企业提供了广阔的发展空间，也带来更加激烈的市场竞争和更高的市场风险。出版企业必须懂得如何进入国外出版市场，如何吸引国外读者的注意，换言之，必须掌握国际出版市场营销的工具、技能和技巧。

第一节　国际出版产品市场概况

出版产品既包括图书、期刊、报纸等传统形态，也包括电子书、网络出版物等新形态，从产业角度来看，图书是出版市场中最核心的部分，图书出版种数和销售收入往往是一个国家出版市场活跃程度的风向标。了解国际出版市场基本情况，可以从图书这种代表性出版产品管中窥豹。

一、整体规模

出版产品种数代表出版市场活跃程度，出版产品销售数据象征出版市场潜力和出版产品消化能力，是了解出版市场的风向标和晴雨表。根据世界版权组织（World Intellectual Property Organization，WIPO）的统计，2020 年全球 25 个国家[①]图书出版市场总规模达到653 亿美元，其中：美国高达 236 亿美元，位于世界第一；日本以 108 亿美元排全球第二；德国（106 亿美元）、英国（48 亿美元）、意大利（35 亿美元）分列 3—5 位。

近年来，国际出版市场集中化现象日益凸显，根据智研咨询公司的数据，美国、中国、日本、德国、英国、法国六大出版市场占全球 67％的图书市场份额。从出书品种来看，美国位居世界前列，近十年每年的纸质图书新书品种基本保持在 20 万种左右，2019 年为 20.38 万种，比德国、西班牙、法国三国之和还多。欧洲出版商联盟（Federation of European Publishers，FEP）2019 年 29 个会员国新书出版种数约为 60.50 万种，其中，英国、德国、西班牙和法国新书出版种数名列前茅。在亚洲，日本是除中国之外的第二大图书市场，2019 年新书出版种数约为 7.19 万种，韩国次之，约 6.54万种。[②]

---

① 分别是澳大利亚、阿塞拜疆、巴西、加拿大、哥伦比亚、捷克、丹麦、爱沙尼亚、芬兰、法国、格鲁吉亚、德国、匈牙利、冰岛、爱尔兰、意大利、日本、马里、马耳他、墨西哥、荷兰、新西兰、挪威、波兰、葡萄牙、韩国、斯洛文尼亚、西班牙、瑞典、泰国、土耳其、英国、美国。

② 魏玉山. 国际出版业发展报告（2020 版）［M］. 北京：中国书籍出版社，2021：5-6.

二、市场结构

出版物市场结构，是指出版物市场中各要素之间的内在联系及其特征，包括出版市场供给者之间、需求者之间、供给和需求者之间以及市场上现有的攻击者、需求者与正在进入该市场的供给者、需求者之间的关系。一般而言，市场结构由产品类型、市场主体、市场格局、市场集中度等组成。以图书这种最常见的出版产品为例，可以从品种结构、渠道结构和市场主体结构来分析其国际市场结构。

(一)图书品种结构

国际通用图书分类方法大致将图书分为大众、教育与专业三大类，对于大多数国家而言，大众图书是整个图书市场占比最大、增速最稳的图书类别。大众图书在美国、英国、德国、法国等世界主要发达国家的大众图书零售额占比均超过了50%。

以美国为例，美国图书出版业由大众类、高等教育、基础教育、专业出版及大学出版五大细分市场组成，大众出版构成美国图书出版业的基础，在销售总收入中占比超过60%。根据美国出版商协会发布的2021年行业年度报告StatShot Annual，美国出版业的销售总额在2021年增长了12.3%，达到293.3亿美元，显著高于前四年。其中，大众图书销售额(包括大众图书、宗教图书和出口)增长了13%，为101.4亿美元，销售数量增长11.1%，为14.12亿册。

在英国，虚构类图书、教材、专业书、儿童图书共同构成本土图书市场的核心，英语学习类图书一直是对外版权输出和出口贸易的重中之重。2019年以来，英国的非虚构和参考类图书、儿童图书、英语教学类图书销售实现稳定增长，小说、学术与专业图书销售出现下降。儿童图书出版全球领先，是重要的出口产品。大卫·廉姆斯、朱莉亚·唐纳森、J. K. 罗琳等英国著名儿童文学作家平均每年为英国图书市场贡献近亿英镑的销售码洋。与美国相比，英国的有声书市场规模不算大，读者对象以千禧年出生的男性为主，名人传记、男性心理自助读物、科幻、儿童读物等占有声读物销售的大部分。

在日本，学习参考书市场、文库本市场和儿童图书市场长期领跑出版物市场。文库本是一种廉价且外形便于携带，以普及为目的的小开本出版物。以文库本形式出版的典型作品，多半是曾经以精装本等大型的形式出版过的书籍，为了普及的目的而改为此种形式再出版。但是近年来，着眼于文库本低价的优势，直接出版文库本的单行本书籍越来越多，特别是轻小说等针对年轻族群的文艺作品、自我启发书、官能小说等，或是设定在便利商店、车站贩卖部等书店以外的渠道贩售的轻松性质书籍，大多以"文库本"为主要形态。日本的儿童读物和动漫读物独具一格，深受全球读者欢迎。热心于教育的日本家庭积极购买儿童图书，新锐的绘本作家和出版社热衷于出版具有创意又独具风格的儿童图书，加之各种儿童阅读推广活动带动，使得日本的儿童出版物不断推陈出新，广受读者好评。日本的漫画出版领先全球，即使在"出版大崩溃"的20世纪90年代，漫画出版仍然保持着稳定的读者群和增长率。

近年来的全球图书市场销售数据显示，纸质书并未被电子书替代，不论是精装书还是平装书都受到读者青睐。在美国、德国等国家，纸质图书的市场份额逆势上扬。在教育出版领域，电子教材已经成为主要的出版产品。有声书是新近快速发展的品类，凭借多元化、广泛化的内容题材和丰富的平台选择，逐步成为出版企业深挖利润、平台专区流量和读者碎片化时间的潜力市场。与纸质图书相比，有声书的内容类别有一定的局限性，主要集中在成人小说、青少年小说等虚构类图书及政治类、人物传记类、心灵成长类等非虚构类图书，且篇幅短小的有声书更容易受到青睐。

随着全球有声书市场的稳健发展，美国、中国和欧洲三大有声书市场初见雏形。根据美国音频出版商协会（Audio Publishers Association）的数据，2020 年美国有声书销售总额为 13 亿美元，较 2019 年增长 12%。美国纸质出版与新兴出版之间的格局基本成型：纸质出版的年收入在 250 亿~260 亿美元；有声书（Audiobook）种数自 2012 年起出现指数级增长态势，2007—2019 年增长近 20 倍，2020 年音频出版商有声读物收入达到 13 亿美元，同比上涨 12%。根据 2020 年法兰克福书展发布的《全球有声书市场报告》的数据，中、美两大头部市场占据全球 75% 的有声书市场份额。排名第三的欧洲市场销售额大约为 5 亿美元。亚马逊旗下有声书应用听讯（Audible）、德国数字媒体发行商泽博路讯（Zebralution）、德国有声书公司书网（Bookwire）、德国信息技术与通信新媒体协会（Bitkom）、加拿大有声读物发行商音联（Audio Alliance）、瑞典有声读物公司斯德拓（Storytel）等是全球范围内影响广泛的有声书出版企业。

（二）销售渠道结构

出版产品的销售渠道一般可以分为线下渠道和在线渠道。随着数字出版和电子商务的迅猛发展，出版产品销售渠道日益多元，线上销售渠道蓬勃发展。对于图书销售市场而言，线上渠道份额的加大意味着其他渠道的萎缩。近年来，大部分国家的实体书店正在以惊人的速度减少，即便存活也勉强度日。2019 年，美国实体书店大众图书销售额为 32.20 亿美元，同比下降 6.6%，不及大众图书零售市场整体规模的 1/5；德国实体零售渠道占整体市场的 46.2%，日本实体书店数量同比减少 3.3%。不仅中小书店生存艰难，大型连锁书店也颓势难挡。美国巴诺书店曾经是全球最大的连锁书店，近年来由于亚马逊等在线图书零售商带来的竞争加剧而陷入衰落，导致净销售额和图书销售量都有所下降，公司经营的实体书店数量也逐渐减少。2019 年，曾收购英国水石书店的艾略特投资管理公司（Elliott）宣布收购巴诺书店，在资本的助力和专业书店运营团队的管理下，巴诺书店逐步将重点放在扩大产品范围和加强线上线下联动上，积极自救和转型发展。

暴发于 2020 年的新冠肺炎疫情不可避免地对全球出版产业格局产生影响。一方面，由于供应链成本的增加和实体书店零售额的削减，不少出版企业陷入困境；另一方面，头部企业凭借资本的助力，趁机扩大服务范围，争夺渠道、开展多样化经营，在逆境中实现增长。传统出版业批发商，如贝克和泰勒公司(Baker & Taylor)宣布退出零售书店批发业务，德国最大图书中盘批发商KNV(Koch，Neff und Volckmar)宣布破产。

与实体零售渠道形成鲜明对比的是线上渠道形势一片大好。电商巨头亚马逊几乎撑起美国图书销售市场的半壁江山，其增长部分几乎抵消了实体书店销售额的下降。亚马逊的销售额在2021年增长了22%，达到4700亿美元。其中，出版物实体产品和数字媒体内容，如纸质图书、电子书、音乐、视频、游戏和软件等增长惊人。

加拿大、俄罗斯、英国、德国等国家的线上图书销售渠道也方兴未艾，增速令人惊喜。为了适应数字时代读者的购物需求及开展自救，越来越多的出版企业开始多样化经营，实体零售机构开辟线上线下复合销售渠道，创新商业模式、增加盈利内容、开辟海外业务，如提供线上购物、线下提货等方式将线上和线下业务融合。日本纪伊国屋书店在全球实体零售行业不景气的情况下却实现了逆势增长，2019年，其销售额达到了1212.50亿日元，纯利润达到9.80亿日元，同比增长11.0%。纪伊国屋书店能够保持良好的经营业绩的主要原因在于海外市场的扩张。2019年6月，纪伊国屋书店将其美国子公司合并，并增加在美国直接经营的书店数量，由此，纪伊国屋书店在海外的店铺从29家增加到36家。同年10月，纪伊国屋书店成为德国著名学术出版社德古意特电子书日本销售总代理店①。

(三)市场主体结构

如其他行业一样，资本决定着全球出版行业的走向，大型跨国出版企业在全球出版市场占有不可动摇的地位。近20年来，出版企业为扩大服务范围、争夺渠道、开展多元业务、不断加快兼并收购步伐，在全球出版市场上激烈厮杀。

德国法兰克福书展发布的《2022全球出版50强报告》前十强中(表10-1)，仅有江苏凤凰传媒股份有限公司来自中国，其他出版巨头均来自美国、英国、荷兰、德国等出版强国，且分别属于贝塔斯曼集团、新闻集团等全球传媒巨擘。

表10-1　2022年全球出版十强(据2021年数据)

2022排名	出版企业(集团或部门)	所在国家(出版社)	母公司或所有者	所在国家(母公司)	年收入(十亿欧元)		
					2021年	2020年	2019年
1	里德爱思唯尔出版集团	英/荷/美	里德爱思唯尔出版集团	英/荷/美	5.05	3.76	5.03
2	汤森路透	美国	木桥集团	加拿大	4.85	4.18	4.71
3	贝塔斯曼	德国	贝塔斯曼AG	德国	4.31	4.10	3.97
4	培生	英国	培生PLC	英国	4.09	3.76	4.53

---

①　魏玉山.国际出版业发展报告(2020版)[M].北京：中国书籍出版社，2021：8-9.

续表

2022排名	出版企业（集团或部门）	所在国家（出版社）	母公司或所有者	所在国家（母公司）	年收入（十亿欧元）		
					2021年	2020年	2019年
5	沃尔特斯克卢维尔	荷兰	沃尔特斯克卢维尔	荷兰	3.63	3.53	3.54
6	阿谢特	法国	拉加代尔	法国	2.60	2.38	2.38
7	哈珀—柯林斯	美国	新闻集团	美国	1.75	1.36	1.56
8	威立	美国	威立	美国	1.72	1.49	1.61
9	施普林格自然	德国	施普林格自然	德国	1.70	1.63	1.72
10	凤凰出版传媒股份有限公司	中国	凤凰出版传媒股份有限公司	中国	1.61	1.36	1.46

美国大众图书市场上有"五大巨头"——企鹅兰登书屋、哈珀柯林斯、阿谢特、麦克米伦、西蒙与舒斯特，长期占据美国大众图书市场畅销书数量、图书出版品种、销售量的前几位。2022年，五大出版集团在美国《出版商周刊》畅销书榜单中囊括了高达92.5%的精装书份额和83.7%的平装书份额，几乎没有给其他出版商留下空间。

德国大约有出版社3000家，以及大量从事图书出版相关工作的公司、机构和个人。2021年，德国书商与出版商协会会员总数为4365家，其中出版社为1576家。德国的专业与学术出版领先全球，2021年，有专业与学术出版社600余家，包括学术类、工业类及法律、经济和税务类出版社。施普林格出版社是德国最大的出版社，主营业务是专业与学术出版，合并自然出版集团以后成为全球规模最大的学术出版商，2019年仅在德国本土的销售额就达到5.76亿欧元。

新冠疫情给全球出版业带来了巨大的影响，一方面是出版物实体销售渠道的萎缩，另一方面，与之相反的是，也带来了全球范围内图书出版内容、品种和销售的增长。根据美国《出版商午餐》和《出版商周刊》的数据显示，2021年前六个月美国市场上大型出版集团的业绩均大幅增长（表10-2），美国出版业利润创下了历史新高。

表10-2　2021年前六个月四大出版企业利润增长情况

出版企业	销售额		营业息税折旧摊销前利润		
	亿欧元	增长率	亿欧元	增长率	利润率
企鹅兰登书屋	18.03	10.8%	3.24	55%	18%
拉加代尔出版集团	11.3	16.4%	1.1	16.4%	9.7%
哈珀—柯林斯	9.83	20%	1.28	25.5%	13%
西蒙与舒斯特	4.04	9.2%	7900万美元	23.4%	19.5%

数据来源：根据美国《出版商午餐》和《出版商周刊》整理的出版集团财报归纳。

第二节　国际出版市场营销基础

国际出版市场营销是出版企业跨越国界的营销活动，是将出版企业的资源和目标集中于利用全球营销机会的过程，其目的是在不同国家或地区找到市场，通过提高国际出版市场占有率提升出版企业的国际竞争力。

一、国际出版市场营销的主要特点

国际出版市场营销在本质上与国内出版市场营销完全一样，是出版企业通过出版市场上的出版商品交换活动，以自己生产或销售的出版产品去满足读者需要并获得收益。不同的是，这一行为跨越了国界，发生在国际出版市场上。因此，同国内出版市场营销相比，它有自身的特点。

(一)营销环境的差异性

国际出版市场营销涉及许多国家和地区，营销环境存在很大的差异性和多变性。一方面，各国不同的生产力发展水平、政治经济制度、文化传统和科学技术水平，使国际出版市场的读者需求千差万别，不同国家读者的价值观、消费偏好、购买力等大相径庭。另一方面，各国出版业发展程度的差异导致出版企业面临的市场规则、出版产品销售渠道、交易习惯等随着目标国家市场的转移不断发生变化。营销环境的差异和多变特征，使营销环境因素的不可控性增强，出版企业不得不针对不同的目标国家市场制定不同的营销战略、计划和策略，营销成本和时间随之增加。

(二)营销系统的复杂性

国际出版市场营销系统构成复杂，包括国内与国外两大市场体系。营销活动涉及国内外的出版企业和读者，其物流、商流、信息流都跨越国界，国内外的各种势力和因素都会对出版的国际营销产生影响。国际出版市场营销涉及的币制、交易技术、国际结汇、货物储运等也十分复杂。国际出版市场营销的复杂性还表现在出版企业往往面临来自本国和目标国家的双重不可控因素，包括一些影响国际出版市场营销活动成败而又不受出版企业控制的国内外政治和法律力量、经济形势和竞争状况等。例如，突如其来的新冠肺炎疫情席卷全球，造成全球出版产业供应链断裂、零售市场萎缩、版权贸易受损、出版物实物贸易近乎瘫痪。

(三)营销过程的高风险性

环境的多变性和系统的复杂性，使出版企业的国际营销比国内营销带有更多的随机性因素，风险更大。国际出版需求的广泛性和多样性以及读者对出版产品价值的判断和选择的不确定性，增加了出口出版产品适销对路的难度，滞销风险更大。国际出版市场营销多使用外汇结算，汇率波动造成出版企业的外汇风险。在国际出版市场中，出版生产经营者的各种经济关系也复杂多变，给出版企业选择贸易伙伴带来一定的困难，信用风险增加。此外，国际出版市场营销还面临更大的政治风险、货物运输风险、法律风险等市场风险。总而言之，国际出版市场变幻莫测，充满机会也充满风险，进行国际出版市场营销，必须正确认识其高风险性，加强风险管理，最大限度地降低风险系数。

二、国际出版市场营销的基本类型

按照国际市场营销的基本型态的划分，并与出版企业国际化发展的型态相适应，出版国际市场营销国际出版市场营销可以分为对外营销型、国外营销型和多国营销型三类。

(一) 对外营销型

对外营销型，或称跨越国界型。这是与出版产品进出口紧密相连的一种营销型态，指国内出版企业通过营销活动，将国内生产的出版产品销往国外或从国外进口出版产品。无论是出版产品的进口或出口，营销活动所涉及的出版产品都要跨越本国国界。

(二) 国外营销型

国外营销型，也叫异国型。指出版企业通过版权贸易、合作出版、合作印刷等方式，直接在某一国家进行出版产品的生产和销售活动。比如，我国出版的《人民日报》(海外版)在美国印刷并在美国销售。国外营销型的基本特点是出版产品从流程上看没有跨越国界，但其生产销售涉及多个国家的出版企业。

(三) 多国营销型

多国营销型，亦称多国型。这是随着跨国出版集团的发展而形成的一种出版产品国际营销型态。跨国出版集团在各国直接投资，设立子公司，开展生产和销售活动。它们通过设立在母国的总部进行决策，控制分布在不同国家的子公司或分公司，将在乙国生产的出版产品输往丙国出版市场，比如英美一些跨国出版集团通过设立在澳大利亚的分公司将图书销往南亚各国。这种营销型态的特点是出版产品的生产、销售及决策涉及三个或三个以上的国家或地区。

三、国际出版市场营销的主要过程

国际出版市场营销过程是出版企业发现、分析并利用国际出版市场营销机会，策划、执行和控制国际出版市场营销战略，实现营销目标的过程，是决策过程和管理过程的统一。

（一）国际出版市场营销决策

国际出版市场营销决策包括战略决策和战术决策，战略决策规定出版企业国际营销的根本目的和基本方向，战术决策为实现出版企业目标提供行动参考。一般说来，出版企业国际营销决策应包括四个方面的内容。

第一，国际出版市场营销机会的分析与判断。国际出版市场营销机会是在国际出版市场营销系统中出现的有利于出版企业进入目标国家出版市场的时机。判断这一时机成熟与否，需要进行多方面的分析。首先要分析出版企业目标与市场营销机会的适应性。只有将企业目标定位于国际出版市场的出版企业才可能牢牢抓住每一个可能的国际出版市场营销机会。其次要分析国际出版市场的需求状况，包括读者需求现实结构及未来倾向、市场竞争状况及市场规模。世界出版市场的需求多种多样并不断变化，每一种新的社会文化思潮的产生、每一次文化时尚的转变、每一次重大突发事件的出现，都会形成不同的出版需求，关键在于出版企业能否及时敏锐地捕捉到这种读者需求转变的规律，把握商机。国际出版市场竞争激烈，每一个市场机会都会吸引众多的出版企业参与竞争。因此，出版企业还要仔细比较自己与竞争对手的抗衡状况，以确定机会的取舍。当然，对市场容量也不可忽视。读者数量的多少，购买力的水平高低，均影响着出版市场的发展走向。出版市场营销机会分析还包括对出版企业自身能力的分析。只有在出版企业拥有进行国际营销的资源——能够满足海外市场需求的出版产品、充足的资金、相对的竞争优势等的条件下，市场机会才可能真正转化为企业机会。

第二，目标国家出版市场选择。对出版企业来说，判断哪一个海外出版市场更适合自己进入是决策的重要内容。目标国家出版市场选择取决于三方面的因素：一是出版市场需求，它决定投资效益；二是出版市场环境因素，它对出版产品的需求量、内容、质量及贸易方式有较大影响；三是出版企业的竞争能力和适应性，它限制出版企业的市场占有率。一般来说，只有当某个海外出版市场拥有比其他海外出版市场更大的选择余地时，它才应成为出版企业目标市场的首选。

第三，营销方式决策。即出版企业进入目标国家出版市场的方式与途径选择。国际出版市场营销的方式很多，如直接组织出版产品的进口与出口、合作出版、合作印刷、版权贸易、对外投资等。营销方式的选择，一方面要考虑哪种方式最有利于将出版企业的出版产品销售给目标市场读者并获得收益。另一方面，要考虑如何突破各种贸易壁垒的限制。比如，有的国家不允许外国独资设立出版社、书店，有的规定双方合资时外资所占比例不得超过50%；有的对进口出版产品品种进行严格限制，有的对进口出版产品征收高额关税。在这种情况下，出版企业要根据目标国家出版市场实际，选择合适的营销方式。

第四，营销组织决策。即出版企业采取什么样的组织形式开展国际营销。这个问题必须同出版企业的规模、对国际出版市场营销的定位及所经营的出版产品特性等结合起来考虑，无固定模式，可仅设一个国际部负责所有国际营销活动，也可分目标市场设立不同的部门。

　　国际出版市场营销决策一般包括四个基本步骤。第一步，确定决策目标。根据对国际出版市场的调研及对出版企业自身状况等的分析，提出国际出版营销目的。这是营销决策的关键环节，直接关系到决策的正确与否。目标必须明确，不能模棱两可。第二步，结合出版企业目标及目标市场的规模、风险、收益、限制、企业实力，拟定多个可能的营销方案，以供选择。第三步，确定行动方案。通过可行性论证及比较分析，从多个方案中选择一个相对理想的方案，进行必要的修改和补充，作为最终的行动方案。第四步，决策的实施。

（二）国际出版市场营销管理

　　国际出版市场营销管理包括对国际出版市场营销活动各方面的计划、指挥、协调与控制，如向国外读者提供什么样的出版产品、怎样促销、怎样安排渠道，其目的在于保证营销计划的完成和营销目标的实现。

　　国际出版市场营销管理的基本职能在于对出版企业的国际营销方式和营销组合进行事先规划，动员并激励出版企业员工积极参与国际出版营销，合理配置出版企业各种资源，协调人力、物力和财力，保证营销活动按既定目标运行。

　　国际出版市场营销的决策和管理是统一的、不可分割的整体，它们互相影响，使营销目标得以实现。

第三节　国际出版市场营销战略

　　国际出版市场营销战略指出版企业根据国内外市场环境及企业内部条件制定的具有全局性和长远性的营销目标及实现营销目标的途径。制定国际出版市场营销战略要对国际出版市场环境进行分析，重点关注目标国家和地区的政治、法律、经济、文化和技术环境，并在宏观环境分析的基础上合理选择拟进入的目标国家市场。

一、国际出版市场营销环境分析

　　当出版营销活动从国内市场扩展到国际市场，营销环境最大的变化表现为宏观环境由一元的、单面的环境变成了多元的、多面的环境，不确定性、不可控性更强。对大多数出版企业来说，只能受制于环境的这种变化而无法控制，因此，应通过调查分析迅速了解变化的环境并从中发掘出新的市场机会。

（一）国际出版市场营销的政治环境

　　出版国际贸易是一国对外文化交流和对外宣传活动的重要组成部分，必然受到各国政治环境的影响。出版企业开展国际出版市场营销活动，要仔细研判东道国的政治制度、政治形势、政府对出版业的监控力度等，以确保在东道国的营销具有稳定性、长期性和持续性。

1. 政府在出版业经济活动中的作用

出版业因其特殊的精神文化属性，自古以来就是为政府所重点控制的行业。政府在出版业经济活动中，尤其在出版国际贸易领域中扮演着重要角色。在许多国家，出版国际贸易是执政党进行对外宣传的工具之一，是国家外交活动的组成部分，带有强烈的政治目的性。应该承认，"各国政府是一个沉默的合伙人，一个具有无形控制的合伙人"，东道国政府对出版业的监控程度决定了出版企业进入该国出版市场、开展营销活动的政策空间。一般说来，如果政府参与出版业经营管理的程度较高，不仅通过各种手段调控出版业秩序，而且设立出版外贸公司垄断出版产品进出口贸易，那么，出版企业的国际营销努力将很难有所作为。相反，如果政府对出版业活动的参与多体现为经济资助和法规约束，则在东道国法规许可范围内，出版企业可自由选择贸易对象、贸易方式、国际营销策略，享有较大的政策空间。

2. 政治制度

政治制度不仅对出版产品进出口的目的、动机和品种结构有制约作用，而且会影响一国对外国资本进入本国市场的态度。所以，对从事国际出版市场营销活动的出版企业来说，了解东道国的政治制度有助于确定自己在东道国究竟能担当何种角色。对政治制度的调研，包括东道国各政党的纲领、各政党对出版所持态度以及国家政治体制的整体特点等内容。在增加全球经营风险的诸多政治因素中，主权、政治观点差异及民族主义问题显得非常突出。这种政治风险有大有小，范围很广，可以从最严重的财产没收到直接影响经营活动的外汇管制、进口限制与价格管制。

3. 政治形势

国际出版市场营销的政治风险较大，任何政治形势的转变、政府政策的调整、外交关系的变化等，都可能对其造成或大或小、或好或坏的影响。由于政治形势的改变而导致的贸易关系中断、书店被迫停业、进口书刊被查封或没收的事情屡有发生。因此，出版企业要有高度的政治敏感，要经常关注国际政治形势及东道国政治形势的发展变化，并根据这些变化随时调整出版企业的国际营销策略，避免损失。东道国与母国的外交关系也会影响从事国际出版营销的企业，一方面，若母国政府的对外政策与东道国对外政策相左，可能使出版企业遭受不公正的待遇，而如果两国间有减免关税和其他贸易障碍的互惠条约，那么出版企业的国际营销活动也可享受这些优惠；另一方面，如果两国关系良好，商贸交往频繁，能推动国际出版市场营销的顺利开展，反之，国际出版市场营销会受到限制或被迫中止。

4. 政策的稳定性和持续性

在与对外商务活动有关的政治因素中，政府政策的稳定与否至关重要。如果允许在一个国家内经营，并且有获利可能，且该国的政治环境从长期来说具有可预见性及稳定性，那么跨国公司就能够在任何性质的政府统治下开展业务。需要注意的是，政府的更替并非总意味着政治风险程度的变化，在最稳定的政府中，对外国经营活动的政策也会发生巨大的变化。

（二）国际出版市场营销的法律环境

法律法规对国际出版市场营销具有强制性的影响和约束。由于不存在一套统一的国际商法适用于对外经营业务，国际市场营销者必须特别注意业务所在国的法律。出版企业了解国际出版市场营销的法律环境，一方面可以依据法律规定来把握出版营销活动的范围和力度，另一方面可以凭借法律维护自己的正当权益。当今世界各国都十分重视出版法制建设，强调依法治业，通过颁布一系列的法令法规确定出版活动的"游戏规则"，任何出版企业都必须在法律许可的范围内开展出版营销。然而，由于各国的政治、经济、文化等发展背景不同，各国的出版立法也有一定差异，这就导致国际出版市场营销的法律环境十分复杂，出版企业在与不同国家打交道时必然面临不同的法律环境。所以熟悉和了解国际出版市场营销的法律环境极为重要。发生商业争端时，决定哪方的法律体系具有司法管辖权，是国际市场营销的又一问题。司法管辖权通常由以下方法中的一种来决定：根据合同中所包含的司法管辖权条款、根据签订合同的地点、根据合同条款的执行地。

国际出版市场营销一般面临三个层面的法令法规：国际法、东道国的基本法及一般商法、东道国的出版业立法。这些法律涉及面很广，对出版产品定价、装帧设计、出版产品广告、出版市场竞争等都有详尽的规定。出版企业在对法律环境进行分析时，必须关注法律与出版营销策略的关系。

1. 国际法与国际出版市场营销

国际法是各国间具有法律效力的条约、公约和协定，对协约国有法律上的约束力。目前，与国际出版市场营销联系密切的国际法主要有《伯尔尼公约》《世界版权公约》《罗马公约》《录音制品公约》《巴黎公约》等，对成员国的作品提供相应的版权保护。此外，一些相关的国际公约如调整货物买卖关系的《联合国国际货物销售合同公约》、调整国际海上货物运输关系的《联合国海上货物运输公约》、调整国际票据关系的《关于本票、汇票的日内瓦公约》等，因对出版国际贸易有间接影响，出版企业也应适当关注。

2. 东道国法律与国际出版市场营销

法律是世界各国管理出版业的常用手段。各国政府不仅通过宪法、保密法、一般经济法、商业法、贸易法来约束出版企业，而且制定了专门的指导出版活动的法律法规。所有出版企业都必须在法律规定的条件下运营。开展国际出版市场营销的出版企业，必须认真了解并慎重对待东道国的有关法律、法规、条例，并依法行事，否则可能面临法律风险。比如，日本有《关于禁止不正当地向读者提供赠品的法规》，认为赠品销售属不当竞争，一般不允许使用；德国规定企业做广告宣传时禁止使用"比较级"，如"较佳""最佳"等字眼；在奥地利，给顾客优惠必须根据折扣法，这一法律禁止以现金折扣的方式给不同的顾客群提供优惠。还有很多国家法律明令禁止淫秽、暴力内容的出版产品进口等。这些法律法规直接影响着出版企业的营销策略的制定和使用。所以，出版企业开展国际出版市场营销，必须考虑在东道国能否得到法律保护，认真研究其法律可能对营销组合的影响。

出版企业对东道国法律环境的研究判断应有发展的眼光。任何一个国家的法律体系总是处在不断发展与完善的过程中，出版企业除了考虑现有法令对国际出版市场营销的限制外，还要善于把握现有法律法令的修改可能带来的营销机会。

(三)国际出版市场营销的经济环境

国际出版市场营销面临的经济环境非常复杂，差异性很大，对国际出版市场营销活动的开展有直接的影响。

首先，各国经济环境的差异会影响出版企业的市场选择。一般来说，出版企业都愿意选择经济发达的国家开展国际出版市场营销活动。这些国家出版市场容量大，读者需求旺盛，有较强的购买力，消费水平高，是开展国际出版市场营销的最佳场所。发展中国家生产力发展水平有限，出版市场规模小，读者购买力偏弱，出版产品消费水平较低，出版企业难以获得较高的收益且面临的经济风险更大。但发达国家出版市场的竞争十分激烈，出版营销的难度较大。所以，出版企业应结合自身实力和经营特色，合理选择营销市场。

其次，各国经济发展水平高低不同会影响国际出版市场营销组合。不同的经济发展水平使读者需求呈现较大差异，势必影响出版产品出口企业的产品组合和价格策略。经济发达国家，不仅需要一般文学艺术、生活用书和传统读物，更需要现代经济和高科技类的出版产品，对这类市场的出版营销，实施优质优价的策略比较好。一方面，向这些国家提供品种丰富、质量上乘、印装精美的出版产品；另一方面，定价可适当提高。对经济不发达国家，则要考虑当地的实际需要组织出口出版产品品种，多为科普读物和一般文学艺术、传统读物，并实施低价销售。

再次，经济盛衰会影响国际出版市场营销效果。当经济处于衰退期时，各国出版生产力下降，销售量大幅下滑，利润微不足道，出版企业破产倒闭现象时有发生。此时开展国际出版市场营销，风险较大，且不易顺利进行。在经济繁荣时期，出版国际贸易频繁，进出口量增加，出版企业开展国际营销风险较小且易取得较好的效果。

最后，国际出版市场营销的经济环境还包括国际金融环境。当出版企业的营销活动较深入地渗透到国际出版市场后，出版企业就需要更多的流动资金，需要多种外汇资金以支付各种涉外费用，需要巨额资金进行海外投资。因此，外汇储备、外汇汇率、出口信贷、国际信贷等与国际出版市场营销关系密切。而且，出版企业的经济效益会受到汇率变化、通货膨胀、货币转换等因素的影响。所以，开展国际出版市场营销必须对金融环境有所了解，正确地掌握和巧妙地运用汇率变化，提高营销效果。

(四)国际出版市场营销的文化环境

作为一种文化产品，出版产品的国际市场营销活动深受各国文化背景的影响。不同的文化传统、风俗习惯、宗教信仰等，使不同国家或地区的读者有不同的阅读倾向、消费方式、购买态度，对出版产品的内容、语言文字甚至开本、色彩等的选择表现出明显的差异性。所以，进行国际出版市场营销，必须了解国际文化环境。文化环境因素主要包括语言文字、审美观、传统习惯、价值观、宗教信仰等。

语言文字是文化的要素之一，包含着丰富的历史知识、情感和态度，反映了文化的本质。各国语言文字的差异造成了国际出版市场营销的直接障碍，妨碍买卖双方的有效沟通。强调了解一国语言的重要性对国际出版市场营销来说是必要的。一位成功的营销者必须善于交流。为此必须了解一种语言并具有表达能力。广告文案策划不仅要关注那些明显的语言差异，更要关注那些习惯表达法。例如在讲西班牙语的拉丁美洲，只译成西班牙语是不够的，因为那里的语言词汇变化多端。据统计，全球出版市场流通中常用语种至少有70多种，且随着更多的国家加入国际出版市场，语种还在不断丰富。所以，能否在语言文字上实现营销双方的沟通已经成为决定营销活动成败的重要因素。在不同国家从事出版营销活动时，应该和有市场经验又懂得双方语言的当地人士合作，或者自身通晓当地语言，这样才能较为有效地避免由于语言歧义、语言禁忌、语言敌视等对出版营销可能产生的负面影响。此外，开展国际出版市场营销还要小心使用姿势、衣着、表情、手势等体态语言。相同的体态语言在不同国家可能有不同的含义。比如，交谈时的距离远近，南美人的近距离为亲近的表示，北欧人则无法忍受过近的距离。

审美观包括人们对戏剧、舞蹈、音乐、色彩的鉴赏，对事物好坏、美丑、善恶的评价。审美观具有鲜明的地域性、民族性和传统性，不同国家或地区、不同民族的审美观念和格调偏好往往各不相同。比如同是儿童图书，日本喜欢淡雅自然的装帧设计，西班牙则追求热烈奔放，喜欢用暖色系列。审美观的不同直接影响读者对图书内容、装帧设计的选择。审美观同时是不断发展变化的，今天的禁忌色彩可能是明天的流行色彩。所以，在开展国际出版市场营销时，要注意研究目标市场读者的审美观，使自己的出版产品适应读者的审美要求。

传统习惯是人们在一定物质生产条件下，长期形成的习俗、惯例和行为规范等的总和。开展国际出版市场营销，必须了解目标市场的传统习惯，尤其是人们的禁忌、避讳、偏爱、伦理、习俗等，要入乡随俗，尊重目标市场读者的习惯。如果对传统习惯不了解，从事跨国营销活动的出版企业就可能无意地创作、生产出不合适的广告、包装及产品，给人留下不良印象。

宗教信仰是影响国际出版市场营销的重要因素之一，它影响着宗教信徒们的行为方式、行为准则和价值观念，反映了宗教信徒们的生活理想、消费愿望和追求目的。忽视宗教信仰可能导致国际出版市场营销决策付出高昂代价而一无所获。国际出版市场按照宗教信仰可以分为伊斯兰教市场、基督教和天主教市场、佛教市场等，都有不同的渊源和传统，出版需求各有特色。因此，出版企业在制定国际出版市场营销策略时，一定要注意适应目标市场上宗教信徒的生活习俗与爱好，输出适销对路的出版产品。

国际出版市场营销往往涉及文化的各种要素，但必须记住文化是一个整体，各种要素是相互联系、无法分割的，因此应从整体上来理解，考虑各种文化因素的综合影响。从广义上讲，全部文化要素都会反映到基本的文化模式上。在一个市场上，基本消费模式，即谁购买、买什么、购买次数及购买多少等行为往往受"对与错""可接受与不可接受"等文化价值观的影响。换言之，人们进行消费或作出购买决策的基本动机具有深刻的文化基础，这种文化基础对营销者而言非常重要。

（五）国际出版市场营销的技术环境

20世纪90年代以来，以互联网技术和数字通信技术为代表的新兴技术带来了全球商业环境的变革，形成了如今的网络营销环境——网络营销与传统营销有机结合，创造出一种线上线下无缝对接的经营策略。电子商务、在线广告、搜索引擎营销、社交媒体营销、移动营销、大数据营销、内容营销、基于位置的信息服务等成为全新的营销手段。面对全球化的环境，出版企业应该对目标国家网络经营盈利机会进行评估。事实上，不同国家对互联网技术的应用差异很大，人口规模与互联网的普及率不一定呈正相关，新兴经济体可能超越发达国家，为网络营销提供新的机遇。出版企业要善于抓住技术带来的营销机会，针对不同的目标国家制定不同的营销战略。

2016—2020年全球出版业处于新技术快速发展、数字转型升级、有声书市场迅猛增长的时期。在新时代浪潮之下，海外出版企业通过与业内外及新技术公司合作，了解消费者需求、多形态产品融合开发、使产品直接抵达消费者等方式，巩固老读者群体，扩大新读者群体，实现了多渠道、多介质、立体化的融合发展。而线上与线下互动互补，也使不少书店出现转机；电子书出版销售于2012年左右达到高峰后，在接下来几年的发展又趋于平稳；新兴出版如雨后春笋层出不穷，自助出版，众筹出版，VR、AR、MR这"3R+"新技术会给国际出版市场营销带来新的机遇与挑战。

二、国际出版市场营销目标市场选择

（一）国际出版市场细分战略

国际出版市场细分指将世界出版市场中具有相似特征（如产品或服务的用途、出版市场规模、宗教信仰）的国家、民族或人群整合在一起的过程。如，由于美国和加拿大两个国家的语言、文化、风俗和对出版产品的偏好相似度远大于区别，因而通常将二者视为一个细分市场——北美市场。

国际出版市场细分一般依据四个要素：人口统计特征、地理位置、心理特征和行为特征，每个要素又包含许多细分变量。把不同的细分变量加以综合分析，就可以大致描绘出细分市场的特征。比如，一些在亚马逊自出版平台上的作者，以英语母语国家中产家庭主妇为目标读者对象，创作了一系列广受欢迎的都市小说。又比如，我国出版企业在对"一带一路"沿线国家展开出版营销时，首先要考虑的是人口统计变量和地理位置变量，要针对不同的国家和民族编辑出版符合其需求的小语种出版物。

在基于互联网的国际出版市场营销中，人口统计因素和地理因素的作用变得越来越不明显，消费者的心理因素和行为因素的影响更加突出。用户的心理特征包括个性、价值观、生活方式、兴趣及观念等。互联网把具有相同兴趣和目的的人聚集到统一社区，社交媒体和其他各种网络社交工具吸引了不同兴趣的用户，允许他们在网上分享内容、发表评论。出版企业可以利用网络社区来了解用户兴趣，获得市场细分的依据。态度和行为也是影响国际出版市场细分的重要变量。态度指对人、产品或其他事物的心理评价，可以是正面的，也可以是负面的；行为指人的集体行动，如说话、吃饭、在网站上注册、在博客上发帖回帖，在社交媒体上点赞或分享自己的阅读体验等。出版企业可以根据读者表现出来的态度和行为对国际出版市场进行进一步细分。随着社交网络在人们生活中扮演的角色越来越重要，国际出版市场营销实践中也可引入社交媒体参与度这一变量来对市场进行细分。根据消费者参与社交媒体的态度和行为，一般可以将其分为创作者、交流者、评价者、收藏者、参与者、旁观者和不作为者。其中，创作者、交流者和评价者是三类参与社交媒体最积极的群体，他们更愿意也更容易受到营销活动的影响，是出版企业开展国际营销活动需要重点关注的对象。

(二) 目标市场战略

在审视潜在细分市场之后，出版企业必须选择最佳的目标客户并对其提供服务，这就是目标市场战略。为了实现国际出版市场营销的目标市场战略，出版企业要对国际出版市场进行 SWOT 分析，即机遇、挑战、机会和威胁分析，并通过对分析结果的评价找到市场机会和企业资源专长的最佳结合点。这个过程有时简单，比如通过调查发现了未经开发但又值得进入的细分市场，于是做出进入的决策；大多数时候，这个过程是冗长和繁琐的，因为一个有吸引力又值得进入的细分市场往往不会是空白市场，出版企业要结合自身的能力、条件以及市场的成长性、潜在收益性等内外因素反复考虑。

结合出版产品作为文化产品的特征和当前互联网作为国际市场营销主战场的现状，出版企业应该关注个性化的小众市场，即为一小群读者定制营销组合，服务这部分读者的需求。根据"长尾理论"，个性化小众市场的总和大于热门市场，这对出版企业开展国际出版市场营销尤为重要。

(三) 差异化战略

差异化战略指出版企业根据市场需求和竞争环境状况制定差异化经营策略和市场定位策略，以体现差异化的优势。美国市场营销协会的在线营销词典对差异化战略的描述为：①产品在同类产品中显示其独特性，这种独特性要能够让客户感知，能够给他们带来价值；②一个企业的差异化优势是它的竞争优势，这种竞争优势对手难以企及。简而言之，差异化定位主要体现在产品上，是通过产品的差异化确立企业的独特竞争优势。在国际出版市场营销中，出版企业的竞争优势也体现在产品的差异化上，一家出版企业能否策划、生产、制作出与其他出版企业相区别的独特的出版产品，决定着差异化战略实施的成败。出版产品的差异化体现在许多方面，如选题创新、规模定制、服务差异化、渠道差异化、形象差异化等。

市场定位战略指在特定客户群(普通消费者、企业、政府机构)中建立企业形象和产品形象。与差异化战略相比，市场定位战略的着眼点是用户，是通过作用于用户心理而实施企业战略。进行国际出版市场定位的第一步是判断出版产品能否提升品牌形象。一旦出版企业确定了自己在国际市场上的主要竞争对手，就要判断品牌是否具有差异化优势，以形成竞争性市场定位的基础。一般而言，出版企业在进行国际出版市场定位时会以如下要素为基础：技术(如亚马逊公司推出全新的电纸书)、特殊利益(如京东图书承诺下单后24小时内达到)、用户类型(如学乐出版公司以青少年读者为核心用户群)、竞争优势(如中信出版集团与国外优势版权机构建立了战略合作伙伴关系)等。尽管有上述这些市场定位，但是从客户的角度看，品牌依然是重要的，否则就成了自我标榜、自我膨胀。出版企业要参与国际出版市场竞争，要用优质的内容和良好的品牌形象来吸引读者和客户。

第三节 国际出版市场营销战术

战术是实现战略目标的手段，着眼于对战略的实施，是未来较短时间内的行动方案。在国际出版市场营销中，出版企业通常从产品、价格、分销、促销四个方面制定营销战术。

一、国际出版市场营销中的出版产品

出版企业进行国际出版市场营销的主要目的是获取更多的利润并实现与国际出版市场的统一，主要途径是向国外读者提供适销对路的出版产品。产品策略是国际出版市场营销策略的中心，是价格、分销、促销策略的基础。认真选择出口出版产品品种，合理确定出口出版产品品位，灵活使用产品策略，是出版企业进入并扩大国际出版市场份额的关键。

(一)出口出版产品的品种选择

出口出版产品的品种结构直接关系着出版市场的发育和发展。丰富的出版产品品种，多样化的产品组合，可以更好地满足全世界各个目标市场的读者需求，促进出版产品出口的发展。

1. 出口出版产品品种选择的意义

目前，世界各国每年出版的新书最多达到五六十万种，加上各类再版图书、重印图书及其他在版图书，品种不下数百万，品种非常丰富。同时，国际出版市场的竞争十分激

烈，各国出版企业都想尽办法推出各种新颖、独特的出版产品以吸引读者，满足读者日新月异的需求。因此，现在的出版产品不仅内容广泛，而且载体形态多样，各种非印刷型出版产品如缩微出版物、音像出版物、数字出版物、有声读物等日益受到出版企业和读者的重视。在出版产品市场营销中，怎样选择合适的品种、合适的载体销售给读者成为关键的问题。尤其是进行国际出版市场营销，出口企业面临的读者需求更加广泛多样，同行及读者的要求更加严格，政治、法律等因素对出版产品的内容和品种的限制更多，因此，出口出版产品的品种选择更加有意义。

出口出版产品品种选择的恰当与否，直接关系到国际出版市场营销能否顺利进行，效果是否良好。出版产品品种丰富且适销对路，内容好，质量高，可以刺激出版国际贸易的开展，促进出版企业的发展，反之，会使出版企业在国际出版市场竞争中处于劣势地位，盈利微薄甚至亏损。所以，跨国出版集团都十分重视出版产品品种的开发，将之视为开拓销售渠道、开辟海外市场以及开展版权贸易的重要途径和手段，凭借自己的优势品种扩大市场份额，提高销售量。出版产品品种的开发主要表现为对构成出版产品的三个层次的挖掘。一是采用先进的物质生产技术，竭力改进出版产品的外观，如图书的装帧形式、编排制版艺术、封面设计等，以精美、精致的物质形态吸引读者。二是不断完善销售服务，以高质量、全面、周到、细致、迅捷的服务提高读者的满意度。比如，出版企业将出版图书售卖给国外图书馆的同时，向它们提供完备的新书目录，帮助它们将平装图书改成精装，安装防盗磁条；在销售之后，接受查询并及时回复，接受合理退货等。出版企业要扩大出版产品的对外销售，就要搞好售前、售间和售后三个环节的服务，给国外读者提供优质的附加产品，引导、启发和刺激读者购买出口出版产品。三是出版产品内容的设计，这是最重要的一个层次。出版产品内容涉及人类生活的方方面面，具有无限可扩充性，这为新品种的开发创造了基本条件。出版产品内容同时存在较大的差异性，每一个品种都有一定的不可替代性，这又为各种出版产品提供了生存空间。正因为此，精明的出版企业善于捕捉市场潜在热点，适时推出不同题材、不同内容的出版产品品种，适应不同类型读者的阅读需要，扩大销售。总的说来，出口出版产品品种开发仍然是以内容的挖掘为主，同时辅以其他两个层次的开发，最终达到完善出口出版产品品种，扩大市场销售，获取利润的目的。此外，出口出版产品品种选择还要考虑各个国家在出版产品引进和出口方面的倾销与反倾销、限制与反限制的历史与现状，合理组织品种结构。

2. 出口出版产品品种的开拓

出版企业进行国际出版市场营销，究竟使用什么样的出版产品？是出口现有的出版产品，还是针对目标市场专门策划制作出版产品？这些是出版企业开拓出口出版产品品种时首先遇到的问题。一般而言，出版企业倾向于在国内组织现有货源直接出口，尤其对初次涉足国际出版市场的出版企业更是如此。因为现有出版产品为出版企业所熟悉，有较大的成功把握，而且可以避免因重新开拓出版产品品种而造成的成本增加、风险增大。但应该看到的是，世界各国政府和出版行业组织一般都鼓励本国出版产品的出口、限制外国出版产品的进口，在进出口品种上的矛盾尖锐，竞争激烈。而且，随着经济、文化、科技的发展，出版市场需求不断变化，对出版产品内容、形态的要求也有差异。所以，从事国际出版市场营销，必须不断调整出版产品品种结构，开发新品种系列。

由于出版产品是一个整体概念，因此，出口出版产品品种的调整可体现在多个方面。比如，可以因为市场不同采用不同的纸张、开本、封面设计，形成不同的图书风格，图书的书名可因市场不同作适当修改，图书行文可使用不同的语言等。具体而言，出口出版产品品种的开拓可以采用适应性策略和标准化策略。

标准化策略指直接将国内出版市场销售的出版产品品种推向合适的海外市场，也称为直接延伸策略。这种策略的实施并非不论市场差异盲目出口，而是针对目标市场的实际需要，对出版产品的品种组合进行适当调整。一是根据目标国家有关法律法规规定，对出版产品品种进行调整。为了保护民族出版业的发展，维护国家利益，有些国家对于进口出版产品的品种、内容都有严格的规定，对超出允许范围的出版产品一律不准进口。在这种情况下，如果出版企业仍准备开发这一市场，就必须对出版产品进行调整，把不符合目标国家规定的出版产品剔除出来，以免遭受不必要的损失和引发不必要的纠纷。二是根据目标市场特点及读者需求的发展变化，合理组织品种结构，力求所选择的出版产品品种对有关目标市场具有普遍适应性。比如，对纸质出版物装帧设计的选择，非洲地区购买力水平低，以平装本为宜，而出口欧美市场，精装本会比平装本更有吸引力。在内容上，对华人居住较集中的地区和市场发育程度及消费水平与中国相似的地区，可组织反映中国现代化建设和改革开放的出版物；对日本，可选择反映中国传统医学、文学艺术等方面的品种。采用标准化策略简便易行，节约营销成本，还可以增加出版产品销售量，降低生产成本。然而，由于这些出版产品是针对国内读者编辑出版的，可能很难完全适应海外读者的阅读习惯和兴趣，对市场开拓有一定阻碍。标准化策略同样适用于一些特殊品种，如中国艺术品的出口，就可保留鲜明的艺术风格、民族风格，以整齐划一的标准销往国外市场，形成中国艺术品的整体特色。

适应性策略指出版企业根据市场变化对出版产品进行适当的调整后，再向合适的海外市场进行推销的策略。这种策略在操作上可分为产品再加工策略和新产品开发策略两种。对出版产品而言，产品再加工策略指出版物出口时，内容不作修改，只对其装帧形式、宣传策略、促销方式等进行调整。由于各国读者的消费水平不同，文化传统不一，对出版物的外在形态如装帧、开本、封面设计的审美情趣各不相同，因此，这种修改和调整不仅是必要的，而且是必需的，它有利于挖掘市场潜力。比如我国一些杂志出口欧美市场时，有专门的出口本；一些学术著作或贵重图书，会根据外销需要印制少量精装本或豪华本，定价稍高；有时，则在出口时对平装本进行加工，改装成布、绸面精装本，外加护封或硬书壳，另收加工成本费。同时，以符合对方习惯的方式编印出版物目录，配以新颖别致的文字宣传吸引读者。新品种开发策略指针对国外出版市场需求特点，专门组织人员编写适合目标市场需要的出版物，并负责出版和对外销售。新品种开发是一种进取型的品种开拓策略，立足于出版企业的长远发展和国外出版市场的拓展。有时，国内出版的现有品种不能满足国外市场的需要，一些企业便组织专人有针对性地出版外国喜闻乐见的品种，如针对基督教文化的圣诞老人的图片、画册等，以适应国外不同宗教信仰和不同语言文化的出版市场需求。这方面尤以开拓外国语文版的出版物品种拥有广阔的天地，但一定要注意新品种的针对性和适销性。这种策略花费多，风险大，企业一定要视自身的人力、物力、财力资源和经营能力量力而行。新品种开发也包括对现有经营品种类型的拓展，如除图书出口外，也经营文房四宝、民族乐器的出口。当然，适应性政策可能遇到一些困难和限制，这种调整也是可调可不调的。在具体执行过程中，出版产品出口品种的调整与否主要取决于调整所带来的收入是否超过调整带来的成本以及企业是否有能力完成这些调整。

无论采用标准化策略还是适应性策略，根据海外读者需求有针对性地出口出版产品已成趋势，针对性不仅是对国家或地区而言，还更深层次地发展到为不同的读者提供不同的产品和服务。为读者提供称心服务的出版企业将是最终的大赢家。

(二)出口出版产品的市场定位

定位，是让出版产品在读者心里占有有利的竞争地位，确定一定的国际市场地位，以创造产品特色，树立产品形象，培养读者偏好，满足读者需求，从而促进市场销售。出版产品的差异性很大，每本书都有每本书的价值和特色，有的价格低廉，有的装帧精美，有的是名家大作。开展国际出版市场营销，只要善于抓住出口出版产品的特色进行市场定位，就易于引起读者的注意。此外，出口出版产品在很多情况下是作为一个整体来推广的，此时的市场定位，不妨着眼于对各类品种的整体定位上，突出出口出版产品的整体优势。比如以出版高、新、尖技术类出版物闻名的出版企业施普林格自然出版集团，可以以之为系列产品整体推广；以出版词典闻名的例如牛津大学出版社可以词典为拳头产品打开国际出版市场大门。强调的重点不同，企业产品的形象和需求状况就完全不同。适当的产品定位可以使出版企业在国际出版市场上获得意想不到的营销效果。一般说来，要想使出版产品定位合理，需要充分了解目标国家出版市场，明白读者需求所在，并要了解企业自身的优势和特色产品，然后使自己的特色产品和读者需求实现有效的沟通，让读者心产生"这类出版物，你出版的最好"的印象。除出口出版产品具有特色外，广告、包装、定价、质量等也可用来进行出口出版产品定位。

(三)出版产品生命周期与出版产品组合策略

出口出版产品生命周期因素对出口策略的影响要和出版产品自身的价值、出版企业的销售意图、出口国出版市场状况等因素综合起来考虑。比如对一本处于投入市场初期的新书而言，不同图书市场采用的营销策略不可一概而论。对发展中国家、不发达出版市场，低价低促销策略是最稳妥、效果最好的策略，而对发达国家，高价高促销可能获得良好的市场回报。同样，对于投入市场初期的不同出版产品而言，进入国际出版市场的策略不可能完全相同。对儿童读物、连环画册、政策文件等，不宜以赚取高额利润为目标，销售上以低价低促销较为合适；对学术专著、大部头多卷集丛书、精装工具书等，多属出版企业的拳头产品，服务于树立出版企业形象，获取较高利润，因此，高价高促销策略是最佳选择，可以通过大力宣传推广，引起读者注意，刺激购买欲望，扩大销售。

利用出版产品生命周期采用不同销售策略是常用方法，在使用过程中，需要注意以下几个方面的问题。

首先，善于利用出口出版产品在不同国家出版市场所处的不同生命阶段，不断调整市场结构，及时转移目标市场，以延长出口产品的生命周期，长期持久地占领国际出版市场。对一些时间性不强的出版物，可利用不同市场打时间差，延长生命。比如有的图书，在甲市场已处于成熟期，不再引起读者注意，而在乙市场，这本书尚鲜为人知，仍有较多需求，这时不应将该书退出市场，而是应该易地而战，从甲市场转移至乙市场再行促销，延长其生命。所以，在国际出版市场营销过程中，只要出版产品尚有收回成本的能力，就不应当以滞销产品处理；只要其在不同市场还有潜力可挖掘，就应尽可能地开展有针对性的促销活动，扩大销售。为了尽量延长出口产品的寿命，出版企业应经常对在销出版品种进行分类排队，逐个分析生命周期阶段，以决定采取何种产品策略。

其次，正确处理库存出版产品推销与新品种开发的关系。任何一种出版产品都有自己的寿命周期，一旦超出寿命周期还未售出，便沦为库存积压产品，失去读者青睐，企业效益也必然下降。那么，怎样处理库存出版产品呢？有的出版企业不愿承担库存出版产品报损的损失，便采取"旧的不去，新的不来"的做法，想尽办法推销库存，尽量少进或不进新品，仅靠库存销售维持经营。这种做法，在资金、仓储空间有限的情况下，出版企业能获得一定的短期收益。但不是长久之计。读者最感兴趣的始终是各种新书，一家出版企业如果长期只有旧书提供给国外同业和读者，最终会失去国外市场，经营效益不复存在。所以，必须把库存出版产品推销和新品种开发结合起来，并把新书的引进和推销放在主导地位。通过对国外出版市场的预测，积极开发有销售潜力的新品种，以新品种的销售带动老品种的销售，使出版企业在竞争中不断兴旺发达。

最后，按照出版产品的生命周期长短及所处生命周期阶段采取不同的营销策略。出版产品根据生命周期长短的差别，分为长线产品、短线产品、畅销产品和保留产品。短线产品和畅销产品如图片、画册、报刊、通俗普及读物、儿童读物等大众图书市场上能在短期内获得巨大销售量的出版物，尽量采用快速投放、迅速获益的方法，把握住这些出版产品销售高潮来去匆匆的特征，在获利后及时收缩。对同一产品，一旦进入成熟期中后期，不再具备长久的市场效应，就要逐步减少资源投入，在备货时要严格控制品种和数量。对长线产品和保留产品而言，由于这些图书多为具有较高学术价值或艺术价值的经典作品，生命周期长，销售不易形成热点，但销量稳定，常年需要，因此，备货要精心，促销要积极，要广辟销售渠道。一次投入市场的数量不宜太多，少进勤添，适时重印或再版，使之有较长的流通期。

二、国际出版市场营销中的价格

在所有营销战术组合中，价格是唯一能带来收入的因素，其他的因素则会消耗成本。价格也是营销战术中最容易调整的因素，而其他因素如产品开发、渠道建设，甚至营销沟通都需要花费更多的时间。价格也向国际出版市场展示了出版企业对于其他企业生产的产品或品牌的定位，精心设计的出版产品价格可以使产品的开发成本获得补偿，让出版企业获得丰厚利润。出版产品是精神文化产品，也是普通商品，流通于社会，对于其价格水平的评价，要考量其在社会经济发展中所处层次的情况。

(一)国际出版市场中出版产品定价的影响因素

出版产品价格是其价值的外在反映，受成本、需求弹性、市场竞争等诸多因素影响。但出版产品不同于一般消费品，它具有精神文化产品属性，特别是涉及国际出版市场销售时，其价格问题在本质上是一个同时关涉经济与文化层面的公共政策问题。

(1)生产成本

生产成本是影响出版产品定价的主要因素之一。纸张是纸质出版物生产中的原材料，近年来，随着全球范围内环保问题日益引起重视，纸张价格不断上涨，纸质出版物定价也随之提高。与此同时，近年来图书制作要求也在不断提高，图书编辑制作的过程中，出于护眼、提高读者阅读舒适度的考虑，往往采用较大的行间距、字体，使得图书的页数增加、所需纸量较大，再加上人工成本、管理费、税费等间接成本，使得出版社图书定价不断提高。

(2)汇率与关税

在出版产品实物的国际贸易中，进出口双方国家的汇率变动和关税因素将直接影响出版产品的价格。许多国家对图书进出口采取免税政策，但需要许可证，如美国、英国和俄罗斯。欧洲许多国家如法国、比利时、希腊、意大利、卢森堡、荷兰、西班牙、葡萄牙、丹麦、挪威、爱尔兰和奥地利等对进口儿童画册要征收数额不同的进口税。在国际支付时，汇率变动给企业外汇套期保值带来新的挑战，从而有可能影响进出口出版产品的成本甚至定价。从事外贸的出版企业可以通过合同约定汇率调价机制、购买人民币外汇期权、尝试跨境人民币结算、办理远期结售汇业务方式减少因汇率变动可能导致的损失。

(3)收入水平

国民收入水平会对国际市场的出版物定价产生影响。国民收入提高，代表着人均可支配收入的提高、社会购买力增强，随着购买需求的提高，图书定价也不断提高。一般来说，将出版物通过实物贸易的方式从国民收入水平较高的国家输出到国民收入水平较低的国家，对于输入国读者的消费水平而言，出版物价格水平通常较高，反之，则输入国读者感知的出版物价格水平较低。这也是国内的读者在网上通过跨境电子商务平台直接购买来自英美欧盟的原版国外图书感知价格水平较高的主要原因。

（4）促销强度

消费者是否对图书产品具有购买意愿、产生购买决策，在很大程度上取决于图书的价格，同时，也受到促销活动的影响。近年来，出版电子商务迅速发展，网络书店已成为消费者购买图书的主要渠道。为了取得更好的业绩，网上书店的各种优惠活动层出不穷，如打折活动、满减活动、包邮等，优惠力度非常大，特别是在节日时期，网上书店的促销价格往往是图书定价的 50% 左右，甚至更低，高定价、高折扣的现象屡见不鲜。电商促销活动也直接影响着出版社的图书定价，为便于网上书店价格战，避免亏损，出版社应适当提升图书定价。

（5）替代品价格水平

作为一种价格弹性较高的非生活必需品，出版物有许多与其争夺注意力的替代产品，比如网络视听产品、电子书、网络游戏等。当出版物替代品的价格水平发生变化时，出版物的需求就会受到影响，比如作为纸质出版物替代品的电子书一旦价格水平足够低，就有可能完全替代纸质出版物，如果考虑到电子书跨国传输的便利性、及时性和可获取性，那么其对纸质出版的市场份额将带来不可小视的影响。因此出版商在对同一种出版物的不同载体形式进行定价时，往往需要考虑其替代品价格因素。

（二）国际市场中出版产品的价格策略

以图书市场为例，全球出版市场同时存在着两种不同的定价策略，一种是固定价格策略，一种是浮动价格策略。进行国际出版市场营销时，往往需要考虑东道国和母国家的出版市场执行的是哪一种图书价格策略。

1. 固定价格策略

世界上已有 20 多个国家实施图书固定价格销售制度。图书固定价格制度的历史可追溯至 19 世纪的英国，当时由于大量书商以折扣方式倾销书籍，恶性降价竞争的结果导致大量的书商破产，最后促成"净价图书协议"（Net Book Agreement，NBA）的问世。1995 年，由于欧盟施压，NBA 被审查，加上部分出版商退出协议，该协议于 1997 年在英国被正式废除。丹麦、德国、法国、韩国等都制定并严格执行图书固定价格制度。执行图书固定价格制度的国家和地区均将书籍视为是对大众有极高价值和意义的"文化财产"，因此采用固定价格的方式保护图书出版业发展。固定价格制度的实施虽然影响了自由市场经营逻辑与精神，但却有效提升了阅读的推广、确保了图书定价的公平性，促使更多读者能够接触多元书籍、开展多样阅读。

2. 浮动价格策略

浮动价格策略也称为非固定价格策略，原则上是在不允许退货、通过协商价格出售给销售商后，将图书价格的决定权交给市场，让不同市场主体在自由竞争中给出不同的价格。通常情况下，价格竞争是通过压低价格增加销量来实现，但也不排除一些出版社出奇制胜高价售书提升利润。图书的浮动价格机制可以看作整个图书出版流通活动中各方力量关系博弈的缩影，凡是参与图书选题策划、内容创作、编校印刷、发行流通各环节的出版主体和可能产生影响的各种因素，都应该在图书定价中被考虑到。在国际出版市场营销中，面对可以执行浮动价格制度的国家和地区，出版企业可以充分利用价格这样一个营销手段，在提供优质出版物的基础上，尽可能获取合理利润。

三、国际出版市场营销中的分销渠道

在国际出版市场上，出版物实体的流通以及所有权的转移，很少能直接在出版物出口企业和终端读者之间进行，通常是通过分销渠道才能将出版物送达最终读者。出口出版物从出口国向消费国转移所经过的流通渠道、环节和流通方式，就是出版物在国际市场的分销渠道，它不仅指出版物商品实体的运动路线，还包括完成出版物商品所有权转移必须经过的途径以及相应的中间机构。从当前出版产品的国际市场分销渠道构成看，一般包括出版物进出口商、出版物批发商、零售商、个人代销户、与出版物出口贸易相关的单位（运输、银行、保险等）、销售服务单位（如图书出版咨询公司、广告公司）等组织和个人，它们承担着出口出版物储运、包装、销售等多项职能。

（一）国际出版市场分销系统

出版物国际市场分销系统结构复杂、类型多样、特点各异。要保证出版物出口企业货畅其流，就必须了解国际出版市场分销系统的一般结构及中间商类型。

1. 出版物国际市场分销系统的结构

出口出版产品，不仅要经过出口国的分销渠道，而且还要经过进口国的分销渠道。国际出版市场营销中常用的分销渠道主要包括三个环节，一是出口国的分销渠道，由出口国的出版社、批发商组成；第二个环节是出口图书由出口国进入进口国的分销渠道，如出口商与进口商；三是进口国的分销渠道，包括进口国的零售书商、批发商等。

要使出版产品进入国际出版市场，出版产品出口企业可以使用任何一条出口渠道，可以直接将出版物销售给国外最终读者，也可以通过自己在国外的分支机构将出版物批发给所在国的批发商、零售商，或者通过本国的出版物外贸机构完成出版产品的出口。出版产品出口企业一般都同时使用多种渠道，拥有多层次、多类型的国际分销网络。在每一次出口业务中，究竟使用不使用中间商，使用多少中间商，使用哪些中间商，要根据出口出版物的品种、数量、读者对象、出口目的、中间商条件、国家政策、贸易惯例等条件而定。

2. 中间商类型

出口中间商：指出口国的各类中间商，如批发商、代理商、出口商等。根据出口中间商是否拥有出口出版物的所有权，可以分为两大类。拥有所有权的，可称为出口商；没有所有权，仅仅是接受委托，以委托人名义买卖出版物产品、收取佣金的，称为出口代理商。当出版企业自己没有能力或认为没有必要与国外市场直接接触时，一般求助于出口中间商。

出版物出口商：凡经营出版物出口业务，在本国市场上买进出版物再卖给国外买主的出版企业，可称为出版物出口商。其基本职能与批发商相同，只是经营对象是国外买主。他们自己向各出版社购买出版物，组织货源，自有资金、自有库存，承担交易风险，从事海外市场宣传推广。典型的出版物出口商如中国国际图书贸易总公司、美国的贝克·泰勒（Baker & Taylor）公司等。这类出版物出口商长年从事图书出口业务，熟悉国外市场情况，拥有较为畅通的国外销售网，同时，他们资本较为雄厚，信誉良好，是颇具实力的出版物出口机构。对国外买主来说，出版物出口商能提供多种多样的出版产品，贸易方式较为灵活。在实行国家统一经营体制的国家，出版物出口商是唯一的图书出口渠道。

出版物出口代理商：出版物出口代理商没有出口出版物的所有权，只是接受国内卖主的委托，风险由委托人承担。出口代理商可同时接受多家卖主的委托，其获得报酬的方式一般是收取销售佣金，按照销售量的一定比例提取。一般来说，出版物出口代理商还提供出口图书库存服务、市场信息咨询服务等。对于没有能力开展国际出版市场营销活动而又希望将出版物销售到国外市场去的中小出版社而言，出版物出口代理商是很好的选择。在国外，很多出版物批发商同时也是出版物出口代理商。但有些代理商仅接受订货和办理货款结算，并不负责发货。如美国的费佛公司（Feffer）、英国的"图书中心"（Book Centre）。代理商中还有一类纯代办商，类似于经纪人性质，它不代理任何出版社，也无现货供应，而是作为中间商，一头联系出版社，一头联系客户，接受海外订单并发货，收取手续费和包装邮运费。

出版社自设的出口机构：随着国际出版市场的拓展，越来越多的出版机构向海外市场扩张，在国外设立分支机构或办事处，以更稳妥地占领海外市场，同时在企业内部设立出口部，加强对出版物出口业务的控制。它们也成为出版物出口分销渠道的重要组成部分。常见的出版机构自设的出口部门有几种类型：专门设立国际贸易部或对外合作部，负责海外推广与销售；设立国外分支机构，直接组织国外市场的推销，兼营批发和零售业务。这是西方书业大国常见的出版物出口商类型。很多跨国书业集团如贝塔斯曼出版集团、朗曼出版集团等，都拥有众多的海外分支机构。

进口中间商：进口中间商按是否拥有出版物所有权可分为"进口商"和"进口代理商"两类。

出版物进口商：他们以自己的名义从国外进口出版物并组织国内市场销售，获取一定的经济效益。他们拥有进口出版物的所有权，承担买卖风险。在交易中，他们多是根据出版物出口机构提供的样书或目录订货，或与出版物出口机构签订按类提订合同，然后再把进口的出版物卖给国内批发商、零售商或读者。在我国，出版物进口机构仍然是几家较大的出版物外贸公司，在进口业务上，他们大多是先接受国内读者订货，再到国外组织进货，或者自行组织一些出版物进口并在零售渠道出售，这些出版物多为科技出版物、语言教学出版物、畅销书或音像读物。一般说来，出版物进口商需要了解国外出版物的基本内容和国内读者的需求状况，掌握一定的销售技术。

进口代理商：属于代办出版物进口、收取佣金的出版物外贸企业。进口代理商的主要职能有三：一是代国内买主办理出版物进口。有些国内读者或中小书商想购买国外出版物，但没有外汇，没有进口渠道，在这种情况下，就只能依靠进口代理商代为进口所需出版物。这种代理，属于买方委托。二是代表国外出版物出口商销售出版物，这种代理要按照国外出口商的要求销售出版物，不得任意改变销售价格、销售方式，一定时间内销不出去，出版物可退还出口商，销售过程中的风险、费用都由出口商承担，代理商只承担销售过程中由于出版物丢失、污损而造成的损失；另外，代理商要定期向出口商汇报出版物销售情况以便出口商进行调整。三是以代表身份代理国外出口商销售产品，有些出版物出口机构并不在国外设立自己的分支机构，而是在进口国寻找合适的贸易伙伴，与之建立持久的合作关系，委托其作为自己的销售代表从事出口出版物销售工作。这种做法在国际图书贸易中也经常采用，如法国阿谢特出版集团长年作为英美一些国家出版物出口商的代理商在非洲的很多法语国家进行销售活动。

当然，在实际的国际出版市场营销活动中，分销系统中各个组织或个人的身份并非总是单一的，而是经常处于一种多重身份之下。出版物出口商也可以是图书进口商、出口代理商，出版物进口商也可以是图书出口商、出口代理商。同一企业在面向不同国家出版物市场时所处的地位不同，其身份角色也会有差异，在 A 国可能是进口代理商，在 B 国则可能是出口商驻外机构。比如一些著名的国际出版物集团，在国内既是出版物生产者，又是出版物销售者，同时还在国外设立分支机构，代理中小书商的出版物出口业务。

(二)国际出版市场分销渠道的开发

出版物国际市场分销渠道的开发是指出版物出口企业设计、选择和建立分销系统的活动。出版物国际市场分销渠道的开发，通常要综合考虑企业目标、经营能力、品种构成和目标市场分销渠道结构特征等因素，然后再确定是选择直接分销渠道还是间接分销渠道，是选择长渠道还是短渠道。

1. 直接分销渠道和间接分销渠道

根据出版物从出口国生产领域转移到进口国最终读者这一流通过程中是否存在中间商，出版物国际市场分销渠道可以分为直接分销渠道与间接分销渠道。

直接分销渠道是指出口的出版物从出版社流向国外最终读者的过程中，不经过任何中间商，而是由出版社直接将出口出版物售卖给国外读者。直接分销渠道只包括出版社和国外读者两个层次，是最短的分销渠道。一般来说，直接分销渠道包括以下几种方式和途径：

①出版社直接接受国外读者的订购，相当于一种零售业务。比如一些出版社与国外图书馆、学术研究机构的出版物销售关系。还有一些地区，如果出口国没有设立分销网点，当地读者只能通过信函或者电子邮件求购，由此也形成一种直接销售关系。此外，相当一部分报纸杂志都是通过这种方式进入国外消费领域的。

②出版社派推销员到国外市场进行旅行推广。采用这种方式，既可推销出版社的出版物，也可以了解国外读者的需求信息，有利于出版社对国外出版物市场需求状况的把握。但此种方式销售费用较高。

③出版社在本国开设国际贸易部或在国外设立分支机构，直接面向国外读者销售并接受国外读者订货。

④出国出版物展销，即出版社利用出国参加国际书展之际，在会议现场组织现货销售。

⑤出版社利用电话、计算机网络、传真、电报等进行出版物销售。

间接分销渠道，是出版物经由中间商销售给国际出版市场上的最终读者。这是国际出版市场占主导地位的分销渠道。使用直接分销渠道，出版社要直接面向国外读者。由于国际出版市场非常广阔，读者数量众多，需求复杂、分散，出版社很难进行妥善管理，往往导致交易成本过高。而使用中间商，出版社可以利用中间商的分销系统迅速地把出版物推向市场，并可借助中间商的力量进行宣传推广，有利于提高出版物市场占有率，增加销售量，对于开拓国外市场大有裨益。具体而言，国际出版物市场的间接分销渠道主要有下列四种模式。

①出版社—出版外贸企业—国外读者：出版社通过本国的专业出版外贸公司将出版物销售给国外读者，我国出版社的出版物大部分是借助专业外贸公司实现对外销售的，其中报刊征订销售是这一模式的代表。

②出版社—出版外贸企业—进口中间商—读者：当出版企业进入一个新的出版物市场，占有率极为有限而又想迅速拓展市场时，可以利用进口中间商来扩大市场覆盖面。

③出版社—出版外贸企业—进口中间商—批发商—零售商—读者：这是传统的三环式销售渠道，占据了绝对优势，许多中小出版企业依靠这一渠道实现出版物国际营销，是较为经济可行的模式。

④出版社—出版物出口企业—批发商—零售商—读者：这是一种双环式销售渠道，批发商有时就是进口商。这种模式由于减少了分销环节，降低了费用而经营者利润又可以增加，零售价能适当降低，因此也是一种颇受欢迎的分销渠道，使用频率也很高。

总之，间接分销渠道有两个以上的流转层次，是较长的分销渠道。

2. 分销渠道的长度选择

出版物从出版单位向国际市场读者转移的过程中，每经过一个对产品拥有所有权或负有销售责任的中间商机构，称为一个"层次"。层次越多，分销渠道越长；层次越少，分销渠道越短。在国际出版市场上，出版物分销渠道长的可达近十个层次，短的只有两个层次，即直接销售。

究竟采用长渠道还是短渠道？怎样确定中间商数量？这是出版物出口企业确定分销渠道时首先要考虑的问题。分销渠道层次的确定，出版单位要综合考虑进出口条件、国际出版市场容量及目标市场容量、中间商销售能力、出版物品种特点、出版单位自身状况和要求、读者购买要求及其他国际出版市场环境。比如，国外有些图书馆、学术研究团体不喜欢通过本国出版物进口商购买国外出版物，而喜欢与出版单位直接联系邮购，这时，就应该选择较短的分销渠道，最好是直接销售。又比如一些读者对象明确、发行数量、范围较为有限的学术专著，则可以选择一家或几家实力雄厚、有广泛销售网点的大中间商进行销售，既能保证销售效果，又能减少分销渠道层次，降低销售成本。如果出版单位自身实力不菲，有很强的国际出版市场销售能力、运输条件良好、成本不高、经济效益较为理想，也可使用较少的中间商层次，甚至在国外某一地区只设一个独家代理或经销商。但有时，受国家法律、政策的限制，出版单位并无选择权利，只能采取统一的分销渠道，比如在国家统一经营体制下，所有出版单位的出版物都必须通过国家指定的出版物进出口机构实现国际出版市场销售。

对大多数出版物出版单位或出口单位来说，渠道选择不是唯一的、固定的，需要根据具体情况确定分销渠道长短，采用复式渠道策略，在一个市场上同时使用两种或两种以上的渠道。

3. 分销渠道的宽度选择

分销渠道的宽度即分销渠道各个层次中使用的中间商的数目。分销渠道宽窄的选择有三种策略。

广泛分销：出版物出口单位尽可能多地使用中间商，对每个中间商的国别、地位、负责的销售地区范围不做明确规定，对其经营能力不做严格要求。这种策略的主要目的是使国际出版市场上的读者能有更多的机会、更方便地购买到出口出版物。在国际出版市场上，一般出版物多采用这一分销策略，通过尽可能多的销售网点扩大其市场覆盖面，增加销售量。采用这种方式，图书出口企业通常要承担较高的图书宣传推广费，成本较高，而且分销渠道太宽，对出版物销售价格、销售形式等也较难控制。所以，广泛分销也不能一味地求宽求广，仍然要根据企业的实际情况合理确定广度。

选择分销：在大多数情况下，中间商不在于多而在于精。这时，出版物出版机构或出口企业需要精选少数几个符合要求的、销售能力强、信誉好的中间商，将图书销售给这些经过精选的一定区域的少数中间商，由其经营自己的图书。在国际出版市场营销中，选择分销较为常见，大部分出版物的销售都采用这一策略。采用这种策略，图书出口企业要经常对所使用的各中间商进行检查、评价，淘汰不适合的国外中间商，增加效率高、信誉好、作用大、有较强合作意愿的中间商。选择分销还可用于出版物出口企业对国外市场的试销实验，在出版物出口企业进入国际出版市场初期，缺乏经营经验，这时可以选用几家中间商进行试探性分销，待市场成熟后，再调整分销策略。

独家分销：出版物出口企业在目标市场上或目标市场的一部分区域内只选择一家中间商经营其出版产品，给予其独家经销权。采取这一策略，合作双方要签订书面合同，在合同有效期内，出版物出口企业不能再将同一出版物在同一区域的销售权赋予第三方，而中间商承担经营的一切风险和责任。这种分销方式对中间商的要求较为严格，对其经营能力、资信状况、服务质量等都要有全面、详细的调查了解，因此，多半是大中间商才可能成为独家分销的受益人。一般而言，在国际出版市场上，较少使用这一策略，只对一些读者对象稳定的学术出版物和一些大型、贵重出版物才采用。这是因为虽然这一策略能在短期内提高出版物的销售量，但由于一定时间内该地区仅此一家经销商，可能导致部分潜在读者流失，而且在一定程度上还会损害其他书商的经销积极性，影响其他出版物的销售。

4. 开发国际市场分销渠道的决策因素

国际出版物市场分销渠道选择与开发的总目标是为了扩大出版物销售，获取一定的利润，所以，开发与选择分销渠道要进行成本—效益分析，要充分考虑影响分销活动的各种目标因素和限制因素。

一般来说，国际出版市场分销渠道的开发取决于以下目标因素，这些因素是否能够相互配合、协调一致，决定了是否能建立一个经济的、有效的分销体系。

成本：即开发渠道的投资和维持渠道的成本。成本太高，必然影响渠道的正常运行和出版物的销售，不利于出口企业利润的实现，所以，必须将成本控制在合理的范围之内并尽可能降低成本。对成本的评价主要依据两点，一是与出口企业预期销售目标相比，该成本是否较低；二是与产出相比，是否实现了成本最小化和其他目标间的平衡，实现了产出最大化。

控制：企业建立出版物国际市场分销渠道后，需要对其进行管理、协调和控制，这样才能保证出口出版物在各个市场都能顺利销售。但是渠道不同，出口企业对其的控制程度也不同。一般来说，出口企业对自己在国外设立的分支机构控制程度最强，对于其他中间商的控制程度则取决于中间商愿意接受控制的程度。通常，分销渠道越长越宽，控制越松散，而随着渠道的收缩，出口企业对它的控制能力逐渐加强。

市场覆盖面：指出口出版物所能达到的市场区域。市场覆盖面的大小取决于它给出口企业带来的经济效益多少。对市场覆盖面的评价主要从三方面着眼：一是这一市场区域能否获得最大可能销售额；二是能否确保合理的市场占有率；三是能否取得满意的市场渗入。对于出版物出口企业而言，要获得较高的经济效益，必须拥有足够的市场覆盖面，所以，对于初入国际出版市场的出版企业而言，努力发展国外图书贸易伙伴，建立贸易关系至关重要，尤其是要注意建立同大分销商的贸易合作关系，因为它通常拥有较大的国内市场覆盖面。

稳定性：出版物出口企业发展每一个分销机构都经过了严格、充分、仔细的论证，支付了一定的开发成本，自然希望这一合作关系能够长期、稳定、持续地发展下去。但在国际出版市场上，竞争激烈，中间商对经销的图书品种、内容、价格等条件也很挑剔。出版物销路看好，中间商就乐于保持合作关系，而一旦销路欠佳，中间商就可能另择高枝；而且，竞争往往导致经营不善的中间商破产倒闭，使出口企业失去这一地区的销售渠道。因此，出版物出口企业在发展贸易伙伴时，要尽量厘清中间商的资信状况、经营能力、国际图书贸易情况，在合作中要随时加以调整，及时处理出现的问题，以保证分销渠道的长期稳定性。

影响国际出版市场分销渠道开发的限制性因素主要有下列三种。

出口出版物的品种和内容：不同的出版物有不同的特点，对分销渠道有不同的要求，不能一概而论。有些出版物适宜于宽渠道销售，有些适宜于邮购零售，出口企业必须针对出口出版物的品种和内容特征选择合适的中间商。

国际出版市场特点：市场潜在需求大，潜在读者多，市场容量大，可选择较多的中间商；反之，可直接派旅行推销员推销或与少数中间商建立分销关系。潜在读者分布集中，可少用或不用中间商，否则，要使用较多的中间商。读者需求单一，购买频次少，可少用中间商，否则，需要较宽的分销渠道。此外，还要考虑该市场的分销惯例和分销渠道限制。有的国家法律或政策规定了进口出版物的分销渠道，这种情况下，出口企业最好不要妄自开发新的渠道。比如一些阿拉伯国家规定出版物进口业务必须由国家指定的出版外贸企业经办，出口企业就只能选择这一条分销渠道；有的国家对外资办出版机构有严格限制，甚至禁止在其国内设立分公司，直接分销，此时，出版物出口企业也没有必要违反该国规定。再者，分销渠道的选择还要受市场经济状况的影响，若该市场经济繁荣，出版业发展稳定，可以选择较长较宽的分销渠道；如果经济衰退，市场需求下降，则尽可能采用短、窄的分销渠道。

出口企业自身特点：出版物出口企业如果有较雄厚的财力，有较为丰富的国际出版市场营销经验，有丰富的高质量的出版产品，可以考虑建立自己的销售力量，直接设立驻外分公司或办事机构，缩短分销渠道，降低经营成本，或者直接与国外的出版物零售商和读者打交道；而资金匮乏，经营能力有限的企业，只能依靠国内外的中间商。出口企业如果经营出版物品种单一，读者对象明确，使用短渠道比长渠道合算；如果长期从事对外出版物贸易，经营品种繁多，建立多层次、多类型、多渠道的分销网络就必不可少。当然，分销渠道的长短与出口企业的控制目标也有关系，有时出口企业为了便于控制出版产品在国际市场的销售，有效地进行广告宣传，也倾向于选择较短的分销渠道。

5. 选择国际市场中间商的条件和步骤

出版物出口贸易，除了直接销售给读者的那部分出版物之外，大部分只是将出版物销售给了国外市场上的各类中间商，出版物的最终销售状况如何，直接取决于这些中间商的营销努力。所以，出版物出口企业必须树立一种整体渠道观念，关心出版物从生产领域进入消费领域的整个分销渠道系统，对每个渠道进行管理，慎重选择每一个中间商。在选择时，不仅要考虑中间商的数量、层次、结构，而且要考虑中间商的质量素质等因素。

在国际出版市场上，出版物出口企业选择中间商一般要坚持以下条件和标准。

中间商的资财信誉状况：中间商的资信状况直接影响着分销渠道的畅通与否和出口商经济效益的好坏。在选择中间商时，首先要了解其经济实力，这可以通过审查其资产负债表、注册资本、不动产等得到。如果中间商没有足够的资金作保证，很难良好地履约、守信。所以，对中间商，出口企业的图书贸易额最好以其资产总额为限度，以避免发生货款两空的不测事件。其次，选择中间商还要了解其性质，是独资还是合资，资本额各占多少，经营自主权有多少，这样才能确定对方的签约资格等。第三，选择中间商必须了解其信誉状况，即中间商的经营品德和经营作风是否诚实可靠，对合同的履行是否一贯认真负责。信誉是经销的灵魂，如果中间商信誉不好，很容易使出口商上当受骗，蒙受损失。所以，选择中间商时，要选择那些重合同、守信用、认真履行合同、有较强经济实力的中间商，他们一般在读者心目中有良好的形象，同时和出口企业也能互相配合，贸易效果良好。

中间商的经营能力：包括中间商的经营规模、经营历史、负责人的经历、员工人数及素质、国内外分支机构数量、营业额、社会地位及社会影响、经营范围等。经营能力不同，对同一品种的出版物的经营也不相同，因此，考察中间商的经营能力十分有益，如果其历年销售业绩都很好，则可以认为是经营得力的中间商。如果中间商拥有较为健全的销售网点、高效的销售机构、较强的销售能力、服务能力和市场控制能力，那么，这是经营能力非常强的中间商。选择中间商，一般要选择能力较强、有较长经营历史的。这样的中间商，一般有较固定的发行渠道，有的甚至有自己的发行网或连锁书店。和这样的中间商建立贸易关系，一般不太容易，而一旦建立了贸易关系，就会顺利地进入该中间商的销售渠道，扩大出口图书在当地的发行范围，增加发行数量。

中间商与出口国的贸易历史：一般来说，应选择同出口国有友好贸易关系的中间商作为分销商，这样的中间商，有可能积极地销售出口出版物。而对那些与出口国贸易历史短暂甚至没有贸易往来的中间商，有的还在政治上对出口国抱有偏见，选择时一定要谨慎。这是开展国际出版市场营销非常重要的一条。

选择中间商非常重要，也很困难，因此，选择中间商有必要按一定步骤实施，做到慎重、稳妥、灵活。首先，通过调查研究，获得中间商的有关资料。对中间商的调查了解可以通过多种渠道进行，如通过银行了解其资信情况，通过本国驻外机构了解其历史背景，对本国的态度、经营作风、经营规模和经营能力等，通过其他中间商、友好贸易团体、商情咨询服务机构、出版发行专业团体进行调查或者通过行业书报杂志等公开出版物做调查。其次，根据出口企业国际出版市场营销目标及要求，确定候选中间商名单，进行深入调查了解。出版物出口企业开展国际出版市场营销目标各不相同，对中间商的要求也不一样，有的是挑选经销商，有的是挑选代理商。这样，有必要从调查的所有中间商中挑选出比较适合本企业要求的中间商，再就其经营的出版物品种、发行范围、发行渠道等问题进行详细了解，以确定最终合作伙伴。最后，双方签订有关合同和协议书，正式确定分销过程中一些具体问题的条款，如双方的责任、贸易合同的期限、合作原则等。初次签约最好以一年为限，然后再考虑是否续签。同时，合同条款应杜绝模棱两可、含糊不清的问题，并保留一定的活动余地。

(三)国际市场分销渠道的管理与控制

出版物出口企业建立分销渠道系统后，还必须加强对分销渠道的管理与控制，以谋求双方的相互支持和长期合作。对中间商的管理和控制包括很多内容。

①建立中间商信息库。出口企业要保持与银行、政府有关部门、贸易等机构的联系，不断搜集、分析和整理有关中间商的资信资料，随时了解中间商的资信状况、经营状况和运行趋势，并对这些资料进行加工整理，分类管理，做到系统完整、清楚明白、简明扼要、便于查阅。

②及时处理双方的往来信函和贸易中产生的问题。在国际出版贸易中，出口企业和中间商的贸易往来很多都是通过函电进行的，因此，出口企业一定要随时查阅有无中间商来函来电，函电内容如何，并针对函电做出相应的回复。对函电中不明确的问题迅速查询，对未答复的问题立即答复。函电往来往往是贸易谈判的前奏，所以，掌握函电交往的技巧与方法同样重要。商业函电尽量使用商业习惯用语，力求简洁清楚，条理分明，措辞恰当，切忌含糊不清，词不达意，前后矛盾。及时处理函件和贸易中的问题，可避免小问题演化成大问题，防患于未然，对保持双方长期稳定的合作关系有良好的作用。

③给中间商适当鼓励，促使双方友好合作，互惠互利，融洽感情。鼓励方法如给中间商提供适销对路的优秀出版物产品；给中间商尽可能多的批发折扣，使之拥有较高的利润；在一定的时候，给予经销商独家包销的权力；给中间商一定的广告津贴和推销津贴；给成绩突出的中间商一定的奖励；逢节假日向中间商表示慰问和感谢等。

④定期评估。既对整个分销渠道模式和分销渠道结构进行经济效益评估，也对每个中间商的资信状况、销售能力、经营成绩等做出鉴定。

⑤及时调整。经过一段时间的合作后，有必要根据市场和企业的发展变化对分销渠道进行适当调整。对信誉较差、经营业绩低劣的中间商要及时剔除，对新的目标市场要增加新的中间商，总之，要根据企业需要对个别中间商以及整个分销系统进行适当调整。

四、国际出版市场促销策略

国际市场促销，也称营销推广，是企业与国外读者或买主之间的一种信息沟通行为。一个企业，虽然有适销对路的出版产品，建立了健全的分销网络，制定了合理的价格，但如果读者对此一无所知，出版物再好也只能是"藏在深闺人未识"。出版物促销通过传播企业产品或服务的有关信息，可帮助读者认识出版物或服务所能带来的利益，诱发读者需求，激发读者购买欲望，促进读者采取购买行为以实现出版物销售。

出版物国际市场促销能使出版企业的出版物信息、服务信息广为人知，缩短企业出版产品或服务与读者间的距离，帮助企业占领有利的营销地位。出版物促销还能帮助各中间商了解企业的经营范围及特色，从而有利于双方建立良好的合作关系，促进企业产品顺利进入中间商的销售网络，提高销售量，增加经济收益。此外，促销是企业宣传自身，提高知名度，树立优良公众形象的便利途径之一。

在国际市场上，出版物促销有人员促销和非人员促销两大类。通过人员传递信息，引导读者购买出版物的营销活动，称为人员促销；通过一定的物体向目标读者进行广泛的、间接的信息传播，引导读者购买出版物的活动，则为非人员促销，包括广告、公共关系和营业推广三种具体形式。

(一) 人员推销

人员推销是面对面的访问推销活动，是企业派出或委托推销人员、销售服务人员或售货员，与读者或潜在读者接触、洽谈，亲自向他们宣传介绍出版物，达到促销目的的行为。在国际出版市场上，人员推销被认为是除广告外最重要的营销推广工具，是行之有效的促销方式。这种方法的特点是推销人员作为企业代表，具有一定的市场开拓能力和较高的知识水平，善于发现市场机会，发展潜在需求，精于推销技巧，善于接近并说服读者，能够准确全面地提供出版产品和企业服务信息。在推销活动中，推销人员可以针对不同国家出版物市场推销环境的不同采取相应的推销技巧，以引起读者兴趣和欲望，并通过与读者的良好交往，培养感情，帮助读者建立对企业的信任感，从而达成读者与企业的长期合作关系，并通过这种友谊争取更多的读者。推销人员还可向读者提供样书，帮助读者了解出版物的内容、价值及读者购买出版物后能得到的各种收益，可消除读者与出版物之间的陌生感。同时，推销人员贴近市场，能及时了解读者的反应和竞争对手情况，反馈出版物市场发展变化信息，有助于企业随时调整经营目标、方针策略。但是，人员推销费用较高，增加了销售成本，削减了企业的国际竞争能力；推销人员也不可能遍布各个国外市场，推销范围有限，只能作选择性和针对性的访问推销；而且，推销人员的素质要求很高，对一般企业而言，难以培养。因此，在国际出版市场上，图书外贸企业主要采取以下一些人员推销方法：通过企业驻外分支机构工作人员或出国参加国际书展、参观访问的人员，顺访一些业务往来较多的中间商、读者，进行当面推销活动；雇佣专职推销员进行推销活动，专职推销员可以是本国在外人员，也可是当地人员，通过样本和目录吸收订单，企业按订货金额多少付给一定的报酬；利用国外代理商和经销商进行推销，在企业实力有限，初入国际市场时，这一方法费用较省且风险小，简便易行；企业临时派给特殊任务的推销人员和销售服务人员。

(二) 广告促销

广告是非人员促销的主要形式，是出版企业通过媒体向公众宣传报道其产品或服务的一种方式。出版物国际广告是为了配合国际出版市场营销的需要，在目标国所做的出版物广告，其目的是利用适应国际出版市场特点的广告形式，使出口出版物迅速进入国际出版市场，赢得声誉，扩大销售，增加效益。出版物国际广告是企业出版物顺利进入国际市场的开路先锋，其特点是反复多次进行，信息传播覆盖面广。主要有报纸、杂志、电视、广播、互联网五大媒体以及霓虹灯、包装纸、广告牌、招贴画等专用媒体。

进行出版物国际广告宣传，要明确广告的基本目的和直接目的。对出版物出口企业来说，国际市场广告的根本目的是推销出版物，取得盈利。但在不同的时候，广告的直接目的又有所区别。有时出版物国际广告是为了宣传新出版的出版产品，刺激需求，诱导购买，广告内容以介绍出版物的内容、特色、质量、价值、价格等为主；有时是为了建立企业声誉和公众形象，沟通读者与企业之间的关系，广告内容以宣传企业经营宗旨、信誉、成就、社会地位等为主；有时是为了培养图书消费观念，这种广告既不宣传出版产品，也不宣传企业，而是传播一种文化理念，旨在促进全民阅读风气的形成。广告的目的不同，企业选择的广告媒体、广告诉求对象也会不尽相同。

制作出版物国际广告，需要明确广告的覆盖地区范围，是全球性广告、区域性广告还是地方性广告。全球性广告宜选择一些世界性的广告媒体，如具有世界影响的报刊、电台等。一般企业为了树立国际形象时，可利用传播范围较大的一些专业性报刊进行广告宣传，如美国的《书商》《出版商周刊》等。针对国际出版市场某个区域进行宣传的区域性广告可选择一些区域性媒体。而如果仅仅是针对一个国家或一个国家的某个地区进行广告宣传，选择在当地影响较大的报刊、电台、电视台或其他传媒就可以了。

制作出版物国际广告还要考虑广告媒体类型的选择组合。广告媒体选择不同，媒体影响范围和广告费用就不同。在这方面，要注意五个因素。①数量：即媒体的传播与影响范围。在选择媒体时，应以目标市场来考虑，如出口出版物目标市场只在某个城市就不必选用全国性的电视网。②质量：指媒体的社会威望与特点。对广告接受者来说，质量因素比数量因素更重要。如要注意选用权威性书评栏目宣传自己的图书。③时间：要看媒体发布广告的时间是否适宜，要抓住机会恰当安排。④费用：在同样效果下，尽可能降低媒体费用。⑤媒体组合：将各种媒体综合运用。广告要注意政策法律限制、社会文化环境差异、标准化、差异化广告策略的综合运用。

(三)营业推广

在出版物国际市场营销中，所有鼓励最终读者购买出版物、提高零售商和中间商推销能力并改进合作态度的市场营销活动都属于营业推广，其特点在于这一手段具有非规律性和非周期性、灵活多样性和短期效益明显性。在出版物国际营销中，这只是一种辅助性手段，一般作为争取短期效益的战术来使用。营业推广包括：①现场推广，即利用国际书展，在会上通过有奖销售、赠品、免费样本等方式促成交易；②直接对读者推广，如新书出版后，向读者赠送样本试读，发行礼券，折价销售，以迅速开辟市场，扩大销售；③直接对中间商推广，通过设立购买折扣、推销津贴，实行分期付款，给予资金资助等方式，鼓励中间商推广。

营业推广是极富创造性的领域，在竞争激烈的市场上能获得迅速扩大销售的效果。但是要注意因地制宜，不要违背当地法规惯例，如有的国家法律禁止赠品销售，有的对零售数量折扣有限制。同时应注意避免促销竞争引起冲突而导致所在国政府的干涉。

(四)公共关系

出版物出口企业的公共关系努力旨在提高企业知名度，树立良好的企业形象，从而为企业的发展创造良好的外部环境。在国际市场上，企业的公共关系主要表现为各类宣传报道活动，如利用各种目录、海报、书评宣传企业的出版产品，通过举行记者招待会、新书首发式、新闻发布会和个人专访，既报道出版物信息，又宣传企业形象，或者利用各种会议，加强与客户的关系，比如以出版图书馆和信息科学学术出版物见长的英国爱墨瑞得出版社经常在国际图联召开大会时，邀请各国与会人士欣赏音乐会等，从而扩大其在国际图书馆界的影响。

参 考 文 献

[1]菲利普·科特勒. 营销管理：分析、计划与控制[M]. 梅汝和，译校. 上海：上海人民出版社，1996.

[2]小威廉·D. 佩罗特，等. 营销学基础[M]. 梅清豪，译. 北京：中国财经出版社，2004.

[3]小卡尔·麦克丹尼尔，罗杰·盖茨. 当代市场调研[M]. 李桂华，等，译. 北京：机械工业出版社，2018.

[4]阿尔文·C. 伯恩斯，罗纳德·F. 布什. 营销调研[M]. 梅清豪，周安柱，徐炜熊，译. 北京：中国人民大学出版社，Prentice Hall 出版公司，2001.

[5]艾·里斯，杰克·特劳特. 定位：有史以来对美国营销影响最大的观念[M]. 谢伟山，苑爱冬，译. 北京：机械工业出版社，2002.

[6]迈克尔·波特. 竞争战略——分析行业和竞争者的技术[M]. 姚宗明，林国龙，译. 北京：生活·读书·新知三联书店，1988.

[7]贝利 H S Jr. 图书出版的科学与艺术[M]. 周旭洲，等，译. 武汉：武汉大学出版社，1987.

[8]约翰·克雷默. 1001 种图书营销方法[M]. 张志强，等，译. 南京：译林出版社，2016.

[9]艾莉森·贝弗斯托克. 图书营销[M]. 张美娟，李春成，胡苗，译. 石家庄：河北教育出版社，2004.

[10]甘碧群. 市场营销学[M]. 武汉：武汉大学出版社，1997.

[11]项润，高媛. 全员营销：非营销部门营销管理[M]. 北京：企业管理出版社，1999.

[12]徐国华. 管理学[M]. 北京：清华大学出版社，1998.

[13]周三多，邹统钎. 战略管理思想史[M]. 上海：复旦大学出版社，2003.

[14]王枫，费毅华. 网络调研技术与实践[M]. 北京：人民邮电出版社，2022.

[15]龚平，赵慰平. 会展概论[M]. 上海：复旦大学出版社，2005.

[16]袁亮. 出版学概论[M]. 沈阳：辽宁教育出版社，1997.

[17]陆本瑞. 外国出版概况[M]. 沈阳：辽海出版社，2003.

[18]胡典世，练小川. 图书营销学[M]. 武汉：武汉大学出版社，1990.

［19］孟凡舟. 图书营销学［M］. 太原：书海出版社，1991.

［20］杨贵山. 海外版权贸易指南［M］. 北京：中国水利水电出版社，2005.

［21］魏玉山. 国际出版业发展报告（2020 版）［M］. 北京：中国书籍出版社，2021.

［22］方卿，姚永春. 图书营销学［M］. 太原：山西经济出版社，1998.

［23］方卿. 图书营销管理［M］. 上海：复旦大学出版社，2004.

［24］方卿，邓香莲. 畅销有理：畅销书案例评析［M］. 广州：广东教育出版社，2005.

2004 年版后记

　　图书，应该算得上是最古老的传播媒介了。在传媒的社会地位迅速提升、新型媒介不断涌现的这样一个信息社会背景下，图书媒介该如何有效地发挥其社会功能恐怕是广大出版人最为关心的课题。

　　自从 20 世纪 80 年代末以来，我国出版业又一次开始了与市场的接触。经营理念的改变、市场机制的引进给传统的出版业带来新的生机、新的气象。然而，由于理论研究的滞后，这种基于市场的出版活动又表现出了较强的盲目性。出版业对于相关理论的渴求导致了学界的广泛介入。就这样，图书媒介的经营管理进而发展成为编辑出版学科中一个最具活力的研究领域。

　　对我来讲，图书媒介的经营管理是一个颇富挑战意义的课题。由于能力所限，书中所建立的理论框架、提出的基本观点是否合理尚不得而知。因此，我真诚希望得到业界各位朋友的批评与指正。

　　在写作过程中，我吸收和借鉴了本领域大量的相关研究成果。在此特向有关作者致以真诚的谢意。同时，我还要向对本书的编辑出版工作给予大力支持的《中国图书商报》社社长总编程三国先生、武汉大学信息管理学院何少华教授、本书责任编辑复旦大学出版社章永宏先生表示衷心的感谢。

　　本书第三章"图书市场调研与预测"由姚永春博士执笔，在此一并致谢。

方　卿

于武汉大学

2008 年版后记

营销学已走过了一百多年的发展历程。百年营销不仅在学界建立起了一个响亮的学科品牌,而且更为企业的经营管理提供了一套成熟的理念与法则。

出版作为一个精神文化产品的生产经营领域,为营销学的应用提供了广阔的空间。英、美等出版业发达国家早在 20 世纪中叶就开始将营销学的理论与方法应用到出版发行企业的生产经营活动中,用以指导出版发行企业进行目标市场选择、图书产品开发、图书定价、图书产品分销和宣传促销等。

相比较而言,我国出版业在应用这一理论方面就要晚了很多。直到 20 世纪 80 年代,随着我国图书流通体制改革的起步,原有图书分销渠道格局被打破后,出版企业在选择图书分销渠道的过程中才开始有意识地借鉴使用营销学的分销渠道理论。20 世纪 80 年代中期以后,随着我国图书市场的转型、买方市场的形成以及计划经济的淡出,广大出版发行企业才正式大规模地应用市场营销理论与方法。进入 20 世纪 90 年代,高校出版类专业开始陆续开设图书营销方面的课程,编辑出版图书营销方面的教材。20 多年来,图书营销日益受到出版发行业界和学界的追捧,几成出版领域中的显学。

图书营销学的研究内容十分宽泛,本教程主要涉及图书营销管理的方法与战术层面。从经典营销学的研究范畴来看,营销管理的方法主要涉及市场调研、市场预测等内容;营销战术主要包括产品、定价、分销与促销四个主要方面。尽管为照顾研究内容的完整性,本教程对上述各个方面的内容都有所涉及,但重点主要还是分销策略。我们对教材内容的这种安排不仅是考虑到我国出版业的实际需要,也是参照国外同类教材内容安排惯例的结果。国外几本主要的图书营销学教材,如 Patrick Forsyth 的 *Marketing in Publishing*,Alison Baverstock 的 *How to Market Books* 等,研究重点也主要是图书分销。

本教材由多人合作完成。除第一、二、五、六、七、十三、十四章由我执笔外,第三、四、十五、十六章由姚永春博士执笔,第八、九章的执笔是孙浩,第十、十二章由余珂编写,第十一章由刘璇完成。

本教材在撰写、出版过程中得到湖南大学出版社廖建军博士等的大力支持,特向他们致以诚挚的谢意!

方 卿

武昌珞珈山

2008 年 2 月 16 日